rowohlt
BERLIN

JACOB MIKANOWSKI

ADIEU, OSTEUROPA

KULTURGESCHICHTE
EINER VERSCHWUNDENEN
WELT

Aus dem Englischen von
Andreas Wirthensohn

ROWOHLT · BERLIN

Die Originalausgabe erschien 2023 unter dem Titel
«Goodbye, Eastern Europe. An Intimate History
of a Divided Land» bei Pantheon.

Deutsche Erstausgabe
Veröffentlicht im Rowohlt · Berlin Verlag, Juni 2023

Satz aus der Minion Pro bei Dörlemann Satz, Lemförde
Druck und Bindung CPI books GmbH, Leck
ISBN 978-3-7371-0139-4

Die Rowohlt Verlage haben sich zu einer nachhaltigen Buchproduktion verpflichtet. Gemeinsam mit unseren Partnern und Lieferanten setzen wir uns für eine klimaneutrale Buchproduktion ein, die den Erwerb von Klimazertifikaten zur Kompensation des CO_2-Ausstoßes einschließt.
www.klimaneutralerverlag.de

FSC www.fsc.org MIX Papier | Fördert gute Waldnutzung FSC® C083411

INHALT

PROLOG

Dies ist die Geschichte eines Ortes, den es nicht gibt. So etwas wie Osteuropa existiert nicht. Niemand kommt von dort. Die Menschen kommen aus einzelnen Ländern – Slowakei, Lettland, Bulgarien – oder Städten: Sarajewo, Łódż, Mariupol. Manchmal kommen sie aus Regionen oder Landschaften: aus den Kiefernwäldern von Masowien, den regennassen Hügeln von Maramureş, der kargen Felswelt des Lunxhëri-Massivs.

Aber wo auch immer sie herkommen, die Menschen identifizieren sich nicht als Osteuropäer. Der Begriff ist eine Bequemlichkeit für Außenstehende, ein Sammelbegriff, hinter dem sich ein ganzes Nest von Stereotypen verbirgt. Einige dieser Stereotype – Armut, Gangstertum, ethnische Konflikte – richten durchaus einigen Schaden an. Andere sind einfach nur traurig. Ein Freund von mir, Professor für polnische und deutsche Geschichte, wurde einmal allen Ernstes von einem Studenten gefragt, ob es denn stimme, dass Osteuropa «eine graue Gegend ist, wo nie jemand lacht».

Angesichts solch düsterer Assoziationen ist es kein Wunder, dass die Menschen auf keinen Fall mit Osteuropa in Verbindung gebracht werden wollen. Selbst auf der Ebene der internationalen Beziehungen verliert Osteuropa an Boden. In den letzten dreißig Jahren hat ein Land nach dem anderen versucht, das Etikett loszuwerden. Noch vor dem Fall der Berliner Mauer erklärten sich die Tschechoslowakei, Ungarn und Polen zu einem Teil Mitteleuropas. Die baltischen Staaten Litauen, Lettland und Estland haben sich für eine nördliche Alternative entschieden und gelten heute am liebsten als Mitglieder einer «nordischen» Zone. Auf beiden Seiten des Balkans haben Länder von Montenegro bis Rumänien eine maritime Option gewählt und identifizieren sich mit Gemeinschaften, die entweder an der Adria oder am Schwarzen Meer liegen.

Angesichts so vieler Abtrünniger ist Osteuropa als geopolitischer Begriff so gut wie tot. Dabei schien seine Existenz vor nicht allzu langer Zeit noch absolut selbstverständlich zu sein. Ich bin alt genug, um mich an die Zeit zu erinnern, als Osteuropa noch eine ins Auge springende Realität war. Als ich 1986 die Rollbahn des Chopin-Flughafens in Warschau verließ, betrat ich eine völlig andere Welt als die, die ich in der Vorstadt von Pennsylvania zurückgelassen hatte. Wie in den übrigen Ländern hinter dem Eisernen Vorhang war es eine Welt, die nach ihren eigenen Regeln funktionierte. Man konnte keinen Schinken im Laden kaufen, aber die Leute standen Schlange für neue Übersetzungen ausländischer Romane. Niemand wählte, aber die Politik war in aller Munde. Sogar der Geruch in der Luft war anders. Im Winter brennende Braunkohle, im Sommer die kühle Ausdünstung nicht geputzter Treppenflure. Wenn ich heute einen dieser Gerüche wahrnehme, fühle ich mich sofort in die verlorene Welt meiner Kindheit versetzt.

Damals war das, was Osteuropa greifbar machte und zusammenhielt, der Kommunismus. Vor der epochalen Umwälzung durch die Revolutionen von 1989 bis 1991 gehörte der gesamte riesige Kontinent zwischen Estland im Norden und Albanien im Süden, der Ukraine im Osten und der Tschechoslowakei im Westen zum Reich des Roten Sterns.

Aber die Wurzeln dieser Einheit reichen viel tiefer. Es gibt etwas, das Osteuropa auszeichnet, etwas, das es von Westeuropa auf der einen Seite und dem übrigen Eurasien auf der anderen Seite unterscheidet. Dieses wesentliche, bestimmende Merkmal ist die Vielfalt – die Vielfalt der Sprachen, der Ethnien und vor allem des Glaubens.

Als religiöses Grenzland hat sich Osteuropa zum ersten Mal als etwas anderes definiert als der Rest Europas. Das Heidentum hielt sich hier länger als irgendwo sonst auf dem Kontinent und hinterließ tiefe Spuren in der Folklore und im Volksglauben. Als um das Jahr 1000 das Christentum aufkam, trat es in zwei verschiedenen Formen auf – katholisch und östlich-orthodox – und sorgte für die erste von vielen Glaubensspaltungen in der Region. Der Islam kam ein paar Jahrhunderte später, verbreitet durch die eindringenden osmanischen Türken und Tataren. Im Jahr 1492 gehörte die gesamte Balkanhalbinsel zum *dar-al-Islam*, und Moscheen gab es (und gibt es immer noch) bis nach Vilnius in Litauen.

Im selben Jahr, als Ferdinand und Isabella von Spanien die letzten Juden aus ihrem Königreich vertrieben, lud das Osmanische Reich sie ein, sich in seinen größten Städten niederzulassen. Zu diesem Zeitpunkt wurde der Osten zur Wiege des europäischen Judentums. Während die westeuropäischen Länder eins nach dem anderen ihre Juden auswiesen (Spanien war nur am letzten in einer langen Reihe), nahmen die osteuropäischen Königreiche sie auf.

Während eines Großteils seiner Geschichte war Osteuropa eine Grenzgesellschaft, die in Gebiete vordrang, die zuvor unkultiviert waren oder durch lang andauernde Grenzkriege entvölkert worden waren. Mehrere Besiedlungswellen gaben dem Land einen Charakter, der sich von dem Westeuropas (oder auch des größten Teils von Russland) deutlich unterschied. In Osteuropa war es üblich, dass katholische und orthodoxe Christen in enger Nachbarschaft mit Juden und Muslimen lebten. Diese Überlappung mehrerer Religionen hatte zur Folge, dass es schwierig war, das Dogma eines einzelnen Glaubens durchzusetzen. Osteuropa wurde so zu einem Zufluchtsort für religiöse Außenseiter und Ketzer. Gruppen wie die Bogomilen, die Hussiten, die Frankisten und die Aleviten haben die Kultur der Region tief geprägt. Gleiches gilt für eine Vielzahl von Magiern, Alchemisten und Okkultisten, deren gemeinsame Präsenz

Osteuropa zum wichtigsten Übungsareal des Kontinents für die dunklen Künste machte.

Heute sind die meisten Juden verschwunden, und die islamische Präsenz ist deutlich zurückgegangen. Noch schwerer zu finden sind aktive Alchemisten. Dennoch ist das Gewicht dieses Vermächtnisses vielerorts zu spüren. Jahrelang bin ich überallhin gereist, von den Sufi-Schreinen von Dobruja in Rumänien bis zu den letzten Holzsynagogen von Samogitia in Litauen, um nach Spuren dieser verschwindenden religiösen Vielfalt zu suchen. Für mich war das auch eine persönliche Suche. Mein familiärer Hintergrund – halb jüdisch und halb katholisch – enthält ein Bruchstück dieser vergangenen Vielfalt.

Dieses Buch ist keine Familiengeschichte, aber die Geschichte meiner Familie zieht sich wie ein roter Faden durch das Buch. Der polnische Dichter Czesław Miłosz hat einmal davon gesprochen, dass «die Erinnerung an meine Vorfahren wie ein Anker ist, dessen Kette tief hinabreicht» und ohne den «man schwerlich ein Gefühl für Geschichte entwickeln kann».[1] Und so ist es auch für mich; meine Vorfahren sind die Wurzel all dessen, was ich schreibe.

Als Mitglied einer sehr kleinen Gemeinschaft polnischsprachiger Juden wurde ich in eine Kultur hineingeboren, die fast völlig verschwunden ist. Es war die Welt der säkularen jüdischen Intelligenz, die dem literarischen Erbe Polens leidenschaftlich zugetan war, aber der Verbindung von Katholizismus und Nationalismus misstraute. Doch das ist nur die eine Hälfte der Geschichte. Die andere Hälfte besteht aus konkurrierenden Strängen, die nach Klassen unterteilt sind, Bauern, Handwerker und Adlige. Einige dienten den Fürsten, andere schufteten im Verborgenen. Es dauerte jedoch Jahrhunderte, bis sie sich zu Angehörigen dessen zusammenfügten, was wir heute «Polen» nennen.

Religion, Ethnie und Klasse waren in Osteuropa nie streng voneinander getrennt. In einem Ausmaß, das in den meisten anderen

Ländern der Welt unbekannt ist, wirkten diese drei Merkmale der sozialen Aufteilung zusammen, um Berufs- und Kastengrenzen abzustecken. Hier war es üblich, dass Grundbesitzer, Pächter und Stadtbewohner verschiedene Sprachen sprachen und unterschiedlichen Religionen angehörten. Selbst im kleinsten Dorf konnte ein zehnminütiger Spaziergang an Gotteshäusern vorbeiführen, die drei verschiedenen Religionen gewidmet waren und in denen die Gemeindemitglieder jeweils eine andere Sprache sprachen. Wenn man eine gewisse Zeit auf der Straße verbrachte, stieß man auf eine ganze Reihe verschiedener Sprachen und Glaubensrichtungen, die zu den zahlreichen Nomaden, fahrenden Händlern und anderen professionellen Wanderern der Region gehörten.

Jahrhundertelang glichen die traditionellen Gesellschaften Osteuropas meist einem bunten Wandteppich. Die Vielfalt war kein Nebenprodukt dieses Systems, sie war dem Ganzen eingewoben. Doch diese räumliche Nähe zwischen verschiedenen Religionen und Sprachen führte nicht unbedingt zu Harmonie. Die alte Ordnung beruhte auf einer strikten Trennung zwischen den Klassen und zwischen den Religionen. Als diese Trennungen im 20. Jahrhundert aufbrachen, gewannen die Menschen ein neues Maß an Freiheit, sahen sich aber auch neuen Gefahren ausgesetzt. In meiner eigenen Familie wurde die Vermischung von Christen und Juden, Bauern und Adligen erst durch die totale Katastrophe des Zweiten Weltkriegs möglich. Und selbst jetzt war es nicht so einfach, die Grenzen zu überschreiten; ich bin aufgewachsen mit Geschichten von Familienmitgliedern, die gemieden wurden oder sich jahrzehntelang nicht gesehen haben. Auch diese Geschichte ist in Osteuropa gang und gäbe – zahllose Familien wurden durch neue Grenzen, alte Religionen oder die Zugehörigkeit zu rivalisierenden Ideologien getrennt.

Mein eigenes geteiltes Erbe hat mich mit einem komplizierten Vermächtnis ausgestattet. Aus diesem Grund neige ich dazu, die

Geschichte Osteuropas weniger als eine Geschichte von Nationen und Staaten zu sehen, sondern eher als eine Geschichte konkurrierender Glaubenssysteme. Politische Debatten in Osteuropa drehen sich sehr oft um Kämpfe um das Heilige. Während des gesamten 20. Jahrhunderts boten Faschismus, Kommunismus und Nationalismus den Menschen wirkmächtige Quellen der Sinnstiftung. Wo immer diese Ideologien von vielen Menschen übernommen wurden, waren religiöse Modelle nicht weit, entweder als Vorbild oder als Konkurrenz.

Seit Jahrhunderten ist Osteuropa ein Ort der Suchenden. Wirtschaftlich weniger entwickelt als der Westen, aber offen für eine Fülle religiöser und messianischer Traditionen, war es lange Zeit ein Ort, an dem die Menschen von einem plötzlichen, alles verändernden Sprung in die Zukunft träumten. Es ist zudem ein Ort, der von der Sehnsucht nach einer eher irdischen Art der Befreiung geprägt ist.

Als größerer Widersacher als die Armut erwies sich für viele Revolutionäre das jeweilige Imperium. Freiheit hieß für sie zunächst, dass ein Land in der Sprache seiner Bevölkerung innerhalb ihres Gebiets regiert wird. Dieses Ziel war schwer zu erreichen, aus mindestens zwei Gründen. Der eine lag darin, dass kaum eine Landschaft Osteuropas nur von einem einzigen Volk besiedelt wird. Der andere Grund bestand darin, dass die meisten dieser Völker recht klein, die Imperien, die sie umspannten, dagegen sehr ausgedehnt waren. In den meisten Fällen erforderten Unabhängigkeitsbestrebungen deshalb brudermörderische Kämpfe in einer kaum zu bewältigenden Gesamtsituation.

Die Osteuropäer hatten nur selten die volle Kontrolle über ihr Schicksal. Im Laufe der Jahrhunderte wurde ein Großteil ihrer Geschichte in den imperialen Hauptstädten Wien, Istanbul und St. Petersburg (und später in Berlin und Moskau) geschrieben. Aber das sind nicht die Orte, an denen diese Geschichte gelebt wurde. Für mich besteht die Geschichte Osteuropas aus all dem, was zwischen diesen Machtzentren geschah. Es ist keine Geschichte von Königen und Kaisern oder von Armeen der Achsenmächte und der Alliierten. Es ist vielmehr die Geschichte von Bauern, Dichtern und Provinzbeamten – von Menschen, die das Aufeinanderprallen von Imperien und Ideologien unmittelbar und am eigenen Leib erfahren haben.

Die Stürme des 20. Jahrhunderts zerstörten das uralte Gefüge des osteuropäischen Lebens. Von der mehrsprachigen und multikonfessionellen Welt, in der meine Großeltern lebten, sind heute nur noch Spuren übrig. Da ich mich als ein kleiner – sehr kleiner – Teil dessen fühle, was übrig geblieben ist, habe ich mich animiert gefühlt, diese verschwundene Vielfalt zu rekonstruieren, die im Zentrum dessen steht, was es bedeutet, Osteuropäer zu sein. Für mich ist das weniger eine bestimmte Identität als vielmehr eine Sammlung gemeinsamer Zugehörigkeiten, die sich um eine gemeinsame Erinnerung an das Zusammenleben ranken.

Inmitten all unserer Unterschiede gibt es jedoch ein weiteres gemeinsames Erbe der Osteuropäer, nämlich die Gabe, inmitten der Tragödie das Komische zu sehen. Die lange Bekanntschaft mit der Geschichte in ihrer extremsten Form hat den Menschen in Osteuropa eine außergewöhnliche Fähigkeit zum Absurden verliehen. Das zeigt sich in der Literatur der Region und noch mehr in den Geschichten, die die Menschen über ihr eigenes Leben erzählen.

Chassidische Juden pflegten zu sagen, dass man ihre wundertätigen Rabbiner am besten durch die Geschichten kennenlernt, die ihre Schüler über sie erzählen. So ist es auch mit der osteuropäischen Geschichte. Ein Leben in Osteuropa, insbesondere im 20. Jahrhundert, bedeutete, eine verwirrende Abfolge von Katastrophen und Umwälzungen zu erleben. Eine simple historische Aufzählung würde aus dieser schwindelerregenden Erfahrung kaum mehr machen als eine Auflistung von Herrschern und Ereignissen. Aber Erzählungen – Geschichten, Gerüchte, exemplarische Situationen und symbolische Gegenstände – führen uns zum Kern dessen, was diese Ereignisse bedeuteten. Nur sie können wirklich ergründen, was es hieß, die Schrecken der faschistischen Anti-Utopie, das kurze Hochgefühl und den langen Schrecken des Stalinismus, den Stillstand und den Mangel des Spätsozialismus und die plötzliche Verdampfung feststehender Werte zu erleben, die mit der Ankunft des Kapitalismus einherging.

Für mich sind diese tragikomischen Geschichten voller plötzlicher Katastrophen, unerwarteter Wendungen und wundersamer Fluchten die wahre *lingua franca* Osteuropas – die gemeinsame Sprache seiner ansonsten diffusen Identität. Ich sammle sie schon seit Jahren. Während meiner Jahre in Polen habe ich damit begonnen und das Ganze durch meine Recherchen in Bibliotheken und Archiven sowie auf meinen zahlreichen Reisen in die Region weitergeführt. Diese Geschichten sind, so glaube ich, die beste Erinnerung daran, dass Osteuropa nicht nur ein Ort des Leidens ist, sondern auch eine eigene Kultur, die unendlich viel Faszination und Staunen birgt.

Hier sind einige dieser Geschichten, wie ich sie in meinen Notizbüchern festgehalten habe:

Aus einem Ausstellungskatalog: der tschechische Künstler, der seinen Pelzmantel an deutsche Soldaten verschenkte, die nach Stalingrad aufbrachen. Diese dramatische, aber unüberlegte Geste kostet ihn später seine Karriere, seine Familie und fast sein Leben.

Aus einem Film:[2] die rumänischen Zeitungsredakteure, die eines Tages ein offizielles Foto von Nicolae Ceauşescu und Valéry Giscard d'Estaing betrachteten und entsetzt feststellten, dass der rumänische Diktator viel kleiner war als der französische Präsident und – noch schlimmer – nicht einmal einen Hut trug. Um diesen potenziell verhängnisvollen Fehler zu korrigieren, klebten die Redakteure

Ceauşescu einen Hut auf den Kopf, bemerkten dann allerdings viel zu spät, dass er bereits einen Hut in der Hand hielt. Und so machte sich die Polizei auf, alle Ausgaben der Zeitung abzufangen und zu vernichten, die es bis in den Druck geschafft haben.

Aus einer literarischen Enzyklopädie: der gelehrte albanische Dichter, der nach der kommunistischen Machtübernahme zum Kulturminister seines Landes aufstieg, dann allerdings schnell mit dem furchterregenden Innenminister in Konflikt geriet. Der Dichter wurde zu jahrelanger Haft in einem berüchtigten Gefangenenlager verurteilt und kam frei, nachdem der Innenminister bei einer Säuberungsaktion zum Tode verurteilt wurde. Doch der Preis für die Freiheit des Dichters war seine Stimme. Er konnte nicht mehr veröffentlichen. Er durfte nicht einmal mehr sprechen. Die nächsten zwanzig Jahre arbeitete er als Lagerist in einer Provinzstadt, ohne auch nur ein Wort zu sagen. Wenn jemand versuchte, etwas zu ihm zu sagen, kniff der Dichter die Lippen zusammen, um das Gegenüber an sein Schweigegelübde zu erinnern. Jeder in der Stadt kannte seine Gedichte, aber niemand wagte es, sie laut auszusprechen, und als der Dichter starb, traute sich niemand, an seiner Beerdigung teilzunehmen. So wurde er im Beisein seiner Schwester, eines Totengräbers und zweier Geheimpolizisten bestattet.[3]

Und schließlich eine Geschichte von Jadwiga, der Tante meiner Mutter, die sie mir an dem Tag erzählte, an dem ich mich verlobte: Tante Jadwiga und Onkel Turnowski haben dreimal versucht, zu heiraten. Das erste Mal war 1940 in Minsk. Nur mit Mühe bekamen sie das Geld für die Gebühr zusammen. Auf dem Weg zum Standesamt trafen sie einen Freund von ihnen, Icek, der ihnen keuchend hinterherlief. Er brauche sofort Geld, denn in den Geschäften seien soeben Teekessel aufgetaucht. Sie gaben ihm das Geld, das eigentlich als Gebühr für die Heiratsurkunde gedacht war. Das musste einfach sein. Eine Hochzeit ließ sich immer verschieben, aber man wusste nie, wann wieder ein Teekessel erhältlich war.

Das zweite Mal versuchten sie in Tadschikistan zu heiraten, zwei Jahre später. Diesmal hatten sie Geld, und sie lebten bereits zusammen in einer kleinen Stadt, in der jeder jeden kannte. Als sie zum Standesamt gingen, wunderte sich der zuständige sowjetische Beamte, dass sie noch nicht verheiratet waren, da sie bereits zusammenlebten. Er sagte, dass die Reihenfolge falsch sei – sie hätten erst heiraten und dann zusammenleben sollen –, und verweigerte ihnen deshalb die Heiratserlaubnis.

Das dritte Mal war in Warschau nach dem Krieg. Onkel Turnowski hatte seine beiden Trauzeugen (einer von ihnen war derselbe Icek, der so dringend den Teekessel hatte kaufen müssen), und sie kamen zur vereinbarten Zeit im Standesamt an. Nur Jadwiga fehlte. Der Verlag, in dem sie arbeitete, ließ sie den Tag nicht freinehmen. Aber dieses Mal – endlich, nach sechs Jahren – haben sie es dann doch geschafft. Der zuständige Beamte erklärte sich bereit, die Heiratsurkunde auch ohne Braut zu unterschreiben.

Diese letzte Geschichte fängt für mich meine Großtante Jadwiga und ihre ganze Generation ein. Sie wurden in die Verwerfungen und Verheißungen des Ersten Weltkriegs hineingeboren und überlebten die Verheerungen des Zweiten Weltkriegs, ohne jemals die Zuversicht oder den Sinn für Humor zu verlieren. Sie maßen ihre Tage in Teekesseln und verpassten Terminen ebenso wie in Revolutionen, Invasionen und Kapitulationen. Das Folgende ist im Schatten dieser gigantischen Leben geschrieben.

TEIL I

GLAUBEN

KAPITEL 1

HEIDEN UND CHRISTEN

Ein großer Wald, voller lauernder Gefahren und gelegentlich schimmernder Schätze: So müssen die Gebiete Osteuropas den durchschnittlichen Römern zur Zeit von Kaiser Mark Aurel erschienen sein. Für sie waren die Länder nördlich der Reichsgrenzen weitgehend ein Mysterium. Mark Aurel selbst reiste 170 n. Chr. in die Region nördlich der Donau, um einen Krieg gegen eine Konföderation von Barbarenstämmen zu führen. Dort begann er mit seinen *Selbstbetrachtungen*, als er mit seinen Soldaten am Ufer des Flusses Hron in der heutigen Slowakei kampierte. Dieses Werk, ein Klassiker der stoischen Philosophie, ist möglicherweise das erste Stück Literatur, das in Osteuropa geschrieben wurde. Allerdings erwähnt Mark Aurel seine Umgebung darin nicht ein einziges Mal. Das sollte uns freilich nicht allzu sehr überraschen. In den Gebieten nördlich des Imperium Romanum gab es keine Städte, keine Schrift, keine Tempel und keine anderen Hinweise, die jemandem, der von der Mittelmeerküste kam, das Vorhandensein von zivilisiertem Leben angezeigt hätten. Für die Römer kamen aus diesen kalten und furchteinflößenden Gegenden genau zwei Dinge: schier unerschöpfliche Horden von Feinden und ein leichter, kostbarer Stein namens *electrum*, der Bernstein.

Ich hatte einmal eine Zigarrenkiste, die meinem Großvater gehörte. Sie war voll mit den rauen orangefarbenen Kieseln aus rohem Bernstein, die er mit meinem Vater an polnischen Stränden gesammelt hatte. An den Küsten der südlichen Ostsee, von Dänemark bis Estland, ist Bernstein ganz leicht zu finden: Man muss nur nach einem Sturm an den Strand gehen oder wissen, wo man im Sand graben muss. Die Wege, die diesen auf geheimnisvolle Weise leuchtenden Edelstein an die Küsten des Mittelmeers brachten, waren schon alt, als Mark Aurel seine Kriege führte. Ein Jahrhundert zuvor, während der Herrschaft Kaiser Neros, war ein römischer Ritter von einem Grenzposten im heutigen Österreich nach Norden aufgebrochen. Er hatte den Auftrag, so viel Bernstein mitzubringen, wie er kaufen konnte, denn der Kaiser brauchte ihn zur Verzierung seines neuen Kolosseums. Der Ritter reiste Hunderte von Kilometern nach Norden, bis an die Ostseeküste. Zum Erstaunen aller kehrte er mit einer Wagenladung Bernstein zurück, mit kürbisgroßen Stücken, die ausreichten, um das gesamte Amphitheater zu schmücken, bis hin zu den Knöpfen der Netze, die die Zuschauer vor den wilden Tieren in der Arena schützten.[1]

Der Bernsteinhandel zwischen der Ostsee und dem Mittelmeerraum reicht mindestens bis in die Bronzezeit zurück. In diesem Fall freilich hat der Handel die Verbindung zwischen den beiden Gebieten nicht gefördert. Im östlichen Europa selbst haben diese Reisen nur schwache Spuren hinterlassen, allenfalls ein paar zerbrechliche Relikte: Knöpfe einer Reitertracht, die an einem polnischen See gefunden wurden, ein Kavalleriehelm in einem litauischen Grab. Und Münzen – eine Unmenge an Münzen. Diese wurden in den Ländern, in die sie gelangten, nicht als Geld verwendet, sondern waren im wahrsten Sinne des Wortes Schätze – Zeichen aus einer anderen Welt. Es gibt in der russischen Enklave zwischen Polen und Litauen (eine Gegend, die besonders reich an Bernstein ist) alte Friedhöfe, auf denen jedes Grab mindestens einen glänzenden Messing-Sesterz enthält. Diese Münzen wurden neben den Kopf des Verstorbenen gelegt, in Gefäße aus der Rinde der heiligen Birke, als Bezahlung für einen mythischen baltischen Fährmann, dessen Name sich im Fluss der Zeit verloren hat.[2]

Aufblitzendes Silber, ausgegraben von einem Pflug: So sieht die antike Welt in den meisten osteuropäischen Ländern aus. Ansonsten: Schweigen. Die Geschichte beginnt hier erst mit dem Aufkommen des Christentums und damit des geschriebenen Wortes. Für die Zeit davor wissen wir kaum etwas mit Sicherheit. Das finstere Zeitalter ist hier wirklich finster: Nördlich der alten römischen Grenze ist es beinahe undurchdringlich. Aber auch südlich davon ist die Finsternis nur schwer zu durchbrechen. Als in den verzweifelten Jahrzehnten nach dem Untergang des Weströmischen Reiches im Jahr 476 n. Chr. die Slawen auftauchen, scheinen sie aus dem Nichts zu kommen und dann urplötzlich überall zu sein.

Heute werden die slawischen Sprachen in einem großen Teil Europas gesprochen, von Bulgarien und dem ehemaligen Jugoslawien im Süden bis Polen und ganz Russland im Norden. (Die wichtigsten Ausnahmen in diesem Block sind die Ungarn und die Rumänen, die eine finnougrische bzw. romanische Sprache sprechen, sowie die Balten – vor allem Litauer und Letten –, die einer eigenen Sprachfamilie angehören, die nur entfernt mit dem Slawischen verwandt ist. Am Rande der Region ist das Estnische eng mit dem Finnischen verwandt, während das Albanische zu einer eigenen Gruppe gehört.) Es handelt sich um ein riesiges Gebiet, von dem nur ein Teil schon früh von Slawen besiedelt gewesen zu sein scheint. Die ersten Erwähnungen der Slawen in antiken Quellen stammen jedenfalls vom Ende des 6. Jahrhunderts. Um das Jahr 1000 waren sie dann von Nordgriechenland bis an den Rand Finnlands überall zu finden.

Woher aber kamen die Slawen? Das ist für die Historiker eine verzwickte Frage, denn es gibt keine Lösung, dafür aber viele konkurrierende Thesen. Viele Jahrzehnte lang hing die Antwort auf diese Frage davon ab, wer man war. Die Russen behaupteten, die Slawen seien aus Russland gekommen, die Ukrainer sagten, sie seien aus der Ukraine gekommen, und die Polen sagten, sie seien aus Polen gekommen. Dann bildete sich eine Zeit lang ein lockerer

Konsens heraus, der die slawische Urheimat in Polesien ansiedelte, einer Region mit endlosen Feuchtgebieten, die sich über die gesamte Länge der Grenze zwischen der Ukraine und Belarus erstreckt. Man müsste es sich demnach so vorstellen, als ob die Slawen in großen ledernen Wathosen aus einem Sumpf auftauchten, das Wasser aus ihren Schnurrbärten tropfte und sie sich flugs bereit machten, Thessaloniki zu erobern, sobald sie sich nur abgetrocknet hatten.

Diese Ansicht wird inzwischen nicht mehr vertreten. Die modernste Theorie lautet, dass die Slawen aus dem heutigen Rumänien stammen (paradoxerweise gibt es dort heute keine Slawischsprecher mehr). Dieser Deutung zufolge taten sie sich zusammen, weil das Oströmische Reich dringend Arbeitskräfte brauchte, um die Festungen an der Donaugrenze zu besetzen. Vieles spricht für diese Ansicht, aber wir werden es nie mit Sicherheit wissen. Die frühen Slawen hatten nur wenige bemerkenswerte Anführer und keine bedeutenden Chronisten. Sie kamen nicht in einer Welle, sondern in einer Reihe von kleinen Strömen. Mit den Worten eines Historikers war es ein «undurchsichtiges Fortschreiten», das nur in sporadischen Momenten sichtbar war und von einer schwachen, flackernden Flamme erhellt wurde.[3]

Ähnliche Finsternis umgibt den Glauben der Slawen. Wir wissen nur sehr wenig über ihre Mythologie oder Rituale – nur, dass sie Heiden waren und eine Vielzahl an Göttern verehrten. Doch als die christlichen Priester kamen, um die alten Bräuche auszutreiben, hielt es niemand für sinnvoll, diese aufzuzeichnen. Eines der Paradoxa der Religionsgeschichte Osteuropas ist, dass das Heidentum dort so lange existierte und wir dennoch so wenig darüber wissen. Es gibt kein slawisches Äquivalent zu den großen Kompendien der nordischen Mythen, wie sie in der isländischen *Edda* erhalten sind, oder zu den keltischen Erzählungen, die im walisischen *Mabinogion* oder im irischen *Táin* gesammelt sind. Alles, was wir haben, sind Fragmente, aufgezeichnet von feindlichen Zeugen.

Eines der ersten derartigen Zeugnisse stammt (ausgerechnet!) aus Sizilien. Etwa um das Jahr 700 n. Chr. wurde eine Gruppe slawischer Krieger von der örtlichen Miliz gefangen genommen. Ein neugieriger Bischof fragte sie, woran sie denn glaubten. Mithilfe eines Übersetzers antworteten sie, sie würden «Feuer, Wasser und ihre eigenen Schwerter» verehren.[4] Siebenhundert Jahre später wurde das Großherzogtum Litauen immer noch von praktizierenden Heiden regiert, die etwas sehr Ähnliches glaubten. Litauen, ein riesiges Reich, das einen Großteil des heutigen Belarus und der Ukraine umfasste, war das letzte Land in Europa, das den alten Glauben aufgab. Als Großherzog Gediminas 1341 starb, bestattete man ihn mit der vollen, grausamen Pracht des heidnischen Ritus: Er wurde auf einem riesigen Scheiterhaufen zu Asche verbrannt, zusammen mit seinen Lieblingswaffen, Sklaven, Hunden und Pferden und als Dreingabe ein paar deutschen Kreuzrittern. Als das alles Feuer fing, heulten Gediminas' heidnische Mitstreiter vor Kummer auf und bewarfen die Flammen mit den Krallen von Luchsen und Bären.

Zweihundert Jahre später war von diesem heidnischen Glauben kaum noch etwas übrig. Polnische und litauische Chronisten konnten sich allenfalls an ein paar heilige Namen erinnern. In der Renaissance begannen humanistische Gelehrte, sich einen Spaß daraus zu machen, immer ausgefeiltere Götterhimmel für ihre heidnischen Vorfahren zu erfinden. So fügten sie den alten Göttern des Donners, des Viehs und des Getreides Gottheiten hinzu, die für Schweine und Ehefrauen zuständig waren, einen Gott (und eine Göttin) der Bienenzucht sowie bescheidenere Geister, die über so ziemlich alles, von den Haselnüssen bis zur Hefe, wachten.

Keine dieser Gottheiten war real. So gut wie alles, was jemals über die alte Religion der Balten und Slawen geschrieben wurde, ist falsch. Das meiste davon beruht auf wenigen, späten Beobachtungen, verbunden mit den feindseligen Aussagen von Außenstehenden. Alles, was vorgibt, ein Mythos zu sein, ist reine Erfindung. Abgesehen von den Namen einiger Gottheiten und einigen wenigen, spärlichen archäologischen Funden ist nichts klar. Was können wir also mit Gewissheit über diese Götter sagen? Nur drei Dinge: dass sie in Bäumen lebten, dass sie durch Pferde zu den Menschen sprachen und dass sie den Geruch von frisch gebackenem Brot mochten.

Das Heidentum der Balten und Slawen war eine Freiluftreligion[5]. Ihr eigentlicher Tempel war der Wald. Bei den meisten Heiligtümern handelte es sich schlicht um Haine oder große Bäume, die an und für sich schon einen besonderen Ruf genossen. Auf einer Insel im Fluss Dnjepr stand einst eine riesige Eiche, die von den Vorbeikommenden mit Pfeil-, Fleisch- und Brotopfern verehrt wurde. Noch bis vor Kurzem opferten Frauen in Polesien in der heutigen Ukraine jedes Jahr zu Ostern der untergehenden Sonne speziell gebackenes Brot und beteten vor einem heiligen Baum für eine gute Ernte.[6] Darin klang ein jahrtausendealter Brauch nach, der sich bis 1986 hielt, als die Katastrophe von Tschernobyl das Land verwüstete und die Bewohner dazu zwang, anderswo Zuflucht zu suchen.

Die heidnischen Preußen – ein Baltenvolk – beteten in Hainen von heiligen Eichen. Jeder Hain hatte seine eigenen Priester und spezielle Opfergaben. Er war Versammlungsort, Heiligtum und Orakel. Solange der Götterkult noch lebendig war, stellten seine Anhänger den Bäumen und Seen, die sie verehrten, Fragen, meist über ihre Feinde. Die Götter sprachen durch die Landschaft, die sie bewohnten, doch der einfachste Weg, sie direkt zu befragen, war, ihren Geist rittlings auf ein Pferd zu setzen. Wenn die Slawen, die an der Odermündung lebten, in den Krieg ziehen wollten, befragten sie ein heiliges Pferd, indem sie es an einer Reihe in den Boden gesteckter Speere vorbeilaufen ließen. Wenn es die Speere nicht beachtete, machten sie sich auf in den Krieg.[7]

Als das Christentum immer näher rückte, ergaben sich für die

Heiden des südlichen Baltikums zahlreiche Gelegenheiten, in den Krieg zu ziehen. Zwei Jahrhunderte lang, von etwa 1200 bis 1400 n. Chr., waren die südöstlichen Küsten der Ostsee Schauplatz eines blutrünstigen christlichen Kreuzzugs. Er wurde von den Deutschherren angeführt, einem Orden von (meist) deutschen Rittern, die gerade aus dem Heiligen Land zurückgekehrt waren und einen neuen Schauplatz für einen heiligen Krieg suchten. Von Nordpolen bis Estland predigten sie das Wort Gottes mit «eiserner Zunge» (um eine Formulierung Karls des Großen aufzugreifen). Überall waren die Kämpfe brutal. In Preußen kam es zu einem regelrechten Vernichtungskrieg, der mit dem Verschwinden der Preußen als Volk und dem Aussterben ihrer Sprache endete.

Hier lief die Christianisierung im Grunde auf eine Form der Kolonisierung hinaus. In einem Vorgeschmack auf das, was eines Tages in der Neuen Welt geschehen sollte, wurde das gesamte Gesellschaftssystem des mittelalterlichen Europas gewaltsam auf jungfräuliches Gebiet verpflanzt. Das osteuropäische Heidentum war eine Religionsform, die eng mit ihrem Ort verbunden war. Ihre Gesetze reichten nur so weit wie der Lauf eines einzelnen Flusses oder der Schatten eines bestimmten Baumes. Das Christentum hingegen war ein missionarischer Glaube. Es wollte die ganze Welt nach seinen Vorstellungen umgestalten. Es griff in Wellen an. Zuerst kamen die Missionare, um die heiligen Haine abzuholzen. Dann kamen die Kreuzritter, um die Macht der alten Stammesführer zu brechen und ihre Anhänger zu massakrieren. Nach getaner Schlächterarbeit kamen schließlich die christlichen Grundbesitzer, um die getauften Überlebenden zu Leibeigenen zu machen.

Die *Chronik* Heinrichs von Livland ist unsere beste Quelle dafür, wie sich dieser Krieg für die Beteiligten angefühlt haben muss. Heinrich von Livland war ein sächsischer Priester, der schon in jungen Jahren in Diensten von Bischof Albert von Buxhöveden stand, einem der Anführer bei der Eroberung des heutigen Lettlands. Im

Jahr 1200 brach Albert von Hamburg aus mit einer Flotte von Schiffen und Soldaten auf und landete an der Stelle des heutigen Riga. Das sollte Alberts Bischofssitz werden, wenn er das Gebiet erobern und bekehren konnte.

Heinrichs *Livländische Chronik* ist die Geschichte dieser Eroberung. Sie wird in der ersten Person über zwei Jahrzehnte hinweg erzählt und ist in den Gebieten des heutigen Lettland und Estland angesiedelt. Es ist eine Geschichte, die inmitten unberührter Wälder, gefrorener Flüsse und tiefen Schnees spielt. Sie ist durchsetzt von schrecklicher Gewalt: Enthauptungen, Verstümmelungen, Ausweidungen. Männer werden bei lebendigem Leib verbrannt, und ihre Herzen werden gegessen, um an die Lebenskraft ihrer Besitzer zu kommen. Selbst unter den zum Christentum Bekehrten geht es drunter und drüber. Sobald die christliche Flotte, die sie bekehrt hat, wieder weg ist, stürzt sich eine Gruppe von Heiden in den nächsten Fluss, um sich die soeben empfangene Taufe wieder abzuwaschen. Dann hauen sie um, was ihnen als Götzen der Christen erscheint, und lassen all diese Dinge auf einem Floß zu Wasser, damit sie ihren abgereisten Herren hinterherfahren. Anderswo, in Estland, revoltieren die Heiden und entledigen sich der Herrschaft der Priester. Sofort danach stürmen sie auf die Kirchhöfe, um ihre Toten auszugraben und sie nach altem Brauch zu verbrennen.

Als besonders schwer auszurotten erwies sich der alte Kult der Bäume. Als Geistliche in Estland den schönen, dem Gott Tharapita geweihten Wald fällten, waren die Einheimischen erstaunt, dass die Bäume nicht wie Menschen bluteten. Als Missionare in Nordpolen das Gleiche versuchten, schlugen ihnen die Preußen die Köpfe ab. In Pommern, nahe der Grenze zwischen Polen und Deutschland, galten den dortigen Stämmen zwei Bäume als besonders heilig: ein prächtiger alter Nussbaum und eine riesige grüne Eiche mit einer Quelle darunter. Die Heiden konnten die Priester davon überzeugen, die beiden Bäume vor dem Abholzen zu verschonen, indem sie versprachen, zum Christentum zu konvertieren. Sie schworen feierlich, dass sie die Bäume von nun an nicht mehr verehren, sondern nur noch in ihrem Schatten ausruhen und ihre Schönheit genießen würden.[8]

Trotz der von den Kreuzrittern verübten Gewalt verschwanden die alten Bräuche nie ganz, sondern wurden ins Geheime gedrängt oder nahmen eine wie auch immer geartete christliche Tarnung an. Mancherorts schlossen die Heiden einfach einen Pakt mit ihren Eroberern, um ihre Traditionen beizubehalten. Im Westen Lettlands trafen die Deutschordensritter eine Vereinbarung mit einigen örtlichen Verbündeten, die als die «Kurischen Könige» bekannt wurden. Als Gegenleistung für die Unterstützung im Kampf gegen ihre heidnischen Brüder erhielten die Könige (eigentlich nur eine Gruppe freier Bauern) zwei Privilegien. Das erste bestand darin, dass sie ihre Toten weiterhin einäschern durften, eine Gewohnheit, die von den christlichen Ordensbrüdern schon seit Langem angeprangert wurde. Das zweite war, dass sie ihren heiligen Hain nicht abholzen mussten. Dieser Wald, von sieben Dörfern gemeinsam verehrt, war unantastbar. Dort durfte kein Reisig gesammelt werden, und die Jagd war nur einmal im Jahr, zur Wintersonnenwende, erlaubt. Alles erlegte Wild wurde bei einem großen Fest gemeinsam verspeist, bei dem viel Bier getrunken und die ganze Nacht durchgetanzt wurde. Das Ganze war eine wilde Jagd, deren Trophäen den Göttern gehörten.[9]

Spuren dieses Waldes, in dem die Kurischen Könige ihr Festmahl abhielten, haben sich bis heute erhalten. Ein Teilstück wird als Elka-Hain bezeichnet und befindet sich einige Kilometer südlich der Stadt Kuldīga in Lettland. Noch bis weit ins 20. Jahrhundert hinein war es verboten, in dem Hain Feuer zu machen oder Äste abzubrechen. Jeder, der dieses Tabu brach, riskierte entweder einen Brand oder den Tod. Nach einer Beerdigung im Dorf wurde diese Regel jedoch aufgehoben. Alle gingen in den Hain, brachen einen

Zweig ab und sangen: «Sterbt nicht, ihr Leute, auf dem Hügel [d.h. auf dem Friedhof] ist kein Platz mehr!»

Heute sind die sieben Dörfer der Kurischen Könige weitgehend entvölkert, Opfer der sowjetischen Bodenreformen und der massenhaften Auswanderung in den Westen. Ihr letzter heiliger Hain existiert jedoch noch. Es handelt sich um ein kleines Waldstück zu beiden Seiten der Landstraße zwischen Kuldīga und Aizpute. In der Hoffnung, eine materielle Spur des Glaubens zu finden, an dem die Menschen hier so viele Jahrhunderte lang so hartnäckig festgehalten hatten, begab ich mich an einem leicht nieseligen Juli-Tag auf die Suche danach. Eine Kombination aus Dauerregen und langen, nördlichen Tagen hatte die Landschaft in ein unheimliches, moosfarbenes Grün getaucht. Als die Sonne nach dem dritten Regenschauer in ebenso vielen Stunden herauskam, stieg Dampf von der Straße und den hohen Bäumen auf, die die nahen Hügel bekrönten. Ein Kranichpaar putzte sich am Rande eines Stoppelfeldes, während Störche geruhsam schreitend in den frisch gepflügten Furchen nach Nahrung suchten.

Ich wünschte, ich könnte sagen, dass ich in diesem Hain die Anwesenheit der alten Götter des Feldes, des Waldes, des Felsens und des Flusses gespürt habe, aber das wäre gelogen. Der Hain selbst ist sehr klein, nur ein paar Hektar groß. Seine Bäume, eine Mischung aus kräftigen Linden und dürren Birken, sehen aus wie ein Hinterhofdickicht. Die Aizpute-Autobahn verläuft wie eine Wunde mitten durch ihn hindurch. Aus der Ferne wirkt er dennoch ungeheuer mächtig. Der Wald von Elka steht auf einer Anhöhe, wodurch er ein klein wenig den Eindruck erweckt, als würde er über der umgebenden Landschaft schweben. Wenn man vom nächstgelegenen Dorf hinaufschaut, scheinen die Kronen der Bäume mit den Wolken zu verschmelzen. Wer kann schon mit Sicherheit sagen, welche Stimme spricht, wenn der Wind durch die Blätter rauscht?

Im heutigen Estland, Lettland, Nordpolen und dem ehemaligen

Ostpreußen wurde das Christentum mit Gewalt durchgesetzt. Die einzige Ausnahme unter den baltischen Ländern bildete Litauen, wo es den litauischen Herzögen gelang, die Kreuzritter zu bekämpfen und aufzuhalten, wodurch sie bis zum Ende des 14. Jahrhunderts an ihrem heimischen Glauben festhalten konnten. 1387 konvertierten sie schließlich doch, als Großfürst Jogaila die polnische Königin Jadwiga heiratete und damit die Polnisch-Litauische Union einleitete; diese sollte bis 1795 Bestand haben, als beide Länder von ihren imperialen Nachbarn von der Landkarte gefegt wurden.

Für Jogaila war die Christianisierung der Preis für ein Bündnis. Das christliche Polen und das heidnische Litauen hatten mit dem Deutschen Orden einen gemeinsamen Feind. Der alte Kreuzritterorden hatte sich längst von seinen Ursprüngen entfernt und führte nur noch Eroberungskriege, ohne Rücksicht darauf, ob seine Feinde christlich oder heidnisch waren. Als König Władysław Jagiełło (sein neuer, christlicher Name) gelang es Jogaila, genügend Männer aufzubieten, um 1410 in der Schlacht von Grunwald die militärische Macht der Ritter zu brechen.

Die Konversion Litauens war eine politische Entscheidung. In früheren Jahrhunderten hätte man das Gleiche für die Polen, Tschechen (wenn auch getrennt, als Böhmen und Mährer), Ungarn, Bulgaren und Serben sagen können. Im Gegensatz zu den heidnischen Balten waren das starke Staaten, die zu mächtig und zu weit von ihren christlichen Nachbarn entfernt waren, um mit Gewalt bekehrt zu werden. Und doch nahmen sie alle zwischen 800 und 1000 n. Chr. das Christentum an. Mojmir von Mähren bekehrte sich im Jahr 831, Khan Boris von Bulgarien 864, Bořivoj von Böhmen 884 und Mieszko von Polen 966. Der heilige Stephan von Ungarn, der bereits Christ war, besiegte 997 einen heidnischen Verwandten, um das Christentum in seinem Reich durchzusetzen. Für all diese Herrscher war die Christianisierung eine Möglichkeit, Politik auf europäischer Ebene zu betreiben. Es war ein Signal an die rivalisierenden Reiche, sie auf dem Schachbrett der Heiratspakte und Militärbündnisse, die das große Spiel der europäischen Diplomatie bestimmten, als Gleichberechtigte zu behandeln. Doch woher bezogen diese frühen Könige und Herzöge überhaupt ihre Macht?

In den meisten osteuropäischen Ländern beginnt die Geschichtsschreibung erst mit der Konversion. Damit begannen aber auch die Lügen. Angeheuerte Chronisten – meist westliche Mönche – sponnen fromme Mythen darüber, woher ihre Herren ihre Krone hatten. Da gab es die weise Königin Libuše, die die Tschechen mittels Prophezeiungen regierte und den künftigen Glanz Prags voraussagte. Sie hörte sich Klagen an und sprach von ihrem prächtigen, komfortablen Bett aus Recht. Obwohl sie klug und gerecht war und in die Zukunft sehen konnte, waren die Männer aus der Sippschaft unzufrieden mit ihrer Herrschaft. Sie wollten einen Mann. Libuše verspottete die Tschechen wegen ihrer Engstirnigkeit, willigte aber schließlich ein. Sie würde einen großen König heiraten und sich seinem Urteil unterwerfen. Da sie eine Prophetin war, sagte sie den Herren auch gleich, wo sie diesen Gatten finden konnten.

Ihr zukünftiger Ehemann hieß Přemysl und pflügte gerade mit zwei Ochsen ein Feld mitten im Wald. Als die Boten Libušes ihn fanden, lud er sie in seine Hütte zu einer Mahlzeit aus schimmeligem Brot und altem Käse ein. Darauf wurde er an Libušes Bett gerufen, man vermählte die beiden, woraufhin sie sich betranken und Sex hatten. Die Dynastie, die sie so gründeten, währte vierhundert Jahre lang. Přemysl, der Pflüger, war nun Fürst, vergaß aber nie, woher er kam. Seine abgenutzten Bastschuhe bewahrte er immer ganz in seiner Nähe in der Schatzkammer in Vyšehrad auf.

Bevor die Polen ihre Gründungsdynastie bekamen, litten sie unter der Herrschaft von König Popiel, der so böse war, dass seine Untertanen ihn in einen Turm jagten, wo er von Mäusen aufgefressen wurde. Sein Nachfolger auf dem Thron war ein gastfreundlicher Stellmacher namens Piast. Berühmt wurde er dadurch, dass er einigen durstigen Reisenden Bier spendierte und sie zu einem Fest einlud. Seine Nachkommen regierten Polen ebenfalls für die nächsten vier Jahrhunderte.

Ein Krug Bier, ein Stück verschimmeltes Brot, eine Käserinde – das sind die mythischen Schwerter der Slawen. Diese Geschichten von bescheidenen Bauern und Handwerkern, die zu Königen aufsteigen, haben etwas sympathisch Demokratisches an sich. (Im Gegensatz dazu führte die türkische Dynastie, die über die Bulgaren herrschte, ihre Abstammung auf Attila den Hunnen zurück, während die ebenfalls nicht slawischen Árpáden von Ungarn behaupteten, von einem riesigen mythischen Vogel abzustammen.) Leider sind das alles Märchen. Die wahre Geschichte der Ursprünge der osteuropäischen Königreiche steht nicht in den Chroniken, sondern ist im Boden aufgezeichnet. Es ist eine Geschichte, die bis heute Stück für Stück ans Licht kommt.

2007 stießen Archäologen beim Ausbau der polnischen Autobahn A1, die nördlich von Warschau verläuft, auf einen Friedhof. Er stammte aus der Mitte des 10. bis Anfang des 11. Jahrhunderts, also aus der Zeit, als Polen christlich wurde und seine Herrscher erstmals die europäische Bühne betraten. Den Ausgräbern fielen schnell Merkwürdigkeiten der einzelnen Grabstätten auf. Die Leichen waren nicht eingeäschert, wie auf heidnischen Friedhöfen üblich, aber sie waren auch nicht nach Osten ausgerichtet, wie das auf christlichen Friedhöfen der Fall gewesen wäre. Stattdessen waren sie in Nord-Süd-Richtung zur letzten Ruhe gebettet, was sonst nur bei Wikingergräbern der Fall ist. Die Frauen wurden mit feinem Schmuck bestattet, mit Glasperlen, dazu Gold aus den königlichen Werkstätten von Bagdad und Byzanz. Die Männer waren mit prächtigen ausländischen Waffen versehen, beispielsweise fränkischen Breitschwertern oder chasarischen Beilen. Untersuchungen der Skelette bestätigten, dass die meisten Toten aus Skandinavien stammten, einige aber auch aus weiter entfernten Gebieten wie Zentralrussland im Osten und dem westlichen Norditalien.

Wer waren diese Menschen? Höchstwahrscheinlich handelt es sich um Mitglieder der polnischen königlichen Leibgarde, von der wir aus arabischen Quellen wissen, dass die ersten polnischen Könige sie mit Gunstbezeigungen überschütteten. Und das war auch gut so, denn sie bildeten die Stütze und das Fundament ihrer Herrschaft. Die Herzöge brauchten diese umherziehenden Experten in Sachen Gewalt, weil die eigentliche Quelle ihres Reichtums nicht aus der Besteuerung der Bauern stammte, sondern aus dem innerkontinentalen Sklavenhandel, der größten verfügbaren Ressource von Reichtum in der finsteren Zeit des 9. und 10. Jahrhunderts. Es ist kein Zufall, dass dieser Handel gerade da, als Böhmen, Mähren und Polen zu Staaten wurden, seinen Höhepunkt erreichte. Die Händler waren Christen, Juden und Muslime, die Gefangenen (meist) Heiden. Die Käufer kamen vor allem aus den silberreichen islamischen Kalifaten des Irak und Andalusiens. Dort waren Sklaven aus bestimmten Regionen sehr begehrt. Slawen wurden wegen ihrer Fähigkeiten als Haushaltssklaven besonders hoch geschätzt, Eunuchen galten als die besten. Einem zeitgenössischen Handbuch zufolge werde ein unkastrierter Sklave immer grob und einfältig bleiben, während ein kastrierter Sklave zu allen Raffinessen fähig sei.[10]

Die Geschichte des slawischen Sklavenhandels wurde größtenteils nicht in schriftlichen Quellen festgehalten; sie muss in der Erde gelesen werden. Horte arabischen Silbers, die überall von Schweden bis Böhmen vergraben sind, zeichnen die Schwankungen in den Fernhandelsnetzen nach, die Gefangene aus dem Norden nach Süden auf die Märkte von Bagdad und Córdoba brachten.

Zwei konkurrierende Handelsrouten, die beide menschliche Fracht lieferten, scheinen zur gleichen Zeit in Betrieb gewesen zu sein. Die eine führte von Nowgorod im Norden Russlands nach Süden zum Kaspischen und Schwarzen Meer; in Russland wurden die Sklaven auf Einbäume verladen und flussabwärts zur Krim und zu den südlichen Ausläufern der Wolga gepaddelt. Die andere führte auf dem Landweg von der Ostsee zum großen Sklavenmarkt von Prag: In Polen und Böhmen führten keine Flüsse durch die Karpaten, weshalb die Gefangenen marschieren mussten. Als die Archäologen diese spätere Route Richtung Süden verfolgten, erkannten sie etwas, das ihnen schon seit Jahrzehnten als Rätsel vor Augen stand: die Funktion der riesigen, scheinbar unbewohnten Festungsanlagen, die bisher unklar war. Es handelte sich um Lagerplätze, die errichtet wurden, um Sklaven in großer Zahl unterzubringen, ehe dann die Zeit kam, dass die Karawane gen Süden weiterziehen konnte.

Der hl. Adalbert befreit Christensklaven. Die seltene Darstellung des osteuropäischen Sklavenwesens findet sich an der Bronzetür des Doms zu Gnesen aus dem 12. Jahrhundert. Adalbert (pol. Wojciech, tsch. Vojtěch), Bischof von Prag, wurde 997 auf Missionsreise an der Ostsee erschlagen.

Polen und die tschechischen Reiche Böhmen und Mähren entstanden aus diesen Karawanenwegen. Ihre ersten Herrscher waren Gewaltunternehmer, die ihren Reichtum durch Raubzüge in den umliegenden Gemeinden erwarben und die dort lebenden Menschen – in Ketten – in die großen Imperien des Mittelmeerraums und des Nahen Ostens exportierten. Kein Wunder, dass ihre Propagandisten Geschichten von ehrlichen Pflügern und bescheidenen Stellmachern erfanden, wo doch die wahre Grundlage ihrer Macht darin bestand, das eigene Volk zu versklaven und es auf den großen Märkten von Venedig und Córdoba zu verkaufen, so wie die ersten Fürsten der Rus ihr Vermögen machten, indem sie ebendiesen Handel nach Bagdad und Konstantinopel organisierten.

Russland, Polen sowie die tschechischen Gebiete Böhmen und Mähren wurden alle zu Staaten, indem sie Handel mit Waffengewalt verbanden. Im Gegensatz dazu betrieben die ersten Stammesfürsten Ungarns und Bulgariens offene Plünderei. Beide Völker waren ursprünglich Nomaden, die aus den Steppenregionen Südrusslands stammten. Als Verbände von Reiterkriegern kamen sie wie ein Blitz nach Europa. Ab dem 7. Jahrhundert drangen die Bulgaren tief in das Byzantinische Reich vor und gründeten schließlich südlich der Donau ihr eigenes Stammeskönigreich.

Die Ungarn (oder, auf Ungarisch, Magyaren) tauchten erst rund zweihundert Jahre später auf. Zunächst mit den Bulgaren verbündet, verließen sie schon bald den Balkan und unternahmen verheerende Raubzüge tief hinein nach Westeuropa. Sie waren ein furchterregender Haufen. Ein Chronist beschreibt, wie einer ihrer ersten Herzöge die Köpfe seiner Feinde zertrümmerte, als wären es «reife Kürbisse».[11] Selbst die Herrscherinnen der Magyaren waren wild: Von einer frühen Königin heißt es, sie sei eine «harte Trinkerin gewesen, die wie ein Ritter auf dem Pferd saß und einen Mann mit bloßen Händen tötete». Aber sogar diese hartgesottenen Krieger folgten schließlich ihren heidnischen Brüdern in den christlichen Schoß.

Für die verschiedenen bekehrten Stammesführer, die zu den ersten christlichen Königen Osteuropas wurden, war die Konversion eine pragmatische Entscheidung, die jedoch echte spirituelle Konsequenzen hatte. Wie kompliziert dieser Übergang sein konnte, geht aus einem Brief hervor, den der Bulgaren-Khan Boris im Jahr 866 an Papst Nikolaus schickte. Zu diesem Zeitpunkt lebten die Bulgaren bereits seit über zweihundert Jahren in Europa. Sie waren allmählich mit ihren slawischen, agrarisch geprägten Nachbarn verschmolzen, hielten aber immer noch vehement an den alten Steppenbräuchen fest – darunter auch am Heidentum. Als Khan Boris darüber nachdachte, welcher Kirche er sich anschließen sollte, der östlichen Orthodoxie oder dem römischen Katholizismus, wollte er zunächst die Einzelheiten des neuen Glaubens verstehen. Also erstellte er eine Liste mit Fragen an den Papst. Durften Männer als Christen noch Hosen tragen? Und war das Frauen gestattet? Wie viele Ehefrauen durfte ein Mann haben? War Sex nach einer Schwangerschaft oder während der Fastenzeit erlaubt? Waren Eide, die auf Schwerter geleistet wurden, noch bindend? Durften Männer freitags baden? Durften in der Kirche Turbane getragen werden? War es noch erlaubt, seine Wunden mit einem Zauberstein zu heilen?[12]

Der Papst beantwortete Punkt für Punkt jede der Fragen von Khan Boris: Hosen, Bäder und Turbane waren in Ordnung, Zaubersteine und Polygamie weniger. Diese Antworten gefielen dem Khan offenbar besser als die Antworten aus Konstantinopel. Nichtsdestotrotz entschied er sich schließlich für die Seite der Griechen. Der ausschlaggebende Faktor war ein politischer. Die byzantinischen Kaiser waren viel näher und besser bewaffnet als die weit entfernten Römer. Ähnliche Überlegungen bestimmten die Christianisierung der gesamten Region. Im 9. Jahrhundert folgte Serbien den Bulgaren in den byzantinischen Orbit.

Im Jahr 987 n. Chr. schlossen sich ihnen die Fürsten von Kiew an. Für diese halb wikinger- und halb slawenstämmigen Kriegsherren war die Anziehungskraft des byzantinischen Christentums gleichermaßen ästhetischer wie politischer Natur. Als man ihnen den Zutritt zu den Kirchen von Konstantinopel gestattete, waren die Rus-Fürsten sprachlos vor Staunen. Ein späterer Chronist berichtete, sie hätten beim Betreten der Hagia Sophia nicht gewusst, «ob wir auf Erden oder im Himmel wären», und sofort erkannt, dass «dort Gott unter den Menschen wohnt».[13]

Die Fürsten der Kiewer Rus schlugen sich also auf die Seite der Schönheit (wobei durchaus hilfreich war, dass Konstantinopel auch ihr wichtigster Handelspartner war). Anderswo bestimmten eher weltliche Überlegungen das Geschehen. Für die Tschechen, Kroaten und Polen kam die große Bedrohung ihrer Unabhängigkeit aus dem Westen, in Form des Frankenreiches und seines Nachfolgers, des deutsch dominierten Heiligen Römischen Reiches. Beide Gebilde folgten dem katholischen Glauben. Für die slawischen Königreiche war die direkte Hinwendung nach Rom deshalb eine Verteidigungsmaßnahme. Sie gab ihnen die Möglichkeit, ihre eigenen christlichen Institutionen zu entwickeln, anstatt sie von einem deutschen Kaiser aufgezwungen zu bekommen.

Diese Entscheidungen, die von den besonderen politischen Umständen des 9. und 10. Jahrhunderts geprägt waren, hatten weitreichende Folgen. Sie führten dazu, dass Osteuropa zu einem Grenzgebiet zwischen den rivalisierenden Christenreichen Rom und Byzanz wurde. Die Trennlinie zwischen Orthodoxen und Katholiken verlief mitten durch viele Staaten und bot jahrhundertelang Anlass zu Unruhen. Noch bis ins 20. Jahrhundert hinein führten die durch dieses Schisma hervorgerufenen Spannungen dazu, dass Nationen zerfielen und in Flammen aufgingen. Doch für die ersten christlichen Herrscher Osteuropas lag dies alles noch in unvorstellbarer Zukunft. Ihre unmittelbare Sorge galt der Frage, wie sie das Christsein in den Alltag ihrer Untertanen einbinden konnten.

Denn damit das Christentum von Dauer sein konnte, musste

es zunächst vor Ort verankert werden. Die einfachste Möglichkeit dazu bestand darin, ein paar einheimische Heilige ausfindig zu machen und um sie herum einen Kult aufzubauen. Gut war es, wenn diese Heiligen einige Reliquien hinterlassen hatten, die in königliche Hände übergehen konnten, und noch besser, wenn sie selbst der königlichen Familie angehörten. Das hatte den doppelten Vorteil, dass es der Dynastie intern Legitimität verschaffte und gleichzeitig der christlichen Welt gegenüber ein schönes Zeichen des Glaubens setzte.

In Ungarn war der Gründungsheilige der erste christliche König, der heilige Stephan, der sich seine Heiligkeit durch die Ermordung seines heidnischen Onkels verdiente. Auch in Serbien war der große heilige Sava ein Königssohn, der vor seinen Pflichten als Provinzgouverneur floh, um Mönch auf dem Berg Athos zu werden, und sich im Laufe der Zeit zu einem polyglotten Gelehrten und genialischen Verkünder des heiligen Wortes entwickelte. In Böhmen wurde ebenfalls ein königlicher Jüngling, ein Mitglied des Herrscherhauses namens Wenzeslaus, verehrt.

Von seinen Hagiografen wurde Wenzel als ein außergewöhnlich frommes Kind beschrieben. In den Nächten verließ er oftmals seine Gemächer in der königlichen Burg, um heimlich auf die nahe gelegenen Felder zu gehen. Dort erntete er im Mondschein Getreide, das er mahlte und zu Mehl sieben ließ, aus dem er dann Oblaten für die heilige Messe buk. In anderen Nächten unternahm Wenzel Spaziergänge im Weinberg des Schlosses, um Trauben zu sammeln, die er dann ebenfalls zu Messwein verarbeitete.[14] Diese nächtlichen Streifzüge dauerten an, bis Wenzel mit gerade einmal achtundzwanzig Jahren von seinem Bruder Boleslav dem Grausamen ermordet wurde.

Der heilige Adalbert (Wojciech auf Polnisch, Vojtěch auf Tschechisch), der erste Schutzpatron Polens, war ebenfalls ein hochgeborener Tscheche. Vojtěch wurde schon in jungen Jahren für das Priesteramt ausgebildet und bewegte sich bald in den höchsten Kreisen des Klerus. Noch in seinen Dreißigern wurde er Bischof von Prag und machte sich bald darauf unbeliebt, weil er in seinen Predigten gegen die Polygamie und die tschechische Gewohnheit, Christen zu versklaven, wetterte. Bald musste Adalbert zurück an den deutschen Kaiserhof fliehen, von dem er gerade gekommen war. Dort wusste niemand so richtig, was man mit ihm anstellen sollte. Adalbert verbrachte seine Tage mit Gebet und Studium. Nachts stand er auf, wenn alle noch schliefen, und putzte dem gesamten kaiserlichen Hof die Schuhe – ein Akt, der in seiner Bescheidenheit durchaus liebenswert, aber nicht gerade dazu angetan war, sein Ansehen zu steigern.[15] Schließlich wurde beschlossen, dass Adalbert Missionar werden sollte. Im Jahr 997 reiste er nach Norden an die Ostsee, um sich dort um die heidnischen Preußen zu kümmern. Diese fanden ihn anmaßend und schwer zu verstehen und schlugen ihm den Kopf ab. Der König von Polen löste seinen Körper gegen sein Gewicht in Gold aus, woraufhin sein Geist nützliche Wunder zu vollbringen begann.[16]

Fromme Schlaflose, grausam ermordet: Das waren die Heiligen der frühen katholischen Herrschaft, die wegen ihrer Nähe zur Macht und wegen der numinosen Kraft, die ihre Reliquien einer ansonsten heidnischen Landschaft verleihen konnten, ausgewählt wurden. Um der Politik willen heiliggesprochen, haben sie immer nur laue Verehrung erfahren. Weiter südlich, in der orthodox-christlichen Welt des Balkans, war der Heiligenkult deutlich ausgeprägter, vor allem weil er eine tiefere Verbindung zur heidnischen Vergangenheit bewahrte. Hier übernahmen die Heiligen zahlreiche Funktionen ebender Götter, die sie ersetzt hatten.

Der heilige Elias, der als Donnerer bekannt ist, brachte Blitze und Stürme, ähnlich wie Zeus oder der slawische Perun in vergangenen Zeiten.[17] Der heilige Theodor half jedes Jahr, den Sommer herbeizubringen, indem er mit seinen zwölf Reitern den Sonnenwagen lenkte.[18] Gleiches tat der heilige Bartholomäus, wenn der Herbst in den Winter überging. Auf diese Weise spielten die Heiligen eine wichtige Rolle als Vermittler im Gang der Jahreszeiten, dem großen Drama, das das Leben aller Agrargesellschaften strukturierte.

Jedes Jahr wurde die Sonne am Himmel groß und heiß und ließ die Ernte reifen, und jedes Jahr wurde sie in der Mitte des Winters so klein und kalt, dass es den Anschein hatte, als würde das Leben nie wieder auf die gefrorenen Felder zurückkehren. Und doch hing alles von ihrer Rückkehr ab. Das war alles andere als selbstverständlich. Denn die Sonne und der Frühling hatten ihre Feinde, gegen die Helden nottaten. Jedes Jahr im Winter versuchte ein Drache, die Sonne zu verschlingen, und so mussten der heilige Elias und der heilige Georg jedes Jahr in die Unterwelt reisen, um sie wieder zu befreien.

Im Sommer verbündeten sich verschiedene übernatürliche Kräfte und versuchten, die Pflanzen ihrer Fruchtbarkeit zu berauben, Getreide zu stehlen oder es durch Hagel zu verderben. Diese höllischen Gegner konnten die Gestalt von Schlangen, Drachen, Werwölfen oder Hexen annehmen. Manchmal kämpften Heilige gegen sie, doch meistens hielt man es für das Beste, Feuer mit Feuer zu bekämpfen.

Hinter der Sonne und unter der Erde kämpften Ungeheuer gegen Ungeheuer um die Herrschaft über die Erde und den Himmel. In ganz Osteuropa gab es «gute Werwölfe» und «gute Drachen» (meist in Menschengestalt), die über ihre Gemeinschaften wachten und vor den Mächten des Bösen schützten, welche sie von außen bedrohten. Aus der Sicht des traditionellen Glaubens machte das Sinn; Angehörigen der christlichen Elite war es schwerer zu erklären.

Im Jahr 1692 wurde ein Mann namens Thiess in der lettischen Stadt Jaunpils (das damals Jürgensburg hieß) wegen Ketzerei vor Gericht gestellt. Thiess war über achtzig Jahre alt und in seinem

Dorf hoch geachtet. Außerdem war er ein Werwolf. Dass er das freimütig zugab, schockierte seine Richter. Thiess erklärte jedoch, er sei kein böser Werwolf, der den Leuten die Ernte stehle, sondern ein guter Werwolf – einer der «Hunde Gottes», die gegen Hexer aus den Nachbarländern (Russland, Estland) kämpften, um die Feldfrüchte des Dorfes zu schützen. Diese Kämpfe fanden in der Hölle statt (der Eingang befand sich in einem nahe gelegenen Sumpf), und zwar jedes Jahr um Weihnachten herum. Die Werwölfe gewannen nicht immer, aber dieses Jahr, so Thiess, hätten sie gewonnen. Sie brachten reichlich Gerste und Roggen aus der Hölle mit und warfen das Getreide hoch in die Luft, damit es auf die Felder der Reichen und Armen gleichermaßen fiel.[19]

Die Richter akzeptierten Thiess' Erklärungen nicht und verurteilten ihn zu Auspeitschung und Verbannung. Ihnen erschien es unmöglich, dass ein Mensch ein Werwolf *und* ein guter Christ sein konnte. Vielleicht hätten sie ihre Meinung geändert, wenn sie ein besseres Verständnis der Historie gehabt hätten; Livland war schon lange für seine Werwölfe berühmt. Noch im 16. Jahrhundert war bekannt, dass sie in den zwölf Tagen nach Weihnachten die meiste Arbeit verrichteten (anderswo in Osteuropa nannte man diese Tage die «Hundstage» oder «Heidentage»). In der landwirtschaftlich geprägten Vorstellung des alten Europa war das die gefährlichste Zeit des Jahres, in der die Welt den Atem anhielt in der Spannung, ob die Sonne wieder aus ihrem Gefängnis auftauchen würde – der Moment, in dem die Membran zwischen dieser Welt und der anderen am dünnsten war.

Das alles wussten die Lutheraner in den Städten, die Thiess zuhörten, nicht mehr. Aus diesem Grund ist das Protokoll der Gerichtsverhandlung eine faszinierende Lektüre. An einer Stelle sagt Thiess, dass er und seine Werwolfgefährten ein Schweinebratenmahl veranstalteten. Die Richter wollten sofort wissen, wie sie das hätten tun können, wenn sie doch «Wolfsköpfe und Wolfspfoten» hatten.[20]

(Die Antwort war, dass die Wölfe das Fleisch zerrissen und als Wölfe auf einen Spieß steckten, es aber als Menschen aßen.)

Historiker gehen heute davon aus, dass es sich bei dem, was Thiess zu beschreiben versuchte, um eine Form von Schamanismus handelte. Der Kampf, von dem er sprach, fand in Trance oder

Ein frühes Zeugnis des Exports osteuropäischer Schauergeschichten in den Westen: Lucas Cranachs des Älteren überzeugend gräuliche Darstellung eines Werwolfs und seiner Untaten, um 1512.

im Traum statt. Wir wissen von einem ganz ähnlichen Brauch, der etwa zur gleichen Zeit in Ungarn gepflegt wurde. Allerdings ging es dort um Drachen statt um Werwölfe, und einige der mächtigsten Schamanen waren Frauen.

In der osteuropäischen Mythologie nahmen Drachen zahlreiche Formen an: Es gab Drachen, die Feldfrüchte stahlen, und es gab Drachen, die sie beschützten. Die ungarischen Drachenmagier, die sogenannten *táltos*, machten sich die Macht der guten Drachen zum Wohle ihrer Gemeinschaften zunutze. Sie besaßen die Macht des zweiten Gesichts: Sie konnten Kranke heilen, die Zukunft voraussagen oder verborgene Schätze finden. Vor allem aber waren die *táltos* Beschützer, die ihr Dorf oder ihre Region gegen übernatürliche Angriffe verteidigen mussten.

Wie die livländischen Werwölfe gerieten auch die *táltos* oft in Konflikt mit religiösen Autoritäten. Wenn dies geschah, wurden sie oft für Hexen gehalten. Wie die *táltos* sich selbst betrachteten und wie sie von ihren Nachbarn angesehen wurden, lässt sich aus den Aufzeichnungen über ihre Prozesse ablesen. In der Regel war das Verhältnis von Ehrfurcht geprägt. Als die *táltos* Erszébet Ormos 1626 vor einem ungarischen Gericht erschien, sagte einer der anderen Zeugen in der Verhandlung über sie: «Die Drachen sind ihre Gesellschaft.» Das bedeutete enorme Macht, und selbst die bescheidenste *táltos* wusste um sie. Erszébet Tóth, die 1728 vor Gericht stand und aus einer Kleinstadt östlich von Budapest stammte hatte das Gefühl, über gewaltige Kräfte zu verfügen. Sie vermochte durch einen Doppelgänger mit der anderen Welt zu sprechen. Dieser Doppelgänger konnte bis in die Türkei reisen, und doch glaubte ihr Mann, dass sie direkt neben ihm war.

Erszébet konnte Schätze aufspüren und Diebe identifizieren. Jeden Mittwoch kam die Muttergottes zu ihr nach Hause, um mit ihr zu sprechen. Nachts streifte sie durch die Stadt und wusste, was hinter jeder Tür vor sich ging. Sie verteidigte ihre Heimatstadt gegen

Erdbeben, doch ihre Verantwortung ging noch weit darüber hinaus. Ihr zufolge «wäre ein Drittel Ungarns verloren gegangen», wenn sie nicht eingegriffen hätte. Sie war eine Beschützerin, aber sie konnte sich auch erbittert selbst verteidigen: «Ich bin die Tochter Gottes. Wenn mich jemand bedroht, schaue ich demjenigen in die Augen, und er muss sterben.»[21]

Im traditionellen Glauben waren die Toten allgegenwärtig, verborgen unter Türschwellen, versteckt in Wasserstrudeln und an Wegkreuzungen. Ihr Segen garantierte gesunde Feldfrüchte. Ihre Unzufriedenheit hatte die Kraft eines Fluches. Zu bestimmten Zeiten waren sie präsenter als zu anderen. Allerheiligen, der 1. November, ist nach wie vor das große katholische Fest der Toten. Aber es gibt noch andere. Der Heilige Abend war eine Nacht, in der die verstorbenen Familienmitglieder ins Haus zurückkehrten; wie auch manchmal, in den Tagen vor Ostern.[22] Am Karmittwoch wurden Lagerfeuer entzündet, um die Seelen der Verstorbenen zu wärmen.[23] Oft kamen die Toten unaufgefordert und aus eigenem Antrieb zurück. Ein Name für diese wiederkehrenden Toten ist *upiór*, Vampir. Das Wort *upiór* scheint zwar polnischen Ursprungs zu sein, doch der Glaube an eine bestimmte Art von wiederkehrenden, bösartigen Toten war in fast ganz Osteuropa verbreitet. Tatsächlich findet er sich in allen osteuropäischen Ländern (mit Ausnahme von Estland), während er in den direkten Nachbarländern (abgesehen von Griechenland) so gut wie gar nicht vorhanden war. Man könnte also sagen, dass Osteuropa in gewisser Weise das Europa der Vampire *ist* – verbunden durch ein unsichtbares Netz von Überzeugungen darüber, was die Toten von den Lebenden fordern konnten und wie sie sich abwehren ließen.

Der Westen erfuhr von den Vampiren als Folge der großen Vampirplage, die in den 1720er und 1730er Jahren die österreichische Militärgrenze heimsuchte. Dieses Grenzgebiet, das entlang der Grenzen des Habsburger- und des Osmanischen Reiches im heutigen Kroatien und Serbien verlief, war ein merkwürdiger Ort: ein stark befestigtes Niemandsland, bevölkert von slawischen Flüchtlingen aus der Türkei, die unter dem Kommando deutscher Offiziere dienten. Hier traf die Aufklärung erstmals auf die Welt des traditionellen Balkanglaubens. Die in abgelegene Dörfer beorderten, perückenbewehrten Militärärzte, deren Taschen voller Abhandlungen von Newton und Voltaire waren, entdeckten Dinge, von denen sie nicht einmal zu träumen gewagt hatten: ganze Friedhöfe, die Grab für Grab ausgehoben wurden, wobei die am wenigsten verwesten Leichen herausgesucht und mit Weißdornpfählen ins Herz durchbohrt wurden. Die slawischen Dorfbewohner hielten nämlich die Pest für das Werk der ruhelosen Toten. Durch das Pfählen sollten sie zur Ruhe gezwungen werden, und insbesondere, wenn aus einer Leiche Blut strömte, war das ein Zeichen dafür, dass sie den richtigen Schuldigen entdeckt hatten. All das verstörte die österreichischen Ärzte zutiefst, und ihre schockierten Berichte schickten den Vampir durch ganz Europa auf Tour. Von da an erstand der Vampir in seiner westlichen Version, als blutgieriger Unsterblicher, Schlafwandler, Verführer und Erfüller verbotener Träume.

Diese Version hat so gut wie nichts mit der Realität zu tun; sie ist ein Phantasma eines Phantasmas. Osteuropäische Vampire unterscheiden sich stark von ihren westlichen Pendants. Diese Vampire haben keine Reißzähne, und sie trinken nur selten Blut. Sie sind nachtaktiv, doch das Sonnenlicht schadet ihnen nicht. Sie sind zudem von Ort zu Ort sehr unterschiedlich: Vampirismus ist kein spezifischer Zustand, sondern umfasst ein ganzes Spektrum. In Bulgarien glaubt man, dass der Vampir ein Schatten ist, und dieser Schatten ist seine Seele. In Mazedonien stellt man sich Vampire wie blutgefüllte Weinhäute vor, mit Augen, die schimmern wie glühende Kohlen. Da sie keine Knochen haben, genügt ein einziger Stich, um sie zu töten. Schneidet man sie einmal, läuft das Blut aus ihnen heraus, so wie Luft aus einem Ballon entweicht. In Serbien war man ebenfalls der Meinung, dass ein Vampir ein «Bauch voller Blut» war, aber dort konnten sie, wenn sie vierzig Jahre lang auf den Beinen blieben, wieder ganz fest werden. Dann wirkten sie recht menschlich.[24]

Oft versuchten diese Wiedergänger, sich ein zweites Mal in das Leben einzufügen, das sie hinter sich gelassen hatten. *Upiórs* mochten die Lebenden beneiden, aber sie wollten sich auch wieder mit ihnen vereinen. Wenn sie verheiratet waren, kehrten sie nach Hause zu ihren Ehefrauen zurück. Natürlich, um mit ihnen zu schlafen, aber auch, um ihnen bei der Hausarbeit zu helfen, Süßigkeiten zu essen und zu reden. Wenn sie jedoch unverheiratet waren, suchten sie sich eine Witwe auf dem Land oder eine geschiedene Frau und zogen dort ein.

Manchmal nahmen diese wiederbelebten Wesen ihr neues Leben als Chance wahr, einer Erwerbstätigkeit nachzugehen. Ein Vampir, der aus seinem Heimatdorf im Kosovo vertrieben wurde, zog in eine nahe gelegene Stadt, wo er einen Laden eröffnete und diesen viele Jahre lang erfolgreich betrieb, bevor er von einem wütenden Mob gefasst und getötet wurde. Ein bulgarischer Vampir aus Nikodin, der erst siebzehn Jahre alt war, als er starb, ging in eine fremde Stadt, wo er ein sehr erfolgreicher Fleischerlehrling wurde.[25] Ein anderer bulgarischer Vampir aus Dospej verließ ebenfalls seine Heimat in der Region Samokovsko und nahm eine Stelle in Istanbul an. Viele Jahre später wurde er von seiner Frau auf einer Reise entdeckt. Sie ließ alle wissen, dass er nicht der war, für den er sich ausgab, sondern der reanimierte Leichnam ihres Gatten. Ihre Verwandten hörten auf ihre Worte und zündeten ihn in einem Heuschuppen an.

Bemitleidenswerte Schatten! Es fällt mir schwer, nicht von der Geschichte dieser Dörfler und Metzgerjungen berührt zu sein, die, als sie die Chance auf ein unsterbliches Leben erhielten, einfach weiterzogen und mehr oder weniger das taten, was sie immer getan hatten. (Sie erinnern mich an die Geschichte, die eine polnische

Hexe bei ihrem Prozess erzählte. Als der Teufel ihr alles anbot, was sie wollte, bat sie um nichts weiter als zwei Stunden in einer Taverne in Toruń – das ist der Preis für begrenzte Horizonte.)[26]

So tragikomisch diese Geschichten auch sind, sie enthalten doch ein Körnchen Wahrheit über das Wesen des osteuropäischen Vampirs. Es handelte sich nicht in erster Linie um Gestalten, die von den Toten zurückkehrten, um sich an den Lebenden zu vergreifen. Man könnte eher sagen, dass es sich um Tote handelte, die vergessen hatten zu sterben. Anstatt sich in die Unterwelt zu verziehen, taten sie einfach ihr Möglichstes, um so weiterzuleben wie bisher, schliefen mit ihren Frauen, behelligten ihre Kinder und rächten sich gelegentlich an denen, die ihnen geschadet hatten. Die große Hysterie der 1730er Jahre fügte der Figur des Vampirs zahllose Schichten von Mythen und romantischen Fantasien hinzu, die seine wahre Natur verschleierten. Um herauszufinden, was ein Vampir war, bevor Dracula, Fledermäuse und Knoblauchgirlanden ihm die Schau stahlen, müssen wir etwas weiter zurückgehen, in eine Zeit, bevor sich die Legende herauskristallisiert hatte.

Im Jahr 1718 wurde in der Stadt Lublov in der heutigen Slowakei ein Mann begraben. Sein Name war Michael Kasparek. Er war Pole – ein Weinhändler, ein Betrüger und auch ein Frauenheld. Bei der Beerdigung fehlte es an nichts: Kasparek wurde mit allem, was zu dieser Zeremonie gehört, in einem mit roter Seide bedeckten Sarg auf einem Friedhof beigesetzt, und er hinterließ eine trauernde Frau, die sich zusammen mit seinem Bruder auch noch um seine Gläubiger kümmern musste.

Acht Tage später kehrt Kasparek zurück. Nachts erscheint er seinem Diener. Er zettelt Schlägereien an, beißt, schlägt und würgt Menschen. Er stößt einen Hopfenhändler in den Fluss Poprad. Er platzt mitten hinein in eine Hochzeit und verlangt, dass man ihm Fisch zu essen gebe. Als die Hochzeitsgesellschaft ihm den Wein verweigert, kippt er eine Flasche hinunter, zerschlägt sämtliche Gläser und reitet auf einem weißen Pferd davon. Die Stadtbewohner sind alarmiert. Sie erstatten Anzeige beim Magistrat. Ein Priester bittet den Bischof in Krakau um Rat (die Stadt gehört zu Ungarn, aber ihre Kirchen sind polnisch, und die meisten Einwohner sind Deutsche – ein typisches mitteleuropäisches Durcheinander).

In der Zwischenzeit ist Kasparek immer noch auf der Jagd nach Beute. Er schläft mit seiner eigenen Witwe und schwängert sie. Dann macht er dasselbe mit vier anderen Frauen. Drei Wochen lang verschwindet er. Die Menschen atmen erleichtert auf. Doch bald kommen Berichte aus dem Ausland, wonach er in Warschau ist, um alte Schulden zu begleichen und neue zu machen. Endlich, nach Monaten, genehmigt der Bischof eine Untersuchung und einen Prozess. Das ist schwierig zu bewerkstelligen, da Kasparek angeblich immer noch auf dem Friedhof begraben ist. Also wird er ausgegraben, sein Kopf abgetrennt und der Rest seines Körpers verbrannt. Zur Sicherheit exkommuniziert ihn noch ein Priester.

Wieder kehrt er zurück. In ganz Lublov brechen Brände aus. Die Richter vernehmen Kaspareks Bruder und die Witwe. Die schwören, dass Michael weder einen Pakt mit dem Teufel geschlossen noch einen Zauberring besessen hat. Unterdessen gehen die Brandstiftungen weiter. Die Leute glauben, dass Kasparek sich nun für seine posthume Hinrichtung rächen will. «Ihr habt mich verbrannt, ich werde besser euch verbrennen», hört jemand ihn sagen. Schließlich legt seine Witwe ein Geständnis ab. Sie weiß, warum Kasparek immer wieder zurückkommt: Er hat ihr gesagt, dass die Teufel ihn nicht in die Hölle und Gott ihn nicht in den Himmel lassen würden, weil sie nicht sein, sondern das Herz eines Fremden verbrannt hätten. Hier lag des Rätsels Lösung: Das Herz in seinem Leichnam hatte einem Schaf gehört. Das echte Herz fand man unter einem Misthaufen versteckt, und es wurde im Rathaus von Lublov feierlich verbrannt.[27]

Die wenigen Monate, in denen Kasparek wieder unter den Lebenden weilte, waren eine Zeit des Schreckens für die kleine slowakische Stadt. Dennoch hat dieser «Untote» etwas Unbezähmbares und Komisches an sich. Es scheint, als hätte der betrügerische Weinhändler einfach zu viel Lebenskraft besessen, um im Grab zu ruhen. Der Tod konnte ihn nicht davon abhalten, zu lügen, zu schwindeln, zu intrigieren und zu vögeln. Und was man von ihm sagen kann, lässt sich auch von vielen anderen sagen. Die Toten verschwinden nicht im Tod. Sie leben weiter, in ihren Köpfen ebenso wie in unseren. Immer wieder kehren sie zurück: manchmal neidisch, manchmal gekränkt, oft einfach nur verzweifelt nach Nähe suchend. Die Botschaft, die sie mitbringen, ist im Wesentlichen immer dieselbe: Wir leben. Wir leben. Unsere Herzen brennen.

KAPITEL 2

JUDEN

Im Jahr 1912 begab sich der jüdische Dramatiker und Volkskundler S. Ansky auf eine Expedition in die vernachlässigten Kerngebiete des osteuropäischen Judentums. Es sollte eine Erkundungsreise werden, die ihn durch einige der am wenigsten besuchten Ecken des sogenannten Ansiedlungsrayons führte. Das war über ein Jahrhundert lang der einzige Teil des Russischen Reiches, in dem sich Juden niederlassen durften, und ihn bevölkerten inzwischen etwa fünf Millionen Juden, was ihn zur größten jüdischen Gemeinde der Welt machte.

Auf seinen Reisen machte Ansky in jedem vergessenen Dorf und in jeder Marktstadt, durch die er kam, halt, sammelte Legenden und dokumentierte die örtlichen Bräuche. Er interessierte sich auch für die jüdischen Denkmäler und die mit ihnen verbundenen Erzählungen. In der ukrainischen Kleinstadt Kaminka besuchte er das Grab des berühmten Rabbiners Shmuel Kaminker, eines chassidischen Heiligen, der im frühen 19. Jahrhundert für seine Fähigkeit bekannt gewesen war, Geister oder *dybbukim*, die von Menschen Besitz ergriffen, auszutreiben. Shmuels Kräfte wirkten auch nach seinem Tod weiter. So hieß es, dass sein Grab ganz Kaminka vor Bränden und Überschwemmungen schützte. Doch als der Friedhofswärter Ansky zu Shmuels altem Grab führte und etwas Moos von der Namensplatte entfernte, entdeckte er zu seiner Überraschung, dass darauf «Mosche, Sohn des Mosche» stand. Es war gar nicht Shmuels Grab, man hatte es nur als solches in Erinnerung behalten.[1]

Sofort ging ein Aufschrei der Verzweiflung durch Kaminka. Rabbiner, Laien, Frauen und Kinder strömten auf den Friedhof, um sich die skandalöse Entdeckung anzuschauen. Von einem Augenblick auf den anderen war ihre Welt zerbrochen, denn der heilige Mann, der sie vor jeder Gefahr beschützt hatte, war ihnen entrissen worden. Als Ansky die Verzweiflung der Menschen sah, ruderte er vorsichtig zurück. Er erklärte den Bürgern, dass sich seiner Erfahrung nach Grabsteine manchmal bewegten; ein Stück könne von einem Grab abbrechen und dann auf einem anderen wieder auftauchen, und mit der Zeit könne auf diese Weise eine ganze Inschrift wandern. Es sei daher sehr wahrscheinlich, dass der verehrte Rabbi Shmuel tatsächlich unter dem Grab von «Mosche, Sohn des Mosche» begraben liege. Die Stadtbewohner akzeptierten diese fadenscheinige Deutung mit großem Eifer, denn so konnten sie das, was ihnen am wertvollsten war, behalten: die Erinnerung an den gesegneten Mann und die Weiternutzung seiner Wunderkraft in der Gegenwart.

Neunhundert Jahre zuvor gab es in Osteuropa aus jüdischer Sicht keine Gräber und keine Geister. Einigen frühen Besuchern erschien die Region zudem fast menschenleer. Einer der ersten jüdischen Reisenden, der seine Eindrücke aufzeichnete, war ein arabischsprachiger Kaufmann aus Katalonien namens Ibrāhīm ibn Ya'qūb, der um das Jahr 965 Polen und Böhmen besuchte. Er schreibt, er sei wochenlang durch dichte Wälder und aufgeweichte Sumpfgebiete unterwegs gewesen. Die wenigen Siedlungen, die er sah, waren hölzerne Festungen, von Palisaden aus spitzen Pfählen umgeben. Die einzige Stadt von Bedeutung, auf die Ibrāhīm stieß, war Prag. Dorthin reisten Kaufleute von weit her, um mit Zinn, Pelzen und vor allem Sklaven zu handeln.[2]

Für die ersten jüdischen Bewohner schien Osteuropa wie ein wildes Grenzgebiet – ein grünes und leeres Land, ohne jegliche Zusammenhänge in der sonstigen Geschichte oder Erinnerung. Die

Juden, die aus den angestammten Ländern des Mittelmeerraums und Westeuropas kamen, wo sie ein Jahrtausend lang gelebt hatten, mussten das Land deshalb irgendwie in ihre eigene mentale Geografie einschreiben. Zu diesem Zweck begannen sie mit einem Namen und nannten das spärlich besiedelte, größtenteils slawische Land «Kanaan», nach dem biblischen Namen für das Heilige Land vor der Ankunft der Israeliten. Diese frühen jüdischen Siedler sprachen jahrhundertelang eine Sprache mit slawischem Vokabular, die in hebräischer Schrift geschrieben war und Kanaanisch, die «Sprache Kanaans», genannt wurde. Sie hinterließ jedoch kaum Spuren, abgesehen von einigen Inschriften auf Münzen und Glossen in Werken der rabbinischen Literatur. Im späten Mittelalter war sie fast ausgestorben und wurde von dem aus dem Deutschen stammenden Jiddisch der Neuankömmlinge aus Aschkenas, dem jüdischen Namen für die Gebiete um den Rhein, verdrängt.

Die aschkenasischen Juden, die durch Massaker und Ausstoßung aus Deutschland vertrieben wurden, siedelten sich zunächst in Mähren und Böhmen an und gelangten dann ganz allmählich nach Ungarn, Polen und Litauen. Polen-Litauen erwies sich dabei als besonders günstig für die jüdische Ansiedlung. Nach der Heirat des heidnischen Herzogs Jogaila von Litauen mit der christlichen Prinzessin Jadwiga (Hedwig) von Polen im Jahr 1386 bekamen diese beiden Länder einen gemeinsamen Herrscher. Sie schlossen sich zu einem riesigen Reich zusammen, das den größten Teil des heutigen Polens, Litauens, Belarus sowie einen Großteil der Ukraine und Teile Lettlands umfasste. Es war ein ungeheuer großes, unterentwickeltes und unterbesiedeltes Reich. Das Beste daran war, dass es ein toleranter Raum war, insbesondere in religiösen Fragen. In dieser gemeinsamen Monarchie (die später in Königliche Republik der Polnischen Krone und des Großfürstentums Litauen umbenannt wurde) konnten katholische, protestantische und orthodoxe Gläubige eng zusammenleben. Auch Muslime und Juden waren willkommen, Erstere dienten als berittene Soldaten, Letztere arbeiteten für wohlhabende Adlige als Händler und Gastwirte.

Die Juden blühten in ihrer neuen Heimat auf. Die aschkenasische Bevölkerung in der Realunion Polen-Litauen wuchs in einem Maße, das die Demografen von heute immer noch nicht ganz erklären können. Die Juden selbst hatten sehr wohl eine Erklärung für ihren Erfolg. Für sie war er vorherbestimmt. Eine schöne Geschichte, die oft erzählt wird, handelt von den Juden von Aschkenas und ihrer langen Verfolgung durch viele Könige. Einmal, als sie schon nicht mehr daran glaubten, jemals eine ruhige Heimat zu finden, fiel ein Zettel vom Himmel. Darauf standen die Worte «Geht nach Polen». Also gingen die Juden dorthin und wurden mit allen Ehren empfangen. Sie bekamen Gold und Siedlungsplätze und wurden vor ihren Feinden beschützt. Es ging ihnen gut, und sie verbreiteten sich im ganzen Land. In der Nähe von Lublin stießen sie auf einen Wald, in dem in jeden Baum ein Traktat der Gemara eingeritzt war, sodass sie wussten, dass sich hier schon früher Juden niedergelassen hatten. Als sie das sahen, wussten sie, warum dieses Land *Polin* genannt wurde, was auf Hebräisch «hier sollt ihr wohnen» bedeutet.[3]

Weil Polen weitgehend frei von religiöser Verfolgung und reich an Handel war, hatte es sich um 1600 den Ruf des *Paradisus Judaeorum*, des «Paradieses der Juden», erworben. Polen-Litauen war die Arche, von der aus die Juden einen Großteil des übrigen Osteuropas bevölkerten. Die meisten Juden, die um 1900 in Lettland, Rumänien, der Tschechoslowakei, Österreich und Ungarn lebten, konnten ihre Wurzeln auf Länder zurückführen, die einst von der polnischen Krone regiert worden waren. Heute ist der Einfluss dieses Gründereffekts noch stärker und reicht rund um den Globus. Etwa achtzig Prozent der heute lebenden Juden können ihre Abstammung auf Wurzeln in der Polnisch-Litauischen Union zurückführen.[4]

Das slawische «Land Kanaan» wurde mit der Zeit zur Wiege der Aschkenasim. Das bedeutet jedoch nicht, dass Osteuropa einzig und allein den aschkenasischen Juden Heimat bot. Auf dem Balkan lebten zwei weitere Gruppen von Juden. Da waren zum einen die Romanioten, die Jevanisch, einen griechischen Dialekt, sprachen (der jedoch wie das Jiddische in hebräischen Buchstaben geschrieben wurde). Es handelte sich um uralte Gemeinschaften, deren Wurzeln bis in die Römerzeit zurückreichten. Obwohl sie zu den Begründern des Balkanjudentums gehörten, wurden die Romanioten Ende des 15. Jahrhunderts von einer Gruppe von Neuankömmlingen aus dem Westen weitgehend verdrängt. Als Spanien 1492 seine Juden vertrieb, fanden viele von ihnen Zuflucht im wachsenden Osmanischen Reich. Diese sephardischen Juden (von *Sepharad*, dem hebräischen Namen für Spanien), die zweite Gruppe, die eine spanische Sprache namens Ladino sprachen, wurden schnell zur dominierenden jüdischen Gemeinschaft auf dem südlichen Balkan. Bis ins 20. Jahrhundert waren die meisten Juden in Bulgarien, Mazedonien, Bosnien und Serbien Sephardim. Durch Rumänien hingegen, das im Norden aschkenasisch und im Süden sephardisch war, verlief die Trennlinie zwischen den beiden Gemeinschaften.

Die Anwesenheit sowohl aschkenasischer als auch sephardischer Juden in Osteuropa trug nicht nur zur sprachlichen Vielfalt der Region bei; wie bei zwei weit voneinander entfernten Elektroden erzeugte sie eine Ladung, einen Energiefluss, der das religiöse Leben der beiden Gruppen belebte. Ihre wechselseitige Beeinflussung sorgte dafür, dass Osteuropa zu einem bedeutsamen Schauplatz religiöser Innovation und Kreativität wurde – insbesondere angesichts von Krisen. Ein wichtiges Beispiel stammt aus den mittleren Jahrzehnten des 17. Jahrhunderts.

Im Jahr 1648 wurden die Juden der Polnisch-Litauischen Union von einer Katastrophe heimgesucht. Es begann mit einem Streit zwischen zwei Adligen, einem Polen und einem Ukrainer. Der Pole, eine einflussreiche Persönlichkeit der Krone, nahm dem Ukrainer das Haus weg, raubte ihm die Frau und schlug seinen Sohn. Der

Ukrainer, ein Mann namens Chmelnyzkyj, floh nach Osten, in eine Kosakenfestung in der ukrainischen Steppe, wo er seinen Aufstand gegen die Krone begann. Chmelnyzkyjs Rebellion hatte mehr zum Ziel als nur persönliche Rache; sie wurde im Namen des ukrainischen Volkes und des orthodoxen Glaubens geführt. Doch auch wenn sie sich vor allem gegen die katholischen Herrscher Polens richtete, so fielen ihr im Wesentlichen Juden zum Opfer. Die Juden im ukrainischen Teil von Polen-Litauen, die wegen ihrer Rolle als Händler in einer überwiegend bäuerlichen Wirtschaft angefeindet wurden und weitgehend wehrlos waren, sahen sich allen erdenklichen Gräueltaten ausgesetzt. Nathan Hannover nannte seine Chronik dieser Ereignisse *Jawen Mezula*, eine Wendung aus Psalm 69: «Ich versinke in tiefem Schlamm, wo kein Grund ist.» Dieser Bericht ist ein Katalog unvorstellbarer Grausamkeiten: Die Opfer wurden bei lebendigem Leib gehäutet, ihnen wurden Arme und Gliedmaßen abgehackt, Kinder wurden auf Speeren aufgespießt, Katzen in die Bäuche schwangerer Frauen genäht, Babys im Schoß ihrer Mütter getötet.[5]

Auf die Menschen, die die Chmelnyzkyj-Massaker miterlebten, wirkte das Ganze wie das Ende der Welt. Ein Jahrzehnt später tauchten immer noch Flüchtlinge auf oder wurden von ihren Entführern bis nach Amsterdam oder Kairo verkauft.[6] In Polen folgte derweil eine Katastrophe auf die andere: Nach den verheerenden Kosakenüberfällen kam es zu Invasionen von Schweden, Tataren, Russen und sogar Transsilvaniern. 1660 lag das Land in Trümmern.

Diese Kriege vertrieben die polnischen Juden aus ihrer Heimat und zerstörten ihre Lebensgrundlage. Sie nahmen ihnen überdies das Gefühl der Sicherheit; nie wieder würden sie sich als unbeschwerte Auserwählte sehen. Überall in der jüdischen Welt erregten angebliche Messiasse zunehmend die Aufmerksamkeit der erwartungsvollen Massen, allen voran ein Mann aus Izmir in Türkisch-Anatolien, der sich Schabbatai Zwi nannte. Tausende strömten zu diesem neuen Erlöser und ergingen sich in einer apokalyptischen Begeisterung, die sowohl den Osten als auch den Westen erfasste. Dieser Enthusiasmus hielt bis zum Schicksalsjahr 1666 an, als Schabbatai vor die Wahl gestellt wurde, entweder zum Islam zu konvertieren oder wegen seines Glaubens zum Nadelkissen für Pfeile zu werden. Er entschied sich für die Konversion. Doch auch nach Schabbatais Abtrünnigkeit glaubten einige in Polen-Litauen weiterhin, er sei von Gott auserwählt.

Die Chmelnyzkyj-Massaker hatten in der Welt des polnischen und litauischen Judentums etwas ins Wanken gebracht. Die Menschen brauchten Hilfe im Himmel, jemanden, der ihre Sache vor dem Thron Gottes vertrat. In Schabbatai Zwi hatten sie einen ausländischen Messias als Erlöser gesucht; als das ohne Erfolg blieb, wandten sie sich an einheimische Fürsprecher.

Die Person, die am heftigsten darum bemüht war, aus diesen Sehnsüchten Kapital zu schlagen, war eine Gestalt, die heute unter dem Ehrennamen Baal Schem Tov, Besitzer des guten Namens, bekannt ist. Er ist die wohl bedeutendste Figur in der Geschichte des osteuropäischen Judentums. Schon vor seinem Tod war der Baal Schem Teil der Folklore, ein mythischer Riese, eine Urgewalt, der Held von hundert Geschichten. Binnen einer Generation überdeckten diese Erzählungen die Wahrheit über sein Leben.

Über die Jugend von Baal Schem Tov besitzen wir kaum zuverlässige Informationen. Anscheinend wurde er um das Jahr 1700 in einer Region der Polnisch-Litauischen Union namens Podolien geboren. Diese Region, die heute zur Ukraine gehört, war ein echtes Grenzland, das genau an der Schnittstelle zwischen der katholischen, der östlich-orthodoxen und der islamischen Welt lag. Weniger als eine Generation zuvor war Podolien vom Osmanischen Reich zurückerobert worden. Zu Baal Schems Zeiten war das Land noch vom Krieg verwüstet und rau. In den Wäldern wimmelte es von Banditen, Bären und gelegentlich von Werwölfen; über die Straßen (die allesamt in schrecklichem Zustand waren) wurden Vieh aus Moldau und Gewürze aus Istanbul transportiert. Hoch oben in den Bergen praktizierten orthodoxe Mönche in Felsenhöhlen Formen ekstatischer Meditation.

In mancher Hinsicht ähnelte Podolien den Appalachen und dem Mississippi-Tal in Nordamerika, einem anderen Grenzgebiet, das etwa zur gleichen Zeit im 18. Jahrhundert besiedelt wurde. Beide Orte waren wild und weit weg von neugierigen Blicken – ein fruchtbarer Boden für die Entstehung von Legenden und Lügengeschichten. Die Geschichten, die von den frühen Taten des Baal Schem Tov überliefert sind, ähneln den Erzählungen über einen Paul Bunyan oder einen Davy Crockett. Er zähmte wilde Bären und verprügelte Werwölfe. Er war mit nicht jüdischen Banditen befreundet, wie dem großen Oleksa Dowbusch, der ukrainischen Antwort auf Robin Hood. Seine Kutsche konnte unmögliche Entfernungen zurücklegen, und es hieß, er könne einen Krug des stärksten rumänischen Pflaumenschnapses trinken, ohne betrunken zu werden (wie viele andere Helden des Thorastudiums können das von sich behaupten!).

Wie bei Davy Crockett (und anders als bei Paul Bunyan) steckte hinter dem Mythos eine reale Person. Wir verfügen über handschriftliche Briefe von ihm und kennen Details aus seinem Privatleben. Als er sich um 1740 in der ukrainischen Stadt Medschybisch niederließ, zahlte er Steuern und wurde bei der Volkszählung erfasst. Er hatte verschiedene Jobs – zumeist solche der eher niederen Art. Er war einfacher Schullehrer und koscherer Metzger. Eine Zeit lang grub er Lehm, den er zur Herstellung von Töpferwaren verkaufte. Später betrieb seine Frau eine Taverne, während er in den Wäldern über die geheimen Namen Gottes meditierte. Mit der Zeit beherrschte er die Kunst, Wörter und Buchstaben so zu manipulieren, dass sich daraus wirksame Amulette und Zaubersprüche herstellen ließen – eine Art volkstümlicher Kabbala, die zu jener Zeit weit verbreitet war. Daher der Name Baal Schem Tov – «Meister des guten Namens» war eine Funktion, kein Eigenname (geboren wurde er als Israel ben Elieser). In Polen und Litauen waren viele verschiedene Baal Schems tätig. Bei einigen handelte es sich um alteingesessene Rabbiner, bei anderen um Reisende, die zeitweise als Magier und Scharlatane auftraten, Amulette verkauften und Heilmittel verteilten.

In seiner Heimatstadt Medschybisch tat deren Baal Schem Tov so ziemlich das Gleiche. Er war der ortsansässige Kabbalist, ein praktizierender Mystiker, der unklare Krankheiten diagnostizieren und deren Ursache in uneingestandenen Sünden ausmachen konnte. Die meisten seiner Wunder fanden aber eindeutig in der unseren, diesseitigen Welt statt, an einem Ort leerer Geldbörsen, laufender Nasen und eifersüchtiger Nachbarn: Er kümmerte sich um die Angelegenheiten von Gastwirten, Ehebrechern, Edelmännern, Priestern und Dieben. Er brachte gestohlene Pferde zurück, heilte Augenleiden, regelte Testamente, handelte Pachtverträge aus und spielte sogar Streiche – manchmal ziemlich grausame. Er war schnell mit Ratschlägen zur Stelle und hatte ein gutes Auge für die Beurteilung von Viehbeständen.

Ob aufgrund seines Charismas oder seiner Effektivität – der Baal Schem Tov hob sich von der Masse der kleinstädtischen Mystiker und Glaubensheiler ab, die sich im polnisch-litauischen Grenzgebiet tummelten. Er war mehr als nur ein individueller Heiler oder Mystiker; er war jemand, dem die Menschen vertrauen konnten, dass er wirklich große Anliegen im Himmel vorbrachte. Aus seinen überlieferten Briefen wissen wir, dass der Baal Schem für sich in Anspruch nahm, einen Angriff der Kosaken abgewendet und die Ausbreitung der Pest gestoppt zu haben, ähnlich wie Erszébet Tóth sich rühmte, ein Drittel Ungarns vor einem Erdbeben bewahrt zu haben. Wie die *táltos* war er einer, der die gesamte Gemeinschaft beschützte. Der Baal Schem befriedigte das intensive Bedürfnis der Menschen nach einem Vermittler, der die himmlische Bürokratie umgehen und eine Bitte direkt vor Gott bringen konnte. Das ist denn auch die einzige Innovation, für die er als geistiger Vater des Chassidismus Anerkennung verdient. Der Baal Schem Tov schuf in seiner Person die Rolle des Zaddik, des Rechtschaffenen und Lehrers, der für seine Anhänger gleichzeitig als direkter Vermittler fungierte.

Als der Baal Schem Tov 1760 starb, ging er in den Erzählungen über ihn auf. Diese wurden mündlich von Schüler zu Schüler weitergegeben und enthielten die Essenz seines Vermächtnisses, das eine Art demokratisierter Mystizismus war. Eine der zentralen Lehren des Chassidismus war, dass man nicht in den Arkana jüdischen Denkens bewandert sein musste, um an die göttlichen Mysterien zu rühren. Religiöse Ekstase ist jedermanns Sache. Freude war ebenso ein Weg, Gott zu dienen, wie Askese. Gott konnte durch inbrünstiges Gebet, aber auch durch Tanz, Gesang und Feiern erreicht werden. Oder durch Erzählungen.

Das Erzählen von Geschichten war ein wesentlicher Bestandteil des Lebens der Chassidim. Die chassidische Erzählung ist die wichtigste literarische Errungenschaft des osteuropäischen Judentums. Was die Form angeht, ist sie unendlich flexibel. Sie kann die Schärfe einer gut erzählten Anekdote oder eines Witzes, das Pathos einer kurzen Geschichte oder das Geheimnisvolle einer Sentenz haben. Manche Erzählungen sind so erdverhaftet, dass sie schon fast grob wirken, andere wiederum beweisen feinsinnigste Spiritualität. Zusammengenommen bilden sie einen Kosmos. Wenn es ein übergreifendes Drama gibt, das die Erzählungen beseelt, dann ist es das unablässige Streben nach Versöhnung zwischen Mensch und Gott. Im jüdischen Denken gab es vor allem zwei Möglichkeiten, diese Aufgabe anzugehen: Die eine bestand darin, uns so weit zu erheben, bis der Himmel in Reichweite war. Die andere bestand darin, den Himmel zu packen und nach unten zu ziehen, bis er uns hier auf der Erde berührte.

Das nach dem deutschen Überfall zerstörte und nach altem Vorbild neu errichtete Grabmal des Baal Schem Tov inmitten des Alten Jüdischen Friedhofs von Medschybisch, Ukraine.

Zumindest anfangs war die Position des geistlichen Führers bei den Chassidim nicht erblich, sondern musste erst errungen werden. Die Zaddiks zogen aufgrund der Stärke ihrer Lehre und der Kraft ihrer Gebete Anhänger an. Einige erweckten Vertrauen durch ihre Fähigkeit, die Zukunft vorherzusagen. Andere setzten auf Humor und Herzlichkeit, um Schüler an sich zu binden. Wieder andere – und diese fanden die glühendste Verehrung – geißelten sie mit Worten wie Feuer.

Menachem Mendel von Kotzk, der später als Kotzker Rebbe bekannt wurde, war ein solcher geistlicher Führer. Kern seiner Lehre war das Streben nach Wahrheit, die durch rücksichtslose Introspektion und ohne jede falsche Frömmigkeit erreicht werden sollte – ein harter Weg, ohne all die Freude, die traditionell mit dem Chassidismus verbunden wird. Trotzdem übte er magnetische Anziehungskraft auf Chassidim aus ganz Polen aus. Selbst etablierte Meister der Thora verließen ihr Zuhause und ihre Studienhäuser, um in der Nähe des Kotzker Rebbe zu sein, aber traute Wärme fanden sie bei ihm nicht.[7] Er machte sich über seine Anhänger lustig, verhöhnte sie, er häutete ihre Seelen. Sie liebten ihn dafür.

Menachem Mendels religiöser Eifer war ansteckend, und schon bald fand sich sein rabbinischer Hof von messianischen Erwartungen umschwirrt. In einer Zeit der Dekadenz und der spirituellen Verweichlichung wirkte der harte Weg, den er vertrat, wie ein Durchbruch und ein Versprechen auf weitere, künftige Durchbrüche. Doch binnen einer einzigen Nacht brach 1839 alles zusammen.

Um die Geschichte vom Untergang des Kotzker Rebbe ranken sich nach wie vor jede Menge Legenden. Keine zwei Berichte stimmen überein, und keiner stammt von Augenzeugen. Einige behaupten, er habe den Sabbat vor den Augen seiner Gemeinde entweiht und sich damit in drastischer Weise über das heilige Gesetz hinweggesetzt. Andere sprechen davon, er habe damit begonnen, eine so radikale und ketzerische Lehre zu predigen, dass seine eigenen Anhänger glaubten, ihn verjagen zu müssen. Andere meinen, dass der Ärger von Spionen des rivalisierenden Hofes in Belz bewusst geschürt wurde, die ihn beim Anzünden einer Pfeife am Sabbat gesehen haben wollen, während er seinen Arzt in Lemberg besuchte.[8] Was auch immer geschehen sein mag: Klar ist, dass Menachem Mendel davon zutiefst getroffen war. Nach dieser Zäsur schloss er sich in ein einsames Zimmer im obersten Stockwerk seines Hauses ein. Dort blieb er die nächsten zwanzig Jahre, allein und ohne dass ihn irgendjemand zu Gesicht bekam. Der Legende nach waren seine einzigen Gefährten in jenen Jahrzehnten riesige, zahme Ratten und alte, graue Frösche, die wie dressierte Hunde um den Rabbi herumsprangen.

Heute steht das Haus mit dem Turm noch immer in Kotzk, einer verschlafenen Marktstadt dreißig Kilometer nördlich von Lublin.

Die Holzbretter, mit denen es verkleidet ist, hat die Zeit schwarz gefärbt. Wer auch immer dort wohnt, besitzt jetzt eine schöne Satellitenschüssel und einen großen, wütenden Hund. Der Turm ist kleiner, als es die Geschichten vermuten lassen; er scheint kaum Platz für ein einziges Dachzimmer zu bieten. Und doch verbrachte der Kotzker Rebbe dort oben die letzten zwei Jahrzehnte seines Lebens. Von seinen Fenstern aus konnte er die ganze Stadt überblicken, vom Hauptplatz bis zum Palast der Jabłonskis, dem Zuhause seiner Gönnerin, einer wunderschönen polnischen Adligen, die das Grundstück für seine Synagoge gestiftet hatte.

Äußerlich hat sich in Kotzk in den letzten anderthalb Jahrhunderten nicht viel verändert. Der zentrale Platz ist immer noch mit Kopfsteinpflaster bedeckt. Der Jabłonski-Palast bietet immer noch einen schönen Blick auf die Wieprz, welchen seine neoklassizistischen Säulen und eine Allee alter Kastanienbäume rahmen, obwohl der Palast heute ein Heim für psychisch Kranke ist. Außer dem Haus des Rabbiners und einem Massengrab außerhalb der Stadt ist von der jüdischen Gemeinde nichts übrig geblieben. Es gibt auch keine Erklärung dafür, warum der Kotzker Rebbe das Bedürfnis verspürte, sich einzuschließen. War es ein psychotischer Ausbruch? Oder wurde er, wie einige seiner Anhänger nach seinem Tod weiter glaubten, von etwas Tieferem in die Abgeschiedenheit getrieben – der Ahnung von einer verborgenen Welt, deren Existenz er glaubte geheim halten zu müssen?

Als der Kotzker Rebbe im Jahr 1859 starb, war Polen fast vollständig in der Hand der Chassidim. Ganz anders sah die religiöse Landschaft in Litauen aus. Litauen gehörte den Gegnern der Chassidim, den Bewahrern der alten Orthodoxie und Gelehrsamkeit, den Mitnagdim. Geistiger Führer der Mitnagdim war ein Wunderkind der Gelehrsamkeit namens Elijah Salman (1720 bis 1797). Besser bekannt unter seinem Ehrennamen Gaon von Wilna, war Elijah ein rabbinisches Genie, wie man es nur einmal im Jahrtausend erlebt. Zu Lebzeiten des Gaon wie danach vibrierte Vilnius vor talmudischer Gelehrsamkeit. Von Männern jeder Gesellschaftsschicht wurde erwartet, dass sie sich durch religiöses Wissen auszeichneten. Unter den Schneidern von Vilnius galt ein Mann, der nur den religiösen Kodex *Hayye adam* studierte, als Ignorant.

Die litauischen Juden, die Litvaks, hielten sich für die gelehrtesten Juden der Polnisch-Litauischen Union (wenn nicht sogar der Welt). Das machte sie bei vielen im benachbarten Polen nicht unbedingt beliebt. In Warschau, wo Frömmigkeit mehr bewundert wurde als Gelehrsamkeit, wurden die litauischen Juden wegen ihrer starren Frömmigkeit und ihres komischen Akzents verspottet. (Sogar mein Großvater, der in der Nähe der Grenze zwischen den beiden Gebieten aufwuchs, fand, dass sie sich seltsam anhörten.) Für die polnischen Chassidim waren die Litvaks nur Hirn und kein Herz. Für die Litvaks wiederum waren die polnischen Chassidim unwissend, abergläubisch und ausschweifend – Feiernde, die sich lieber am Tisch ihres Zaddiks betranken, als die Thora zu studieren.

Der Bruch zwischen den Chassidim und den Mitnagdim spaltete die Juden in Polen und Litauen. Sie spaltete auch einzelne Familien in zwei Hälften. Jechezkel Kotik wurde 1847 in eine wohlhabende orthodoxe Familie in Kamenets, einem Schtetl in der Nähe der Stadt Brest in Weißrussland, geboren. Sein Großvater war der reichste und mächtigste Mann der Stadt; er besaß die opulentesten Pachtgrundstücke, war für das örtliche Wodka-Monopol zuständig und hatte die wichtigsten russischen Beamten in der Tasche. Kotiks Vater Mosche sollte das Geschäft erben, doch mit dreizehn Jahren (kurz vor seiner Hochzeit) lief er davon, um sich dem Hof des nächstgelegenen chassidischen Rabbiners anzuschließen. In manchen Familien (wie in der von Mosches Schwiegervater) zerrissen die Eltern ihre Kleider, wenn ein Kind so etwas tat, und saßen Schiwa, als ob es gestorben wäre.

Auch bei Mosche wurde diese Art von lebendigem Tod beinahe verkündet. Irgendwie söhnten sich Vater und Sohn dank familiären Drucks wieder miteinander aus, aber der Riss zwischen den beiden verheilte nie ganz. Von diesem Zeitpunkt an feierten Großvater Kotik und der Rest der Familie die Feiertage in der Hauptsynagoge. Mosche tat das Gleiche separat, mit den Männern seines Bethauses. Der Höhepunkt von Mosches Jahr war nicht das Pessach-Fest der Familie, sondern seine jährliche Reise zum Hof des Rabbiners, wo er wochenlang blieb und dabei seine geschäftlichen Angelegenheiten völlig vernachlässigte. Es war ein Akt der Rebellion. Mosches Sohn, Jechezkel, rebellierte seinerseits, aber in die entgegengesetzte Richtung. Trotz der größten Hoffnungen seines Vaters stellte er fest, dass er kein Chassid werden konnte, und verließ schließlich sein Schtetl, um sein Leben mit Wandern und voller Plackerei zu verbringen.

Schließlich ließ sich Jechezkel in Warschau nieder und begann eine recht moderne Karriere als Caféhausbetreiber und Inhaber eines der ersten Telefone der Stadt. Die Erinnerung an seine Kindheit auf dem Lande war jedoch allgegenwärtig, und als er 1912 seine Memoiren zu schreiben begann, stand diese Zeit im Mittelpunkt. Schon damals wirkte das Schtetl-Leben seiner Jugend wie eine verlorene Welt, die durch die drei Feinde Antisemitismus, Industrialisierung und Auswanderung nach Amerika längst ausgelöscht worden war. Emotionaler Höhepunkt von Jechezkels Erinnerungen ist seine Beschreibung des Jom Kippur, wie er in den 1850er Jahren begangen wurde. Das war der eine Tag im Jahr, an dem die Streitigkeiten zwischen Söhnen und Vätern, Reichen und Armen, Chassidim und Mitnagdim beiseitegelegt wurden, wenn die Gemeinschaft zusammenkam, um gemeinsam zu trauern:

> Oh, diese Tage der Versöhnung vor langer Zeit. Großer Gott, was war damals los! Die Gemeindemitglieder in der Synagoge schienen während des Kol-Nidre-Gebets von ei-

> nem Gefühl der Erregung und der Angst ergriffen zu sein. … Jeder schüttete seinem Schöpfer unter Tränenströmen sein Herz aus. Das herzzerreißende Wehklagen der Frauen drang bis zu den Männern durch, die sich ihren Frauen anschlossen und selbst in einen Chor des Wehklagens ausbrachen, genau wie die Frauen. … Sogar die Wände weinten, die Steine auf den Straßen seufzten, und die Fische im Wasser zitterten. Wie inbrünstig beteten diese Menschen – dieselben Juden, die sich das ganze Jahr über wegen eines einzigen Groschens für ihren Lebensunterhalt heftig bekämpften! Kein Hass und kein Neid, keine Habgier und keine List, kein Fluchen und kein böses Gerede, kein Essen und kein Trinken. Alle Herzen und Augen waren zum Himmel gerichtet, und es gab nichts als Spiritualität – bloße körperlose Seelen.[9]

An solchen Tagen konnte man, wenn auch nur kurz, vergessen, dass die Juden ein Volk im Exil waren, dass sie in einem Land lebten, das ihnen nicht gehörte, und dass es so etwas wie Gojim überhaupt gab. Das war keineswegs ein abwegiger Gedanke, vor allem in den Schtetl und Kleinstädten in Polen-Litauen, deren Bevölkerung meist mehrheitlich jüdisch war, in einigen Fällen sogar in überwältigendem Maße. Christliche Herren lebten auf ihren Gütern, christliche Bauern arbeiteten auf den Feldern, aber in der Stadt, unter den jüdischen Brauern, Schustern, Schneidern, Gastwirten, Glasern, Studenten, Bettlern und Uhrmachern konnte man die Augen zusammenkneifen und sich vorstellen, dass die nicht jüdische Welt überhaupt nicht existierte.

«Schtetl» ist nichts weiter als das jiddische Wort für Stadt. Theoretisch könnte jede Ansammlung von Häusern, die größer als ein Dorf ist, ein Schtetl sein (wobei ein anständiges Schtetl zumindest einen Marktplatz haben muss). In der Praxis hatten die Schtetl jedoch ihre Eigenheiten. Zum einen bildeten in den Schtetl die Juden die Bevölkerungsmehrheit. Damit unterschieden sie sich von praktisch allen anderen Orten in der Diaspora. Während die Juden im größten Teil der Welt wie Passagiere waren, die über feindliche Meere reisten, hatten sie im Schtetl – so arm sie auch sein mochten – wenigstens festen Boden unter den Füßen. Es waren Inseln des Judentums, umgeben von Archipelen desselben.

Früher gab es Tausende von Schtetl in Polen, Litauen, Belarus und der Ukraine. Auch in den benachbarten Ländern Slowakei, Ungarn und Rumänien waren sie weit verbreitet. Diese Verbreitung und Dichte der jüdischen Besiedlung machte Osteuropa einzigartig auf der Welt. Nirgendwo sonst war das jüdische Leben so zahlreich, so vielfältig und so eng mit seiner Umgebung verwoben. Jahrhundertelang war das Schtetl-Leben überall präsent. Und dann, ganz plötzlich, war es für immer verschwunden.

Mein Großvater, Czesław Berman, wuchs in einem dieser verschwundenen Schtetl auf, einem Ort namens Zambrów, einer kleinen Stadt, die an der Hauptstraße von Warschau nach Białystok lag. Vor dem Zweiten Weltkrieg lebten hier etwa siebentausend Menschen, die Hälfte davon Juden. Nur eine Handvoll hat überlebt. Diese Welt gibt es nicht mehr. Sie war so vollständig ausgelöscht worden, dass meine Eltern, die im Polen der 1950er Jahre aufwuchsen, kaum wussten, dass es sie gegeben hatte. Ich kannte nicht einmal den richtigen Namen meines Großvaters: Bezalel, nach dem Handwerker, der die Bundeslade herstellte.

Bezalel-Czesław hatte ein bewegtes Leben. Er verbrachte einige Zeit in sowjetischen Gefangenenlagern und erlebte mit, wie Berlin unter Granatbeschuss brannte (den er zum Teil selbst befehligte). Und doch kehrte er gegen Ende seines Lebens in der Erinnerung immer wieder in die Welt seiner frühesten Kindheit zurück. Ein Buch half ihm bei seinen Reminiszenzen: Das Gedenkbuch von Zámbrow, auf Jiddisch geschrieben, 1963 in Israel veröffentlicht und von dort auf welche Weise auch immer nach Polen importiert. Ich erinnere mich, wie er es durchblätterte, nach den Namen verstorbener Verwandter suchte und Geschichten erzählte, die bis in die Zeit seiner Urgroßeltern zurückreichten, in die Mitte des 19. Jahrhunderts. Diese Ereignisse waren so aktuell, dass er sie aus erster Hand erfahren hatte, und doch so weit von der Gegenwart entfernt, dass sie wie aus dem alten Babylon oder Sumer zu stammen schienen.

Vor meinem geistigen Auge war das Memorbuch ein riesiger Band, gedruckt in hebräischen Buchstaben mit Goldprägung auf dem Buchrücken. Es schmerzt mich, wenn ich daran denke, wie wenig ich von dem, was es enthielt, verstand. In diesem Buch, das aus den Erinnerungen der in den 1930er Jahren aus Zambrów ausgewanderten Menschen zusammengestellt ist, finden sich die Spitznamen der Persönlichkeiten, die vor dem Ersten Weltkrieg durch die Straßen der Stadt zogen: Myschel, der Krüppel, Bairach, der Stumme, Katschkeh, die Ente; Verrückter Zundl, der immer in Gedanken versunken war, Einäugiger Sabbath, der tatsächlich nur ein Auge hatte, Chashkeh, die Zimmererfrau, die immer wusste, wie man den bösen Blick abwehrt.

Auch Schtetl hatten Scherznamen. In der Umgebung von Zambrów gab es die Gartl-Träger von Czyzew, die Rüpel aus Ostrow, die Jablonka-Ziegen und die Beckenschläger aus Stawka.[10] Die Leute aus Zambrów selbst waren als Gangster verschrien. Bis zur Unabhängigkeitserklärung Polens im Jahr 1918 lag die Stadt in Russland, nahe der deutschen Grenze, und sie war für ihren Pferdeschmuggel bekannt. (Wie praktisch jede andere Grenzstadt im Russischen Reich auch. Die Städte im Rayon-Gebiet waren alle entweder für ihre Rabbiner oder für ihre Diebe berühmt – oder, wie im Fall von Dwinsk in Lettland, für beides.)

Viele Jahre nachdem ich zum ersten Mal das Gedenkbuch meines Großvaters gesehen hatte, fuhr ich selbst nach Zambrów. Von der Vergangenheit ist dort nicht mehr viel zu sehen. Sogar die alten Straßen sind verschwunden. So ziemlich das Einzige, was in der Stadt noch aus der Vorkriegszeit übrig geblieben ist, sind die alten Backsteinkasernen, die der letzte Zar errichten ließ, und ein jüdischer Friedhof, der von Brennnesseln überwuchert ist und auf dem fast alle Grabsteine fehlen. In meiner Ratlosigkeit tat ich, was ich normalerweise immer in den Überresten eines Schtetls tue: Ich ging zum nächstgelegenen Bach.

Wer jemals nach dem jüdischen Viertel einer osteuropäischen Stadt sucht, geht am besten zum zentralen Platz und dann bergab, bis man nasse Füße bekommt. Wasser war im Leben der osteuropäischen Juden nie weit vom Heiligen entfernt. Um zu beten, musste man sauber sein, und um sauber zu sein, musste man in einem rituellen Badehaus, der Mikwe, untertauchen. Um eine Mikwe gefüllt zu halten, brauchte man einen Teich oder einen kleinen Bach, und so befanden sich die Synagogen in der Regel in der Nähe eines Gewässers.

Auch für die Sühne wurde Wasser benötigt. Jeweils an Rosch Haschana warfen die Juden die Sünden des vergangenen Jahres ab. Das musste an einem See oder Bach geschehen; man leerte seine Taschen aus, während man ein besonderes Gebet, das Taschlich, sprach. In Dwinsk versammelten sich jedes Jahr zehntausend Menschen an den Ufern der mächtigen Düna, um ihre Sünden loszuwerden. Ein schlauer Fisch konnte fett werden, indem er all diese Sünden fraß. In Zambrów, das nur für seine Pferdediebe bekannt ist, taten die Menschen das Gleiche. Heute sind alle Synagogen der Stadt verschwunden. Der Hauptplatz, auf dem einst das Haus meines Urgroßvaters stand, wird von einer Schnellstraße durchschnitten und ist in seiner damaligen Form kaum noch zu erkennen. Unterhalb des Platzes aber fließt immer noch der Stadtbach, die Jabłonka, der «kleine Apfel». Das Wasser bleibt; es ist eine Spur.

***

In den Schtetl übten die Juden alle erdenklichen Berufe aus, vom Friseur bis zum Fagottisten. Außerhalb der Städte waren die Juden in Polen-Litauen in der Regel als fahrende Händler tätig oder arbeiteten in Gasthäusern und Schenken. Bis zum Ende des 19. Jahrhunderts war es den Juden in Polen-Litauen gesetzlich verboten, größere Grundstücke zu besitzen, was sie von der Landwirtschaft ausschloss. Sie waren gezwungen, die Rolle von Handelsvermittlern zu übernehmen, die die Welt der Bauern und der großen Adelsgüter mit den breiteren Strömen von Handel und Austausch verbanden. Sie verwalteten die Güter, brachten Getreide zu den Märkten oder mahlten es zu Mehl. Vor allem aber wachten sie über das wertvollste Gut der Adligen: das Monopol auf die Herstellung von Alkohol. Jedes Monopol war praktisch eine Lizenz, die es bestimmten Grundbesitzern (und niemandem sonst) erlaubte, ihren überschüssigen Weizen und Roggen in starken – und leicht transportierbaren – Wodka zu verwandeln. Die Grundbesitzer konnten den Wodka dann in den ihnen gehörenden Tavernen, auf die sie ebenfalls ein Monopol hatten, an ihre eigenen Bauern verkaufen.

Bis zum Ende des 19. Jahrhunderts wurden die meisten Tavernen in Polen-Litauen von Juden betrieben. Als Außenseiter waren sie ihren adligen Herren verpflichtet, und man konnte sich bei ihnen darauf verlassen, dass sie ihren nicht jüdischen Nachbarn keinen allzu üppigen Kredit gewährten. Die jüdischen Tavernen wurden so zu einem festen Bestandteil des Dorflebens. Sie waren eine Mischung aus Gastwirtschaft, Hochzeitssaal und Kaufhaus. Sie waren berüchtigt für ihre Dreckigkeit, hatten niedrige Decken und schmutzige Böden und stanken nach Pfeifenrauch, Essig und Schweiß, aber sie waren der einzige Ort, der den Bauern die Möglichkeit bot, eine Hochzeit zu feiern oder ein Lied zu hören.[11] Sie waren zudem ideal, um sich so richtig zu betrinken. Überdies waren die Tavernen zugleich oft der einzige Laden, an dem man lebenswichtige Dinge wie Zucker oder Nägel kaufen konnte – eine weitere Möglichkeit für die Grundbesitzer, ihre Gewinne zu steigern. In den besseren Tavernen wurden Borschtsch, Kwass und Piroggen serviert, in den weniger guten gab es lediglich eingelegten Hering. Die Verbindung von Wodka und Hering (die von allen wahren Wodka-Liebhabern geschätzt wird) hat hier ihre Wurzeln.[12]

Das Leben im Schtetl war nie weit von dem auf dem Lande ringsum entfernt. Und ebenso richtete es sich nach dem Rhythmus der Jahreszeiten. Für viele Juden gab es einen «grünen Kalender», der im Gleichschritt mit dem religiösen Kalender lief. Er begann im Frühjahr, wenn die Störche aus Afrika zurückkehrten, und fromme Juden segneten die Bäume, die zu dieser Zeit zu blühen begannen.

Wenn der Sommer in den Herbst überging, kam die Zeit der Weizenernte. Für die Pessach-Matze wurde besonderer Weizen

Ein Schtetl im Ansiedlungsrayon, Fotografie, aufgenommen vermutlich von einem Soldaten der Österreichisch-Ungarischen Armee, um 1916 / 17.

benötigt. Viele Juden kauften kleine Parzellen von nicht jüdischen Landwirten, um ihn selbst zu ernten. Die Familie meines Großvaters war in dieser Hinsicht besonders: Sie baute ihren eigenen Weizen an und verschenkte ihn. Wenn das erledigt war, begannen die Brombeeren, die sogenannten «kleinen Diaspora-Äpfel», reif zu werden. Ihr Saft war dunkel genug, um Thorarollen damit zu beschreiben, und daher erhielten sie ihren Namen: weil sie an die Schwärze des Exils erinnerten. Dann kamen die Äpfel: die süßen, die an Rosch Haschana gegessen werden, die sauren, die Äpfel von Sodom genannt wurden, und die wilden, die Äpfel des Friedhofs. Pünktlich zu Jom Kippur gab es die «Kol Nidre»-Minibirnen, die wild in den Wäldern wuchsen. Danach war es an der Zeit, das Sauerkraut für den Winter einzulagern, was vor dem Einsetzen der sehr strengen Fröste geschehen musste.[13]

Gut möglich, dass Juden und Christen gemeinsam im neutralen Raum der Taverne tranken, aber sobald es um die Kirche oder den Tempel ging, betrachteten sie sich gegenseitig mit einer Mischung aus Misstrauen und Verachtung. In den Augen der Christen waren die Juden für immer die Widersacher Christi. Sie mochten zwar nun einmal da sein, aber ihre Religion, ihre eigenartige Sprache und ihre unklaren Riten schienen ein bedrohliches, morbides Geheimnis zu enthalten. Die Juden wiederum lebten in ständiger Furcht vor Ritualmordprozessen und den damit einhergehenden Pogromen. Die Vorstellung, dass Juden für die Herstellung ihres Pessach-Brotes das Blut von Christenkindern brauchten, hatte tief reichende Wurzeln ins Mittelalter. Immer wieder aufkommende Panik, die durch den Verdacht auf eine Entführung oder einen Mord durch Juden ausgelöst wurde, kostete viele Menschenleben.

Die im Brauchtum verankerte Trennung zwischen den beiden Religionen wurde durch das Gesetz weiter verstärkt. Vor dem 19. Jahrhundert wurde der Übertritt eines Christen zum Judentum mit dem Tod bestraft. Wenn ein Jude zum Christentum konvertierte, war er oder sie für seine Familie tot. Wenn sie widerriefen und zum Judentum zurückkehrten, war die Strafe ebenfalls der Tod.

Trotzdem wurde die Grenze zwischen den beiden Gemeinschaften oft überschritten. Juden arbeiteten häufig bei christlichen Arbeitgebern und beschäftigten selbst christliche Dienstmädchen. Manchmal entwickelte sich daraus trotz aller Risiken sogar eine Liebe. Bekannt geworden sind solche Fälle selten, sie mussten eben geheim gehalten werden. Was wir über heidnisch-jüdische Liebesbeziehungen in der Vormoderne wissen, stammt aus den Beispielen, in denen die Sache ziemlich schiefging.

Ein solcher Fall ereignete sich 1748 in der Stadt Mogilew in Weißrussland. Im Oktober jenes Jahres wurde ein jüdischer Mann namens Abraham vor Gericht angeklagt, eine unrechtmäßige Verbindung mit einer ukrainischen Christin namens Paraska eingegangen zu sein. Beide wurden vernommen und sagten aus, wie sie zusammengekommen waren.

Abraham war ursprünglich mit einer Jüdin namens Gisia verheiratet gewesen, verließ sie jedoch kurz nach der Hochzeit, weil sie anscheinend geisteskrank war. Er floh in eine nahe Stadt und arbeitete dort für einen christlichen Gutsbesitzer. Paraska war dessen Dienstmädchen. Abraham und Paraska wurden intim, und dann war Paraska schwanger. Gemeinsam verließen sie die Stadt, um eine neue Bleibe zu suchen. Unterwegs brachte Paraska ihr Kind zur Welt – mitten auf einem Feld, ohne irgendjemanden in der Nähe. Das Kind war ein Mädchen; eine Stunde später war es tot. Sie begruben es noch auf dem Feld und zogen weiter.

Als sie in der nächsten Stadt ankamen, sagte Abraham zu Paraska, sie solle schweigen und so tun, als ob sie stumm sei – er hatte nämlich einen Plan. Abraham fand Arbeit bei einem jüdischen Bierbrauer namens Herszko. Dem erzählte er, Paraska sei Jüdin und seine Frau. Nur sei sie von Geburt an stumm, was erklärte, warum sie weder Jiddisch noch ein Wort Hebräisch sprach. Herszkos Frau kümmerte sich um Paraska, nahm sie mit in die Synagoge, lehrte sie die Gebete und schnitt ihr die Haare kurz, wie es sich für eine jüdische Ehefrau gehörte. Abraham sagte, er habe Paraska nie gedrängt, das Judentum anzunehmen, und ihr die Entscheidung überlassen, wer zum Glauben des jeweils anderen konvertieren sollte. Das Wichtigste war, dass sie sich gegenseitig versprochen hatten, «einander nicht zu verlassen», auch wenn sie nicht verheiratet waren.[14]

So weit Abrahams Version der Ereignisse. Paraskas Geschichte stimmte in den meisten Einzelheiten mit seiner überein – bis auf eine, die sich als verhängnisvoll erwies. Sie gab an, dass ihre Tochter bei der Geburt nicht tot gewesen sei, sondern gelebt habe. Sie hatten sie auf dem Feld zurückgelassen. Ein Neugeborenes zum Sterben liegen zu lassen, war zu dieser Zeit und an diesem Ort (und auch im übrigen Europa) gängige Praxis. Die übliche Strafe dafür war die Auspeitschung. Diesmal jedoch ordnete der Richter an, dass Paraska hingerichtet werden sollte. Abraham sollte auf dem Scheiterhaufen verbrannt werden. Im letzten Moment konvertierte er zum Christentum, um sich die Qualen zu ersparen. Am 23. Dezember 1748 wurden sowohl er als auch Paraska auf der Wilnaer Straße enthauptet.

In ganz Osteuropa lebten Juden und Christen Seite an Seite und doch nebeneinanderher, getrennt durch die Schranken von Sitte, Religion und Gesetz. Beide teilten allerdings auch einen weit verbreiteten Glauben an das Übernatürliche und an die Fähigkeit, durch richtig angewandte Magie Gesundheit, Sicherheit und Wohlstand zu beeinflussen. Dabei setzten Juden und Christen häufig auf die Volksheilmittel der jeweils anderen Glaubensgruppe. Als Dämonen von einem verlassenen Haus in Poznań Besitz ergriffen, rief die jüdische Gemeinde die örtlichen Jesuiten um Hilfe an.[15] In chassidischen Erzählungen ist häufig davon die Rede, dass jüdische Frauen nicht jüdische Glaubensheiler um Hilfe bei Geburten und anderen Beschwerden baten. Der Baal Schem Tov selbst gestand in seinen überlieferten Briefen, er habe bei vorbeikommenden «Zigeunern» Heilung gesucht.[16] Sogar der Gaon von Wilna soll von litauischen Christinnen etwas über Heilpflanzen gelernt haben. Die Christen wiederum suchten oft bei Rabbinern und anderen jüdischen Heilern um Rat und Unterstützung nach. Sie tranken aus Quellen, die vom Baal Schem Tov geweiht worden waren, und konsultierten wundertätige Rabbiner, um Hilfe bei Unfruchtbarkeit und Ratschläge für die Zukunft zu erhalten. Als paradigmatische Außenseiter neben den christlichen Gemeinschaften konnten Juden entweder Flüche heraufbeschwören oder spirituellen Schutz bieten. Juden sahen sich mit vielen der gleichen Gefahren konfrontiert wie ihre christlichen Nachbarn, doch in der geschlossenen Welt des Schtetls mussten sie diese meist allein bewältigen. Wandernde Exorzisten kümmerten sich um Fälle von Besessenheit durch Geister der Toten, die als Dibbukim bekannt waren. Sie bedrängten und beschwatzten den widerspenstigen Geist, den Körper des Besessenen zu verlassen. Wenn es sich bei dem Exorzisten um einen bedeutenden Rabbiner wie Shmuel aus Kaminka handelte, war der Erfolg garantiert. Ansonsten gab es keine Gewähr. In einem denkwürdigen Fall aus Warschau vom Jahr 1818, über den viele Augenzeugen berichteten, weigerte sich der aufsässige Geist strikt, ein Kind zu verlassen, und sagte, er werde andernfalls «niemals frei» von seinen Qualen sein.[17]

Die Exorzisten arbeiteten sozusagen im Einzelgespräch mit den Toten. Wenn jedoch eine ganze Gemeinschaft bedroht war, sei es durch einen Krieg oder – was am schlimmsten war – durch eine Seuche, waren extremere Maßnahmen erforderlich. In diesem Fall mussten die Toten als Gruppe angerufen werden. Die Schwarze Hochzeit (Shvartze Khasene) war ein Brauch, bei dem zwei Mitglieder der Gemeinschaft verheiratet wurden, um eine größere Katastrophe abzuwenden. Die Braut und der Bräutigam gehörten in der Regel zu den Ärmsten der Stadt. Oft hatten einer oder beide Fehlbildungen, waren stumm oder erwiesen sich auf andere Weise als «unverheiratbar». Die Mitglieder der Gemeinde taten sich zusammen, um eine Mitgift aufzubringen und die Eheleute mit den notwendigen Kleidern und der Aussteuer zu versorgen.[18] Die Hochzeit selbst wurde auf dem Friedhof gefeiert. Tausende nahmen daran teil. Die Friedhofsumrandung wurde mit weißen Tüchern abgesteckt, um die Grenze zwischen der Gemeinschaft und der Außenwelt zu markieren.

Die Schwarze Hochzeit verfolgte einen doppelten Zweck. Zum einen diente sie der Besänftigung: Die Feier auf dem Friedhof war ein Geschenk an die Toten, die dann aus Dankbarkeit den Lebenden beistehen würden. Zum anderen diente sie der Etikette: Ein Hochzeitszug hatte traditionell Vorrang vor einem Leichenzug, sodass er, solange er stattfand, den Strom der auf ihre Beisetzung wartenden Seuchenopfer aufhalten sollte. So ausgedrückt, in der Sprache eines ethnografischen Berichts, wirkt das alles unvorstellbar weit weg. Die Schwarzen Hochzeiten klingen wie etwas Fiktives, aber sie haben wirklich stattgefunden – sogar im Schtetl meines Großvaters in Zambrów.

Die Mutter meines Großvaters hieß Dina; sie heiratete einen Hosenträgerhersteller, der sie nach dem Ersten Weltkrieg nach Warschau mitnahm. Dinas Vater hieß Yankl, war Kaufmann für Getreide und Holzprodukte und gehörte zu einem großen Clan jüdischer Bauern namens Golombek. Laut dem Zambrów-Gedenkbuch gehörte Yankl «zu den feinsten Hausbesitzern im Schtetl, voller Ideale» sowie «voller Liebe zu Zion und sehr aufrecht».[19] Sein Haus war die ganze Woche über voll von Menschen, seine vielen Angestellten kamen zu jeder Stunde vorbei, um Milchkaffee zu trinken, Kekse zu essen und die Angelegenheiten des Tages zu besprechen. Zwei der häufigsten Gäste waren Yankls Bruder Meir und seine Frau Reizl.

Im Gedenkbuch beschreibt Meir einen Vorfall, der sich im Seuchenjahr 1893 ereignete, als in Russland und Polen die Cholera wütete. Der Ausbruch in Zambrów verlief schrecklich und forderte Dutzende von Menschenleben. Um der Krankheit Einhalt zu gebieten, versuchten die Menschen alles, was ihnen nur einfiel. Sie hörten zu arbeiten auf und rezitierten Psalmen, organisierten kostenlose Massagen und legten sogar einen Damm am Stadtbach an, in der Hoffnung, sein Fluss werde die Krankheit aus der Stadt spülen. Das klappte nicht. Also versuchte man es mit härteren Maßnahmen. Zunächst wurden alle weggeworfenen und beschädigten Überreste von Gebetbüchern zusammengetragen und nachts auf dem städtischen Friedhof beigesetzt, mit brennenden Kerzen und einem Büttel, der das Kaddisch sprach. Doch die Krankheit wütete weiter. In ihrer Verzweiflung spielte die Stadt ihre letzte Karte aus: die Schwarze Hochzeit.[20]

Als Braut wählte man ein körperlich beeinträchtigtes armes Mädchen namens Chana-Yenta, als Bräutigam einen alten Junggesellen namens Velvel, ebenfalls mit Behinderung, der seinen Lebensunterhalt damit verdiente, dass er bettelnd von Tür zu Tür ging. Auf Kosten der Gemeinde wurden sie in die feinsten Kleider gesteckt, und es wurde ein Haus für sie gemietet, das vollständig eingerichtet war. Die angesehensten Hausfrauen der Stadt kümmerten sich um die Planung der Hochzeit. Sie backten Brötchen, kochten Fleisch und Fisch und bauten den Hochzeitsbaldachin auf – natürlich auf dem städtischen Friedhof. Am Tag der Hochzeit begleitete eine muntere Schar das Brautpaar zu ihrer Chuppa. Auf dem Rückweg vom Friedhof wurde getanzt und, ungeachtet des Schattens der Cholera, «für Braut und Bräutigam fröhlich gefeiert, so wie es sich gehört». Von den solcherart beschwichtigten Toten angefleht, hatte Gott schließlich ein Einsehen, und die Seuche fand ein Ende. Von da an war Chana-Yenta, die Braut der Schwarzen Hochzeit, in Zambrów als «Schwiegertochter der Stadt» bekannt.

Sie wurde zur städtischen Wasserträgerin ernannt, und ihr Mann erhielt eine offizielle Bettlerlizenz.

Von diesem Moment an wurde Chana-Yenta zu einer bedeutenden Person in Zambrów. Sie galt als einer der «religiösen Menschen» im Schtetl und wurde stets mit Respekt behandelt, denn, wie Meir schreibt, «viele glaubten, dass sie etwas Wesentliches zur Vertreibung der Krankheit beigetragen hatte». Chana selbst war der gleichen Ansicht. Sie wusste so gut wie jeder andere, dass sie die Stadt vor großem Unheil bewahrt hatte. Als sie mit ihren schweren Wassereimern von Haus zu Haus ging, war sie sich bewusst, dass sie allen Grund hatte, stolz zu sein: Sie hatte den Toten einen Gefallen getan, und nun standen alle Lebenden in ihrer Schuld.

KAPITEL 3

MUSLIME

Über weite Strecken seiner Geschichte lag Osteuropa am Rande Europas. Im frühen Mittelalter gab es dafür einen einfachen Grund: «Europa» war gleichbedeutend mit der Christenheit, und die Christenheit endete dort, wo der nächste heidnische Herrscher regierte. Als die christliche Flut das Heidentum hinwegfegte, wurde Osteuropa zu einer Grenze in einem spezifisch christlichen Sinne: Es war das Gebiet, an dem die katholische Kirche auf ihr orthodoxes Gegenstück traf. Es war die Grenze zwischen Rom und Konstantinopel, zwischen Latein und Griechisch, zwischen gotischen Türmen und Kuppeln aus Holz.

Diese Grenze war ein Spannungsfeld, aber keine unüberwindbare Kluft. Mit den ersten osmanischen Invasionen auf der Balkanhalbinsel im 14. Jahrhundert wurde Osteuropa dann zum Schauplatz der wichtigsten religiösen Bruchlinie des Kontinents – der zwischen Christen und Muslimen. Die Ausweitung der islamischen Präsenz hatte tiefgreifende Auswirkungen auf das Selbstverständnis vieler Osteuropäer. Zahlreiche christliche Herrscher übernahmen bewusst die Rolle von Verteidigern des Glaubens und präsentierten sich als die letzten Bastionen, die den muslimischen Ansturm aufhalten konnten. Daraus entstand der Mythos vom *Antemurale Christianitatis*, dem «Bollwerk der Christenheit», und er wurde von Polen, Albanien, Serbien, Kroatien, Ungarn und so gut wie jedem anderen Land aufgegriffen, das sich irgendwann im Kampf mit einem muslimischen Gegner befand.

Die Vorstellung des *Antemurale* war ein Stück Propaganda, aber sie hatte auch eine physische Realität in Form von Burgen, Mauern, Grenzposten und Wachtürmen. Der Baal Schem Tov, der Begründer des Chassidismus, wurde um 1699 in der heutigen Ukraine geboren, in einem Ort namens Okopy Świętej Trójcy. Der Name bedeutet «Festung der Heiligen Dreifaltigkeit», und zu jener Zeit war die Stadt im Wortsinne genau das – eine Festung, direkt an der Grenze zwischen Polen-Litauen und dem Osmanischen Reich. Es ist in der Tat höchst bezeichnend für Osteuropa, dass sich die Kindheit dieses jüdischen Mystikers in einer polnisch-katholischen Zitadelle, unter orthodoxen Ukrainern und in Sichtweite osmanischer Minarette entfalten sollte.

Doch trotz aller Beteuerungen nationalistischer Historiker war Osteuropa nie nur ein Schutzwall: Es war auch ein Tor. Es war ein Ort, an dem Muslime und Christen einander nicht nur bekämpften, sondern wo sie sich auch trafen, vermischten und aufeinander abfärbten. Al-Andalus, das islamische Spanien, gilt nach wie vor als das Reich Europas, in dem Muslime und Christen zusammenleben und voneinander lernen konnten. Doch während das letzte muslimische Emirat in Spanien 1492 von den Armeen Ferdinands und Isabellas ausgelöscht wurde, ist Osteuropa bis heute Teil der islamischen Welt. Es beherbergt nach wie vor die größte und älteste Gemeinschaft von Muslimen auf dem Kontinent.

Bosnien und Albanien sind auch heute noch mehrheitlich muslimische Länder (ebenso wie der Kosovo), während in Bulgarien, Montenegro und Nordmazedonien beträchtliche muslimische Minderheiten leben. In Polen, Rumänien, Litauen und Weißrussland findet man noch Spuren einer jahrhundertelangen muslimischen Präsenz. Osteuropa ist also nicht so sehr der Rand Europas als vielmehr eine islamische Peripherie – einer der vielen Ränder eines muslimischen Gürtels, der sich von Westafrika bis nach Südostasien erstreckt. Um es als solches zu sehen, bedarf es einer radikalen Umorientierung. Wir müssen aufhören, von Budapest aus nach Süden und von Wien aus nach Osten zu schauen, und anfangen, von Istanbul aus nach Osten und von Kairo aus nach Norden zu blicken.

Seit dem 10. Jahrhundert kamen muslimische Reisende auf der Suche nach Pelzen und Sklaven nach Osteuropa. Die schriftlichen Zeugnisse, die sie hinterließen, gehören zu den besten Quellen dafür, wie die Polen, Tschechen und Magyaren lebten, bevor ihre Herrscher zum Christentum übertraten.

Damals befand sich Bagdad, die Hauptstadt des Abbasiden-Kalifats, im Zentrum eines Handelsnetzes, das von Marokko bis nach China reichte und dessen Tentakel sich bis nach Sibirien und Skandinavien erstreckten. Die muslimischen Geografen teilten die Welt in sieben horizontale Streifen oder «Klimazonen» ein. All diese nördlichen Länder gehörten zum siebten und kältesten Klima – einer Region von entsetzlicher Schmutzigkeit und Barbarei. Aus Sicht der islamischen Gelehrten, die in den hoch entwickelten Gartenstädten Persiens und Mesopotamiens lebten, standen die Slawen, die in diesen eisigen Einöden hausten, nur eine Stufe über wilden Tieren.

Von ihren östlichen Nachbarn, den Türken, die damals größtenteils noch heidnisch waren, hielten sie nicht viel mehr als von den Slawen. Binnen weniger, kurzer Jahrhunderte jedoch sollten diese zentralasiatischen Nomaden nicht nur zum Islam konvertieren, sondern auch die Herrschaft über das islamische Kernland im Nahen Osten übernehmen. Und nicht nur das: Sie dehnten die muslimische Souveränität bis zum fernsten Punkt aus, den sie in Europa jemals erreichen sollte, bis zum Schwarzen Meer und vor die Tore Wiens.

Der Islam kam durch den Handel nach Europa, aber geblieben ist er dort durch Eroberung. Dieser Prozess begann mit der Ankunft der ersten türkischen Soldaten auf dem Balkan im Jahr 1345 und dauerte bis zur osmanischen Eroberung Podoliens im Jahr 1672. Im Laufe dieser drei Jahrhunderte entwickelte sich das Osmanische

Reich zur gewaltigsten Kriegsmaschinerie in Kontinentaleuropa und brachte die gesamte Balkanhalbinsel sowie Teile der Ukraine, Rumäniens und große Teile Ungarns unter seine Herrschaft.

Dieser außergewöhnliche Eroberungszug verwandelte einen riesigen Teil Osteuropas in ein sich immer neu verschiebendes, bewaffnetes Grenzland. Einen Eisernen Vorhang zwischen den Gebieten des Islam und des Christentums gab es aber nie. Anstelle einer harten Grenze war da eine Zone begrenzter Souveränität, die sich bald mit allen möglichen Grenzkämpfern und Söldnern füllte. Auf der islamischen Seite gab es die Ghazi-Ritter, die für ihren Glauben und ihren Sultan kämpften und sich im Gegenzug üppige Landzuweisungen erhofften, sowie verschiedene Gruppen ungebundener Viehzüchter wie die Kiptschaken und Nogai-Tataren. Sie waren an ein Leben zu Pferd gewöhnt und kämpften für den Islam, aber auch für sich selbst, indem sie auf der Suche nach Gefangenen und Beute zerstörerische Raubzüge bis tief in die Ukraine und nach Rumänien unternahmen.

Auf christlicher Seite gab es Grenzkämpfer verschiedener Couleur. Es gab die Uskoken-Freischärler an der kroatischen Küste, die Panduren und «Grenzer» an der habsburgischen Militärgrenze sowie die Hajduken in Ungarn. All diese Gruppen nutzten die Instabilität der Grenze aus und betrieben ihre Raubzüge, Plünderungen und ihren Sklavenhandel unter dem Deckmantel des Glaubens. Ganz besonders berüchtigt waren die Kosaken in der ukrainischen Steppe, die für ihre Wildheit bekannt waren und ihre Unabhängigkeit gegen alle Angreifer verteidigten.

Woher die Kosaken kamen, ist nach wie vor rätselhaft. Sie scheinen ihr Leben als Ausreißer begonnen zu haben. In den Steppen der Südukraine konnten Leibeigene aus Russland oder Polen-Litauen ein neues Leben als freie Menschen beginnen. Der Preis dafür war ständige Wachsamkeit. Ohne den Schutz eines Staates mussten sie sich selbst zum Gesetz machen. Nach und nach übernahmen sie die Sitten der benachbarten Turkstämme und entwickelten sich zu einer Gesellschaft unabhängiger berittener Krieger, die lose in «Heerscharen» oder Armeen organisiert waren. Die Kosaken unternahmen spektakuläre Raubzüge gegen ihre Nachbarn in Russland, Polen-Litauen und den osmanischen Herrschaftsgebieten. Heute sind sie vor allem als Geißel in Erinnerung: zunächst als gewalttätige Rebellen gegen Polen-Litauen, die jüdische Städte abfackelten, und später als der lange Arm des Russischen Reiches. In ihrem eigenen Bewusstsein waren die Kosaken jedoch Verteidiger des Glaubens. Sie kämpften im Namen des orthodoxen Christentums gegen Katholiken und Muslime gleichermaßen. Keine Geschichte bringt ihr Selbstverständnis besser zum Ausdruck als das Lied vom Kosaken Baida.

Im echten Leben war Dmytro Iwanowytsch Wyschnewezkyj ein typischer Grenzfürst: gerissen, rücksichtslos und stets bereit, seine Loyalität an den Meistbietenden zu verkaufen. Für den König von Polen befestigte er eine Insel im Dnjepr, um sie gegen die Tataren zu verteidigen. Für Iwan den Schrecklichen stellte er ein Heer im Kaukasus auf und nutzte es für Raubzüge den Don hinauf und hinunter. Auf eigene Rechnung führte er seine Kosaken auf die Krim, um dort Sklaven zu erbeuten. Als weder das Großfürstentum Moskau noch Litauen bereit waren, seine Forderungen zu erfüllen, erwog er, zu den Türken überzulaufen.[1]

Nach seinem Tod verwandelte sich Wyschnewezkyj jedoch in den Baida, den legendären Inbegriff kosakischer Männlichkeit. Als solcher ist er der Held von hundert epischen Kosakenliedern, auch *dumy* genannt. In einem der berühmtesten, «Auf dem kleinen Platz in der Zarenstadt», taucht er ziemlich unerwartet und ganz allein im Herzen Istanbuls auf. Er ist bereits betrunken und begibt sich auf eine mehrtägige Zechtour. Der türkische Sultan, geblendet von dieser Zurschaustellung männlichen Draufgängertums, bietet dem Baida die Hand seiner Tochter zur Heirat an. Doch der Baida schlägt sie mit den Worten aus: «Deine Tochter ist schön, / aber dein

Glaube ist verflucht.» Das erzürnt den Sultan, und er lässt den Baida gefangen nehmen und aufhängen. An einem Haken hängend, der ihm um seine unterste Rippe gebohrt wird, erleidet der Baida drei Tage lang schreckliche Qualen. Doch selbst in dieser tödlichen Lage gelingt es ihm, einen Bogen zu ergreifen und Pfeil um Pfeil auf den Sultan und dessen verschmähte Tochter zu schießen, wobei er beide nur knapp verfehlt, bevor er schließlich die süße Erlösung des Todes genießt. Und so geht er, unnachgiebig und bibelfest, in das Reich der Mythen ein.

Ein Teil meiner eigenen Familie wurde durch ebendieses Regime beinahe mythischer Grenzlandgewalt geprägt. Meine Großmutter – die Mutter meiner Mutter – wurde in der Ukraine geboren und wuchs in Vilnius auf. Ihr Nachname jedoch – Terebesz – war ungarisch. Ihre Familie, die dem Adel angehörte, kam vermutlich im späten 16. Jahrhundert nach Polen, im Gefolge eines siebenbürgischen Fürsten, der auf den polnisch-litauischen Thron gewählt wurde. Davor waren sie Kämpfer an der Grenze. Ihr Wappen war ein abgetrennter Kopf, aufgespießt auf ein Schwert, das von einer gepanzerten Hand gehalten wurde. Der Kopf des toten Mannes war auch auf einem Siegelring der Familie abgebildet, der der Schwester meiner Großmutter gehörte.

Ich habe den Ring als Kind nie gesehen, aber in meiner Vorstellung sehe ich ihn glänzen – als meine einzige Verbindung zu einer aristokratischen Vergangenheit. Vor allem aber ist er ein wesentlicher Hinweis darauf, woher diese Familie stammte. In der offiziellen Heraldik wurde der Kopf des Toten mit einer Stirnlocke und einem hängenden Schnurrbart abgebildet – ein sicheres Zeichen dafür, dass es sich um einen Türken handeln sollte. Bevor sie zu Adeligen wurden, waren die Terebesz höchstwahrscheinlich einfache Soldaten, die für eine längst vergessene Heldentat geadelt wurden – wie zum Beispiel das Abschlagen eines feindlichen Kopfes. Genau das geschah mit John Smith – der durch Pocahontas berühmt wurde.

Bevor er in die Neue Welt kam, arbeitete er als Söldner für einen anderen transsilvanischen Fürsten. Im Jahr 1602 schlug er während einer Belagerung drei türkischen Soldaten im Zweikampf die Köpfe ab. Zur Belohnung schenkte ihm der Fürst ein Wappen mit drei Türkenköpfen, die auf einem Schild zu einem Dreieck angeordnet waren.

Das Abschlagen von Köpfen war an der Grenze üblich und eine ernste Angelegenheit. Aber es konnte auch groteske Züge annehmen. Im Jahr 1662 schloss sich Evliya Çelebi, ein osmanischer Höfling, Gelehrter und Lebemann (und einer der größten Reiseschriftsteller aller Zeiten), der Armee des Sultans auf einem Feldzug in Ungarn an und nahm an einer der Schlachten gegen die Christen teil. Der Tag war ein chaotischer, ein hässliches Durcheinander, aber am Ende sah es so aus, als hätten die Soldaten des Sultans gesiegt. Evliya verspürte ein dringendes Bedürfnis und nutzte einen ruhigen Moment, noch auf dem Schlachtfeld. Gerade als er sich erleichtert hatte, brach ein gegnerischer Soldat aus dem Dickicht über ihm hervor und rang ihn zu Boden. Mit seiner eigenen Scheiße beschmiert, die Hose noch um die Knöchel, war Evliya überzeugt, dass er gleich ein «Scheiß-Märtyrer» werden würde.

Im letzten Moment konnte Evliya sich sammeln und dem feindlichen Soldaten in die Brust stechen. Jetzt war er nicht nur mit Scheiße, sondern auch mit Blut besudelt und konnte nur noch lachen, denn er war der «Scheiß-Gazi», der Scheiß-Grenzkrieger geworden. Dann klaute er dem Christen den Geldbeutel und schlug ihm den Kopf ab, den er zu seinem Befehlshaber Ismail Pascha brachte.

> «Mögen die unglücklichen Köpfe der Feinde immer so rollen wie dieser», sagte ich, küsste seine Hand und stand stramm. Diejenigen in meiner Nähe wichen wegen des Geruchs zurück.

> «Mein lieber Evliya», sagte Ismail Pascha, «du riechst seltsam nach Scheiße.»
> «Fragt nicht, mein Herr, welches Unglück mir widerfahren ist!» Und ich erzählte meine Erlebnisse Schlag auf Schlag. Alle Offiziere bei der Siegesfeier lachten schallend. Auch Ismail Pascha war hocherfreut. Er belohnte mich mit fünfzig Goldstücken und einem silbernen Turbankamm, und ich war hocherfreut.[2]

So wie brutale Gewalt an der muslimisch-christlichen Grenze urplötzlich ins absurd Drastische umschlagen konnte, so konnte sich gegenseitiger Hass schnell in brüderliche Liebe verwandeln. Es hing alles davon ab, welche Emotion in einem bestimmten Moment profitabler und klüger war.

Im 16. Jahrhundert schufen sich die christlichen Uskoken eine Nische als wilde Piraten an der Adria. Vom Hafen von Senj im heutigen Kroatien aus präsentierten sie sich gerne als heilige Krieger, dabei überfielen sie venezianische Schiffe genauso gern wie osmanische. Doch manchmal müssen auch Piraten Geschäfte machen. In der Hoffnung, die Zahl der Überfälle zu verringern, verbot die osmanische Regierung in den 1580er Jahren die Praxis, Lösegeld für Gefangene zu zahlen, die von den Uskoken festgehalten wurden. Auf lokaler Ebene war damit niemandem gedient, denn es setzte die osmanischen Grenzsoldaten erhöhter Gefahr aus und beraubte die Uskoken einer wichtigen Einnahmequelle. Also setzten sich der Anführer der Piraten und der lokale türkische Verwalter, der Bey, zusammen, um zu verhandeln. Die beiden Männer legten eine angemessene Bezahlung für verschiedene Arten von Gefangenen fest und besiegelten das Geschäft, indem sie offiziell Blutsbrüder wurden, was mit dem Genuss von reichlich Alkohol verbunden war. Danach zogen sie sich gemeinsam zurück und schliefen «in einem einzigen Bett, der eine in den Armen des anderen».[3]

Bei einer anderen Gelegenheit schlossen die Uskoken einen Vertrag mit einem örtlichen türkischen Aga, einem Gouverneur. Die christlichen Piraten versprachen, die Überfälle auf die Provinz des Aga einzustellen, wenn er ihnen eine sichere Passage durch sein Land gewährte. Sie wussten, dass die osmanischen Soldaten sie nicht völlig ungeschoren durch sein Land ziehen lassen konnten; das wäre eine Schande gewesen. Also erklärten sie sich einverstanden damit, dass die Türken ein oder zwei Schüsse auf sie abgeben durften – um der lieben Ehre willen.

Schießen – aber nicht zu viel und nicht zu genau: eine ehrenhafte Lösung für das Problem dieser unbequemen Zuneigung. Für die Christen auf beiden Seiten der Grenze waren die Uskoken Helden, die es in Liedern zu feiern galt. In diesen Balladen wurde im Allgemeinen nicht erwähnt, wie gut ihre Beziehungen zu ihren sogenannten Feinden oft waren. Ein ähnliches Spannungsverhältnis zieht sich durch die Volksdichtung der gesamten Region. Überall auf dem Balkan waren die Helden der epischen Lieder in der Regel große christliche Herrscher und Generäle des Mittelalters, Männer wie Fürst Marko, Johannes Hunyadi und Vuk, der feurige Drache, die den osmanischen Heeren während der ersten Eroberungswellen im 14. und 15. Jahrhundert trotzten. Miloš Obilić, der Star der *Legende vom Amselfeld*, dem bedeutendsten Zyklus serbischer Heldenballaden, ist berühmt dafür, dass er einen osmanischen Sultan ermordet hat – allerdings erst, nachdem die Hauptschlacht bereits verloren und die serbische Armee vernichtet war.

Die südslawischen Epen, zu denen auch die *Legende vom Amselfeld* gehört, sind oft Geschichten von Blutvergießen und interreligiösen Auseinandersetzungen. Bei genauerem Hinsehen offenbaren die Epen jedoch eine differenziertere Geschichte. Oft arbeiten ihre Helden sowohl für als auch gegen den Sultan. Auf sein Geheiß kämpfen sie gegen muslimische Helden und Wegelagerer, die den Christen an Stärke und Tapferkeit ebenbürtig sind. Als der christliche Prinz Marko gegen den monströsen muslimischen Banditen Musa Kesedžija kämpft, kann er ihn nur mithilfe einer *vila*, einer Fee, besiegen, die ihm sagt, wie er ihn aufschneiden muss, um die drei Herzen freizulegen, die in seiner Brust schlagen. Als Marko Musa schließlich tötet, weint er – denn er hat erkannt, dass er den besseren Mann getötet hat.

Bei einer anderen Gelegenheit muss Prinz Marko gegen den größten Helden der bosnischen Muslime antreten, Alija Djerzelez, oder Alija der Keulenschwinger. Alija ritt auf einem geflügelten Pferd und hatte so viel Kraft wie zwanzig Männer. Wie Marko trug er einen gigantischen Schnurrbart (ein *sine qua non* balkanischer

Fürst Marko (rechts) kämpft gegen Musa Kesedžija (links) mit den drei Herzen. Historisierendes Gemälde um 1900 von Vladislav Titelbah im Museum in Kikinda, Serbien.

Männlichkeit), der so groß war, dass es aussah, als würde er ein schwarzes Lamm zwischen den Zähnen halten. In einer Geschichte haben beide Männer denselben Traum, der sie auffordert, in die Welt hinauszugehen und überall nach einem Mann zu suchen, der besser ist als sie selbst. Als sie sich schließlich finden, weint Marko, umarmt Alija und ruft: «Gott und dem Tag sei Dank, denn ich habe meinen Blutsbruder gefunden.»[4] Alija küsst ihn auf die Stirn, und die beiden Krieger verlassen das Feld, durch einen heiligen Pakt der Freundschaft verbunden.

Das christlich-muslimische Grenzgebiet war ein Ort spektakulärer Gewalt, plötzlicher Freundschaft und vor allem ständig wechselnder Loyalitäten. Diese zugleich bedrohliche und verlockende Zone hat unser Bild vom Islam in Osteuropa nachhaltig geprägt. Der größte Teil des islamischen Lebens spielte sich jedoch weit weg von der Grenze ab, in relativer Ruhe. Es entfaltete sich in Badehäusern und Karawansereien, in verschlafenen Städtchen wie Foča und Karnobat und in großen städtischen Zentren wie Sarajewo und Sofia.

Der osmanische Balkan war fünfhundert Jahre lang integraler Bestandteil der muslimischen Welt – länger als der größte Teil Lateinamerikas katholisch ist. Manchmal ist es jedoch schwierig zu erkennen, was alles in diesen Jahrhunderten erreicht wurde. Die Geschichtsschreibung spielt dabei eine große Rolle, und die Geschichte des Islam in Südosteuropa ist leider eine verwaiste Geschichte. Historiker aus den christlichen Nationen des Balkans neigen dazu, die Ära der osmanischen Herrschaft als eine Art kulturellen atomaren Winter zu behandeln, eine Ära, in der nichts wachsen und keine neuen Triebe sprießen konnten. Nichts könnte weiter von der Wahrheit entfernt sein.

Das gesamte städtische Gefüge des Balkans ist eine Schöpfung der Osmanen. Die größten Städte in Bosnien und Albanien, darunter Sarajewo, Mostar, Korça und Tirana, verdanken ihre Existenz den

Osmanen, und in Bulgarien wurden Plovdiv und Sofia fast vollständig von ihnen wiederaufgebaut. Osmanische Ingenieure errichteten Aquädukte, Straßen und Brücken, die so schön sind, dass ihre Konstruktion zum Gegenstand von Mythen und Legenden wurde. Eine Reise auf der gut befestigten Straße zwischen Istanbul und Belgrad bedeutete in osmanischen Zeiten, von einem durchdacht gestalteten *khan*, einem Gasthaus für Reisende, zum nächsten zu springen. In den Städten konnte man in den *bedesten*, den steinernen Markthallen, oder in den *arasta*, den überdachten Basaren, einkaufen, wie man sie heute noch in der Altstadt von Sarajewo findet. Sarajewo selbst wuchs um eine große Karawanserei und ein Gasthaus herum, die vom muslimischen Grenzherrn Isâ Bey gegründet wurden.[5]

Der Balkan war zwar nur ein – oft eher verschlafener – Teil der osmanischen Welt, aber er war durch zahllose politische, religiöse und handelsspezifische Beziehungen mit dem pulsierenden Istanbul verbunden. Um nur ein Beispiel zu nennen: Im Jahr 1600 hatte Istanbul 600 000 Einwohner – doppelt so viel wie Paris und dreimal so viele wie London. Eine riesige, organisierte Versorgungsstruktur, deren Mitarbeiter sowohl Christen als auch Muslime waren, sorgte dafür, dass die Stadt stets mit Fleisch und Getreide beliefert wurde. Ihre Arbeit war von entscheidender Bedeutung – so wichtig, dass die imperiale Verwaltung sie genau im Auge behielt, damit nichts schiefging. Allein in Sofia gehörten der Viehhändlerzunft auch zehn Goldschmiede, sieben Schuhmacher, vier Schankwirte, zwei Lebensmittelhändler, ein Töpfer, ein Bootsmann und ein Ziegenhaarspinner sowie zwei christliche Sorbetverkäufer an, von denen einer als Spitzel für die islamische Geheimpolizei tätig war.[6]

Es war dieses lange Zusammenleben und nicht ein plötzlicher Akt des Glaubensabfalls, das die großen Konversionswellen auslöste, die Bosnien und Albanien zu den einzigen mehrheitlich muslimischen Ländern in Europa gemacht haben. Überall auf dem Balkan erlagen die Christen der allmählichen Anziehungskraft der Chancen und Anreize, die das islamische Reich, in dem sie lebten, bot, während gleichzeitig die muslimischen Emigranten aus Anatolien und anderen weiter östlichen Regionen mit der sie umgebenden Gesellschaft verschmolzen.

***

Das Osmanische Reich eröffnete den Christen, die bereit waren, ihrem Glauben abzuschwören, viele Möglichkeiten. Die Armeen und die Flotte des Sultans waren voll von Überläufern aus Italien, Griechenland, Serbien und Ungarn. Im 19. Jahrhundert wurden diese militärischen Renegaten so zahlreich, dass sie ein eigenes Armeeregiment bekamen, das *murtad tabor* – das Bataillon der Verräter. Doch nicht jeder, der die Grenze zwischen den Religionen überschritt, tat dies aus freien Stücken. Viele landeten durch Gewalt in muslimischen Ländern, als Kriegsgefangene oder nachdem sie von tatarischen Räubern verschleppt und auf einem der zahlreichen Sklavenmärkte des Mittelmeers verkauft worden waren. So kam zum Beispiel die berühmte Roxelana nach Istanbul: Die Tochter eines orthodoxen Priesters aus der Ukraine stieg aus dem Harem auf zur Lieblingsfrau von Suleiman dem Prächtigen und zur Mutter seiner Erben. Doch Roxelanas Schicksal war eher die Ausnahme. Eine typischere Geschichte wäre die von Theodora Tedea, einer Albanerin, die um 1580 geboren wurde. Als sie einundzwanzig Jahre alt war, wurde Theodora von einer türkischen Sklavengaleere gefangen genommen und mit einem muslimischen Mann im Osmanischen Reich verheiratet. Einige Jahre später nahm ein griechischer Christ sie ihm weg und verkaufte sie an einen Italiener in Neapel, wo sie schließlich der Inquisition ihre Geschichte erzählte und ihre Freiheit zurückerlangte.[7]

In den Archiven der Inquisition in Italien wimmelt es nur so von Geschichten wie der Theodoras. Die Muslime im Osmanischen

Reich waren auf Sklaven aus christlichen Ländern angewiesen, und viele Christen hatten Sklaven, die aus muslimischen Ländern entführt waren. Das Leben an den Grenzen war tückisch: Für Männer wie Frauen konnte ein Moment der Unachtsamkeit bedeuten, dass sie jahrzehntelang beispielsweise in einem Serail eingesperrt waren oder auf einer Galeere rudern mussten. (Das wäre beinahe auch John Smith passiert, der nach seinem Abenteuer mit den drei Türken gefangen genommen und an einen türkischen Adligen verkauft wurde, doch es gelang ihm, über Polen-Litauen nach England zu entkommen.)

Gefangenschaft war ein hoffnungsloses Schicksal. Für einige christliche Frauen allerdings konnte eine freiwillige Übersiedlung ins Osmanische Reich Türen öffnen, die ihnen sonst aufgrund ihres Geschlechts verschlossen geblieben wären. Eine dieser bemerkenswerten Persönlichkeiten war Salomea Pilsztyn. Sie wurde 1718 im heutigen Weißrussland in eine katholische Familie hineingeboren und heiratete einen protestantischen Arzt, der dann im Osmanischen Reich praktizierte. Als Mann war es ihm nicht erlaubt, muslimische Frauen von Rang zu behandeln. Salomea lernte und erwarb medizinische Kenntnisse und begann, als Augenärztin zu arbeiten. Als ihr Mann sie verließ, eröffnete sie eine eigene Praxis, zunächst in Edirne und dann in Sofia. Dort stieg Salomea in ein noch lukrativeres Geschäft ein: das Lösegeldgeschäft. Sie kaufte osmanischen Sklavenhändlern gefangene habsburgische Offiziere ab und kassierte von deren Familien Zahlungen für deren Heimkehr. Einen dieser freigekauften Offiziere, einen Deutschen aus Slowenien namens Pichelstein (polnisch Pilsztyn), behielt sie für sich und heiratete ihn. Sie reisten nach St. Petersburg, wo sie Damen am Hof der russischen Kaiserin Anna behandelte. Nach einigen weiteren Jahren auf Reisen ließ sie sich von Pichelstein scheiden, den sie des Ehebruchs, der Erpressung und der versuchten Vergiftung beschuldigte. (Er war tatsächlich ein Schwerenöter, und nicht der letzte, mit dem sie sich einließ. Allerdings neigte Salomea ihrerseits zu wüsten Anschuldigungen – so glaubte sie beispielsweise, ein jüdischer Konkurrent in Istanbul bediene sich schwarzer Magie, um ihr Patienten abspenstig zu machen.) Nun, da sie allein war, nahm Salomea eine Stelle als kaiserliche Augenärztin im Harem von Sultan Mustafa III. an, bevor sie sich auf die Krim begab, wo sie im Harem des Khans arbeitete.

Salomea wagte sich freiwillig von Nord nach Süd und von Süd nach Nord, andere hatten nicht so viel Glück. Unzählige entwurzelte (Kriegs-)Gefangene verbrachten fast ihr ganzes Leben damit, sich nach einer verlorenen Heimat zu verzehren. Für diese Unglücklichen bestand die größte Hoffnung auf Rückkehr im göttlichen Eingreifen. Ein Volksmärchen aus Sarajewo erzählt von einer jungen Frau aus dieser Stadt, die während des von Prinz Eugen angeführten Terrorangriffs im Jahr 1697 von den Österreichern gefangen genommen wurde. Man brachte sie nach Wien, wo sie die Gemächer des Prinzen putzen musste. Alle bis auf eines, das zu betreten ihr verboten war. Eines Tages, als der Prinz unterwegs war, öffnete sie die Tür zu diesem Gemach und traf auf einen freundlichen alten Mann mit einer Gebetskappe.

Er fragte sie nach ihrer Herkunft und wie sie in diese fremde Stadt zu den Ungläubigen gekommen sei. Die Frau erzählte ihm von ihrem früheren Leben in Sarajewo, von der Plünderung ihrer Stadt und davon, wie Prinz Eugen sie in seinem Gefolge mit nach Norden nahm. Dann fragte der alte Mann sie, ob sie die Maghreb-Moschee auf der Westseite von Sarajewo kenne und ob sie jetzt gerne dort wäre. Die Frau nickte. Darauf sagte der alte Mann zu ihr: «Stell dich auf meinen Leibrock und schließ die Augen!» Die Frau tat, wie ihr geheißen. Als sie die Augen wieder öffnete, war sie daheim in Sarajewo.[8]

***

Wundertätige Heilige, wie der namenlose Sufi, der der Entführten aus Sarajewo half, gehörten zu den großen Einigern Osteuropas. Ihre Gräber zogen Verehrer sämtlicher Religionen an, und allen, die kamen, ließen sie ihre Barmherzigkeit zuteilwerden. Der heilige Nikolaus und die Jungfrau Maria hatten muslimische Anhänger, während Christen oft die Grabstätten muslimischer Heiliger besuchten. Christen und Muslime feierten zudem viele ähnliche Feiertage. Zu Weihnachten halfen die Muslime in Albanien den Katholiken beim Fällen des Weihnachtsbaums, und die Katholiken nahmen an den Bajram-Feierlichkeiten teil. An den Tagen der Heiligen versammelten sich alle an Pilgerstätten unter freiem Himmel, um sie zu preisen und ihren Segen zu empfangen.

Diese Art von Synkretismus fand in allen Arten von Volksglauben ein Echo. Christen und Muslime vertrauten auf dieselbe Volksmedizin und nutzten die Traditionen des jeweils anderen für Heilzwecke. Muslime küssten christliche Ikonen und ließen ihre Kinder christlich taufen; Christen, die auf dem Krankenbett lagen, luden muslimische Derwische, Mitglieder geistlicher Orden, ein, damit sie ihnen aus dem Koran vorlasen. In Polen und Litauen galten die muslimischen Tataren als die besten Heiler bei Epilepsie und Geisteskrankheiten. Vor dem Zweiten Weltkrieg war es üblich, dass Christen und Juden aus der Stadt ihre geisteskranken Familienmitglieder zu muslimischen Familien auf dem Lande schickten.

Nirgendwo waren der muslimische und der christliche Glaube so eng miteinander verwoben wie in Albanien. Ein einziger Clan aus dem Hochland konnte drei Zweige haben – einen muslimischen, einen katholischen und einen dritten, der zwar katholisch war, aber kein Schweinefleisch aß (die Geschichte, die als Erklärung für diese Dreifaltigkeit erzählt wurde, lautete, dass einst der älteste Bruder der Familie konvertierte, der zweite es nicht tat und der jüngste aus Rücksicht auf den ältesten *halal* blieb). Ein italienischer Mönch, der 1638 ein albanisches Dorf im Kosovo besuchte, wurde in einem muslimischen Haus mit den Worten empfangen: «Kommen Sie herein, Pater: Unter unserem Dach gibt es Katholizismus, Islam und Orthodoxie.» Schockiert berichtete er, dass die Albaner «in dieser Vielfalt der Religionen zu schwelgen schienen».[9] Was hätte er sich erst über die Predigten der Bektaschi-Sufis aufgeregt, die den Christen zu sagen pflegten, dass «Mohammed und Christus Brüder sind»!

***

Unter den islamischen Heiligen Osteuropas gab es keinen, der so viele Identitäten annahm oder so viele Anhänger so vieler Religionen anzog wie der chamäleonhafte Sari Saltuk. Er ist der herausragende Volksheld des Balkan-Islam: Gestaltwandler, Trickster, Krieger und Meister des wichtigsten religiösen Zuschauersports, des gelehrten Disputs. Bemerkenswerterweise scheint Saltuk eine reale Figur gewesen zu sein – ein religiöser Führer, der irgendwann im 13. Jahrhundert dazu beitrug, die Nomaden der Goldenen Horde (ein Splitterstaat des Mongolenreichs, der über Südrussland und die angrenzenden Steppen herrschte) zum Islam zu bekehren. Wie bei vielen historischen Persönlichkeiten, die für ihre Wunder berühmt wurden, wie etwa der Baal Schem Tov oder Jeanne d'Arc, wurde seine Legende rasch von Mythen überwuchert.

Sari Saltuk ritt auf einem magischen Pferd und trug einen undurchdringlichen Schild. Mit seinem Holzschwert (das einst dem Propheten Mohammed gehört hatte) konnte er Felsen spalten. Mit seinem Zypressenstab ließ er heilige Quellen sprudeln. Er bekämpfte christliche Ritter, aber auch Dschinn und Hexen. Wie der heilige Georg, mit dem er gleichgesetzt wurde, tötete Saltuk Drachen. Er stellte jedem von ihnen frei, Muslim zu werden, und tötete sie nur, wenn sie sich weigerten. Aber Sari Saltuk kämpfte nicht nur, er predigte auch. Er sprach zwölf Sprachen, und jede mit goldener Zunge. Oft gab er vor, Rabbi oder Priester zu sein. Er kannte die Evangelien und die Thora so gut, dass er die Gemeinden zu Tränen rühren konnte. In Danzig, so geht eine der Legenden, tötete er den heiligen Nikolaus, den Patriarchen der Stadt, und kleidete sich dann in dessen Gewand. In dieser Verkleidung bekehrte er viele zum Islam.

Noch nach seinem Tod setzte Sari Saltuk die Missionierung fort. Bevor er starb, ordnete er an, dass sein Körper in sieben Särge gelegt werden sollte, mit den Worten: «Begrabt mich hier, aber hebt ein anderes Grab dort aus. In jedem davon werdet ihr mich finden!»[10] Er wusste, dass sein Grab ein Wallfahrtsort und ein Magnet für Konvertiten werden würde. Mit mehreren Gräbern würde er seinen Wirkungskreis vergrößern. Vier der Särge sollten in christliche Länder und drei in muslimische Länder gebracht werden. In anderen Versionen der Geschichte sind es zwölf oder sogar vierzig Särge. Die Gräber in den christlichen Ländern wurden nie gefunden, aber seine Gräber in den muslimischen Ländern sind tatsächlich zahlreich – so zahlreich, dass die Behauptung, Sari Saltuk sei hier begraben, in etwa das osmanische Äquivalent zu den amerikanischen Gasthäusern ist, die früher gerne behaupteten, George Washington habe hier übernachtet.

Wer auf den Spuren von Sari Saltuk durch den Balkan reist, taucht ein in die Traumwelt des europäischen Islam. Dabei wird schnell klar, dass der Heilige für seine Gräber einige der erhabensten Orte der ganzen Halbinsel gewählt hat. Am Kap Kaliakra in Bulgarien liegt Saltuks Grab auf einer felsigen, nadelförmigen Landzunge, die etwa zwei Kilometer ins Schwarze Meer hineinragt (das hier voller Korallen ist). In der Gemeinde Krujë in Albanien befindet es sich in einer Höhle auf dem Gipfel eines Berges, von dem aus man die gesamte Adriaküste von Durrës bis Shkodra überblicken kann. Im Dorf Blagaj in Bosnien-Herzegowina liegt das Grab von Saltuk unterhalb eines Sufi-Klosters, einer Tekke aus dem 16. Jahrhundert. Das Gebäude befindet sich an der Quelle des Flusses Buna, genau dort, wo dieser aus einer Höhle tritt, über der eine senkrechte Wand aus hartem herzegowinischem Kalkstein ragt. An dem Tag, an dem ich den Ort besuchte, führte der Fluss Hochwasser. Das Kloster, von gelben Granatapfelbüschen und Kakibäumen umgeben, schien auf den leuchtend grünen Fluten zu zittern. Von einem der mit Teppichen ausgelegten Zimmer aus beobachtete ich den wirbelnden Strom, während der Muezzin vom Balkon aus das Nachmittagsgebet verkündete. Über meinem Kopf inspirierten kunstvolle, jahrhundertealte Deckenschnitzereien von Mond, Sternen und anderen Himmelserscheinungen zur Betrachtung des Kosmos.

Das Blagaj-Kloster, das noch immer einen aktiven Sufi-Orden beherbergt, wird seit der Zeit Suleimans des Prächtigen mit islamischer Mystik in Verbindung gebracht. Das schönste Grabmal von Sari Saltuk befindet sich jedoch in einer eher christlichen Umgebung. Das Kloster Sveti Naum ist eine uralte Gründung, die von den mittelalterlichen Königen Bulgariens an den Ufern des Ohridsees in Nordmazedonien gestiftet wurde. Ein bezaubernder Ort – der Ohridsee, eine Scheibe ruhigen, türkisfarbenen Wassers, das in der Bergluft schimmert, sieht aus wie ein Tropfen aus der Ägäis, der mitten ins Štur-Gebirge gefallen ist. Das Kloster liegt an einer Stelle des Ufers – heute die Grenze zwischen Mazedonien und Albanien –, wo am Fuße des Berges Galičica eine Reihe von Quellen entspringen. Ihr Wasser ist eiskalt und ungemein klar. Das Quellgebiet ist von einem Hain aus hohen, efeubewachsenen Eichen umgeben, in dessen Mitte ein einzelner Feigenbaum steht.

Es gibt keine Aufzeichnungen, die das Kloster von Sveti Naum mit Sari Saltuk in Verbindung bringen. Für Gläubige allerdings ist der Beweis unübersehbar. Auf einem Fresko über dem Grab des heiligen Naum erkennen sie ein Mitglied des Bektaschi-Ordens, das zwar als orthodoxer Mönch verkleidet ist, aber den charakteristischen Hut eines Sufi-Heiligen oder Derwischs trägt, womit alles gesagt ist. Neben ihm an der Wand sitzt ein anderer Derwisch in einem Wagen, der von einem Hirsch und einem Löwen gezogen wird.[11] Mag es sich dabei auch um den Propheten Elias handeln: Wie das Grab des Heiligen ist es bereits von Saltuks Anwesenheit durchdrungen oder eher vielleicht: ergänzt worden. Jedes Jahr im Juli kommen seine Anhänger in das Kloster, um *ihren* Heiligen zu feiern. Die meisten von ihnen sind muslimische Roma aus Mazedonien und den Nachbarländern, die am Uferstrand neben dem Kloster kampieren, Kerzen anzünden und lebende Tiere opfern.

Diese Art von Opfer wird Kurban genannt. Sie wird überall auf dem Balkan praktiziert, und zwar von Menschen aus allen Gesellschaftsschichten. Der Schwiegervater meiner Cousine, Tomasz, ein Anthropologe, der sich mit traditionellen Formen der Architektur und Frömmigkeit auf dem Balkan befasst, schreibt, dass das Oberhaupt der Familie, bei der er in dem Dorf Debar in Mazedonien lebte, ihn bat, ein Lamm zu opfern. Das machte ihn recht nervös: Denn so eine Opferung ist riskant; wird sie falsch durchgeführt, kann sie die Arbeit eines ganzen Jahres zunichtemachen. Es wurde jedoch nicht zum Wohle der Familie von ihm verlangt, sondern zu seinem eigenen Vorteil. Denn als Erwachsener, der noch nie ein Tier geopfert hatte, war er in großer Gefahr, Unglück zu erfahren oder krank zu werden. Aber das ist beileibe nicht nur ein ländliches Phänomen. Als Tomasz kürzlich Probleme mit seinen Augen hatte, opferten seine Universitätskollegen in Sofia einen Hahn, um ihm bei der Heilung zu helfen.

Von allen Stätten, die mit Saltuk in Verbindung gebracht werden, scheint sein Grab in Babadag im Osten Rumäniens die älteste und vielleicht auch die authentischste zu sein. Bereits im frühen 14. Jahrhundert sah der berühmte Reisende Ibn Battuta das Grabmal, in den folgenden Jahrhunderten wurde es von osmanischen Sultanen und dem unermüdlichen Evliya Çelebi besucht. Der Name «Babadag» ist türkisch: Er bedeutet «Berg des Baba», also des Vaters, und bezeichnet zwei kleine Hügel etwas außerhalb der Stadt. Obwohl sie nur ein paar hundert Meter hoch sind, wirken sie hier riesig, denn

Sveti Naum, gegründet 895 als christlich-orthodoxes Kloster vom hl. Naum über dem Ohridsee in Nordmazedonien. Ein Ort religiösen Synkretismus, der auch von Sufi-Anhängern besucht wird.

Babadag liegt in einer der flachsten Gegenden Europas, der Ebene von Dobrogea, gleich südlich der Stelle, an der sich die Donau in ihr Delta verzweigt.

Als Evliya Çelebi im 17. Jahrhundert die Türbe, die Grabstätte Saltuks besuchte, war diese bereits uralt. Seit die Osmanen gut hundert Jahre zuvor diesen Teil der Welt verlassen hatten, war die Türbe stark vernachlässigt worden. In den 1960er Jahren stand sie kurz vor dem völligen Verfall. Jüngst aber wurde sie von der türkischen Regierung restauriert. Es ist ein erstaunlich kleines, fast gedrungenes Gebäude, ein Würfelchen aus weiß getünchtem Mauerwerk, der sich unter einer unscheinbaren roten Kuppel zusammenkauert. Sari Saltuks schön gearbeiteter Holzsarg – der letzte einer ganzen Reihe, wie man annimmt – ist das Einzige, was sich darin befindet, abgesehen von einem Eimer und einem Wischmopp. Vor dem Bau stehen ein paar alte, mit arabischen Schriftzeichen versehene Grabsteine inmitten eines Feldes orangefarbener Tigerlilien.

Niemand in Babadag scheint Saltuks Schrein große Beachtung zu schenken. Er ist sauber, gepflegt – und verlassen. Einem anderen Schrein jedoch, der etwas abseits der Stadt auf dem Gipfel des Vaterbergs liegt, schenken die Menschen sehr wohl ihre Aufmerksamkeit. Als ich die Stadt besuchte, erfuhr ich davon zufällig aus einer Karte. Es ist das Grab eines weiteren Derwisch-Heiligen namens Koyun Baba, einer noch rätselhafteren Figur als Sari Saltuk. Er war Schafhirte und stammt aus dem tiefsten mittelalterlichen Anatolien. Berühmt ist er einzig und allein dafür, dass er nie gesprochen hat. Auch scheint er selbst Anatolien nie verlassen zu haben, und wie genau sein Grab den Weg in diese rumänische Stadt gefunden hat, ist ein Rätsel. Vielleicht reiste er, wie Sari Saltuk, auf einer Gewitterwolke.[12]

Neugierig geworden, machte ich mich auf zu seinem Schrein, der auf dem Gipfel des Vaterbergs liegt. Von Westen zogen Regenwolken heran, während ich mir einen Weg durch den Zwergeichenwald bahnte, der den Berg vollständig bedeckt. In einigen hundert Metern Höhe konnte ich sehen, wie die Wolken sich von Braïla aus über die Ebene schoben. Als ich auf dem Gipfel ankam, entluden sie sich. Aus der Stadt unter mir erhob sich ein unglaublicher Lärm. Jeder Hahn, jedes Huhn, jede Kuh, jedes Schaf, jede Ziege und jeder Hund in Babadag krähte und muhte vor Freude oder blökte und bellte vor Unmut.

Im selben Moment fand ich das Grab. Es lag neben einer Lichtung voll wilder Minze und violetten Wildblumen. Die Anlage selbst war schlicht und eindeutig modern. Der Grabstein war aus Marmorsplittern zusammengekittet, die Stelle war von zerbrochenen Betonplatten eingefasst. Koyun Babas Name war in schwarzer Farbe neben einem fünfzackigen goldenen Stern eingraviert. Die schwarze Erde in der Mitte des Grabes war mit Tulpen und Grablichtern übersät. An den Baumzweigen direkt darüber hatte man bunte Stoffstücke befestigt. Vom Regen tropfende Girlanden hingen über meinem Kopf, manche rot, manche gelb, manche bunt und manche blau-weiß gestreift wie die griechische Flagge.

Als ich wieder unten in der Ebene war, hatte der Regen aufgehört. Die vielen Schlaglöcher in den unbefestigten Straßen von Babadag standen voller Wasser. Ein paar Roma-Kinder sprangen immer wieder in eine große Pfütze, während ihre Mutter das Wasser mit einem Besen von der gefliesten Veranda fegte. Ihre breiten Reifohrringe und Goldketten funkelten in der soeben wieder hervortretenden Sonne.

Heilige wie Sari Saltuk boten eine Stätte der Begegnung, an der sich Angehörige verschiedener Religionen um einen gemeinsamen Quell der Gnade versammeln konnten. Freimütig verteilten sie ihre Gaben, ihren Segen an alle, die ihre Grabstätten besuchten, und erteilten damit eine eindringliche Lektion in spiritueller Großzügigkeit. Aber auch Konflikte, die über lange Zeiträume andauerten, konnten eine Lehre in Sachen freundlicher Kunst der Koexistenz sein.

Polen-Litauen verbrachte einen Großteil der Frühen Neuzeit entweder im Streit oder im aktiven Krieg mit dem Osmanischen Reich. Beide errangen große Siege und erlitten furchtbare Niederlagen gegen und durch den jeweils anderen. Nichtsdestotrotz entstand im Laufe der Zeit aufgrund des anhaltenden Kontakts eine gewisse Vertrautheit zwischen den beiden Staaten. Manchmal zeigte sich das in kleinen Gesten wie den Geschenken, die sich die Kommandanten der Grenzposten beiderseits des Dnjestr im 18. Jahrhundert schickten. Anderthalb Jahrhunderte später besaß der Urenkel eines jener Grenzwächter immer noch eines dieser Geschenke: einen Beutel aus roter Seide, gefüllt mit vergilbten Seiten, die in der winzigen, federfeinen Schrift jener kultivierten Zeit mit Komplimenten beschrieben waren.

Zu anderen Zeiten manifestierte sich diese Nähe in größeren Gesten. Als Polen 1795 seine Unabhängigkeit verlor, nachdem es von seinen Nachbarn in Russland, Preußen und Österreich aufgefressen worden war, weigerte sich das Osmanische Reich, seine Auflösung anzuerkennen. Der letzte polnische Botschafter durfte seinen Posten behalten. Für die nächsten dreißig Jahre bezahlten die Osmanen sein Gehalt und erlaubten ihm, an den Sitzungen des Diwans mit den Vertretern der anderen europäischen Mächte teilzunehmen. (Diesem letzten Botschafter wurde auch ein türkischer Wächter, ein Kavas, zur Seite gestellt. Der Legende nach schüttelten die Wachen der anderen europäischen Botschafter jedes Mal, wenn er an ihnen vorbeikam, den Kopf und seufzten mitleidig: «Hier ist der Schatten eines Kavas, eines Dragomanen, eines Staates, der von der Weltkarte getilgt wurde!»[13])

Bis 1918, als Polen seine Unabhängigkeit wiedererlangte, wiesen osmanische Beamte zu Beginn jeder Audienz mit westlichen Mächten darauf hin, dass der «Abgeordnete aus Lehistan [Polen] noch nicht eingetroffen» sei. Ein großartiges Beispiel für Ritterlichkeit, das möglicherweise durch ein Ereignis inspiriert (oder zumindest vorweggenommen) wurde, das viele Jahrhunderte zuvor stattfand.

Im Jahr 1622 war ein grausamer Krieg zwischen dem Osmanischen Reich und der Polnisch-Litauischen Union gerade zu Ende gegangen, und es war an der Zeit, den Friedensvertrag zu unterzeichnen. Der polnische Senat entsandte Fürst Zbaraski, einen der reichsten Männer der Union und ehemaligen Schüler Galileis, um den Vertrag auszuhandeln. Zbaraski traf mit einem prächtigen Gefolge in Istanbul ein und verteilte großzügig Geschenke. Doch die Leibwächter des Sultans, die Janitscharen, waren misstrauisch. Sie zeigten Zbaraski den einbalsamierten Kopf des Wesirs, den sie gerade abgesetzt hatten, sowie die Köpfe seiner zahlreichen Vorgänger. Das war als Warnung gemeint. Der polnische Abgesandte verstand.

Er sagte zu ihnen: «Möge auch mein Kopf dort ruhen, wenn ich euch nicht treu diene.»

Am nächsten Tag traf Zbaraski mit dem Sultan zusammen. Sein bestes Geschenk hatte er für diese Gelegenheit aufgespart. Und so zog er ein altes Pergament aus einer Goldtruhe: den Text des letzten Vertrags zwischen Polen und der Türkei, der fast ein Jahrhundert zuvor zwischen Suleiman dem Prächtigen und Sigismund dem Alten unterzeichnet worden war. Die türkischen Würdenträger drängten sich, um das Dokument zu berühren, das der große Gesetzgeber persönlich in Händen gehalten hatte. Vor dem versammelten Hofstaat verlas Zbaraski dann die Schlussworte des Paktes, gerichtet vom Sultan an den König von Polen:

> Ich bin siebzig, und auch Ihr seid alt, die Fäden unseres Lebens sind nur noch kurz. Wir werden uns bald in glücklicheren Gefilden treffen, wo wir, gesättigt von Ruhm und Ehre, neben dem Erhabenen sitzen werden, ich zu seiner Rechten und Ihr zu seiner Linken, und über unsere Freundschaft sprechen. Euer Gesandter Opalinski wird Euch berichten, in welchem Glück er Eure Schwester und meine Frau gesehen hat. Ich empfehle ihn Eurer Majestät wärmstens. Lebt wohl.[14]

Daraufhin, so berichtet der Chronist, weinten alle Anwesenden dicke Tränen. Für einen Moment hatten sie Teil an einer Vision von Kameradschaft und Respekt, die fast zu süß war, um sie zu ertragen.

KAPITEL 4

KETZER

Zwischen 1951 und 1953 reiste eine Gruppe bulgarischer Ethnografen in die Region Deliorman im Nordosten des Landes, um bei den muslimischen Gemeinschaften dort Feldforschungen durchzuführen. Der Name «Deliorman» stammt aus dem Türkischen und bedeutet «verrückter Wald». Diese Gegend mit dichten Wäldern und halb versickerten Bachläufen südlich der Donau diente jahrhundertelang als Versteck für Banditen und als Zufluchtsort für Flüchtlinge. Zu den Gruppen, die sich in der osmanischen Zeit dort niederließen, gehörten die Aleviten, türkischsprachige Schiiten, deren Glaube sie in Konflikt mit der sunnitischen Orthodoxie brachte, welche im gesamten Reich herrschte.

Die bulgarischen Ethnografen, die kamen, um die Aleviten genauer zu studieren, interessierten sich nicht für die Details ihrer religiösen Praktiken. Der Stalinismus und mit ihm der offizielle Atheismus waren das Gebot der Stunde, und Diskussionen über den Glauben waren streng tabu. Um nicht versehentlich eine ideologische Grenze zu überschreiten, beschränkten die Ethnografen ihre Gespräche mit den Dorfbewohnern lieber auf neutralere Themen wie Familienstruktur, landwirtschaftliche Praktiken und Handwerk.[1] Dennoch kam man immer wieder irgendwie auf die Religion zu sprechen. Die Dorfbewohner zeigten den Wissenschaftlern ihre Musikinstrumente (in jedem Haus gab es mindestens ein Instrument und dazu jemanden, der es spielen konnte) und erzählten ihnen von ihren Liedern. Viele dieser Lieder nannten sie die «weisen Lieder des Tariqat» – religiöse Lehren, umgesetzt in Musik und von Männern wie Frauen gleichermaßen gesungen.

Das waren freilich nicht die Lehren, die man in einer Moschee zu hören bekam. Sie erzählten eine geheime Geschichte über die vier heiligen Bücher und die vier heiligen Elemente sowie über die Gaben, die Gott dem Ur-Adam mitgegeben hatte. Diese Geschichten waren in keinem Buch niedergeschrieben, gleichwohl brannte ihre Weisheit «wie Feuer». Die Dorfbewohner des Deliorman besaßen keine eigenen Schriftdokumente. Wie einer der Dorfältesten den Ethnografen erklärte, waren die weisen Lieder des Tariqat «ihr Koran».[2]

In Osteuropa gab es traditionell viele Enklaven wie diese, Orte, an denen fast alle Analphabeten waren und wo die Heilige Schrift nur als Gerücht oder als Lied existierte. An solchen Orten wurden heilige Bücher als Mythos umgeschrieben und umgedeutet. Ein typisches Beispiel dafür ist die Schöpfungsgeschichte. Die Bibel, die Thora und der Koran erzählen alle eine Version der Geschichte, wie Gott selbst das Universum aus «Irrsal und Wirrsal» erschuf. In Osteuropa kursierten jedoch ganz andere Versionen dieser Erzählung.

Von Estland bis Mazedonien kannten die Menschen die Geschichte vom Erdtaucher – manchmal ein Mensch, manchmal ein Vogel und manchmal der Teufel selbst –, der zu Beginn der Schöpfung ins Urmeer hinabtauchte, um die Schlammmasse heraufzuholen, aus der die Erde als Ganzes erst entstehen konnte. In Teilen Bulgariens war jedoch weder von Meer noch von Schlamm die Rede: Am Anfang der Zeit war die Erde wie eine Teigkugel. Gott knetete sie und gab ihr die Form des Landes und des Himmels, so wie eine alte Frau Blätterteig ausbreitet, um Banitsa zu machen, ein mit Käse und Joghurt gefülltes Gebäck.[3] Die Huzulen in den ukrainischen Karpaten gingen in Sachen Milchprodukte sogar noch weiter und behaupteten, die Welt habe am Anfang der Zeit nicht aus Wasser, Teig oder Abfall bestanden, sondern aus üppiger, dicker, saurer

Sahne.[4] Gott verbrachte Äonen damit, über diese seine cremige, weiße Welt zu wachen, bis eines Tages der Teufel, krank vor Eifersucht, sie mit Teer bespritzte und verdarb. Gott schöpfte daraufhin den guten Rahm ab und schuf damit die Sonne und den Himmel, während er den schlecht gewordenen Rahm zum Bau der Erde und der Berge verwendete.

Aber auch das ist nur eine Geschichte unter vielen. In anderen Versionen der huzulischen Genesis sind Gott und der Teufel keine Widersacher, sondern Kollaborateure. Sie arbeiten gemeinsam am Aufbau des Universums und bevölkern es mit nützlichen Dingen. Sie kommen nicht immer gut miteinander aus, aber während Gott stets die Oberhand behält, hat der Teufel die guten Ideen. Er ist es, der die Schafe und Ziegen erschafft, von denen die Huzulen auf den Hochweiden der Karpaten leben, und der Teufel erfindet die Fiedel und die Flöte, um sie zu unterhalten. Er baut das erste Haus, konstruiert das erste Rad und entzündet das erste Feuer. Unbeholfen und fantasielos, wie er war, konnte Gott diese Wunder nur für sich selbst in Anspruch nehmen. Der Teufel pflegte dann wütend um sich zu schlagen und verdarb seine eigenen Schöpfungen (gewöhnlich durch Spucken, Furzen oder andere Verunreinigungen). Das ist der Grund, warum das Feuer raucht und warum der Mensch äußerlich schön, aber innen drin eklig ist.[5]

Eine alberne Geschichte, vielleicht – aber eine, die auf eine tiefe Wahrheit über das spirituelle Leben Osteuropas verweist. Im Laufe der Jahrhunderte erblühten in dieser Region alle Arten von religiösem Nonkonformismus, vom Volksaberglauben bis zur gelehrten Magie. Wo Christentum, Judentum und Islam aufeinandertrafen, war es für jede der drei Religionen schwierig, einen einheitlichen Glauben zu etablieren. Formen der ideologischen Rigorosität, wie sie in Westeuropa üblich waren, wie beispielsweise die katholische Inquisition, protestantische Schulen und Polizeiverordnungen, fassten nur ganz allmählich Fuß. Wo sie fehlten, blühte das Ketzertum.

Ehrgeizige Herrscher verwandelten ihre Reiche in Zufluchtsorte für die Verfolgten. Andere wandten sich den dunklen Künsten zu, um ihre Ängste vor dem Diesseits und dem Jenseits zu lindern. Und obwohl diese alternativen Glaubensformen auch in Osteuropa nur selten eine dauerhafte Heimstatt fanden, haben diese kleinen Inseln der Heterodoxie die Vorstellungskraft und das Selbstverständnis der weiten Region ebenso stark geprägt wie irgendeine Lehre aus Rom oder Konstantinopel.

In der Erinnerung und im Volksglauben konnten Häresien noch lange nach ihrer öffentlichen Niederwerfung durch die «offizielle» Religion weiterleben. Sowohl die reichlich wirre Mythologie der Huzulen als auch die geistlichen Lieder der bulgarischen Aleviten haben tiefe Wurzeln in verschiedenen, verbotenen Glaubensexperimenten. Die Aleviten können ihren Glauben auf messianische Prediger des 15. Jahrhunderts zurückführen, die lehrten, dass es kaum Unterschiede zwischen Christen und Muslimen gebe und dass alle Güter gemeinsam genutzt werden sollten.[6] Diese Propheten praktizierten, was sie predigten, und zettelten Rebellionen gegen die osmanische Herrschaft an, für die sie zusammen mit ihren Anhängern hingerichtet wurden, was die verbliebenen Gläubigen ins Verborgene trieb.

In ähnlicher Weise geht ein Großteil der kruden Kosmologie der Huzulen auf die Lehren einer inzwischen ausgestorbenen gnostischen Sekte namens Bogomilen zurück. Die Bogomilen waren Dualisten. Das heißt, sie glaubten, das Universum sei in zwei konkurrierende Sphären aufgeteilt, eine gute und eine böse. Die Welt des Guten war völlig immateriell und ungreifbar. Es handelte sich um eine Welt des Geistes, die von einem gütigen Gott erschaffen und beherrscht wurde und die die gesegneten Seelen nach dem Tod erwartete. Die Welt der Materie hingegen war ein Reich des Bösen. Sie wurde von Gottes Gegenspieler, einem Demiurgen namens Satanael, als Falle geschaffen. Alles, was wir sehen, berühren, schmecken und riechen, wurde von ihm erschaffen, um uns in diesem Universum des Drecks, des Todes und der Dunkelheit gefangen und so weit wie möglich von der anderen Welt des Lichts, der Gnade und der Ewigkeit fernzuhalten.[7]

Entsprechend dieser streng dualistischen Sicht des Kosmos bestand die spirituelle Praxis der Bogomilen darin, ihr Leben von der materiellen Welt weg und auf die spirituelle hin auszurichten. Sie taten das, indem sie auf Fleisch, Ehe und Wein verzichteten. Durch Mäßigung und Gebet lernten ihre Führer, sich aus dem fauligen Sumpf dieser Welt zu befreien. Ihre Anhänger vertrauten darauf, dass sie sie mit nach oben ziehen würden.

Woher stammten diese seltsamen Glaubensvorstellungen? Sie wurden von armenischen Ketzern nach Osteuropa gebracht, die vom Kaiser von Byzanz aus ihrer Heimat vertrieben und an die nördlichen Grenzen des Reiches verbannt worden waren. Im Gebiet des heutigen Bulgariens und Mazedoniens inspirierten sie einen slawischen Prediger namens Bogomil, der «Geliebter Gottes» genannt wurde. Im Laufe der Zeit übertrug sich sein Name auf die gesamte Bewegung.

Von Anfang an befanden sich die Bogomilen im Widerspruch zur etablierten Kirche. Sie lehnten die Sakramente ab und hassten das Kreuz, in dem sie nur das Folterinstrument sahen. Ihre Lehren enthielten zudem ein Element sozialer Revolution. Einem byzantinischen Kirchenmann zufolge, der sie gut kannte, lehrten die Bogomilen ihr Volk, «die Reichen zu schmähen» und «den Zaren zu hassen».[8] Kein Wunder, dass diese Haltung sie bei den Mächtigen nicht beliebt machte. Als sie in Bulgarien verfolgt wurden, fanden die Bogomilen Zuflucht in Konstantinopel. Als man sie in Konstantinopel wegen Ketzerei zu verbrennen begann, schwärmten sie über den Balkan aus. Ein Land, in dem sie anscheinend eine dauerhafte Heimat gefunden haben, ist Bosnien. Aber wie alles, was mit den Bogomilen zu tun hat, ist auch dieser Umstand geheimnisumwoben.

Von den Bogomilen sind keine eigenen Schriften überliefert. Sie wurden von ihren Verfolgern vernichtet. Aus diesem Grund stammt praktisch alles, was wir über sie und ihren Glauben wissen, aus dem Mund ihrer Feinde. Bei Ausgrabungen in den mittelalterlichen Schichten der russischen Stadt Nowgorod fanden Archäologen eine hölzerne Wachstafel mit Fragmenten eines bogomilischen Textes. Sie belegt, dass die bogomilischen Missionare bereits um das Jahr 1000 weit entfernt von ihrer bulgarischen Heimat tätig waren. Leider ist auf der Tafel nur wenig über den konkreten Inhalt ihrer Lehren erhalten.[9]

So wenig wir an Einzelheiten über das Leben der Bogomilen wissen, so wenig wissen wir im Grunde über das Königreich Bosnien, einen der am dürftigsten dokumentierten Staaten des mittelalterlichen Europas. Dennoch können wir mit einiger Sicherheit sagen, dass sich die bosnische Kirche zwischen dem 13. und 15. Jahrhundert in einem Zustand des zeitweiligen Schismas mit Rom befand (im Gegensatz zu den Bulgaren, die geistliche Weisungen aus Byzanz erhielten, waren die Bosnier nominell katholisch). Viele glauben, das hatte damit tun, dass die Kirche weitgehend in den Händen der Bogomilen war. Manche sind sogar der Ansicht, das sei der Grund dafür gewesen, dass in Bosnien mehr Christen zum Islam konvertierten als in fast jedem anderen Teil des Balkans – sie gehörten ja bereits nominell einer Kirche an.

Während die mutmaßliche Zugehörigkeit der bosnischen Kirche zur Häresie nach wie vor zur Debatte steht, ist die Vorstellung einer bogomilischen Vergangenheit zu einem integralen Bestandteil dessen geworden, was es bedeutet, Bosnier zu sein. Ihren stärksten Ausdruck findet diese Verbindung in der Kunst, in einer besonderen Art von monumentalen Grabsteinen, die *stećak* genannt werden. Die hohe Karstlandschaft Bosniens und insbesondere der Herzegowina ist mit Tausenden dieser rätselhaften Monumente übersät. Sie bestehen aus weißem Kalkstein, blass wie das Mondlicht, und sind mit einer Vielzahl von Ornamenten und Figuren verziert, darunter Tiere, Tänzer, Spiralen, Sonnenscheiben und Sterne, deren Bedeutung unklar bleibt. Sie sind Teil des verschwundenen Erbes der Bogomilen, und sie sprechen zu uns über die Jahrhunderte hinweg in einer Sprache, die wir nicht mehr verstehen können.

Die Bogomilen waren für die Bosnier gerade deshalb eine wichtige Identitätsquelle, weil sie sich so sehr vom übrigen Europa unterschieden. Dasselbe ließe sich von den Hussiten in den böhmischen Ländern sagen. Wie die Bogomilen haben auch die Hussiten ihren Namen von ihrem Gründer, Jan Hus, erhalten. Der 1372 als Sohn einer armen böhmischen Familie geborene Priester stieg innerhalb der Geistlichkeit rasch auf und wurde Rektor der Universität von Prag. Dort wetterte er in seinen Predigten gegen die Habgier der

Die Nekropole von Radimlja in Bosnien-Herzegowina mit ihren Stećaks, die von etwa 1480 an und durch das 16. Jahrhundert hindurch errichtet wurden.

Bischöfe und den wahnsinnigen Machthunger der Päpste. Er wollte der finanziellen Korruption in der Kirche ein Ende setzen. Überdies wollte er die Kirche demokratischer machen, indem er Laien erlaubte, die Kommunion in beiderlei Gestalt, nämlich von Brot *und* Wein (sonst den Priestern vorbehalten), zu empfangen, und indem er die Menschen ermutigte, die Bibel in der Volkssprache zu lesen.

Ein Jahrhundert vor Luther forderte Hus eine tiefgreifende Reform der Kirche. Hätte er wie Luther im Zeitalter des Buchdrucks gelebt, wäre er damit vielleicht sogar erfolgreich gewesen. Stattdessen wurde er eliminiert. Im Jahr 1415 wurde Hus mit dem Versprechen auf sicheres Geleit zum Kirchenkonzil von Konstanz gelockt, dann als Ketzer verurteilt und auf dem Scheiterhaufen verbrannt, wobei er die für die Ketzer reservierte Papierkrone trug. Um Reliquienjäger abzuschrecken, wurde die Asche von Hus nach der Tat in den Rhein gestreut. Das war freilich nicht das Ende seiner Bewegung. Einige Jahre nach seiner Hinrichtung lehnten sich die Anhänger von Hus gegen ihren Oberherrn, den böhmischen König und später deutsch-römischen Kaiser Sigismund, auf und wehrten nicht weniger als fünf Kreuzzüge ab, die der Papst zu ihrer Unterdrückung entsandt hatte. Zwar wurden die Hussiten schließlich zu einem Kompromiss in Sachen Glaubenslehre gezwungen, doch sie beherrschten noch hundert Jahre später die tschechische Kirche.

Im Laufe der Zeit wurde die Erinnerung an den religiösen Aufstand der Hussiten in eine Geschichte ethnischer Auseinandersetzungen zwischen Tschechen und Deutschen umgedeutet. Dieser Umstand sowie Hus' beharrliche Förderung und Reform der tschechischen Sprache (er war es, der das *háček*, den umgekehrten Zirkumflex, erfand und damit das Tschechische von der tyrannischen Unlogik der polnischen Rechtschreibung befreite) machten die Hussiten zu Idolen späterer Generationen von Nationalisten; heute sind ganze Stadtteile Prags nach hussitischen Kriegsherren benannt. Außerhalb der böhmischen Länder war es allerdings ein späteres

Kapitel in der Geschichte der Stadt, die sich am stärksten ins Gedächtnis der Menschen einprägte und die Legende vom «magischen Prag» begründete.

Um das Jahr 1600 wurde Prag zum Zentrum der okkulten Welt. Was London für ambitionierte Dramatiker und Rom für ambitionierte Kirchenmänner war, das war Prag für alle Chemiker, Zauberer und aufstrebenden Magier des Kontinents. Das lag vor allem am Willen und an den exzentrischen Gewohnheiten eines einzigen Mannes, des habsburgischen Kaisers und Königs von Böhmen, Rudolf II.

Rudolf war ein Suchender. Er gierte nach geheimem Wissen und war fasziniert von Hermetik, Astrologie und der Kabbala. Wir wissen, dass er sich mit Rabbi Judah Löw, der Legende nach der Schöpfer des mythischen Prager Golems, zu einem langen (und geheimen) Gespräch traf. Rudolfs größte Leidenschaft galt jedoch der Alchemie, die er nicht so sehr wegen ihres Versprechens von unermesslichem Reichtum oder Gold liebte, sondern vielmehr, weil sie die Möglichkeit darstellte, einer kleinen Bruderschaft der geistig Auserwählten beizutreten.

Viele haben sich gefragt, was hinter Rudolfs Vorliebe für das Arkane steckte. Einige haben die Vermutung geäußert, sie sei aus seinem Gefühl der Hilflosigkeit heraus entstanden. In der Theorie war Rudolf allmächtig, doch das war weitgehend eine Illusion. Sein Amt verlieh ihm große Würde, aber wenig wirklichen Einfluss. Rudolfs Macht war von allen Seiten durch Gewohnheitsrecht, Privilegien und Präzedenzfälle eingeengt. Jede erwogene Maßnahme oder Reform scheiterte an den Einwänden der zahllosen Stände und Räte des Reiches.

Rudolfs daher rührende Handlungsunfähigkeit wurde durch seinen Charakter noch verschlimmert. Auf Porträts sieht er mit seinen roten Haaren, den Pausbäckchen und den großen Augen aus wie der fröhliche Olympier, zu dem ihn seine Hofkünstler machen sollten. In Wirklichkeit aber Rudolf sah eher aus wie ein Ares oder ein Vertumnus, sein Wesen wurde ganz von Saturn bestimmt. Die Melancholie beherrschte sein Leben. Rudolf war depressiv, vielleicht sogar mit manischen Zügen. Mehr als einmal verkündete er seiner Dienerschaft wütend und lauthals, er wäre am liebsten tot. So beunruhigt wie diplomatisch vermerkten Rudolfs Berater, dass er vielleicht «ein wenig» von Dämonen besessen sei.[10] Der Papst empfahl, die dafür verantwortlichen Hexen zu verhaften. Es fanden sich allerdings keine. Mit zunehmendem Alter wurde Rudolf immer paranoider. Er war überzeugt, dass er von Feinden umgeben sei und dass seine Brüder ein Komplott gegen ihn schmiedeten (was sie auch taten), seine Untertanen schienen ihm nicht viel wohler gesonnen. Es half wenig, dass Rudolf selbst schon immer hochmütig und dünnhäutig gewesen war. Die Reichshauptstadt verlegte er 1578 nach Prag, nachdem die Wiener randaliert und seine königlichen Leibwächter mit Milch bespritzt hatten. In seinem gewaltigen Palast auf dem Prager Burgberg, wo er sich sicher untergebracht fühlte, entwickelte Rudolf eine sich ausweitende Agoraphobie. Teils über Jahre hinweg zeigte er sich der Außenwelt nicht ein einziges Mal.

Die Angst, seinen Palast zu verlassen, bewegte Rudolf, die Welt in sein Haus zu holen. Er war ein unersättlicher Sammler. Je exotischer oder bizarrer ein Gegenstand war, desto dringender wollte er ihn haben. Und so erwarb er Objekte aus allen Teilen der Welt: japanische Lackschirme, aztekische Kopfbedeckungen, riesige Seekokosnüsse aus Indien und kostbare Becher aus Rhinozeroshorn. Seine Sammlung reichte von angeblich historischen Gegenständen wie der Bauernmütze des Königs Přemysl und Nägeln aus der Arche Noah bis zu Dingen von rein magischem Wert wie Phönixfedern, Salamanderkrallen und einer goldenen Glocke zur Beschwörung der Toten.[11] Er besaß eine Alraunenwurzel in der Form von Jesus Christus und das Horn eines Einhorns (in Wirklichkeit war es der Zahn eines Narwals). Rudolf besaß sogar einen Dämon, der unter

Glas konserviert war. Er hockte in seiner Glasvitrine neben dem, was der Kaiser für den Heiligen Gral hielt.

Aber auch lebende Tiere fanden Rudolfs Gefallen. Er hatte Agenten im Ausland stationiert, deren Aufgabe es war, alles Wundersame zu erwerben und ihm zu schicken, das in den Häfen Spaniens oder Flanderns anlandete.[12] Unter anderem sandten sie Rudolf einen Dodo und einen Kasuar, die er beide von seinen Lieblingskünstlern malen ließ.[13] Danach kamen sie in seine private Menagerie, in der auch Auerochsen, Bisons und Wildschweine lebten. Von all diesen Tieren war Rudolf ein Löwe namens Mohammed am liebsten, ein Geschenk des osmanischen Sultans Suleiman des Prächtigen. Von seinem Hofastrologen Tycho Brahe ließ er die Horoskope für sie beide, den Löwen und sich, erstellen. Brahe sagte Rudolf voraus, wenn Mohammed sterben werde, werde auch er von hinnen gehen.

Brahe gewann Rudolfs Gunst aufgrund seiner astrologischen Fähigkeiten. Mit der Zeit wurde der große dänische Astronom zu einem der engsten Berater des Kaisers. Brahe behandelte die Leiden des Regenten mit alchemistischen Tinkturen und riet ihm, wen er in welche Ämter berufen und wann und wie er in seinem Krieg gegen die Türken handeln sollte. Bei den himmelsdeutenden Berechnungen dazu wurde Brahe von seinem Mitarbeiter Johannes Kepler unterstützt. Kepler, zu diesem Zeitpunkt wohl der mathematisch bedeutendste Kopf Europas, nutzte Brahes astronomische Beobachtungen und entdeckte die Prinzipien der elliptischen Bewegung der Planeten – einer der größten Fortschritte in der Geschichte der Astronomie.

Doch trotz ihrer Brillanz waren Kepler und Brahe nur zwei Geister in einer größeren Gemeinschaft von Gelehrten und Freidenkern, die sich an Rudolfs Hof in Prag versammelten. Einige von ihnen waren Wissenschaftler und Magier, wie der polnische Metallurg Sendivogius, der möglicherweise als Erster den Sauerstoff entdeckte (obwohl er seine Entdeckung unter so viel alchemistischem Jargon versteckte, dass wir es nicht genau wissen), und der Engländer John Dee, ein großer Mathematiker und Experte für Navigation, der daneben auch überzeugt war, er könne mithilfe eines magischen Spiegels zu den Engeln sprechen. Andere waren radikale Theologen, die sich am äußersten Rand dessen bewegten, was damals als religiöse Forschung akzeptiert wurde – Männer wie Giordano Bruno, der von der Unendlichkeit der Welten träumte, und Francesco Pucci, der eine Korrespondenzgesellschaft gelehrter Männer gründen wollte, die sich für die universelle Wahrheit einsetzte, ohne Rücksicht auf Konfession oder Glauben.

Zu dieser exzentrischen Gemeinschaft gehörten schließlich auch eine Reihe von Betrügern. Es waren Männer, die durch Europa reisten und vorgaben, ein Rezept für die Herstellung von Gold oder den Bau eines Perpetuum mobile zu haben. Der dreisteste dieser Scharlatane war ein Mann namens Edward Kelley, ein Taschendieb, dem in England wegen Urkundenfälschung die Ohren abgeschnitten worden waren, bevor er in Rudolfs Diensten zu plötzlichem Ruhm und Reichtum kam. Der Kaiser war begeistert von seiner Behauptung, er besitze die Formel für den Stein der Weisen. Um in ihren Besitz zu kommen, machte Rudolf Kelley zum Ritter und später zum Baron. Als er keinerlei Formel im Gegenzug bekam, ließ Rudolf Kelley in eines seiner Burggefängnisse werfen, wo dieser starb, nachdem er sich bei einem missglückten Fluchtversuch ein Bein gebrochen hatte.

Die Gestalten, die sich in Rudolfs Prag trafen, reichten von Schwindlern bis zu Genies und sprachen damit unseren heutigen Unterscheidungen zwischen Wissenschaft, Humanismus und Magie Hohn. Nicht, dass diese Unterscheidungen zu jener Zeit von Bedeutung gewesen wären. In einem Zeitalter vor der Entdeckung der Schwerkraft oder des Elektrons schien das Universum durch eine Verkettung von mystischen Akkorden zusammengehalten zu werden. Ähnlichkeitsmuster, Metaphern und visuelle Reime spiel-

Rudolf II. als Ackergott Vertumnus, gemalt 1590 von Giuseppe Arcimboldo. Der Kaiser, der Wert auf solch manieristische Porträts legte, scheiterte politisch und wurde kulturell zum Vorbild für andere osteuropäische Herrscher.

ten eine ebenso große oder sogar größere Rolle als mathematische Gesetze. In dieser Welt mochte die Form einer Schneeflocke ebenso viel über das Funktionieren des Kosmos verraten wie die Fallbeschleunigung eines Apfels oder das Erscheinen eines unbekannten Sterns.

Prags eigener Stern als Zentrum der europäischen Gelehrsamkeit flackerte allerdings nur recht kurz auf. Im Jahr 1611 gelang es Rudolfs Brüdern, ihm die Krone zu entreißen. Ein Jahr später starb er, drei Tage nach dem Löwen Mohammed, womit sich Brahes Vorhersage beinahe genau erfüllte. Rudolfs Nachfolger waren deutlich weniger von körperlichen und geistigen Gebrechen geplagt als er. Sie waren sie zwar geistig gesund, leider aber auch religiöse Eiferer, die dazu beitrugen, den Dreißigjährigen Krieg vom Zaun zu brechen, den zerstörerischsten Konflikt der europäischen Geschichte vor dem Zweiten Weltkrieg. Der Krieg, der von 1618 bis 1648 dauerte, machte die Errungenschaften der kurzlebigen rudolfinischen Renaissance fast vollständig zunichte.

Das Erbe des «magischen Prags» lebte immerhin in einer Vielzahl anderer, kleinerer Inkarnationen weiter. Bevor seine Länder im 18. und 19. Jahrhundert vollständig von den benachbarten Großreichen absorbiert wurden, war Osteuropa ein verwaltungstechnischer Flickenteppich aus zerstückelten Fürstentümern und Herzogtümern. In diesem Mosaik von Kleinststaaten hatten lokale Herrscher und mächtige Adlige weitreichende Befugnisse, mit denen sie ihre eigene Religions- und Patronagepolitik betrieben. Da sie oft ebenso vernarrt in Alchemie und Okkultismus waren wie Rudolf, schufen sie eine ganze Reihe von Miniatur-Prags, die in einem Bogen von Böhmen bis Siebenbürgen verstreut waren.

In Třeboň in den böhmischen Ländern unterhielt die spektakulär reiche Rosenberg-Familie parallel zu Rudolfs Hof einen eigenen alchemistischen Hof, der viele der gleichen wandernden Alchemisten beherbergte. Einer dieser Besucher war der polnische Adlige Olbracht Łaski, ein weiterer Adept, der sich mit Königin Elisabeth I. auf Lateinisch unterhielt und John Dee und Edward Kelley nach Polen brachte. Łaski war nicht nur ein Suchender in Sachen verbotener Weisheit, sondern auch ein Intrigant und Schurke, dessen Versuch, den Thron von Moldau zu erobern, den Kosakenführer Dmytro Wyschnewezkyj (den Baida des Liedes) das Leben kostete. Łaski finanzierte seine Abenteuer zum Teil dadurch, dass er seiner Frau die Mitgift klaute. Besucher seines Schlosses in der bezaubernden slowakischen Stadt Kežmarok, die am Fuße der schneebedeckten Tatra liegt, können sowohl den Ort besichtigen, an dem er seine alchemistischen Experimente durchführte, als auch den Turm, in dem er seine Frau gefangen hielt. (Heute beherbergt das Schloss auch eine etwas verwirrende Sammlung alter Sporttrophäen, gemalter Schießscheiben und Hochradfahrräder – ich empfehle es sehr.)

Ein wenig östlich von Kežmarok schuf die mächtige Familie Rákoczi – zu ihrer Zeit nicht weniger blutrünstig als Łaski – rings um ihre Besitztümer in Nordungarn eine Insel der Ruhe und des Lernens. Während höchst turbulenter Jahre des 17. Jahrhunderts wurde die Stadt Sárospatak zu einem sicheren Zufluchtsort für Humanisten und religiöse Exilanten verschiedenster Couleur. Im Jahr 1650 übernahm der große tschechische Philosoph und «enzyklopädische Reformator des Geistes», Johannes Amos Comenius, auf Einladung hin das protestantische Kolleg in Sárospatak.[14] Er ließ seine Studenten im Hof des Rákoczi-Schlosses, einem prächtigen Renaissancebau, der zwischen den kegelförmigen, von Weinreben bepflanzten Hügeln des Tokaj auf der einen Seite und dem schlammigen Wasser des Bodrog auf der anderen Seite liegt, Theaterstücke in lateinischer Sprache aufführen (falls Sie einmal hinfahren sollten: Im Restaurant am gegenüberliegenden Ufer des Schlosses gibt es eine wunderbare, würzige Karpfensuppe).

Zur gleichen Zeit, als Comenius seine Pläne für ein perfektioniertes Bildungssystem ausbrütete, wurde Litauen zu einem Zufluchtsort für Verfechter nicht minder radikaler Ideen. Obwohl sie zwischen den katholischen Polen auf der einen und den orthodoxen Weißrussen auf der anderen Seite eingezwängt war, schloss sich die Familie Radziwiłł – die zu den reichsten und mächtigsten

Grundbesitzern in ganz Polen-Litauen gehörte – einigen der radikalsten Strömungen der protestantischen Reformation an. Im frühen 17. Jahrhundert wurde ihre Privatstadt Kėdainiai zur Heimat von Calvinisten, christlichen Hebraisten und Mitgliedern weniger bekannter Sekten wie den Arianern und Sozinianern.

Die Sozinianer gehörten zu den Ersten, die sich für die Rechte von Kriegsdienstverweigerern einsetzten und eine umfassende Religionsfreiheit vorschlugen. Wegen ihrer Überzeugungen wurden sie aus Westeuropa vertrieben und fanden nur am Rande Europas, in Litauen und Siebenbürgen, einen sicheren Hafen. Eine Zeit lang konnten es diese entlegenen Gebiete in ihrem Ideenreichtum und den konkurrierenden geistigen Strömungen jedenfalls durchaus mit Weltstädten wie London und Amsterdam aufnehmen.

Dieser Moment der belebenden Pluralität war jedoch nicht von Dauer. Krieg und Pest forderten ihren unvermeidlichen Tribut, ebenso wie der unerbittliche Vormarsch der katholischen Gegenreformation. Zu Beginn des 18. Jahrhunderts waren die Radziwiłłs allesamt Katholiken, und ihr intellektueller Wagemut schwand, während ihr Engagement für die Orthodoxie zunahm. Dennoch war der Traum vom magischen Prag noch nicht ganz ausgeträumt. Hieronim Florian Radziwiłł, der 1740 im Familienschloss in Biała Podlaska in Ostpolen residierte, eiferte Rudolf zumindest in einer Hinsicht nach – nämlich in seiner feinen Wunderkammer, die neben anderen Kuriositäten eine ägyptische Mumie, mehrere Paradiesvögel (beides Lieblingsstücke Rudolfs) und eine Alraunwurzel in Form des heiligen Onuphrius enthielt. Außerdem besaß er einen (toten) Basilisken und vierzig (lebende) Bären.[15]

Gerüchten zufolge war er der uneheliche Sohn von Zar Peter dem Großen. Auf Porträts sieht Hieronim eher aus wie ein Cockerspaniel, der seinen Kopf durch den Stoff eines Louis-XV-Sofas steckt. (Aber vielleicht hege ich ja einen persönlichen Groll gegen ihn – denn er lehnte einen meiner Vorfahren ab, als es um den Posten des Gutsverwalters des Schlosses von Biržai ging.) Doch trotz seiner umfangreichen Sammlungen entsprach Hieronim ansonsten so gar nicht dem aufgeklärten Vorbild früherer Jahrhunderte. Er ist vor allem als Sadist und Dummkopf in Erinnerung geblieben, und seine Hauptbeschäftigungen waren die Jagd und blutige Scheingefechte, die er mit seiner sechstausend Mann starken Privatarmee veranstaltete. Außerdem war er ein großer Liebhaber des Balletts.

Hieronims Cousin, Marcin Mikołaj Radziwiłł, hatte weitreichendere Ambitionen. In seinen privaten Laboratorien auf seinem Gut in Weißrussland setzte er die Suche der Habsburger nach dem Stein der Weisen fort. Außerdem umgab er sich gerne mit gelehrten Juden, hielt den Sabbat ein und nahm nur koscheres Essen zu sich.[16] Für einen Moment mag es so ausgesehen haben, als würde Marcin eine neue Zeit der interreligiösen Harmonie einläuten. Leider war er völlig verrückt – ein manischer Krimineller, der Dutzende von minderjährigen Frauen entführte und zum Spaß Kutschen ausraubte. Die letzten drei Jahrzehnte seines Lebens verbrachte Marcin in dem eigens für ihn gebauten Kerker seines Cousins in Slutsk, denn das einzige Gesetz, das die Radziwiłłs respektierten, war das, das sie selbst erlassen hatten.

Das Beispiel der Radziwiłłs macht die Grenzen einer Kultur deutlich, die vor allem aus adligem Mäzenatentum hervorgeht. Ihre Eigenheiten, wenn nicht Krankheiten waren typisch für ihre Klasse. Gefangen auf riesigen, von Wäldern umgebenen Ländereien und abgeschnitten von den großen europäischen Strömungen, frei von aller Pflicht und Leidenschaft, hörten sie Cembalomusik, spielten Soldat und wurden allmählich verrückt. Doch auch wenn das ursprüngliche rudolfinische Programm für eine allgemeine Reform an den Klippen der politischen Wechselfälle und der Launen der Barone zerschellte, erwies sich die Alchemie selbst als bemerkenswert beständig. Gold war immer gefragt, und die Alchemie – nun nicht mehr eine spirituelle Suche, sondern lediglich die Sucht nach einer Möglichkeit, Gold durch Transmutation herzustellen – versprach eine schnelle Möglichkeit, es zu bekommen.

Im 17. und 18. Jahrhundert hofften königliche Mäzene auf eine rasche Lösung für ihre chronisch klammen Finanzen und schenkten ihre Gunst zwielichtigen Gestalten wie «Dr. Fortonio» und dem nicht zu Unrecht sogenannten Baron von Chaos, der kurzzeitig mit der Leitung einer habsburgischen königlichen Münzprägestätte betraut wurde, die er dann prompt veruntreute.[17] Aber die Alchemie hatte auch eine viel breitere gesellschaftliche Basis. So lebten 1785 nicht weniger als zweitausend Alchemisten in Warschau.[18] Und das waren nur die dauerhaft dort ansässigen.

In den letzten Jahrzehnten des 18. Jahrhunderts – den letzten Jahren der Unabhängigkeit Polens vor den Teilungen – kamen die berühmtesten Magier Europas nach Warschau. Graf Cagliostro, dem man nachsagte, er sei unsterblich, verblüffte den polnischen König mit seinem Verfahren, aus Quecksilber Silber herzustellen. Casanova, der venezianische Abenteurer, der als der größte Liebhaber seines Jahrhunderts bekannt war, kam ebenfalls durch Warschau, wo er seine Zeit damit verbrachte, seine Methode zur «Veredelung von Edelsteinen» und andere alchemistische Fähigkeiten vorzuführen.

Diese Männer gehörten zu dem, was der Historiker Paweł Maciejko eine «informelle gesamteuropäische Zunft umherziehender Scharlatane» genannt hat.[19] Sie waren an jedem königlichen Hof in Europa präsent, schnorrten Schecks, tauschten Mätressen und betrogen beim Kartenspiel. Sie gaben sich als exotische Prinzen, alterslose Wundermänner oder Eingeweihte irgendeiner mystischen Sekte aus. Sie taten so, als wüssten sie, wie man Blei in Gold verwandelt, und prahlten mit ihrer Freundschaft zu den reichsten Herzoginnen Frankreichs und den schönsten Opernsängerinnen Italiens. Jeder von ihnen hatte eine eigene geheime Methode, um beim Kartenspiel nie zu verlieren. Aber nur einer behauptete jemals, der Messias zu sein.

Jakob Frank, der später als einer der größten Ketzer und Gotteslästerer in die jüdische Geschichte eingehen sollte, wurde 1726 in dem Dorf Korołówka in der heutigen Südwestukraine geboren. Damals gehörte es zur Polnisch-Litauischen Union – Teil einer abgelegenen Provinz nahe der Grenze zum Osmanischen Reich, wohin Franks Vater häufig reiste, um mit Edelsteinen und Stoffen zu handeln. So wuchs Frank auf beiden Seiten der osmanisch-christlichen Grenze auf, ständig unterwegs zwischen den großen Städten Czernowitz, Smyrna, Bukarest, Sofia und Konstantinopel.

Irgendwann auf seinen Reisen in den Süden wurde Franks Vater zum Sabbatianer, zu einem Anhänger von Schabbatai Zwi, dem türkischen Juden, dessen Behauptungen, er sei der Messias, die gesamte jüdische Welt Mitte des 17. Jahrhunderts in Aufruhr versetzten. Zwis kurze Zeit als *mashiach* endete mit seiner Konversion zum Islam im Jahr 1666.[20] Noch lange danach glaubten viele in Zwis innerem Zirkel und darüber hinaus, dass er von Gott auserwählt sei. In den osmanischen Ländern wurden diese Anhänger, die nach außen hin vorgaben, Muslime zu sein, aber weiterhin ihren Führer verehrten und im Geheimen jüdische Bräuche praktizierten, als Dönme bekannt, was sich vom türkischen Wort für «Abtrünniger» oder «Verräter» herleitet.

Die größte Zahl der Dönme lebte in der griechischen Stadt Saloniki (heute Thessaloniki). Irgendwann in seiner Jugend reiste Jakob Frank dorthin und nahm Kontakt mit der noch verbliebenen Zelle von Schabbatais engsten Anhängern auf. Er heiratete die Tochter eines ihrer Anführer. Bald behauptete er, die Reinkarnation eines der führenden Propheten von Zwi zu sein. Er begann, die Kabbala zu lehren, und griff einige der umstrittensten Lehren Schabbatai Zwis wieder auf, insbesondere seinen Antinomismus, also die Vorstellung, dass die Erlösung nicht in der Befolgung des religiösen Gesetzes liegt, sondern im Bruch desselben.

Sündige! Sündige, damit Gott dir vergeben kann. Frank brachte diese eindeutig grenzüberschreitende Botschaft mit nach Polen, wo es immer noch vereinzelte Anhänger von Schabbatai gab, die im Geheimen praktizierten. Er nahm Kontakt zu ihnen auf und bot sich als ihr Anführer an. Seine Zuversicht und sein Charme ermutigten die Ketzer. Nach neunzig Jahren im Verborgenen traten sie nun allmählich aus dem Schatten. Im Jahr 1756 veranstalteten sie in der kleinen polnischen Stadt Lanckoronie einen Tanz: Männer und Frauen feierten gemeinsam, einige von ihnen gänzlich unbekleidet. Natürlich geschah das alles nachts, hinter verschlossenen Türen, aber trotzdem flogen sie auf. Der örtliche Rabbiner zeigte sie beim christlichen Bürgermeister an, und die gesamte Gruppe von Franks Anhängern wurde verhaftet. Beim Verhör gaben sie an, dass sie aus Lwów kamen und auf dem Weg nach Saloniki waren, um dem Grab ihres Meisters Schabbatai Zwi die Ehre zu erweisen.

Angesichts dieser Vergehen verkündete das örtliche Rabbinatsgericht die Exkommunikation von Frank und all seinen Anhängern. Kein Jude durfte mehr mit ihnen Umgang haben; ihre Frauen sollten als Huren und ihre Kinder als Bastarde angesehen werden. Doch damit nicht genug, die Rabbiner gingen noch weiter: Sie informierten den örtlichen Bischof, einen notorischen Antisemiten namens Dembowski, dass Ketzer in seine Diözese gekommen seien und einer Maßregelung bedürften.

Dieser letzte Schritt erwies sich als fürchterlicher Fehler. Der Bischof witterte einen Riss in der jüdischen Gemeinschaft und nutzte ihn aus. Isoliert und gekränkt, wie sie waren, spielten Frank und seine Anhänger ihm zielgenau in die Hände. Sie ließen Dembowski wissen, dass sie keine Ketzer seien; sie würden aufrichtig an die Bibel und den Sohar glauben und lediglich am Talmud und an seinen Lügen zweifeln. Erfreut arrangierte der Bischof daraufhin eine Reihe von Disputationen zwischen den Frankisten und den Talmudisten. Als sie vom orthodoxen Rabbinat beleidigt und beschimpft wurden, reagierten Frank und seine Anhänger mit allen erdenklichen Verleumdungen. Sie erklärten ihren Zuhörern, der Talmud stecke voller Märchen und Lügen und lästere das Christentum. Das Schlimmste aber war, dass sie behaupteten, für die Herstellung von Pessach-Matze sei christliches Blut notwendig, was natürlich hieß, dass Ritualmorde tatsächlich Teil der jüdischen Lehre seien.

Das war eine Lüge von fast unvorstellbarem Ausmaß – ein elementarer Verrat, da sie dem Ritualmord, dem schlimmsten Mythos, der in christlichen Ländern über Juden erzählt wird, Glaubwürdigkeit verlieh. In dem Moment, in dem Frank dies zuließ, gab es für ihn und seine Anhänger keinen Weg mehr zurück zum Judentum. In die Enge getrieben und unter dem Druck der katholischen polnischen Hierarchie traten 1759 alle Frankisten in einer speziellen Zeremonie in der Kathedrale von Lwiw zum Christentum über.

Frank, quasi von Geburt an ein Häretiker, der in seiner türkischen Zeit zum Islam konvertiert war, fand sich nun als Anführer einer christlichen Gemeinde, die ausschließlich aus abtrünnigen Juden bestand. Unter den christlichen Polen galt er als Verkünder der kommenden Erlösung der Juden. Das katholische Establishment überhäufte ihn mit Ehrungen. Frank und seinen wichtigsten Anhängern wurden Adelspatente verliehen, und alle großen Magnaten Polens feierten sie. Die Anhänger rasierten ihre Bärte und Schläfenlocken ab und begannen, Säbel zu tragen. Frank selbst zog nach Warschau, speiste von Gold- und Silbertellern, kleidete sich wie ein König, warf den Bettlern Goldmünzen zu, ging ins Theater und reiste in einer von sechs Pferden gezogenen Prachtkarosse. Er versuchte sich zudem in der Alchemie. So destillierte er Ethanol und Äther, von denen er glaubte, sie würden, in Kombination getrunken, seine Unsterblichkeit garantieren. Und er stellte eine Tinktur her, die er «Goldtropfen» nannte und die ein Heilmittel für jegliche Krankheit sein sollte.

Frank und seine Sekte verdankten ihren Ruhm und ihren Reichtum der Tatsache, dass sie zum Christentum konvertiert waren, aber in Wahrheit existierten sie in einer Art religiösem Niemandsland. Nach außen hin katholisch, hielten sie insgeheim immer noch an einigen Lehren des Judentums fest, wenn auch in einer sehr heterodoxen Auslegung. Sie glaubten an einen Messias, nämlich Schabbatai, der zum Islam übergetreten war, und an einen Propheten – Frank –, der sich offen zum Katholizismus bekannte. Insgeheim jedoch verfolgte Frank weiterhin eine spezifisch jüdische Art der Häresie, indem er kabbalistische Vorstellungen von der göttlichen Präsenz mit der katholischen Marienverehrung verschmolz.

Als Frank diese neue Lehre seinen Anhängern offenbarte, denunzierten einige ihn bei den katholischen Behörden, die ihn verhaften ließen. Die nächsten dreizehn Jahre verbrachte Frank in einem Klostergefängnis in Tschenstochau. Nach der ersten Teilung Polens wurde er 1772 von der russischen Armee freigelassen, unter anderem weil er versprach, die Juden Polens zur russischen Orthodoxie zu bekehren. Er tat nichts dergleichen und machte sich stattdessen auf den Weg nach Wien, wo es ihm irgendwie gelang, ein Treffen mit Maria Theresia zu erwirken. Die Kaiserin überzeugte er, dass er weder ein Abtrünniger noch ein falscher Messias sei, sondern ein jüdischer Glaubensreformer, der im Geiste der Aufklärung handelte.

Nachdem er so die Erlaubnis erhalten hatte, sich in den habsburgischen Ländern niederzulassen, begann Frank ein neues Leben, zunächst in Mähren. Später dann in Offenbach am Main. Er wandte sich wieder seinen alchemistischen Aktivitäten zu, hielt Séancen ab und gab bekannt, dass seine Tochter Eva die uneheliche Tochter der russischen Zarin sei. Mit achthundert seiner Anhänger übernahm Frank das Schloss Isenburg und gab sich fortan als «Baron» aus. Er umgab sich mit bewaffneten Wachen in polnischer und ungarischer Tracht und mit Kindern, die rote und weiße Turbane trugen. Frank selbst kleidete sich auf türkische Manier und verbrachte seine Tage auf einem Diwan liegend und Wasserpfeife rauchend.

Grigori Jefimowitsch Rasputin, geboren 1869, ermordet 1916, hatte als vermeintlicher Heiler und Heiliger großen Einfluss bei der Zarenfamilie. Er darf vorerst als einer der letzten mächtigen Scharlatane Osteuropas gelten.

Er verschrieb sich nun ganz dieser neuen Identität als mittelöstlicher Zauberkönig. Jeden Tag um vier Uhr verließ Frank sein Schloss in einer Kutsche, um in den Wald zu fahren, wo er esoterische Rituale absolvierte. Bei diesen Gelegenheiten kleidete er sich, so hieß es, wie einer der Hohepriester des alten jüdischen Tempels. Seine Tochter Eva, die nach Franks Tod die Sekte erben sollte, fuhr in einer zweiten Kutsche mit einem als Amor verkleideten Jungen hinter ihm her. Neben ihnen ritt eine Gruppe junger Frauen in Uniformen, auf denen die Sonne glänzte, während an den Hälsen ihrer Pferde silberne Glocken bimmelten. Derweil versammelte sich der Rest von Franks Gefolgschaft um sein Schloss, spielte Flöte und Gitarre und kleidete sich in die unglaublichsten Kostüme aus roten und gelben, grünen und goldenen Stoffen.

Aus ganz Deutschland und Österreich kamen Menschen nach Offenbach, um diese seltsamen, bunten Außenseiter in Augenschein zu nehmen. Es war eine wunderbare Show, eine immerwährende Maskerade. Aber es war auch ein Verrat. In den zwei Jahrhunderten seit Rudolfs Treffen mit dem Prager Rabbi hatten die Ketzer, Freidenker, Magier und Mystiker Osteuropas einen fragilen, aber realen Erfolg erreicht: die wechselseitige Anerkennung, dass in jeder religiösen Tradition eine Wahrheit steckt. Dieser Moment der gegenseitigen Sichtbarkeit kam ganz oben wie ganz unten in der Gesellschaft zum Vorschein, in den Freimaurerlogen und alchemistischen Laboratorien des Adels und – weitgehend unerkannt – in der wirbelnden, kaleidoskopisch erfinderischen Folklore der Bauernschaft.

Einstmals hatte Frank, so niederträchtig oder verräterisch er als Einzelner auch schon gewesen sein mag, ernsthaft an dieser Bewegung der Vereinigung und Versöhnung teilgehabt. Jetzt, im Exil, wurden er und seine Anhänger zu einer Touristenattraktion, zur lebenden Verkörperung einer exotischen «jüdischen» oder «orientalischen» Weisheit für Menschen, die weder etwas über Juden noch über den Orient wussten. Als Gefangene in einer spirituellen Menagerie waren sie das menschliche Äquivalent zu Kaiser Rudolfs Kasuaren und Dodos oder zu Graf Radziwiłłs Basilisken und Bären.

TEIL II

IMPERIEN UND VÖLKER

KAPITEL 5

IMPERIEN

Osteuropa ist ein Gebiet dazwischen. Man nehme eine Landkarte und ziehe je einen Kreis um Wien, Istanbul und St. Petersburg: Dann ist die Essenz Osteuropas all das, was in der Mitte der drei Länder passiert ist. Es ist eine Konstellation von Peripherien, regiert von weit entfernten Hauptstädten aus, für die sie bestenfalls am Rande von Belang waren. Osteuropäer zu sein bedeutet, dass man die Erfahrung gemacht hat, von fern regiert zu werden. Es bedeutet, unter dem Schatten des Jochs und der Knute, unter der Schlinge des Henkers gelebt zu haben. Es bedeutet auch, einen gewissen Groll zu hegen. Kurz gesagt: Es handelt sich um eine Region, die sich dadurch auszeichnet, dass sie stets Teil von Imperien, aber nie deren Zentrum war.

Das Imperium als Idee ist Osteuropa im Allgemeinen fremd. Großreiche drangen von außen herein. Im Mittelalter war Osteuropa eine Region der Königreiche. Diese waren altangestammt, von mäßiger Größe, gelegentlich ambitioniert, aber nie übermächtig. Sie bekämpften sich untereinander und bauten prächtige Hauptstädte. Sie versuchten nicht, die Christenheit zu einen oder die Welt zu erobern.

Im Norden dauerte ihre Blütezeit von der Mitte des 14. bis zum Beginn des 16. Jahrhunderts. Ab etwa 1350, unter der Herrschaft der Luxemburger Dynastie, wurde Böhmen zu einem europäischen Zentrum der gotischen Kunst und Architektur. Eine ehrgeizige Wiederaufbaukampagne, die von König Karl IV. geleitet wurde, machte Prag zu einer der schönsten Städte Europas. Nach seinem Zusammenschluss im Jahr 1386 wurde das Doppelkönigreich Polen-Litauen zu einem der größten Länder des Kontinents. Und nach dem Sieg über den Deutschen Orden in der Schlacht von Grunwald 1410 war Polen-Litauen zudem eines der mächtigsten Königreiche Europas. Eines der wenigen Länder, die es mit ihm aufnehmen konnten, war Ungarn. Es war viel größer als heute und verfügte über eines der mächtigsten Heere, dessen Soldaten durch lange Kämpfe gegen die Türken abgehärtet waren. Matthias Corvinus, sein Herrscher im späten 15. Jahrhundert, war ein aufgeklärter Despot im Stile der Renaissance. Er besaß eine gewaltige Bibliothek mit illuminierten Handschriften (die heute leider verstreut sind), während seine Soldaten in Istanbul Wut auslösten und eine Familie mittelbedeutsamer österreichischer Herzöge, die Habsburger, in Todesangst versetzten.

Weiter südlich, auf der Balkanhalbinsel, fand die Blütezeit der Königreiche etwas früher statt, nämlich in den Jahren zwischen 1100 und 1375. Das war die Zeit des Zweiten Bulgarischen Reichs und des kurzlebigen serbischen Reichs von Dušan dem Starken (das Königreich Bosnien entstand ganz am Ende dieser Periode, wurde aber schon gut fünfundsiebzig Jahre später von den Osmanen unterworfen). Obwohl sie sich selbst als Imperien bezeichneten, waren sowohl der bulgarische als auch der serbische Staat in Wirklichkeit allenfalls Regionalmächte, die sich nach dem Vorbild von Byzanz im Süden organisierten.

Während dieser Zeit überragte das Byzantinische Reich die gesamte östliche Christenheit. Das «Zweite Rom» war immer noch Vorbild dafür, wie ein Herrscher zu sein und sich zu verhalten hatte. Wenn die Byzantiner einen Cäsar hatten, dann wollten ihre serbischen und bulgarischen Nachbarn auch einen haben. Für sie war Nachahmung schlichtweg die aufrichtigste Form der Schmeichelei. Die Byzantiner reagierten darauf mit Verachtung. Einem Kirchenmann im Exil erschienen die Bulgaren als «Barbaren» und «Bauerntölpel», während ein Gesandter am Hof des serbischen Königs schockiert festhielt, dass er dessen Frau bei der Arbeit am Spinnrad sah. Er schrieb nach Hause, dass «der Großkönig, wie er genannt wird, ein einfaches Leben in einer Weise führt, die für einen mittleren Beamten in Konstantinopel eine Schande wäre».[1]

In seinen letzten Jahren, nachdem das Byzantinische Reich, was seine Macht und sein Territorium anging, geschrumpft war, behauptete es seine Überlegenheit durch schieren kulturellen Snobismus. Das war nur möglich, weil es auf einen Stammbaum zurückblickte, mit dem es keiner seiner Rivalen aufnehmen konnte. Die Kaiser von Byzanz waren die Erben einer ungebrochenen Tradition, die bis in die Zeit des Augustus im ersten vorchristlichen Jahrhundert hinabreichte. Aber da Konstantinopel das Neue Rom war, gingen seine Wurzeln letztlich bis zur Gründung des ursprünglichen Roms durch Romulus und Remus siebenhundert Jahre vor Christi Geburt zurück. Die im Umfeld von Byzanz erobernden Slawen sahen sich also mit einer über zweitausendjährigen Geschichte und einem geballten Prestige konfrontiert. Das Beste, worauf die Bulgaren hoffen konnten, waren Ehrentitel, wie als Söhne des Kaisers angesehen zu werden (und dafür konnten sie sich glücklich schätzen, denn die Serben erhielten kein solches Privileg).[2]

Insbesondere der Glaube verlieh Byzanz ein besonderes Prestige. Man verstand sich als Erbstatthalter der orthodoxen Christenheit, und die Byzantiner waren überzeugt, sie bewohnten «ein Reich, von Gott begründet, um ewig anzudauern».[3] Byzanz verfügte über eines der wichtigsten Attribute eines Imperiums: Ehrgeiz. Denn ein Imperium ist vor allem eine Idee, ein Anspruch auf universelle Macht. Ein Kaiser ist nicht der Herr unter Herren, er ist ein König über Könige. Allerdings fehlte Byzanz ein anderes Attribut eines Imperiums, nämlich die räumliche Ausdehnung. Ein Imperium ist groß. Es herrscht über verschiedene Völker, die durch große Entfernungen getrennt sind. Byzanz aber war klein. Nach der Plünderung Konstantinopels während des Vierten Kreuzzugs im Jahr 1204 konnte es sich nur noch als Regionalmacht in Westanatolien und Teilen Griechenlands behaupten.

Im 15. Jahrhundert war Byzanz nicht einmal mehr das. Als Stadtstaat, der von einer immer leerer werdenden Hauptstadt aus regiert wurde, war Byzanz allenfalls noch ein Schatten seines früheren Ruhms. Dennoch war die Frage, wer von Neu-Rom aus regierte, von Bedeutung, vor allem für die Osmanen, die neuen Welteroberer, die auf der Bildfläche erschienen waren und sich anschickten, die Stadt der Cäsaren zu beerben.

Die Osmanen

1453 fiel Byzanz nach dreiundfünfzigtägiger Belagerung schließlich in die Hände der Armeen von Mehmed II. Im Siegesrausch nahm Mehmed einen neuen Titel an. Von nun an war er als «Herrscher über zwei Länder und zwei Meere» bekannt, also über Anatolien *und* den Balkan, das Mittelmeer *und* das Schwarze Meer.[4] In den folgenden Jahren sollte diese Liste an Titeln noch länger werden. Im Jahr 1517 eroberten die osmanischen Armeen Ägypten, und 1534 nahmen sie Bagdad ein. Die osmanischen Kaiser besaßen nun neben dem letzten Sitz der römischen Kaiser auch das alte Herz der muslimischen Welt. Als Suleiman der Prächtige, der größte und am längsten regierende (1520 bis 1566) aller osmanischen Sultane, 1538 die Festung Bender im heutigen Moldau eroberte, ließ er über dem Tor folgende Inschrift anbringen: «In Bagdad bin ich der Schah, in byzantinischen Gefilden der Kaiser und in Ägypten der Sultan.»[5]

Wie haben die Osmanen das geschafft? Die Religion war dabei durchaus hilfreich. Seinen Anfang nahm ihr Reich im frühen 14. Jahrhundert als winziges Fürstentum an der muslimisch-christlichen Grenze in Anatolien. Hier, am Rande des byzantinischen Territoriums, versammelte ein Stammeshäuptling namens Osman eine Gruppe heiliger Krieger oder *gazis* um sich. Gemeinsam überfielen sie Burgen und plünderten Wagenkolonnen, alles zum größeren Ruhm des Islam. Sie hatten eine Möglichkeit gefunden, Gewalt gleichzeitig zu einem Akt der Frömmigkeit *und* lukrativ zu machen – in den meisten Zeiten und fast überall eine erfolgreiche Kombination. Diese dschihadistischen Grenzräuber rückten jedenfalls erschreckend schnell vor. Im Jahr 1354 unternahmen die osmanischen Truppen ihren ersten verhängnisvollen Vorstoß auf den Balkan. Bis 1371 hatten sie bereits einen Großteil Mazedoniens und Thrakiens erobert. Im Jahr 1389 zerschlugen sie die Macht des serbischen Reiches in der Schlacht auf dem Amselfeld. Wenige Jahre später beendeten die Osmanen ihre Eroberung Bulgariens. In den folgenden Jahrzehnten gerieten Griechenland, Bosnien und Albanien in ihre Hände (trotz des heldenhaften Widerstands der Albaner), ebenso wie ein Großteil des heutigen Rumäniens.

Der Erfolg der Osmanen auf dem Balkan war vor allem eine Frage der Zahlen: Sie waren schlicht in der Lage, größere Armeen aufzustellen als jedes der Königreiche, die ihnen im Weg lagen. Als die Serben auf dem Amselfeld den osmanischen Truppen gegenüberstanden, schrieb einer ihrer Dichter, ihre Soldaten seien so zahlreich, dass sie, wenn man alle Serben in Salzkörner verwandeln würde, immer noch nicht ausreichen würden, um das «erbärmliche Abendmahl» der Türken zu würzen.[6]

Die zahlenmäßige Überlegenheit der Osmanen war teilweise eine Folge der Geografie. Anatolien bot ein riesiges Reservoir an Arbeitskräften in Gestalt nomadischer Turkstämme, deren Angehörige stets bereit waren, als Soldaten oder Siedler ihr Glück in Europa zu versuchen. Aber sie war auch das Ergebnis einer bewussten Strategie. Die Osmanen waren bemerkenswert flexibel, wenn es darum ging, Verbündete zu rekrutieren. Im Laufe ihres blitzartigen Vormarschs durch Südosteuropa zogen sie Anhänger an wie ein Schneeball, der bergab rollt und dabei immer größer wird. Anführer von nomadischen Turkstämmen, byzantinische Rebellen, serbische Despoten, bulgarische Fürsten und griechische Seeleute schworen ihren neuen Herren die Treue. Als die Speerspitze des Reiches tiefer ins Herz Europas vordrang, schlossen sich ihnen gefangene oder übergelaufene Westler an – Italiener, Ungarn, Deutsche und gelegentlich sogar Polen. Solange sie zum Islam konvertierten, konnten sie in der Armee und in der Bürokratie des Sultans eine lukrative Beschäftigung finden. Bald gesellten sich zu ihnen andere, weniger freiwillige Rekruten, die Früchte der *devşirme*, der Kinderabgabe.

Die *devşirme* war eine Art Blutsteuer, bei der die christlichen Völker des Reiches einen Teil ihrer Söhne hergaben, um sie nach dem Vorbild ihrer Eroberer umerziehen zu lassen. Die ebenso wirksame wie verhasste Blutsteuer wurde von den Osmanen zunächst eingeführt, um dem Einfluss des eigenen türkischen Adels entgegenzuwirken. Solange sie praktiziert wurde, schuf sie ein Korps von Soldaten und Verwaltern, die ihrem Sultan gegenüber absolut loyal waren. Formell waren sie alle seine Sklaven, aber in Wirklichkeit waren sie eher ein erweiterter Haushalt, der durch einen Verwandtschaftstrick zusammengehalten wurde. Die Jungen wurden im Alter zwischen vierzehn und achtzehn Jahren verschleppt, und man erwartete von ihnen, dass sie perfekt waren, sowohl körperlich als auch vom Aussehen her. Jungen vom Lande, an harte Arbeit gewöhnt, galten als die besten Rekruten. Unter den ethnischen Gruppen besonders begehrt waren Bosnier, aber auch Serben und Albaner wurden gerne in den kaiserlichen Dienst aufgenommen.

Sobald die Rekruten in die Hauptstadt kamen, waren sie völlig von ihren Familien und ihrem Geburtsort abgeschnitten. Nach ihrer Konvertierung und Beschneidung wurden die jungen Janitscharen einem strengen Ausbildungsregime unterworfen, um sie im Glauben und in der Kriegskunst zu unterweisen. In der Regel begann die Ausbildung mit einer Dienstzeit auf einem anatolischen Bauernhof, wo die jungen Männer Türkisch lernten und sich körperlich ent-

Zum vielfältigen zivilisatorischen und architektonischen Erbe der Türken auf dem Balkan gehört das Rudas-Bad in Budapest. Erbaut unter osmanischer Herrschaft im 16. Jahrhundert, ist es bis heute als Badeanstalt geöffnet.

wickelten. Wenn sie dann wieder zurück im Palast waren, setzten die Janitscharen ihre Ausbildung mit Kursen in religiösem Recht, Bogenschießen, Reitkunst, Ringen, Konversation und Kalligrafie fort.

Die Schaffung dieser exquisit ausgebildeten Kaste von Elitesoldaten veränderte den osmanischen Staat. Waren die frühen osmanischen Eroberungen dank der Überwältigung ihrer Gegner erfolgreich gewesen, so war die Armee, die für Mehmed II. Konstantinopel einnahm, in jeder Hinsicht bestens ausgestattet: mit den größten Kanonen, den stärksten Belagerungsmaschinen und den effizientesten Sappeuren. Vor allem aber war es eine *Berufs*armee. Venezianische Gesandte schwärmten von ihrer «wunderbaren Ordnung».[7] Die osmanischen Soldaten beherrschten sämtliche Kriegskünste: Sie konnten mit dem Bogen, dem Schwert oder der Lanze kämpfen. Aber was sie wirklich auszeichnete, waren die kleinen Details, die den Erfolg eines Feldzugs sicherten. Sie hatten die besten Zelte und schlugen die besten Lager auf. Sie wussten, wie man am effektivsten einen Graben oder eine Latrine aushob. Vor allem aber wussten sie, wie man gemeinsam vorging. Ein französischer Reisender des 15. Jahrhunderts, der die osmanische Armee in Aktion erlebte, war tief beeindruckt von der Art, wie sie sich fortbewegte. Bei ihren Nachtmärschen legten sie das Dreifache der Strecke zurück, die eine christliche Armee am helllichten Tag schaffte. Das wirklich Beängstigende jedoch war, dass sie dies lautlos taten: Zehntausend Soldaten machten weniger Lärm als hundert Christen.[8]

Die osmanische Armee war ebenso gut genährt wie diszipliniert. Während die russischen Soldaten von dem zehren mussten, was sie dabeihatten – in der Regel ein dünner Buchweizenbrei –, genossen die osmanischen Soldaten opulente Mahlzeiten aus Reis, Bulgur, Gerste, Butterschmalz, Kaffee, Honig, Mehl und Fleisch.[9] Ein Heer unterwegs auf diese Weise zu versorgen war ein immenses Unterfangen, denn eine solche Armee verschlang pro Tag eine Million Pfund an Lebensmitteln.

Zu ihrem Glück waren die Osmanen unübertroffene Meister der Versorgungskettenlogistik. Kein anderer Staat in Europa widmete der Instandsetzung seiner Straßen so viel Energie und Sorgfalt. Schon sehr früh wurden die Osmanen zu Recht als Erbauer wunderschöner Steinbrücken berühmt, deren filigrane Bögen zart wie Eierschalen wirkten, die sich aber als so haltbar wie Eisen erwiesen. Über dieses Straßennetz flossen ununterbrochen Lieferungen von Lebensmitteln, Stoffen, Schießpulver und Stahl. Kamele, die doppelt so viel tragen konnten wie jedes europäische Lasttier, erleichterten den Transport. Jedes Jahr trafen dreißigtausend dieser unentbehrlichen Tiere rechtzeitig zur Feldzugsaison aus dem Maghreb und

Syrien ein.[10] Das eigentliche Herzstück des osmanischen Versorgungssystems waren jedoch seine Bäckereien. Allein in Istanbul arbeiteten einhundertfünf gigantische Backöfen rund um die Uhr an der Herstellung von Backwaren für die Armee und die Marine.[11] Viele weitere wurden in den Provinzen betrieben.

Im Laufe des 17. und vor allem des 18. Jahrhunderts verlor die osmanische Armee allmählich ihren technologischen Vorsprung gegenüber den europäischen Widersachern. Doch solange die Bäckereien funktionierten, hatten sie immer noch eine Chance gegen ihre russischen und habsburgischen Gegner. Als die Osmanen 1711 die Armee von Peter dem Großen in Moldau besiegten, mussten die ausgehungerten Russen Lebensmittel von der Armee kaufen, die sie gerade besiegt hatte. Sechzig Jahre später, als die osmanische Armee gegen Katharina die Große antrat, war ihr Vorteil dann dahin. Die osmanischen Soldaten waren gezwungen, Brot zu essen, das aus den Bröseln von vierzig Jahre alten Keksen hergestellt und mit Schlamm und Kalk versetzt war.[12] Viele, die davon aßen, starben schnell daran. Der Rest wurde hingemetzelt.

Wie sah das Osmanische Reich in den Augen seiner christlichen Untertanen aus? Für sie war das Imperium eine gigantische Last: Zwanzig Millionen Mäuler mussten gefüttert werden, dazu kamen Hunderttausende von Soldaten und Bürokraten, die es zu unterhalten galt. Abgesehen davon, dass die osmanischen Steuern für europäische Verhältnisse relativ niedrig waren, vor allem vor der Inflationskrise des späten 16. Jahrhunderts: Aus den Tiefen des ländlichen Raums betrachtet, erschien das Reich in erster Linie als eine feindselige Welt von Steuerschätzern, Volkszählern und Zollbeamten, die alle darauf aus waren, ihren Anteil an der Arbeit der ehrlichen Bauern zu bekommen.

Eine alte mazedonische Volkserzählung gibt einen Eindruck von dieser Sichtweise.[13] Sie beginnt damit, dass ein alter Mann erfährt, dass in Istanbul Eier für einen Silberpfennig pro Stück verkauft werden. Prompt belädt er seinen Esel mit tausend Eiern und macht sich auf den Weg in die Hauptstadt. Auf seinem Weg nach Süden trifft er auf eine Reihe von Steuerbeamten, von denen sich jeder an den Eiern bedient (natürlich ohne etwas zu bezahlen). Als er schließlich in Istanbul ankommt, hat der alte Mann kein einziges seiner Eier mehr. Da er nichts mehr zu verkaufen hat, nimmt er sich ein Beispiel an seinen Unterdrückern und erklärt sich selbst zum Wächter eines Istanbuler Friedhofs. Mit einer gefälschten Vollmacht ausgestattet, erhebt er von den Adligen und den Frauen Istanbuls Gebühren für das Privileg der Beerdigung. Die Erzählung lässt das Leben im Osmanischen Reich als einen perfekten Kreislauf der Korruption erscheinen, der die Untertanen von der Wiege bis zur Bahre verfolgt.

Doch Istanbul war nicht nur ein hungriger Schlund, der nach Bestechungsgeldern dürstete; zu osmanischen Zeiten war es auch ein Meer der Möglichkeiten, das junge Menschen aus dem gesamten Balkan und dem Nahen Osten anzog. Einige kamen, um die Stadt zu ernähren. Bei einer Bevölkerung von über siebenhunderttausend Menschen im Jahr 1600 bedeutete allein die Versorgung Istanbuls eine gigantische Anstrengung. Jeden Tag brachten Lastkähne auf dem Schwarzen Meer Weizen aus Bulgarien und Rumänien in die Stadt, während moldauische Kuhhirten große Rinderherden aus dem Quellgebiet des Dnjestr herantrieben. (Wir sind diesen Viehtreibern zu großem zivilisatorischen Dank verpflichtet, denn sie waren die Erfinder des Pastrami, dessen jiddischer Name sich letztlich über das rumänische *pastramă* vom türkischen *bastırma* ableitet, was einfach «gepresstes Fleisch» bedeutet.[14])

Andere Migranten kamen nach Istanbul auf der Suche nach Arbeit in den zahlreichen städtischen Fabriken, die von Salzgärten bis zu Kanonengießereien reichten. Viele dieser Arbeitsplätze wurden von Albanern besetzt. Das gebirgige und unfruchtbare Albanien war in osmanischer Zeit ein unablässiges Exportgebiet von Männern. Sie übernahmen einige der härtesten Jobs in der Stadt, wie das Brennen von Kalk oder die Arbeit in den großen Bäckereien, die die Armee belieferten. Sie fanden aber auch eine Nische in einem deutlich bequemeren Beruf – dem des Tellâk, des Bademeisters.

In Istanbul waren die Badehäuser, die Hammams, ein eigener Wirtschaftszweig. Allein in der Altstadt gab es fast zweihundert davon.[15] Nach islamischem Recht galt die Ganzkörperwaschung als notwendig. Sie war aber auch ein großes Vergnügen. In einem Hammam konnte man baden, im warmen Wasser liegen, dampfbaden, einen Kaffee trinken, sich massieren oder rasieren lassen. Die Bademeister sorgten dafür, dass das Feuer brannte, das Wasser warm war und die Gäste kräftig geschrubbt wurden. Sie boten auch intimere Dienstleistungen an, was die Badehäuser zum Zentrum homoerotischer Imaginationen über die Stadt machte.

Hammams waren Orte, an denen man sich unterhalten und verwöhnen lassen konnte. Sie waren zudem ideal, um Pläne zu schmieden und Dinge auszuhecken. Wie die Kaffeehäuser in London waren sie oft von politischen Gesprächen erfüllt. Die osmanischen Behörden wussten das und sorgten für ausreichend Spitzel. Manchmal reichte die Überwachung allerdings nicht aus, und all das aufrührerische Gerede schwappte auf die Straße. Im Jahr 1730 gelang es dem Patrona-Halil-Aufstand, der von einem albanischen Janitscharen und Tellâks angezettelt worden war, sogar, einen Sultan abzusetzen. Zu diesem Zeitpunkt war «Janitschar» ein weitgehend leerer Titel, und weit mehr Janitscharen verdingten sich als Ladenbesitzer denn als Soldaten. Gemeinsam bildeten diese wurzellosen jungen Männer aus den Provinzen einen städtischen Mob, der den Pariser Sansculotten, die die Französische Revolution mit anfachten, durchaus ähnlich war. Aktiver als die Franzosen taten die Osmanen ihr Möglichstes, um die Landflucht einzudämmen. Sie führten spezielle Pässe und Registrierungen ein, um den Zuzug in die Städte zu verlangsamen. Meistens schlugen diese Maßnahmen fehl. Dann griff die Regierung nach dem letzten Instrument in ihrem Arsenal: der Verbannung an die Grenze.

Hunderte von Kilometern nördlich von Istanbul war das Osmanische Reich durch eine Reihe von Festungen, die man am Nordufer des Schwarzen Meeres errichtet hatte, vor seinem russischen Nachbarn geschützt. Diese Festungen waren mit Albanern, Bosniern und Kurden aus den Slums von Istanbul bemannt. Auf diese Weise wirkte das Reich wie eine große Umwälzpumpe, die Menschen aus den Provinzen ansaugte und sie dann an der Grenze wieder ausspuckte. Die Soldaten, die in den Norden verbannt wurden, trösteten sich, indem sie Opium rauchten, ukrainischen Wodka tranken und Heimweh-kranke Gedichte schrieben.[16] Die meisten Osmanen hielten diese Gegenden für schreckliche Orte. Der Fluch «Ich werde dich in der Schwarzmeersteppe vernichten» wurde geradezu sprichwörtlich (die spätere sowjetische Sicht auf dieselbe Region war fast genau umgekehrt: Diese Gebiete gehörten zu den mildesten und fruchtbarsten in der gesamten UdSSR).

Es dauerte bis zu vier Monate, um die «höllisch kalten» Schwarzmeerfestungen von Istanbul aus zu erreichen. Die Beförderung von Menschen und Material über eine so große Entfernung erforderte jede Menge Papierkram und eine ausgefeilte Logistik. Bevor ein Heer in Marsch gesetzt und vor Ort verpflegt werden konnte, mussten alle dafür notwendigen Steuern wie die Versorger genau kalkuliert werden. Dazu bedurfte es der Kenntnis aller Dörfer, Haushalte und frei umherziehenden Stämme eines Gebiets.

Nachdem die Truppen von Mehmed IV. 1672 einen Teil der Ukraine namens Podolien von Polen-Litauen erobert hatten, machte sich eine Gruppe von Steuerbeamten, Defterdâre genannt, sogleich daran, das gesamte Ackerland der Provinzen zu vermessen und alle arbeitsfähigen Männer zu zählen. Das von ihnen erstellte Steuerregister listet neunhundert geografische Orte auf, und bis zum Beginn des 20. Jahrhunderts war keine Karte dieses Gebiets detaillierter.[17] Die Erhebung ist sogar so genau, dass man den Beamten fast bei der Arbeit zuschauen kann. Ein osmanischer Beamter namens Halil Efendi beaufsichtigte die Erfassung der Daten, begleitet von einem Dolmetscher namens David, der wahrscheinlich Jude oder Armenier war. Armenische Älteste halfen bei der Erstellung der Listen von Armeniern. Rabbiner erstellten Listen von Juden. In den Dörfern erarbeiteten ukrainische Vorsteher Listen über ihre Nachbarn. In jedem Weiler gab es mindestens einen gebildeten Mann. Diese Listen wurden dann von speziellen Übersetzern, wahrscheinlich Bulgaren, von der kyrillischen in die arabische Schrift transkribiert und anschließend an ein Archiv in Istanbul geschickt, wo sie bis heute aufbewahrt werden.[18] Genau das ist gemeint, wenn davon die Rede ist, «wie ein Imperium zu sehen».

Als die Türken Podolien von Polen eroberten, wurden sie als Befreier willkommen geheißen. Die jüdische Gemeinde von Kamianets, dem Hauptort der Provinz, begrüßte sie mit den Worten, sie wüssten, wie glücklich das Leben «im Schatten des islamischen Volkes» sei.[19] Die Armenier in der Stadt waren ebenso erfreut wie die ukrainischen Bauern auf dem Land, die froh waren, endlich ihre polnischen Grundherren los zu sein. Nur für die polnischen Adligen, von denen viele gezwungen waren, ihre Ländereien zu verlassen und zurück in Unionsgebiet zu fliehen, hatte die Eroberung eher unangenehme Folgen. Aber selbst einige von ihnen biederten sich bei den Osmanen an, indem sie ihren neuen Herren Zugang zu wertvollen Steuerregistern und Volkszählungslisten gewährten.

Dieser Moment der interkulturellen Harmonie währte nicht lange; 1699 forderte Polen seine verlorenen Gebiete zurück. Aus Angst vor Repressalien wegen ihrer Zusammenarbeit mit den Türken flohen reiche Juden und Armenier nach Süden. Die Armenier gründeten eine Handelskolonie im bulgarischen Plovdiv. Die Juden aus Podolien, die sich außerhalb Istanbuls niederließen und damit wieder in den Schatten des Islam getreten waren, wurden berühmt für ihre Herstellung von koscherer Butter und koscherem Käse.

Russen

Polen-Litauen selbst war ein «Beinahe-Reich», ein großer Staat, der in seiner Blütezeit den größten Teil des heutigen Polens, Litauens, Lettlands, Weißrusslands und die westliche Hälfte der Ukraine umfasste. Es war zudem sehr vielfältig. Allein im Großherzogtum Litauen lebten mehrheitlich Ukrainer bzw. Weißrussen, und es wurde von einer polnischsprachigen Adelsschicht meist litauischer Herkunft regiert, die durch zahlreiche Siedlungen von Juden, Tataren, Armeniern und Deutschen ergänzt wurde.

Polen-Litauen war jedoch kein Imperium, da es nicht zentralisiert war. Nach 1572, als der letzte Jagiellonen-König starb (wahrscheinlich an der Syphilis), wurde der Doppelstaat zu einer Wahlmonarchie. Die Adligen wählten ihren Monarchen, was ihnen einen immensen Einfluss auf die Regierung verschaffte, eine Kontrolle, die sie auch durch ein chaotisches und vetofreudiges Parlament, den Sejm, ausübten. Aufgrund dieser gespaltenen Struktur hatten die polnischen Könige große Schwierigkeiten, Steuern einzutreiben oder eine Armee aufzustellen. Sie bauten nur wenige Brücken und Straßen. Entsprechend machte ihr Reich auf Besucher einen eher chaotischen Eindruck. Ahmed Efendi, ein osmanischer Staatsmann, der Mitte des 18. Jahrhunderts durch Polen-Litauen reiste, befand: «Es war eine Republik, in der jede Region und jede Stadt eine andere Verwaltung hatte, und sie beachteten einander nicht, noch gehorchten sie den Königen.»[20]

Für die Polen dieser Zeit gab es in Europa nur zwei Reiche: das «muslimische Reich» der Osmanen und das «christliche Reich» der Habsburger.[21] Ihr größter Feind war jedoch ein ganz anderer Staat –

das Großfürstentum Moskau. Dieser Staat umgab im Mittelalter die Stadt Moskau und entwickelte sich schrittweise zur Moskauer Rus, zu Russland und zum Russischen Reich.

Auch wenn es kein Reich war (seine Herrscher waren lediglich Fürsten, ehe sich Iwan der Schreckliche 1547 zum Zaren krönte), so war Russland doch ein eigenständiges Land. Seine Institutionen waren vom östlich-orthodoxen Glauben und von dem langen Kontakt mit der Goldenen Horde geprägt, die nach den mongolischen Eroberungen des 13. Jahrhunderts über die russischen Steppen herrschte. Zu diesem Erbe gehörte auch die Tradition der Einheitsherrschaft. Die Moskauer Fürsten mussten sich nicht mit den verschiedenen zwischengeschalteten Institutionen herumschlagen, mit denen die meisten westlichen Herrscher zu tun hatten, wie etwa mit Parlamenten und einem unabhängigen Klerus. Sie mussten sich nicht beraten. Sie befahlen. Und weil sie befahlen, wuchs ihr Fürstentum.

Im Jahr 1480 besiegte Moskau die letzten Überreste der Goldenen Horde. Im Jahr 1552 annektierte es das Khanat von Kasan, ein türkisch-muslimisches Gebiet im Osten. Vier Jahre später folgte das Khanat von Astrachan am Kaspischen Meer, womit Moskau bis an den Rand Asiens vorstieß. Als Russland sein Augenmerk gen Westen richtete, war es somit ein riesiges, fast kontinentübergreifendes Reich. Seine Hauptkonkurrenten waren nun Polen-Litauen und Schweden, die ihm den Zugang zur Ostsee versperrten. Doch trotz der immensen Größe Russlands konnten sich beide Staaten im 16. und 17. Jahrhundert weitgehend gegen ihren östlichen Nachbarn behaupten. Eine Reihe von Konflikten zwischen Russland und Polen-Litauen endete meist unentschieden.

Mitglieder meiner Familie nahmen an diesen Kriegen teil, an die nur selten erinnert wird. Das erste Familienmitglied, das in den historischen Aufzeichnungen auftaucht, war ein Mann namens Jakub Terebesz. Er war wahrscheinlich ungarischer (oder siebenbürgischer)

Herkunft und diente dem Hetman, dem militärischen Befehlshaber Litauens, als oberster Stallmeister. Im Jahr 1658 wurden sowohl Terebesz als auch der Hetman von russischen Truppen außerhalb von Vilnius gefangen genommen und anschließend im Kreml inhaftiert. Irgendwann in den nächsten vier Jahren wurde mein Vorfahre freigelassen und nach Warschau zurückgeschickt, um einen Gefangenenaustausch für die Befreiung des Hetman zu arrangieren.[22]

Diese kleine Episode markierte den Beginn der Karriere der Familie Terebesz in der Regierung. In den nächsten 130 Jahren bekleideten sie eine Vielzahl von Ämtern, meist als königliche Landvögte oder Kreisverwalter in Westlitauen. Diese guten Zeiten gingen 1795 zu Ende, als das Russische Reich die dritte seiner drei Teilungen von Polen-Litauen vollzog und es damit von der Landkarte der europäischen Staaten tilgte. Die Polen wehrten sich zwar, hatten aber kaum eine Chance, dem Ansturm Einhalt zu gebieten, denn zu diesem Zeitpunkt war Russland ein Gigant, gegen den alle anderen osteuropäischen Staaten nur noch wie Winzlinge wirkten.

Moskowien wuchs enorm, indem es sich die großen und dünn besiedelten Gebiete im Osten einverleibte. Die Eroberung von Kasan und Astrachan öffnete Russland den Weg nach Sibirien, wo die Pelztierjäger und Soldaten mit unglaublicher Geschwindigkeit vorankamen. Im Jahr 1580 überquerten sie den Ural. Im Jahr 1639 befanden sie sich am Ochotskischen Meer – eine Entfernung von mehr als viereinhalbtausend Kilometern. Das bedeutet, dass die russischen Soldaten den Pazifischen Ozean hundertfünfzig Jahre vor ihrer Ankunft in Minsk erreichten.

Aus europäischer Sicht wuchs das Russische Reich von hinten nach vorne. Seine Ausdehnung nach Osten verlief viel schneller als sein Wachstum im Westen. Anders als in Sibirien sah es sich dort formidablen, gut organisierten Widersachern gegenüber, die mit der neuesten europäischen Militärtechnik ausgerüstet waren. Doch zwischen der Mitte des 17. und dem Ende des 18. Jahrhunderts besiegte Russland einen Gegner nach dem anderen. Der erste Dominostein, der fiel, war die Ukraine.

Alles, was mit der Ukraine zu tun hat, ist kompliziert, angefangen bei ihrer Lage. Es handelte sich um ein riesiges Gebiet zwischen Russland im Osten, dem Krim-Khanat (dem letzten Überbleibsel der Goldenen Horde und einem Vasallen des Osmanischen Reiches) im Süden und Polen-Litauen im Westen. Es war ein Grenzgebiet. Bis Mitte des 17. Jahrhunderts gehörte der größte Teil der Westukraine formell zu Polen-Litauen, doch in Wirklichkeit war es eher ein Niemandsland, in dem nur das Recht der Waffe und des Stärkeren galt. So etwas wie eine effektive Regierung gab es nicht wirklich. Die Menschen, die sich in der Zentralukraine niederließen, waren den schrecklichen Sklavenüberfällen der Tataren ausgesetzt. Doch die Gesetzlosigkeit hatte auch ihre Reize. Für viele bedeutete sie Freiheit – von der Leibeigenschaft und vom Staat.

Die Menschen in der ukrainischen Steppe waren für ihre eigene Verteidigung verantwortlich. Im 16. Jahrhundert begannen sie, Festungen zu bauen und sich in Armeen oder «Heerscharen» zu organisieren. Das waren die ersten Kosaken. Ihre Gesellschaft war stark militaristisch geprägt – von jedem Mann wurde erwartet, dass er Soldat war. Sie war demokratisch – die Soldaten wählten ihre Offiziere und Befehlshaber, Hetmane genannt. Und schließlich war sie sehr männlich – insbesondere in ihren zentralen Lagern, von denen das berühmteste der Saporoger Sitsch war, der auf einer Insel im Fluss Dnjepr lag. Die Mitglieder des Sitsch besaßen ihr gesamtes Eigentum gemeinsam, und es war ihnen verboten, sich im Lager mit Frauen zu treffen. Nikolai Gogol verglich den Lebensstil der Kosaken mit einem «ununterbrochnen Gelage, einem Fest, das lärmend angefangen hatte und dem das Ende abgeschnitten zu sein schien» (und übertrieb damit nur ein klein wenig).[23] Die Festung Sitsch glich einem Internat, «wo die Kinder alles von der Leitung zugeteilt bekommen», aber ihre ganze Zeit mit Jagen, Fischen und

Feiern verbrachten, anstatt zu lernen. Die Kosaken machten sich nicht einmal die Mühe einer militärischen Ausbildung, denn ihrer Meinung nach wurden Krieger einzig und allein im Feuer der Schlacht geschmiedet.

Kosaken eigneten sich deshalb hervorragend als Söldner, waren aber schwer zu kontrollieren. Im Jahr 1648 verursachte der Aufstand von Bohdan Chmelnyzkyj, dem Hetman der Saporoger Kosaken, einen Albtraum der Zerstörung für die Juden in Polen-Litauen. Er war zudem ein politisches Desaster für die Polnisch-Litauische Union und der Beginn eines kurzlebigen, aber äußerst bedeutsamen Moments der Unabhängigkeit für die Ukraine. Nachdem die Kosaken ihre Freiheit von polnischer Kontrolle errungen hatten, konnten sie diese nicht lange bewahren. Um den polnisch-litauischen Ansturm abzuwehren, brauchten sie Verbündete. Sie wandten sich an die Tataren und die Schweden, entschieden sich aber schließlich für ein Bündnis mit Russland.[24] Diese Entscheidung folgte einer klaren Logik: Russland war der Ukraine von der Sprache her ähnlich und in Sachen Religion identisch. Außerdem bot es den Kosaken ein hohes Maß an Autonomie, was sie sehr schätzten. Doch das war nicht von Dauer.

Eine Zeit lang existierte das Saporoger Kosakenheer weiter, wenn auch unter eingeschränkten Bedingungen. Ursprünglich eine wilde Bruderschaft eingeschworener Krieger, die sich durch waghalsige Plünderungen hervortat, fungierte sie nun als Verteidigungseinheit, die die südlichen Grenzen des Russischen Reiches vor türkischen Übergriffen schützte. Nachdem Katharina die Große das Osmanische Reich im Russisch-Türkischen Krieg von 1768 bis 1774 besiegt hatte, war es mit der Nützlichkeit vorbei. Im Jahr 1775 ließ sie die Festung Sitsch schleifen und verbannte den letzten Saporoger Hetman auf die Solowezki-Inseln im hohen Norden Russlands. Zum Zeitpunkt seiner Verhaftung war der Hetman bereits ein alter Mann und verbrachte das nächste Vierteljahrhundert in einer winzigen

Die hölzerne Moschee in Kruszyniany aus dem 18. Jahrhundert im nordöstlichen Polen. König Jan III. Sobieski erlaubte den Lipka-Tataren um 1683 hier die Ansiedlung.

Zelle, knietief im eigenen Dreck; als er herauskam, hatte er einen verfilzten Bart und riesige Fingernägel und sah eher wie ein Tier als wie ein Mensch aus.[25]

Katharina die Große zerstörte die Saporoger Sitsch, weil sie Überbleibsel einer Vergangenheit war, die sie verachtete. Ganz im Sinne der Aufklärung war die Kaiserin entschlossen, das Russische Reich zu reformieren und zu rationalisieren. Das bedeutete freilich nicht, den Russen mehr Freiheit zu gewähren. Vielmehr ging es darum, die eigene Macht zu optimieren und zu konsolidieren, damit sie überall gleichermaßen und ungehindert wirken konnte. Die verschiedenen ererbten Privilegien, die die Kosaken genossen, verhinderten genau das. Während Katharinas langer Herrschaft (1762 bis 1796) verloren die Kosaken fast alle ihre alten Institutionen. Die mächtigsten und reichsten Kosaken wurden in den russischen Adelsstand erhoben, mit allen damit verbundenen Privilegien. Die übrigen wurden allmählich zu einfachen Bauern, die lediglich noch die Erinnerung an ihren früheren Status besaßen.

Das Beispiel der Ukraine ist ein Lehrstück dafür, wie Russland sein Reich aufbaute. Bei seiner Expansion bestand die Strategie fast immer darin, eine lokale Elite zu identifizieren und zu kooptieren. Um zu herrschen, stützte es sich auf ein starres Klassensystem, dessen Unterschiede es betonte und verstärkte. Die baltischen Länder sind ein hervorragendes Exempel dafür. Als Peter der Große 1710 Lettland und Estland von Schweden eroberte, bestätigte er den dortigen Adel in all seinen früheren Privilegien. Sie durften ihre Ländereien, ihre Leibeigenen und ihr Parlament behalten. Sie durften auch ihre lutherische Kirche und ihre Sprache behalten, die im Falle des Adels fast ausschließlich deutsch war. Ihre Leibeigenen hingegen sprachen je nach Ort entweder Lettisch oder Estnisch. Diese Struktur war so alt und fest verankert, dass das Wort «saks», also Sachse, im Estnischen nicht nur für einen Deutschen, sondern für alle Angehörigen der Oberschicht verwendet wurde. Die Leibeigenschaft – besonders hart an der Ostsee – verfestigte diese Unterscheidung weiter. Da die deutschen Grundbesitzer fast ausschließlich auf leibeigene Arbeitskräfte setzten, wurden sie extrem reich, während ihre Leibeigenen bitterarm blieben.

Die Russen taten nichts, um daran etwas zu ändern. Die Zaren betrachteten diese deutsch-baltischen Adligen als enorme Ressource. Sie waren wohlhabend, gut vernetzt und bereit, direkt für den Thron zu arbeiten, ohne die Komplexe gegenüber Rechten und Privilegien, die russische Aristokraten manchmal mitbrachten. Zar Nikolaus I. (der von 1825 bis 1855 regierte) drückte das einmal so aus: «Der russische Adel dient dem Staat, der deutsche dient uns.»[26] Diese Beziehung war für beide Seiten von Vorteil. Die Deutschbalten besetzten viele der höchsten Positionen in der kaiserlichen Regierung und im Militär. Im Gegenzug durften sie ihre Heimatgebiete nach eigenem Gutdünken verwalten. Die einheimischen Esten und Letten hingegen waren sowohl vom kaiserlichen Dienst als auch von der lokalen Verwaltung ausgeschlossen. Ihre einzige Möglichkeit, Wiedergutmachung für ihr Leid zu erlangen, bestand darin, sich gegen ihre Grundherren aufzulehnen – ein Hauptgrund, warum ethnische Letten nach 1917 zu den eifrigsten Bolschewiken gehörten.

Bis zur Oktoberrevolution waren Lettland und Estland für das Russische Reich relativ leicht zu regieren. Hingegen bereiteten die Länder, die es von der Polnisch-Litauischen Union übernahm, von Anfang an Kopfzerbrechen. Die polnischen Gebiete waren das größte und üppigste Beutestück der russischen Westexpansion. Sie waren aber auch die Gebiete, die am schwierigsten zu verwalten waren.

Russland erwarb die polnischen Gebiete Ende des 18. Jahrhunderts, als die Polnisch-Litauische Union bereits in den letzten Zügen lag. Die durch Korruption und Selbstbedienungsmentalität der polnischen Aristokratie geschwächte Wahlmonarchie war den aufstrebenden Mächten, die sie umgaben, nicht mehr gewachsen. Zwischen 1772 und 1795 begannen die Nachbarn der Union, Russland, Preußen und das Habsburgerreich, das Land in drei sogenannten «Teilungen» unter sich aufzuteilen. Nach der dritten Teilung im Jahr 1795 war vom unabhängigen Polen-Litauen nichts mehr übrig.

Kurz nach der ersten Teilung Polens prophezeite der Philosoph Jean-Jacques Rousseau, das Land werde für Russland leichter zu schlucken als zu verdauen sein.[27] Er hatte recht. In den folgenden 123 Jahren war das von Russland beherrschte Polen Schauplatz unzähliger Verschwörungen und Revolutionen, die auf die Wiederherstellung der polnischen Unabhängigkeit abzielten. Einer der ersten dieser Aufstände wurde 1794 von Tadeusz Kościuszko angeführt, der aus dem amerikanischen Revolutionskrieg bekannt ist. Nach seinem Scheitern wanderten Tausende von Polen nach Frankreich aus, um den Kampf von dort aus fortzusetzen, während viele der Verbliebenen ihres Landes und ihrer Besitztümer beraubt wurden.

Trotz dieser Niederlage kam es immer wieder zu polnischen Aufständen. Eine bewaffnete Revolte von Militärkadetten im Jahr 1831 (der «Novemberaufstand») endete in einem Fiasko, ebenso wie eine weitere Rebellion (der «Januaraufstand»), der 1863 begann und bis 1864 dauerte. Der Urgroßvater meines Vaters, ein polnischer Katholik aus der Nähe von Gniezno, kämpfte dabei mit. Als freier Bauer namens Haremza überquerte er 1863 die Grenze von Preußen nach Russisch-Polen, um am Januaraufstand desselben Jahres teilzunehmen. Der Feldzug, der von Anfang an zum Scheitern verurteilt war, kostete ihn seinen Arm. Als er auf den heimischen Hof zurückkehrte, konnte er den Pflug nicht mehr halten, und die Familie litt allmählich immer mehr Hunger, bis sie schließlich vom Land in die nächste Stadt floh.

Mein Ururgroßvater traf es zumindest insofern gut, als er nicht nach Sibirien geschickt wurde. Tausende von anderen polnischen Kämpfern hatten da weniger Glück. Im Laufe der Jahrzehnte der russischen Herrschaft wurde Sibirien zum Friedhof der polnischen Nationalbestrebungen.

Schon vor der ersten Teilung 1772 wurden Polen nach Sibirien geschickt. In den nächsten anderthalb Jahrhunderten wurden Zehntausende von Polen in die eisige, von Mücken heimgesuchte Unendlichkeit des «schlafenden Landes» verbannt. Die meisten kamen über die Katorga dorthin, ein System, bei dem Sträflinge und Aufrührer zur Zwangsarbeit an abgelegene Orte geschickt wurden, von denen es (theoretisch) kein Entkommen gab. Die Bestrafung begann schon mit der Reise dorthin.

Die Gefangenen marschierten in der Regel zu Fuß nach Sibirien, mit Eisenketten gefesselt. Unterwegs wurden diese Ketten nie abgenommen, nicht einmal im Dampfbad. Die Gefangenentrupps, die auf den sibirischen Straßen unterwegs waren, veranstalteten einen heillosen Lärm, wenn hundert oder mehr Männer mit ihren Ketten rasselten und darüber stolperten.[28] Die Unterkünfte entlang des Weges waren kaum besser: beengte, verqualmte Hütten, in denen es von Bettwanzen wimmelte. Nach einer solchen Odyssee war die Arbeit in einem Bergwerk oder einer Holzfällerei fast schon eine Erleichterung. Für die meisten «sybiraks» jedenfalls waren Langeweile und Heimweh oft noch schwerer zu ertragen als die Arbeit selbst.

Mit der Zeit wurden die strengen Bedingungen der Katorga jedoch gelockert. In der zweiten Hälfte des 19. Jahrhunderts wurde der lange Fußmarsch allmählich durch den Transport auf der Schiene oder per Schiff ersetzt. Die Fußfesseln fanden zwar immer noch Anwendung, dienten aber hauptsächlich der Show. Sobald die Gefangenen an Bord eines Waggons oder Schiffes waren, wurden sie ihnen in der Regel abgenommen.[29] Da die staatlichen Arbeitsanforderungen weniger wurden, hatten viele Exilanten Zeit, sich dem Lesen und anderen intellektuellen Beschäftigungen zu widmen.

Insofern erwies sich das Exil manchmal als unerwartet nützlich. Dank der Katorga pflegten die Exilpolen eine jahrhundertelange Beziehung zu Sibirien und trugen viel zu dessen wirtschaftlicher und wissenschaftlicher Entwicklung bei. Die ersten in Jakutien angepflanzten Kartoffeln wurden von einem Veteranen des Aufstands von 1863 dorthin gebracht. Andere polnische Sybiraken waren führend bei der Erforschung der sibirischen Lebensweise. Die meisten der frühen ethnografischen und linguistischen Studien zur jakutischen Sprache wurden von Polen durchgeführt. Gleiches galt für die Ainu auf Sachalin.

Einige Polen gingen sogar freiwillig nach Sibirien. Das Russische Reich war riesig – in seiner Blütezeit erstreckte es sich über 14 Zeitzonen – und es bot seinen Untertanen ebenso vielfältige Möglichkeiten. In den Boomjahren der 1880er und 1890er Jahre fanden Tausende von Balten, Polen und Deutschen im sich rasch industrialisierenden Russischen Reich Arbeit. So ließen sich die polnischen Eltern des modernistischen Malers Kasimir Malewitsch in der Südukraine nieder, um dort eine Zuckerrübenplantage zu betreiben. Der Vater von Czesław Miłosz stammte aus einer vom Pech verfolgten Adelsfamilie aus Litauen und fand Arbeit beim Bau von Eisenbahnen im Russischen Reich. Seine Frau und seinen Sohn nahm er überallhin mit, von Riga bis Semipalatinsk.

Nicht jeder aus den ehemals polnischen Gebieten konnte sich im Reich gleichermaßen frei bewegen. Vor allem Juden unterlagen strengen Beschränkungen in Bezug auf ihre Niederlassungs- und Arbeitsmöglichkeiten. In den meisten Fällen begannen ihre Erfahrungen mit dem Russischen Reich mit den Teilungen von Polen-Litauen. Vor dem Ende des 18. Jahrhunderts lebten in Russland nur sehr wenige Juden. Selbst antijüdische Vorurteile waren selten. Doch in den von Polen und Litauen erworbenen Gebieten stellten die Juden eine beträchtliche Minderheit der Bevölkerung (vielerorts über 20 Prozent). Darüber hinaus dominierten die Juden das wirtschaftliche und soziale Leben in den vielen Kleinstädten und Marktflecken, insbesondere im östlichen Teil der ehemaligen Union. Als Gruppe waren sie geschäftstüchtig, aktiv und hungrig nach gewerblichen Chancen. Damit stellten sie eine offensichtliche Bedrohung für die städtischen Kaufleute und Handwerker Russlands dar, deren Positionen oftmals erblich und durch das Zunft- und Staatsrecht vor Konkurrenz geschützt waren.

Die Lösung des Russischen Reiches für dieses Dilemma bestand darin, die Juden an Ort und Stelle zu halten. So war es ihnen verboten, sich außerhalb der Provinzen niederzulassen, die früher zur Polnisch-Litauischen Union gehört hatten. Diese bildeten den berühmt-berüchtigten Ansiedlungsrayon.[30] Als er 1791 von Katharina der Großen eingerichtet wurde, war er nicht mehr als eine Bestätigung des Status quo: Die Juden sollten bleiben, wo sie waren, mehr nicht. Mit der Zeit wurde der Rayon jedoch zu einem Dampfkochtopf. Es handelte sich um ein riesiges Reservat: arm, überfüllt und weit entfernt von den Zentren des Handels und der Kultur. Es war ein Ort, von dem die Menschen fliehen wollten – nach Amerika, nach Palästina oder nach Moskau. Es war zudem der Nährboden für alle wichtigen Strömungen des jüdischen politischen und sozialen Radikalismus.

Der Ansiedlungsrayon wurde als ein Käfig empfunden, der die jüdischen Bestrebungen behinderte; auch für das Russische Reich selbst brachte er eine ganze Reihe von Schwierigkeiten mit sich. Eines der grundlegendsten Probleme war die Frage, wie man die Juden überhaupt identifizieren und aufspüren konnte. Die Juden im Ansiedlungsrayon hatten selten Nachnamen und neigten verständlicherweise dazu, Regierungsvertretern wie Volkszählern und Steuerbeamten gegenüber misstrauisch zu sein. Wie schon das Osmanische Reich vor ihm musste Russland lernen, wie ein Imperium zu sehen. Angesichts der neu hinzugekommenen Juden zählte, klassifizierte und benannte es, oftmals von Grund auf. In der Tat stammt ein großer Teil der heutigen jüdischen Nachnamen – einschließlich meines eigenen – aus diesem großen Moment der Bestandsaufnahme im frühen 19. Jahrhundert.

Die Durchführung von Volkszählungen ist seit jeher ein zweischneidiges Unterfangen. Für die meisten Menschen war sie eine Zumutung. Gezählt zu werden bedeutete, in ein riesiges System der Überwachung, Regulierung und Besteuerung eingebunden zu werden. Doch im Laufe der Zeit hat sich die Bedeutung dieser großen imperialen Register gewandelt. Heute sind sie oft die einzige erhaltene Spur von Menschen, die in den drei großen Reichen Osteuropas lebten. Im Laufe der Jahre habe ich diese erschreckend spröden Dokumente lieben gelernt, die ohne Rücksicht auf den Charakter oder die Individualität der dort registrierten Menschen erstellt wurden. Zum ersten Mal kennengelernt habe ich sie, als ich versuchte, den Stammbaum meiner eigenen Familie bis ins 19. Jahrhundert zurückzuverfolgen. Unvergleichlich viel mehr lernte ich jedoch, als ich begann, als genealogischer Berater für andere Menschen zu arbeiten.

Im Laufe der Jahre habe ich dem Schicksal von tschechischen Kuhhirten, weißrussischen Schustern, dalmatinischen Seeleuten, litauischen Ladenbesitzern, rumänischen Ärzten und ungarischen Winzern nachgespürt. Die Dokumente, die sie hinterlassen haben, sind prosaisch, aber faszinierend. Sogar ihre physische Textur hat etwas Bezauberndes. Ich habe gelernt, mich an den Einträgen der österreichisch-ungarischen Volkszählung zu erfreuen, die in vierundzwanzig akribisch angelegten Spalten das Alter, den Beruf, die Religion und alle wichtigen Besitztümer ihrer Untertanen bis hin zum letzten Hahn und Kalb verzeichneten. Mit geduldigem Vergnügen habe ich auch die langen, sich wiederholenden Erklärungen russischer Notare durchforstet, verfasst in mühsam zu lesender kyrillischer Handschrift, in denen jüdische Haushalte ihre neugeborenen Kinder anzeigen und die verschiedensten Entschuldigungen dafür vorbringen, dass sie nicht früher hier erschienen sind.

Aus Familienerzählungen weiß ich, dass sich diese Notare austricksen ließen: So kauften die Großeltern meines Großonkels Turnowski ihren Nachnamen von der Familie eines toten Polen; in Wirklichkeit waren sie die Nachfahren eines Rabbiners aus Drohobycz namens Rudkiewicz. Den Nachnamen zu wechseln war im kaiserlichen Russland ein gängiges Mittel, um der Einberufung zu entgehen. Ein russischer Soldat musste, war er einmal eingezogen, fünfundzwanzig Jahre lang dienen. Das bedeutete im Grunde eine Einberufung auf Lebenszeit. Für Juden, die im Dienst des Zaren standen, war das fast ein Todesurteil. Die jungen Männer waren deshalb bereit, fast alles zu tun, um diesem Schicksal zu entgehen. In einem alten jiddischen Lied heißt es: «Lieber mit Raschi [dem wohl bekanntesten jüdischen Bibelexegeten] die Thora studieren, / als das Kasha [Buchweizenbrei] der Armee essen.»[31]

Mehr noch als die plötzliche, sporadische Gewalt der Pogrome war die Einberufung einer der Hauptgründe, warum die Juden aus dem Rayon Russland in Richtung Amerika verließen. Aber sie waren nicht die Einzigen, die versuchten, sich dem zu entziehen. Neben den Kosaken sahen auch die meisten anderen dem Zaren verpflichteten Völker die Einberufung als schreckliche Strafe an und waren bereit, fast alles zu tun, um sie zu vermeiden. Junge jüdische Männer hungerten häufig, nahmen Gift oder blendeten sich sogar auf einem Auge, in der Hoffnung, einen Aufschub zu erhalten.[32] Noch weiter ging 1823 eine Gruppe von fünf jungen Männern aus Estland. Gemeinsam ließen sie sich sämtliche Zähne ziehen, um als untauglich für den Militärdienst eingestuft zu werden. Ihr Täuschungsversuch flog jedoch auf, und jeder von ihnen erhielt zwanzig Peitschenhiebe auf den Rücken. Das Schlimmste aber war, dass sie trotzdem zur Armee mussten.[33]

Junge Esten und Juden waren gleichermaßen darauf erpicht, nicht fünfundzwanzig lange Jahre im Dienste des Zaren zu verbringen. Diese Gleichheit im Leid konnte sogar zu einer gewissen groben Solidarität zwischen den Völkern des Reiches führen. Als Jacob Marateck, ein polnischer Jude aus Warschau, 1905 in die Mandschurei geschickt wurde, um gegen die Japaner zu kämpfen, stellte er fest, dass die Mehrheit seines Regiments nicht aus Russen bestand, sondern aus «Polen, Juden, Ukrainern, Balten und sogar Deutschen, die alle den Zaren (wie auch ihre russischen Kameraden) ungefähr so innig liebten wie ein Huhn den Fuchs».[34]

Die Juden litten natürlich noch unter einem weiteren Umstand, mit dem die übrigen Wehrpflichtigen nicht zu kämpfen hatten. Das Leben in der Armee machte es ihnen unmöglich, ihre religiösen Gesetze zu befolgen. Die Armee traf keine Vorkehrungen für koscheres Essen oder die Einhaltung des Sabbats. (Für ihre Verwandten war das mitunter noch schwerer zu ertragen. Eine junge Jüdin, die in Weißrussland aufwuchs, schrieb, sie habe sich «unheilig» gefühlt, wenn sie ihren Cousin am Sabbat beim Exerzieren sah, so als habe sie selbst gesündigt.[35])

Paradoxerweise hatte das damit zu tun, dass die russische Armee eine der wenigen Institutionen im Reich war, die eine gewisse Gleichbehandlung voraussetzte. In so gut wie jeder anderen Hinsicht dagegen basierte das Russische Reich auf der Annahme einer nahezu universellen *Ungleichheit.* Es behandelte jeden anders. Die verschiedenen Teile des Russischen Reiches wurden nach völlig unterschiedlichen Prinzipien verwaltet. Angehörige verschiedener sozialer Schichten zahlten unterschiedliche Steuern und wurden vor unterschiedlichen Gerichten verurteilt. Je nach ethnischer Zugehörigkeit und Glauben konnte man völlig unterschiedlichen Privilegien und Behinderungen unterliegen. In diesem Flickenteppich war die Diskriminierung allgegenwärtig, und die russisch-orthodoxe Bauernschaft, die den größten Teil der Reichsbevölkerung ausmachte, wurde bei Weitem nicht am besten behandelt.

Auch wenn es uns seltsam vorkommen mag, hatte diese nahezu kaleidoskopische Diskriminierung auch ihre Vorteile. Insbesondere ermöglichte sie ein noch nie da gewesenes Maß an religiöser Toleranz. Im Russischen Reich lebten Christen, Muslime, Juden, Buddhisten und heidnische Animisten in einem einzigen Staat nebeneinander. Sie konnten ihren eigenen Glauben praktizieren und mussten sich größtenteils keine Sorgen wegen Missionaren machen. In dieser Hinsicht war Russland dem Osmanischen Reich ähnlicher als jeder andere Staat in Westeuropa. Beide Reiche beherbergten riesige, multiethnische und multireligiöse Bevölkerungen, und beide setzten darauf, Klassen- und Standesunterschiede zu akzentuieren, um ihre Herrschaft zu festigen. Ihre Macht wurde zwar mit Gewalt aufrechterhalten, aber die Art und Weise, wie diese Reiche aufgebaut waren, hatte eine gewisse Weisheit. Sie besaßen eine Flexibilität und eine Offenheit für Vielfalt, die den Nationalstaaten, die auf sie folgten, oftmals fehlten. Ich muss zugeben, dass ich hier manchmal stutze. Bei der Betrachtung von Imperien gibt es einen Parallaxeneffekt. Aus der Ferne betrachtet erscheint das Osmanische Reich als ein vielseitiger und faszinierender Ort. Aber wenn ich aus einem seiner Untertanenländer käme, würde ich vielleicht über das «türkische Joch» und «Jahrhunderte der Finsternis» schreiben. Auf die gleiche Weise mag das Russische Reich aus der Ferne geräumig und entgegenkommend wirken. Ich aber verbinde es mit einem blinden Auge, einem zahnlosen Mund und einem abgetrennten Arm.

Die Habsburger

In der Geschichte der osteuropäischen Reiche sind die Habsburger ein ganz eigenes Phänomen. Die meisten Dynastien übernehmen die Kontrolle über einen Staat und werden dann von diesem geformt; die Habsburger dagegen erklärten sich zunächst zu einer Dynastie und suchten erst dann nach einem Staat. Die Tatsache, dass diese in ihrer Schweizer Heimat verachtete Familie deutscher Raubritter nicht nur glaubte, eine weltgeschichtliche Bestimmung zu besitzen, sondern diese auch tatsächlich erfüllte, ist eines der bedeutendsten geschichtlichen Zeugnisse für die Macht hartnäckigen Selbstbewusstseins.

Die Habsburger begannen ihre Karriere um das Jahr 1000 als Herren einer obskuren Grafschaft am Oberlauf des Rheins. Nach und nach kamen sie in den Besitz von immer mehr Land in einer vernachlässigten Grenzregion des Heiligen Römischen Reiches, einem Gebiet, das wir heute als «Österreich» bezeichnen. Im späteren Mittelalter nutzten sie dieses nicht besonders wichtige und nicht besonders wohlhabende Heimatterrain als Ausgangspunkt für immer ehrgeizigere Unternehmungen. 1440 wurde ein Habsburger, Friedrich III., zum Kaiser des Heiligen Römischen Reiches gewählt. Ein Hauptargument für die Wahl Friedrichs war, dass er ein harmloses Nichts zu sein schien. Er war zwar in der Tat ein auffallend fauler und träger Mensch (sein Spitzname war Erzschlafmütze), aber dennoch war es Friedrich, der den Wahlspruch der Habsburger Familie – *Austriae est imperare orbi universo* («Es ist Österreichs Bestimmung, über die ganze Welt zu herrschen») – verkündete und die ersten Schritte unternahm, um das in die Tat umzusetzen.

Friedrich sorgte dafür, dass sein Sohn Maximilian auf den Kaiserthron gewählt wurde; Maximilian verheiratete daraufhin seine zahlreichen Kinder mit einigen der begehrtesten Monarchen in Europa. Eine Reihe von glücklichen Geburten und zeitlich günstigen Todesfällen brachten Habsburger auf die Throne von Burgund und Spanien, das inzwischen auch Teile der Neuen Welt und die Philippinen umfasste. Die Habsburger waren nunmehr eine echte Weltmacht. Ein weiterer Glücksfall ereignete sich 1526, als der ungarische König im Kampf gegen die Osmanen in der Schlacht von Mohács fiel. Der erst zwanzigjährige Ludwig II., der auch der gewählte König von Böhmen war, hinterließ keinen legitimen Erben. Sein habsburgischer Schwager, Erzherzog Ferdinand, sprang deshalb für beide Rollen ein.

Die Habsburger sollten für die nächsten 400 Jahre über Ungarn und Böhmen herrschen. Sie waren mehr als nur Aasgeier, sie besaßen eine Leitidee, auch wenn sich diese im Laufe ihrer Herrschaft mehrmals änderte. Zunächst kämpften die Habsburger gegen das Osmanische Reich um Ungarn, um die Christenheit vor den Türken zu schützen. Dann bekämpften sie den Protestantismus im Namen der katholischen Gegenreformation. Der Dreißigjährige Krieg (1618 bis 1648) und der Böhmische Aufstand, der ihn auslöste, boten ihnen schließlich den Anlass, die reichsten Adligen ihres Landes zu berauben und damit den Grundstein für ihre Zukunft als absolute Herrscher zu legen.

Dieser Absolutismus war freilich immer eher eine Theorie des Regierens als tatsächliche Praxis. Als der Historiker R. J. W. Evans über die Anfänge der Habsburger im 17. Jahrhundert schrieb, leugnete er, dass es sich dabei überhaupt um ein Reich handelte, und nannte es vielmehr «eine leicht zentripetale Anhäufung verwirrend heterogener Elemente».[36] Die habsburgischen Lande waren einfach zu vielfältig, um sich unter ein einheitliches Herrschaftssystem zu fügen.

Heute, da es das Reich längst nicht mehr gibt, lässt es sich vielleicht am besten in den 24 Bänden des Kronprinzenwerks erahnen, einer Enzyklopädie der Monarchie, die von 432 kaiserlichen Angestellten unter der Leitung von Kronprinz Rudolf bis zu dessen Tod im Jahr 1889 erarbeitet wurde. Als Student stieg ich zu den Kellerregalen hinunter, um in den verstaubten Seiten zu blättern und mich von den Radierungen von Tiroler Dörfern und Karpatenhochzeiten in eine andere Zeit versetzen zu lassen. Das ist die Welt, die Joseph Roth rückblickend in seinem Roman *Die Kapuzinergruft* einfing, den er während seines langen Exils zwischen den beiden Weltkriegen in den Hotels und Cafés Deutschlands und Frankreichs schrieb, wo er sich an die erstaunliche Fülle menschlicher Typen im Kaiserreich erinnerte:

> Die Zigeuner der Pußta, die subkarpatischen Huzulen, die jüdischen Fiaker von Galizien, meine eigenen Verwandten, die slowenischen Maronibrater von Sipolje, die schwäbischen Tabakpflanzer aus der Bacska, die Pferdezüchter der Steppe, die osmanischen Sibersna, jene von Bosnien und Herzegowina, die Pferdehändler aus der Hanakei in Mähren, die Weber aus dem Erzgebirge, die Müller und Korallenhändler aus Podolien: sie alle waren die großmütigen Nährer Österreichs; je ärmer, desto großmütiger.[37]

Aus einem rasenden Zug heraus betrachtet, begann diese Vielfalt zu verschwimmen.

Sie zeigte sich in den allgegenwärtigen Doppeladler-Emblemen der Dynastie, in den Federhüten und lehmfarbenen Helmen der Polizisten, den grünen Portepees an den Säbeln der Steuerinspektoren, den roten Hosen der Kavalleristen, den schwarzen Salonhosen, den blauen Uniformhemden der Infanterie und den kaffeebraunen Jacken der Artillerie. Auf allen Plätzen des Reiches standen dieselben Maroniröster, ausnahmslos Slowenen, und dieselben Hausierer – typischerweise Bosnier oder Mährer, und wenn die Kirchtürme auf den Plätzen neun Uhr schlugen, spielten sie alle dieselbe Melodie.[38]

Die Farben der Habsburger waren Schwarz und Gold, weshalb die Türen sämtlicher Tabakmonopolgeschäfte immer entsprechend gestrichen waren, während die Wände aller Polizeistationen, Postämter und Provinzbahnhöfe im Reich in demselben «kaiserlichen» Dottergelb gehalten waren. Am Bahnhof von Przemyśl, einer alten Domstadt in Polen an der ukrainischen Grenze, kann man heute noch die Überreste dieses infrastrukturellen Prunks sehen. Das alte Bahnhofscafé, ganz in Rosa und Hellgold gehalten, sieht aus, als wäre es noch immer bereit, Besucher zu empfangen, die auf den Zug um 12:04 Uhr aus Wien warten. An der Wand gegenüber der Bar hängt ein Panorama der Stadt, die sich elegant auf einem Hügel am Fluss San ausbreitet. Man braucht nur kurz mit den Augen zu blinzeln, um sich den Speisesaal vorzustellen, in dem Wiener Kaffee serviert wird zu Cremeschnitten, Esterházy-Torten und all den anderen süßen Köstlichkeiten, die im langen 19. Jahrhundert entwickelt wurden und deren Fortbestand in den osteuropäischen Konditoreien die wahren Grenzen des verschwundenen Reiches namens Mitteleuropa markiert.

Züge und Torten reichten jedoch nicht aus, um einen Staat zusammenzuhalten, der 1914 mehr als 50 Millionen Menschen zählte. Es brauchte dafür auch Gesetze. Diese erhielt das Imperium recht schnell, zunächst in der großen aufklärerischen Reformwelle unter Joseph II. und dann noch einmal in der langen, hellen Dämmerung unter seinem letzten großen Kaiser Franz Joseph I. Als dieser 1916 starb, verfügte Österreich-Ungarn über eine funktionierende (wenn auch unglaublich komplizierte) Verfassung, das allgemeine Wahlrecht für Männer und ein peinlich genaues Zivilgesetzbuch. Kleine Verbrechen wurden mit geringen Strafen geahndet. So betrug die Strafe für den Diebstahl einer Zwiebel vier Stunden Gefängnis. Für große Verbrechen gab es hohe Strafen, die jedoch penibel angewandt wurden. Als er den Schuss abfeuerte, der den Ersten Weltkrieg auslöste, war Gavrilo Princip noch minderjährig (um siebenundzwanzig Tage). Er erhielt daher die maximal zulässige Strafe von zwanzig Jahren Gefängnis. Diesen Gesetzen ist es zu verdanken, dass Österreich-Ungarn von den drei osteuropäischen Imperien das am wenigsten «imperiale» und das am meisten menschliche war.

Es ist zudem dasjenige, das am unauflöslichsten mit dem Scheitern verbunden ist. Anders als Russland oder die Osmanen hatte es keine unmittelbaren Erben, die sein Vermächtnis antraten. Abgesehen von den Palästen und Sammlungen, die von den Habsburgern selbst angehäuft wurden, scheinen alle kulturellen Errungenschaften seiner Völker heute jemand anderem zu gehören. Das Bild des Kaiserreichs, das heute in der Erinnerung existiert, ist weitgehend negativ, eine Mischung aus Kafkas bürokratischen Albträumen und Robert Musils fantastischem Kakanien. (Allerdings könnten sich die Meinungen ändern. Ein Historiker der Habsburger erzählte mir vor Kurzem, dass die gesamte Forschung zu Österreich-Ungarn unlängst eine Kehrtwende vollzogen hat: Sie beschloss, dass das Reich, obwohl es nicht mehr existiert, kein Misserfolg war – es war sogar ein Erfolg! Sie konnte es nur noch nicht beweisen; der Historiker schätzte, dass es noch ungefähr zehn Jahre dauern werde, bis man es mit Sicherheit wüsste.)

Selbst in seiner Blütezeit schien das Habsburgerreich weniger eine Nation als eine ausgeklügelte juristische Fiktion zu sein. In Ermangelung einer gemeinsamen Sprache, Religion oder Geschichte gab es für die Untertanenbürger kaum etwas anderes als die Herrscherfamilie selbst, das sie miteinander verband. Und da es in den letzten siebenundsechzig Jahren seines Bestehens von einem einzigen Kaiser regiert wurde, wurde das Reich – vor allem in der Erinnerung – mit diesem Mann gleichgesetzt.

Franz Joseph I. übernahm das Reich in einem Moment der Krise, während der revolutionären Begeisterung von 1848, die die Monarchie endgültig zu beenden drohte. Er war achtzehn Jahre alt und regierte sein Reich ohne Unterbrechung bis zu seinem Tod achtundsechzig Jahre später, 1916. Generationen sind mit ihm alt geworden. Sie schwammen im Meer seines Lebens. Die Tragödien seiner Familie – die zahlreich und schmutzig waren – wurden zu ihren eigenen Tragödien. Es gab keinen Bürger im Reich, der nicht die Geschichte seines Sohnes Rudolf kannte, dessen zum Scheitern verurteilte Romanze mit einer Halbgriechin und ihren gemeinsamen Tod durch einen Pistolenschuss im verfluchten Jagdschloss von Mayerling. Rudolfs Tod erschütterte die Kaiserin Elisabeth, Franz Josephs Ehefrau, die einige Jahre später selbst ein tragisches Ende fand, als sie von einem italienischen Anarchisten auf einem Schweizer Kai durch einen Stich ins Herz getötet wurde.

Rudolf scheint seine jugendliche Geliebte zu einem Mord-Selbstmord-Pakt überredet zu haben – aus Gründen, die auch nach all den Jahren immer noch im Dunkeln liegen. Viele im Reich nahmen an, dass die Schuld an der Tragödie bei seinem Vater lag, der ihm nicht erlaubte, seine wahre Liebe zu heiraten (obwohl die Tatsache, dass Rudolf versuchte, *noch eine weitere* seiner Mätressen in den gleichen Pakt zu verwickeln, diese Theorie eher widerlegt). In der Erinnerung der Bevölkerung wirkte Rudolf jedoch immer mehr wie ein romantischer Held. Für viele Ungarn – die nie zu den größten

Anhängern Franz Josephs gehörten – war Rudolf der ideale Kronprinz, die Personifizierung von Ehre und Gerechtigkeit. Einige vermuteten, dass Franz Joseph ihn töten ließ, weil er Ungarn *zu sehr* liebte.[39] Andere waren überzeugt, dass Rudolf noch lebte und im amerikanischen Exil darauf wartete, dass sein Vater ihn nach Hause beorderte. In der Tat galt unter den Ukrainern in Galizien allgemein als ausgemacht, dass Rudolf noch am Leben war. Er war entweder in Brasilien[40] oder wanderte als Huzulen-Hirte verkleidet durch die Karpaten. Es hieß, er besuche die ärmsten Hütten, verteile Geschenke und tadle korrupte Steuereintreiber.[41]

Kronprinz Rudolf löste einen Kult aus, aber Franz Joseph blieb das Zentrum einer Religion. Für den Schriftsteller Bruno Schulz, der in den letzten Tagen des Kaiserreichs in der verschlafenen galizischen Stadt Drohobycz aufwuchs, schien Franz Joseph der Garant der Welt zu sein, ein ferner Gott, dessen «Element (…) eine Welt im Regelwerk der Prosa war» und der die angemessene Kleidung für Briefträger und die richtige Farbe eines Sonnenuntergangs festlegte.[42] Joseph Roth, ebenfalls Galizier, erkannte eine Beziehung zwischen der Form des Reiches und den buschigen Koteletten Franz Josephs, die jeweils einer Hälfte der Doppelmonarchie ähnelten. Jaroslav Hašek, der dem gesamten habsburgischen Machtgefüge weitaus reservierter gegenüberstand, betrachtete den Kaiser mit deutlich mehr Skepsis. Die tschechischen Soldaten in *Die Abenteuer des braven Soldaten Schwejk*, seinem komischen Epos über den Ersten Weltkrieg, gehen allesamt davon aus, dass Franz Joseph längst wahnsinnig geworden sei und man ihn deshalb nicht aus Schloss Schönbrunn herauslassen könne.

Franz Joseph war kein fantasievoller Mensch, vielleicht auch kein kluger Mensch, aber er war nicht der völlige Schwachkopf, den Hašek sich vorstellte. Er war ein Gewohnheitstier. Jeden Abend aß er gekochtes Rindfleisch, das er allein verzehrte, und jede Nacht schlief er in einem eisernen Offiziersbett. Im Sommer wachte er um vier Uhr morgens auf, im Winter um fünf Uhr. Er arbeitete den ganzen Vormittag und den ganzen Nachmittag, nur zum Mittagessen und zum Spazierengehen machte er eine Pause. Das Mittagessen bestand aus Würstchen mit Meerrettich und einem Glas Braunbier. Sein Spaziergang dauerte genau dreißig Minuten. Er unternahm ihn in seinem Garten, der ausschließlich ihm vorbehalten war.[43]

In vielerlei Hinsicht blieb Franz Josephs Geist für immer auf den Moment seiner Krönung fixiert, über diese Zeit hinaus scheint er sich nicht entwickelt zu haben. Er fuhr gerne mit der Eisenbahn, da es diese schon in seiner Jugend gab, weigerte sich aber strikt, sich mit Neuerungen wie dem Telefon, dem Aufzug oder dem Automobil zu beschäftigen. (Er fand, dass Autos «stinken» und dass Fahrradfahren «eine Epidemie» sei.) Weil er schon seit seiner Kindheit General war, verehrte er die Armee – der kleinste Fehler in einer Offiziersuniform konnte ihn in Rage versetzen –, aber er weigerte sich, seine Marine auch nur zu inspizieren, da er, wie er es ausdrückte, «nichts darüber wusste». «In seiner Welt war kein Platz für ein Gespräch unter Gleichen, und nichts konnte gefährlicher sein als Sarkasmus oder die eigene Autorität stärker untergraben.»[44] Franz Joseph war ein ausgezeichneter Reiter, ein schlechter Liebhaber, ein Gott in der Provinz und ein Spießer zu Hause. Er liebte Soldaten und Uniformen, hatte jedoch keinen Sinn für Strategie. Er glaubte an Macht, aber nicht an Politik. Er war höflich, fleißig, zuverlässig, langweilig und äußerst tolerant. Anders als seine Erben oder seine Rivalen widerstand er dem Drang, Deutscher zu werden. Er blieb bis zu seinem Tod ein Kaiser für all seine Völker, auch für die, die ihn nicht mochten. «Es war ihm gleichgültig, ob ein Untertan ein Deutscher, Ungar oder Slawe war, solange er seiner Pflicht als Untertan nachkam.»[45] Er akzeptierte den Segen katholischer Priester, galizischer Rabbiner und bosnischer Imame mit gleicher Haltung. Irgendwie reichte das aus, um sein Reich in den nationalistischen Wirren des späten 19. Jahrhunderts zusammenzuhalten – auch wenn der Preis für diesen Zusammenhalt am Ende vielleicht das Schicksal der ganzen Welt war.

Gegen Ende seines Lebens war jeder Husten und jeder Schnupfen Franz Josephs eine Schlagzeile wert. Zu diesem Zeitpunkt war er bereits ein Gott und eine Lachnummer. Da ihm Popularität stets suspekt war, versuchte er zeitlebens nicht, zu bezaubern oder zu unterhalten. Er glaubte von ganzem Herzen an die natürliche Größe des Throns. Er sah es als seine Aufgabe an, ihn mit Hingabe, Unbeirrbarkeit und Unermüdlichkeit zu besetzen.

Der Militärdienst trug dazu bei, nationale Grenzen zu verwischen. Über Generationen hinweg bildeten die österreichischen Offiziere eine Kaste, die über der Nation stand – oder jenseits davon. Ganz gleich, woher sie ursprünglich kamen, die Armee wurde zu ihrer wahrhaftigen Heimat. In seinem Roman *Das Salz der Erde* porträtiert Józef Wittlin einen solchen Diener des Kaisers und des Reiches, nämlich den Stabsfeldwebel Rudolf Bachmatiuk. Als Hauptausbilder eines galizischen Infanterieregiments war es seine Aufgabe, rohe, ungebildete Rekruten – einen Haufen ruthenischer Hirten und jüdischer Lumpensammler – zu effizienten, ehrenhaften Soldaten zu formen. Von seinen ukrainischen Eltern auf den Namen des einzigen Sohnes von Franz Joseph getauft, hatte Bachmatiuk schon lange aufgehört, sich mit irgendetwas außerhalb der Dynastie zu identifizieren. «Er wurde als Ukrainer geboren, aber im Laufe der vielen Jahre des Militärdienstes löste sich seine Nationalität ganz in der schwarzgelben Substanz auf. Heute war er nur noch ein Österreicher.»[46]

Die Offiziere der habsburgischen Armee lebten in zwei Welten gleichzeitig. Die eine war die moderne Welt des Dienstes, bestehend aus Drill, Wachdiensten und Artilleriestellungen. Die andere war die Welt der Ehre, in der sie wie mittelalterliche Ritter lebten, von denen erwartet wurde, dass sie bei der kleinsten Beleidigung, die ihre Ehre und damit auch die der gesamten Armee beschmutzen könnte, ihren Degen zogen. Diese beiden Welten konnten zu den unpassendsten Zeitpunkten aufeinanderprallen. Beleidigungen, die ein Duell verdienten – ja, die ein Duell *erforderten* –, konnten eigentlich ganz unbedeutend sein: etwa jemanden als Lügner zu bezeichnen, eine Dame in Begleitung eines Herrn nicht zu grüßen, jemanden in der Straßenbahn zu schubsen, jemanden anzustarren und dabei mit der Hundepeitsche zu spielen oder Leute einfach nur arrogant anzuschauen. Die Beleidigung einer Dame musste sogleich von einem ihrer männlichen Freunde oder Verwandten geahndet werden, wohingegen Beleidigungen zwischen Damen keinerlei Folgen hatten – nur Männer konnten die Ehre des anderen infrage stellen. Wenn die Ehre eines Offiziers angegriffen wurde, musste er sofort dagegen vorgehen, am besten mit dem Degen. Aus diesem Grund musste ein Offizier seinen Degen immer bei sich tragen. Da nur ein Offizier in Uniform berechtigt war, seine Ehre zu verteidigen, rieten die Verfechter des Duellwesens, dass Offiziere an einem öffentlichen Ort niemals in Zivil auftauchen sollten – schon gar nicht in Cafés, wo sich bekanntermaßen feindselige Zivilisten versammelten und Beleidigungen besonders häufig vorkamen.

Es waren freilich nicht nur die Zwänge des Duellierens, die die Offiziere vom normalen Leben abhoben. Offiziere durften ohne Genehmigung des Regiments nicht heiraten. Und selbst dann mussten sie eine enorme Geldsumme als Kaution einzahlen, um diese Erlaubnis zu bekommen. Wer kein Kapital hatte – was bei einem Offiziersgehalt unglaublich schwer zu schaffen war –, war dazu verdammt, ledig zu bleiben. Die meisten Offiziere blieben unverheiratet. Viele fanden Trost in Bordellen oder in Affären mit den Töchtern der Bürger und den Ehefrauen ihrer Offizierskollegen. Sie mussten auch damit rechnen, in die entlegensten Regionen des Reiches versetzt zu werden. Ungarn galt allgemein als unzivilisiert und schmutzig, aber immerhin die Frauen waren schön, und die Menschen wussten, wie man Feste feierte. Kroatien und Siebenbürgen waren wie Ungarn, nur noch schlimmer. Bosnien war barbarisch, aber exotisch. Die Bukowina war wegen ihres reichen kulturellen Lebens begehrt. Galizien war der schlimmste Posten von allen.

Die Langeweile war eine ständige Sorge in diesen abgelegenen Außenposten. Genauso wie das Geld, das man brauchte, um sie zu lindern. Viele Offiziere verschuldeten sich in ihrem Bemühen, dem langweiligen Leben in der Provinz zu entfliehen. Natürlich brachte auch eine Versetzung in die Hauptstadt gewisse Verlockungen mit sich. Derweil belastete die Notwendigkeit, sich angemessen auszustatten und zu kleiden, viele Offiziere, die nur über bescheidene Mittel verfügten. (Die Armee stellte ihren Offizieren weder Uniformen noch Pferde kostenlos zur Verfügung.) Der Dienst in der Kavallerie war ruinös teuer, aber auch die Infanterie und die Artillerie konnten eine finanzielle Bürde sein.

Die Offiziere der österreichisch-ungarischen Monarchie, eine Art moderner Ritter, waren Geschöpfe ganz eigener Art. Sie sollten bewusst so wenig wie möglich mit der lokalen Identität oder der bürgerlichen Moral zu tun haben. Ein Offizier hatte weder eine ethnische Zugehörigkeit noch eine Familie. Um diesen Unterschied zu ihrer Umgebung zu markieren, sorgten der Kaiser und seine Generäle dafür, dass dieser Unterschied auch in der Kleidung zum Ausdruck kam. Offiziere waren Vögel mit einem bizarren und prächtigen Federkleid. Die Kosten dafür konnten exorbitant sein.

Der Stolz der österreichisch-ungarischen Armee waren die Uniformen ihrer Offiziere – ein reines, klares Weiß, das bei richtiger Pflege durch eifriges Bürsten einen zarten, hellblauen Schimmer bekam. Die Uniformen waren sehr schön, aber auch sehr kostspielig. Um sie sich leisten zu können, verschuldeten sich die Offiziere regelmäßig hoch. Um die Schulden zu begleichen, aßen sie nur Brot und verzichteten im Winter auf Brennholz. Die Uniformen mussten makellos sein; die geringste Abnutzung oder der kleinste Fleck brachte einen Verweis und die Notwendigkeit mit sich, eine neue Uniform zu kaufen, was mit enormen Kosten verbunden war.

Eines Tages in den 1850er Jahren verlangte einer der kaiserlichen Generäle, ein gewisser Graf Gyulai (laut einem Historiker – einem ungarischen Landsmann – «ein Leuteschinder der ärgsten Sorte» und «unbestritten dumm»), dass jeder Offizier seiner Armee einen schwarzen Schnurrbart tragen sollte.[47] Für blonde Offiziere war diese Verwandlung nur mit reichlich schwarzer Schuhcreme zu schaffen. Die Offiziere versammelten sich mit ihren Truppen auf dem Exerzierplatz. Als sie mit ihren Soldaten strammstanden und auf die Inspektion warteten, begann es zu regnen. Die schwarze Schuhcreme lief von ihren Schnurrbärten auf die weißen Uniformen. Die Uniformen waren ebenso ruiniert wie die Offiziere.

Was für Kosten! Was für eine nutzlose Verschwendung! Aber vielleicht war das Ganze doch nicht so sinnlos. Hinter Franz Josephs scheinbar verrückter Obsession für Uniformen und soldatische Etikette verbarg sich nämlich eine tiefere Weisheit: das Wissen, dass sein Reich wenig mehr war als eine sehr ausgefallene, sehr teure und nur gelegentlich blutige Farce. Es war eine Art Theaterstück, bei dem die Kostüme so ziemlich die wichtigste Rolle spielten. Der Kaiser wusste aus eigener, bitterer Erfahrung, dass man sich vor allem dann, wenn die Waffengewalt versagte, auf den Elan verlassen musste, um die Aufführung am Laufen zu halten.

Im Jahr 1866 erlitt das Kaiserreich im Krieg mit Preußen eine schreckliche, vernichtende Niederlage. Das Militär war gedemütigt, die Provinzen in Unruhe. Einige drohten zu rebellieren, und es gab keine Kraft mehr, die sie aufhalten konnte. Um die Krise zu überspielen, bedurfte es einer neuen Verfassung, die vielen Regionen weitgehende Autonomie gewährte. Ungarn wurde von einer eigenen Provinz in ein eigenständiges Königreich umgewandelt, dessen König zufällig der österreichische Kaiser war (das ist der Ursprung der sogenannten Doppelmonarchie oder k. u. k. Monarchie). Um

Simon Perris (oder Ali Mahmud), der einzige schwarze Soldat in der Österreichisch-Ungarischen Armee. Geboren im Senegal oder Kongo, Lebensdaten sind nicht bekannt. Aufnahme um 1915.

die Regelung offiziell zu machen, musste Franz Joseph nach Budapest reisen, um sich krönen zu lassen – diesmal als König und nicht als Kaiser.

Nach altem ungarischen Brauch, der zu diesem Anlass plötzlich wiederbelebt wurde, mussten die Könige vor dem versammelten Volk unter freiem Himmel erscheinen und mit Schwertstreichen in alle vier Himmelsrichtungen salutieren. Im Jahr 1867 wurde beschlossen, dass dies auf einem Erdhügel geschehen sollte, dessen Material aus sämtlichen ungarischen Provinzen zusammengetragen worden war. Alle Anwesenden waren erschrocken, als der Kaiser beschloss, den steilen Hang dieses künstlichen Hügels im vollen Galopp hinaufzureiten, das goldene Schwert des heiligen Stephan in der Hand. Sein Pferd, ein Schimmel, wurde durch die jubelnde Menge und die Böllerschüsse erschreckt und bäumte sich viermal auf. Die Zuschauer dachten, das schäumende und verängstigte Pferd würde sich über die Balustraden auf den Platz stürzen. Doch Franz Joseph, der ja ein hervorragender Reiter war, schaffte es, das Pferd mit einer einzigen, meisterhaften Geste im Zaum zu halten.

Neunundvierzig Jahre später, als Franz Joseph schließlich doch der Tod ereilt hatte, war es an der Zeit, dass sein Großneffe Karl die ungarische Krone erhielt. Obwohl man sich mitten im Krieg befand, musste auch er nach Budapest kommen und von einem Pferd aus mit seinem Schwert in alle vier Himmelsrichtungen salutieren. Der arme Karl war allerdings ein viel schlechterer Reiter als sein Großonkel und konnte nur mithilfe eines Schemels auf ein Pferd steigen. Miklós Bánffy, ein siebenbürgischer Aristokrat, Politiker und (brillanter) Romancier, der damals als Direktor der Budapester Theater fungierte, wurde gebeten, die Krönung zu organisieren. Bánffy wusste, dass ein solcher Schemel auf das ungarische Publikum lächerlich wirken würde. Daher war er gezwungen, auf eine kleine bühnentechnische Lösung zurückzugreifen: eine winzige Treppe, die hinter einer Mauer neben der Tribüne versteckt war. Auf diese Weise konnte der klein gewachsene Kaiserkönig auf den Gipfel eines Pferdehinterns befördert werden, ohne dass die Sache allzu peinlich wurde.[48]

Zwei Jahre später, als der Krieg mit der Niederlage Österreich-Ungarns endete, gab es keinen Schemel mehr für den armen Karl. Von der Front zurückgekehrte, randalierende Soldaten füllten die Straßen Wiens. Die Menschen forderten eine Republik oder die

Auflösung des Reiches in seine Bestandteile. Man raunte von der Erstürmung von Schloss Schönbrunn. Karl schien bereit, den Forderungen der Demonstranten nachzugeben, wollte aber auch auf dem Thron bleiben. Doch damit stand er allein. Überall in der Monarchie hatten ihn die einflussreichen Adligen, die Hohepriester des Klerus und die Oberhäupter der Bürokratie fallen lassen. Im Inneren des Palastes war nur noch eine Gruppe jugendlicher Kadetten übrig, die von einer nahe gelegenen Militärakademie abkommandiert worden waren, um Karl vor dem Mob zu schützen.[49] Seine königliche Leibwache, die prachtvoll gekleideten Arcièren, Trabanten und ungarischen Nobelgarden, die dem höchsten Adel entstammten und geschworen hatten, ihren Kaiser bis zum Tod zu verteidigen, hatten sich aus dem Staub gemacht.[50] Er war gezwungen zu fliehen. Das Reich war untergegangen, und all seine prächtigen Vögel waren nach Hause geflogen.

KAPITEL 6

VÖLKER

Osteuropa ist ein ausgesprochen komplizierter Ort. Das musste auch Eleanor Perényi jäh erfahren, als sie 1937 plötzlich Herrin über ein verfallenes Barockschloss im Schatten der Karpaten wurde. Eleanor Perényi war Amerikanerin (eine geborene Stone), zur Welt gekommen und aufgewachsen in Washington D. C. Ihre Mutter war Schriftstellerin, ihr Vater bei der Marine. Auf einer Europareise mit ihren Eltern lernte sie eines Nachts in Budapest einen gut aussehenden, charmanten ungarischen Adligen kennen, der nahezu perfekt Englisch sprach. Ein paar Wochen später heirateten die beiden.

So wurde Eleanor im Alter von gerade einmal neunzehn Jahren zur Herrin über ein verfallenes Schloss aus dem 17. Jahrhundert in der Nähe der Stadt Vinohradiv in der damaligen Tschechoslowakei. Das Schloss war umgeben von riesigen, wunderschönen Wäldern und einigen der nördlichsten Weinberge des östlichen Mitteleuropa. Zsiga, ihr Ehemann, war der Baron. Von Eleanor als neuer Baronin wurde erwartet, dass sie sich um die Ernte kümmerte, die Gärten pflegte, die Wohnräume einrichtete, die Küche bevorratete und zahllose andere Aufgaben erledigte, die zur Verwaltung eines großen – und finanziell nicht gerade üppig ausgestatteten – Anwesens gehörten. Das wiederum bedeutete, dass sie sich in einer sozialen Landschaft von bemerkenswerter Komplexität zurechtfinden musste.

Der Winkel des Landes, in dem Eleanor sich wiederfand, hatte ursprünglich zu Ungarn gehört. Nach dem Ersten Weltkrieg wurde das Gebiet kurzzeitig von Rumänien besetzt, bevor es unter tschechoslowakische Kontrolle fiel (heute liegt es in der Ukraine). Die tschechische Staatsmacht im Bezirk wurde durch einen mürrischen mährischen Lebensmittelhändler sowie einen Beamten namens Hlavaček repräsentiert, der offenbar ein Spion war. Die Amtsgeschäfte wurden nicht auf Tschechisch, sondern auf Deutsch abgewickelt. Abgesehen von einigen Rumänen waren die meisten Arbeiter auf Eleanors Ländereien Ruthenen, ebenso wie die meisten Bauern im Bezirk – orthodoxe Christen mit einer Sprache, die dem Ukrainischen ähnelte.

Eleanor hielt die Ruthenen für ein «unzuverlässiges, verträumt-fatalistisches» Volk, das «an Werwölfe und Vampire glaubte» und eine übermäßige Vorliebe für vergällten Alkohol hatte.[1] Eleanors Abneigung gegen die Ruthenen könnte zum Teil mit einem gewissen Missgeschick zusammenhängen. Als sie mit ihrem Mann Zsiga in den Bergen unterwegs war, kollidierte ihr Wagen versehentlich mit einer Kuh. Kurz darauf umringte eine Gruppe wütender ruthenischer Männer ihr Auto und brüllte üble Beleidigungen. In diesem Moment tauchte ein kleiner, alter jüdischer Mann mit weißem Bart auf und sagte in perfektem Brooklyner Dialekt: «Hören Sie, Lady, Sie sollten hier verschwinden. Diese Typen sind furchtbar grob.»[2]

Die Juden von Vinohradiv erinnerten Eleanor nicht nur an New York. Sie hatten auch ihren Platz im sozialen Gefüge der Stadt. Wenn Eleanor Grundnahrungsmittel brauchte, ging sie zum mährischen Krämer, aber für alles Außergewöhnliche musste sie sich an Fried wenden, den Hausjuden der Familie Perényi. Jahrhundertelang unterhielten alle Adelsfamilien in Ungarn diesen nützlichen Posten. Offiziell war Fried Tapezierer, tatsächlich konnte er als Tausendsassa quasi alles, von der Vermittlung eines Geschäfts bis zur Suche nach einem seltenen Teppich für den Salon. Er beherrschte Ungarisch, hielt es aber für *déclassé* und sprach mit Eleanor lieber Deutsch, obwohl sie es selbst kaum konnte.

Wie der Name seines Amtes schon andeutet, machte Fried Hausbesuche, aber es gab Aufträge, die selbst er nicht ausführen konnte. Als Eleanor eine Ziegelmauer um den Garten bauen lassen wollte, stellte sie zu ihrer großen Überraschung fest, dass nur Roma sich darauf verstanden. In anderen Teilen Osteuropas arbeiteten Sinti und Roma, historisch pauschal oft «Zigeuner» genannt, unter anderem als spezialisierte Kupferschmiede, Pferdehändler und Wahrsager, doch in dieser Ecke der Karpaten waren ihre drei Hauptbeschäftigungen das Geigenspiel, das Ausheben von Klärgruben und das Brennen von Ziegeln.[3] Warum? Weil es schon immer so gewesen war.

Das kaleidoskopartige Muster aus Sprachen, Berufen und Gesellschaftsklassen, das das Leben in Osteuropa strukturierte, wirkte auf Außenstehende oft rätselhaft, aber auch für die Einheimischen konnte es eine Herausforderung darstellen. Allein der Umstand, als Pole im Dnjestr-Tal geboren zu sein, war eine Quelle endloser Wirrungen und Komplikationen, wie uns der große Essayist Jerzy Stempowski in Erinnerung ruft. Der 1894 geborene Stempowski wuchs in der heutigen Zentralukraine auf, in einer Landschaft von überwältigender Vielfalt. Jahrzehnte später, im Exil in der Schweiz, versuchte er, aus der Erinnerung etwas von dieser Fülle wieder einzufangen, und fand dabei eine Vorlage für ein ganz anderes Europa als das, in dem er lebte:

> Der riesige Teil Europas zwischen der Ostsee, dem Schwarzen Meer und der Adria war ein einziges großes Schachbrett der Völker, voller Inseln, Enklaven und seltsamster Kombinationen gemischter Bevölkerungen. Vielerorts hatte jedes Dorf, jede gesellschaftliche Gruppe, beinahe jede Zunft eine eigene Sprache. In meiner Heimat, im Tal des mittleren Dnjestr, sprachen die Landadeligen Polnisch, die Bauern Ukrainisch, die Beamten Russisch mit Odessa-Akzent, die Kaufleute Jiddisch, die Zimmerleute und Tischler, als Philip-

ponen [nach dem russischen Mönch Philipp benannte Sekte] und Altgläubige, Russisch mit Novgoroder Akzent, und auch die Schweinehändler hatten ihre eigene Mundart. Außerdem gab es in der Umgebung noch Dörfer mit Bauern aus verarmtem Landadel, die Polnisch sprachen, andere, ebenfalls aus dem Landadel stammend, sprachen Ukrainisch, und es gab moldauische Dörfer, die Rumänisch sprachen; die Zigeuner hatten ihre Zigeunersprache. Türken gab es dort zwar keine mehr, aber in Chocim, auf der anderen Seite des Dnjestr, und in Kamenz standen immer noch ihre Minarette. Die Fährleute auf dem Dnjestr nannten das podolische Ufer «Lachenland» und das bessarabische Ufer «Türkenland», obwohl dort sowohl die polnische als auch die türkische Besiedlung längst einer fernen Vergangenheit angehörten.[4]

Wie lässt sich diese ebenso wundersame wie rätselhafte Melange erklären? Stempowskis Antwort hat mit Nationen und Staaten zu tun. Im Westen, schreibt er, begann die Gleichsetzung von ethnischer und sprachlicher Zugehörigkeit einerseits und politischer Zugehörigkeit andererseits schon sehr früh. Die westlichen Herrscher waren eifrig darum bemüht, ihre Staaten zu homogenisieren. Seit dem Mittelalter zwangen Priester und Prälaten der Bevölkerung ihre jeweilige Form des Christentums auf und ließen Ketzer und Ungläubige hinrichten. Gleichzeitig vertrieben die Könige die Juden und konfiszierten deren Besitz. Wenn es in einer Region Muslime gab, wurden diese ebenfalls zum Glaubensübertritt gezwungen oder vertrieben. Im 19. Jahrhundert löste die nationale Zugehörigkeit die Religion als vorherrschendes Muster ab, das der Gesellschaft aufgezwungen werden sollte. Kleine Armeen von Bürokraten und Pädagogen schwärmten in die ländlichen Gebiete aus und sorgten dafür, dass alle Menschen dort dieselbe Sprache sprachen. Überall in den von den französischen Königen eroberten Gebieten wurden die Bauern zu Franzosen *gemacht*, und wenn die Schotten auch nicht in gleicher Weise zu Engländern wurden, so übernahmen sie doch deren Sprache. Praktisch überall arbeitete die Staatsmaschinerie wie eine gigantische Dampfwalze und bügelte Unterschiede aus, wo immer sie zu finden waren.

In all diesen Punkten war Osteuropa anders. Dort neigten die Imperien eher dazu, Unterschiede zu *betonen*, als sie zu unterdrücken. Auf dem Balkan bot das Osmanische Reich vielen Christen und Juden ein hohes Maß an Autonomie, ihre Angelegenheiten selbst zu regeln. Das Russische Reich, Stempowskis Geburtsland, gewährte religiösen Minderheiten noch mehr Freiheit. Das Habsburgerreich tat sein Möglichstes, um seinen verschiedenen Völkern (vor allem den rebellischen Tschechen) den Katholizismus aufzuzwingen, aber dennoch waren weiterhin zahlreiche orthodoxe Christen und Juden im Reich zu Hause. Noch wichtiger ist, dass die Habsburger kaum Anstrengungen unternahmen, ihre verschiedenen Völker (um 1900 gab es im Reich elf offizielle Nationalitäten) zu Deutschen zu machen. Diese Großreiche zeichneten sich durch ein gewisses Laisser-faire aus. Sie besteuerten und zählten ihre Untertanen, aber sie griffen nicht zu tief in die innere Struktur ihrer Gemeinschaften ein. Als wären die Regierungen Schlachtschiffe, die sich im Pazifik bekriegten, während unter der Wasseroberfläche derweil ungestört Korallenriffe von unvergleichlicher Vielfalt wachsen.

Der relativ lockere Herrschaftsstil der osteuropäischen Reiche entsprang einem pragmatischen Ansatz. Soziale Unterschiede waren kein Makel, den es zu überwinden galt, sondern ein Mittel. In diesen Gebieten gab es keine universelle Staatsbürgerschaft. Die Menschen lebten nicht als Individuen, sondern als Teil größerer sozialer Stände, von denen jeder mit einer Reihe spezifischer Privilegien und Verbote ausgestattet war. Jeder wurde bis zu einem gewissen Grad diskriminiert. Jeder hatte aber auch eine Funktion. Für die meisten Menschen war die Idee der Gleichheit vor dem Gesetz vor dem Einzug der Moderne schlicht undenkbar. Was im Leben am meisten zählte, war, dass sie ihre Rolle ungehindert ausfüllen konnten. Für die Herrschenden hingegen war am wichtigsten, dass diese verschiedenen Rollen in ihrer Gesamtheit dazu führten, dass sie selbst an der Macht blieben. Zu diesem Zweck konnten Außenstehende genauso nützlich sein wie – und erwiesen sich oft als zuverlässiger als – Einheimische.

Das Bemühen, hilfreiche Fremde nach Osteuropa einzuladen, setzte schon sehr früh ein. Bereits im Mittelalter begannen die osteuropäischen Herrscher, im Ausland nach Talenten zu suchen. Im Vergleich zu Westeuropa war der Osten unterbevölkert, es fehlte an Städten und spezialisierten Handwerkern und Händlern, die sie bewohnten. Außerdem sahen sich die Herrscher in einem unruhigen Spannungsfeld: zwischen Heiden und Christen, zwischen Christen und Muslimen, zwischen Katholiken und Orthodoxen. Aus diesem Grund brauchten sie jede Hilfe, die sie bekommen konnten, um ihre Reiche zu erhalten, zu verteidigen und zu verwalten. Schon im 11. Jahrhundert belehrte ein ungarischer König seinen Sohn über die Nützlichkeit von Einwanderern:

> Wie die Gäste aus verschiedenen Gegenden und Ländern kommen, so bringen sie auch verschiedene Sprachen und Gebräuche, verschiedene Vorbilder und Formen der Bewaffnung mit, die den königlichen Hof schmücken und ehren … Denn ein Reich mit nur einer Sprache und einer Sitte ist schwach und zerbrechlich. Deshalb befehle ich dir, mein Sohn, dass du sie mit Wohlwollen versorgst und sie ehrst, damit sie lieber bei dir leben als an irgendeinem anderen Ort.[5]

Der Sohn nahm sich den Rat seines Vaters zu Herzen. Im 13. Jahrhundert beherbergte das Königreich Ungarn innerhalb seiner fragilen Grenzen Gemeinschaften von Juden, Muslimen, Armeniern

Slawen, Italienern, Franzosen, Spaniern und verschiedene Gruppen von Deutschen. Juden und Muslime arbeiteten in den königlichen Münzstätten. Die Muslime stellten zudem eine Leibwache aus erfahrenen Lanzenreitern, während die Deutschen die königliche Armee mit schwerer Kavallerie versorgten. Am exotischsten war vielleicht, dass ganze Stämme turksprachiger Kumanen die östlichen Grenzen des Reichs bewachten. Sie waren in den 1240er Jahren als Flüchtlinge vor dem Mongolensturm aus den Steppen nach Ungarn gekommen. Als Heiden frönten sie dem Schamanismus, begruben ihre Krieger zusammen mit deren Pferden und schworen Eide über den Leibern zerstückelter Hunde. Für einen christlichen König waren das seltsame Gesellen (der Papst schrieb mehrere scharf formulierte Protestbriefe), aber so war das Leben in den Grenzgebieten – manchmal musste man Feuer mit Feuer bekämpfen.

Ähnlich wie die Kumanen kamen auch die Lipka-Tataren, ebenfalls ein Steppenvolk, als Flüchtlinge nach Polen-Litauen. Nachdem ihr Khan, Toktamisch, 1395 unklugerweise eine kriegerische Auseinandersetzung mit Tamerlan begonnen hatte (die er verlor), tauchte seine gesamte Horde in Litauen auf und suchte dort Schutz. Großfürst Vytautas hieß sie willkommen und erlaubte ihnen, ihren muslimischen Glauben zu behalten. Im Gegenzug mussten sich die Tataren verpflichten, ihn als Soldaten in seinen Kriegen zu unterstützen. Über Jahrhunderte hinweg waren die Tataren als mit die besten Kavalleriekämpfer der Polnisch-Litauischen Union bekannt. Die meisten von ihnen lebten auf kleinen Bauernhöfen auf dem Land; ihre hölzernen Moscheen, in hübschen Grün- und Gelbtönen gestrichen, kann man noch heute in abgelegenen Dörfern im Dreiländereck von Polen, Litauen und Belarus sehen.

Als ich den Friedhof der Tatarensiedlung Kruszyniany auf der polnischen Seite der Grenze besuchte, kam ich an Grabsteinen vorbei, die in einer Mischung aus lateinischer, kyrillischer und arabischer Schrift graviert waren. Einige der ältesten Grabsteine, die aus dem 18. Jahrhundert stammten und von den höchsten Kiefern beschirmt wurden, trugen noch den silbernen Halbmond des Islam. Viele davon gehörten Soldaten. Auf der anderen Straßenseite befand sich ein riesiger neuer Hotel- und Restaurantkomplex für Reisebusse polnischer Touristen, die Eindrücke von einer Vergangenheit erhaschen wollten, die leider kaum mehr als eine exotische Erinnerung war.

Die Tataren waren jedoch nicht nur eine ländliche Minderheit. Im 16. Jahrhundert ließen sie sich auch in Städten nieder, vor allem in der litauischen Hauptstadt Vilnius, wo sie als Gerber, Metzger und Fischer arbeiteten. Das tatarische Viertel wurde bewusst außerhalb der Stadtmauern angesiedelt, in einem Vorort namens Łukiszki. Anders als die Muslime in fast allen anderen Teilen der Welt hatten die Wilnaer Tataren keinen Muezzin; stattdessen verließen sie sich in Anlehnung an den jüdischen Brauch auf einen Ausrufer, der durch die Straßen der Stadt zog und die Gläubigen zum Gebet rief.[6]

Dieser Mann musste seine Stimme kräftig erheben, um über den Lärm der Stadt vernehmlich zu sein, denn Vilnius war damals ein wahres Babel. Neben den Tataren lebten hier Polen, Litauer, Deutsche, Ruthenen und Juden. Jede dieser Gruppen sprach eine andere Sprache und betete in einem anderen Gotteshaus. So gab es im 17. Jahrhundert neben einer Moschee und einer Synagoge Kirchen von fünf verschiedenen Konfessionen – eine außergewöhnliche Zahl für eine Stadt mit nur zwanzigtausend Einwohnern, umso mehr in einer Zeit der Religionskriege.

Die Situation in Vilnius war ein Spiegelbild der Lage in ganz Polen-Litauen. Generationen von Königen und Herzögen waren dem Beispiel von Vytautas gefolgt und hatten nützliche Ausländer in die Union eingeladen. (Eine frühe Einladung ging spektakulär nach hinten los: Im Jahr 1226 bat Herzog Konrad von Masowien den Deutschen Orden darum, ihm bei der Bekämpfung der baltischen Heiden zu helfen. Die Ordensritter willigten ein, blieben, eroberten schließlich den größten Teil der nördlichen Ostseeküste und wurden so zu Polens Todfeinden.) Infolgedessen entwickelte sich Polen-Litauen zu einem der vielfältigsten Länder in Europa. Neben der größten jüdischen Bevölkerung des Kontinents beherbergte das Königreich florierende Kolonien armenischer Händler und niederländischer Bauern sowie italienischer Musiker, darunter gelegentlich auch Kastraten (die polnischen Könige waren große Opernliebhaber).

Doch der eigentliche Grund für Polens Vielfalt lag nicht in einem königlichen Plan oder einem groß angelegten Entwurf. Vielmehr war sie das Ergebnis einer Art wohlwollender Vernachlässigung. Im 16. und 17. Jahrhundert, als das übrige Europa von den Reformationskriegen erschüttert wurde, hielt sich Polen weitgehend aus den Auseinandersetzungen heraus. Die Polnisch-Litauische Union wurde deshalb zu einem Zufluchtsort für religiöse Dissidenten und Andersdenkende jeglicher Couleur – eine Art Neuengland an der Weichsel. Doch nicht nur in dieser Hinsicht ähnelte Polen-Litauen dem amerikanischen Kontinent. Im Gegensatz zum größten Teil Westeuropas gab es hier im 17. Jahrhundert noch riesige Waldgebiete, die sich abholzen und bewirtschaften ließen. (Das ist auch der Grund, warum Auerochsen und europäische Bisons in Polen länger überlebten als irgendwo sonst auf dem Kontinent.)

Osteuropa unterschied sich demnach insofern deutlich von Westeuropa, als viele Gegenden im 18. und 19. Jahrhundert noch nicht besiedelt waren. In der Regel waren diese Gebiete sozusagen «offen», nachdem Kriege sie entvölkert hatten. An den Reichsgrenzen kam es zu endemischen Konflikten. Am schlimmsten waren sie an den Rändern islamischer Territorien – an den nördlichen Rändern des Osmanischen Reichs und des Krim-Khanats (das seinerseits ein osmanischer Vasall war).

Als diese beiden Mächte im späten 17. Jahrhundert allmählich schwächer wurden, wurden viele ihrer Gebiete von ihren christlichen Rivalen erobert. 1716 nahm Österreich den Osmanen das Banat ab, eine Region, die Teile des heutigen Nordserbiens und Westrumäniens umfasst. Im Jahr 1774 kam die Bukowina hinzu, die heute zwischen Rumänien und der Ukraine aufgeteilt ist. Zum Zeitpunkt der Übernahme waren beide Gebiete durch Krieg und Pest verwüstet und nahezu leer. In den Augen der neuen Herren lebte im Banat nicht mehr als eine kleine Gruppe serbischer Hirten. Kaum anders sah es in der Bukowina aus, die der britische Historiker A. J. P. Taylor (völlig zu Unrecht) als «bedeutungsloses Stück Land, für das es keine rationale Erklärung gibt», bezeichnete. Als sie erstmals annektiert wurde, fragte sich ein tschechischer Journalist in Lemberg laut, was der Kaiser mit den «Tieren in Menschengestalt», die er da geerbt hatte, wohl anfangen werde.[7]

Ein Jahrhundert später wäre diese Frage nicht mehr denkbar gewesen. Zu diesem Zeitpunkt gehörten sowohl die Bukowina als auch das Banat genauso zu Österreich-Ungarn wie Mähren oder Tirol. Ihre Hauptstädte, Czernowitz und Temesvár (heute Tscherniwzi in der Ukraine und Timişoara in Rumänien), zählten zu den kosmopolitischsten Städten des Reiches. Wenn auch nicht mit den kaiserlich-nationalen Zentren Wien und Budapest vergleichbar, boten sie doch moderne, großstädtische Strukturen und Vergnügungen. Temesvár war die erste Stadt in Europa, die eine elektrische Beleuchtung bekam, und Czernowitz hatte eine der besten Universitäten des Reiches. Im Café Kaiser tranken die Czernowitzer echtes böhmisches Pils und lasen deutschsprachige Zeitungen aus Lemberg, Prag und Wien, die lediglich ein oder zwei Tage alt waren.

Sowohl Czernowitz als auch Temesvár kann man als Ergebnisse der Auswanderung ansehen. Das reichlich vorhandene Land in der Bukowina zog Neuankömmlinge aus den benachbarten ukrainischen und rumänischen Gebieten sowie Migranten deutscher, ungarischer, polnischer, slowakischer und jüdischer Herkunft an. Um

1900 war die Bukowina eines der vielfältigsten Gebiete in ganz Europa, und eines der wenigen, wo nicht eine einzige Sprache oder religiöse Tradition die Mehrheit der Bevölkerung für sich reklamieren konnte. In Czernowitz hieß es, die Hotelconcierges müssten fünf Sprachen fließend beherrschen, allein um mit der Kundschaft aus der Nähe zurechtzukommen.

Im Laufe des 18. Jahrhunderts wurde das Banat von hartgesottenen katholischen Bauern aus Schwaben besiedelt, die im Rahmen der von Kaiserin Maria Theresia geförderten Kolonisierungsbemühungen dorthin geschickt wurden. Zu ihnen gesellten sich bald auch christliche Flüchtlinge aus dem Osmanischen Reich, darunter Rumänen, Bulgaren und Serben, sowie bäuerliche Siedler ungarischer, tschechischer, slowakischer und ruthenischer Herkunft aus dem Habsburgerreich selbst. Im selben Jahrhundert beherbergte das Banat zeitweise sogar eine Kolonie schwer integrierbarer katalanischer Aufrührer. Ende des 19. Jahrhunderts sahen die Bevölkerungskarten des Banats aus wie Gemälde von Joan Miró – also ein weiteres klassisch osteuropäisches Durcheinander.

Temesvár, das in Timişoara umbenannt wurde, als es nach dem Ersten Weltkrieg Teil des unabhängigen Rumäniens wurde, war der Ort, an dem dieses Chaos seine Form fand. Laut Victor Neumann, dem führenden Historiker und Kenner der Stadt, war Timişoara ein echter Schmelztiegel, ein Ort mit zahllosen Mischehen, wo die Gespräche ständig zwischen Ungarisch, Deutsch, Rumänisch und Serbisch hin und her wechselten, manchmal innerhalb eines einzigen Satzes. Das Gefühl der interkulturellen Harmonie, das in den letzten Tagen des Habsburgerreichs allgegenwärtig war, hielt auch in der Zwischenkriegszeit an. Es zeigte sich im kosmopolitischen Orchester von Timişoara, in den vielen dreisprachigen Zeitungen und vor allem in der unvergleichlichen Fußballmannschaft, dem fabelhaften FC Ripensia.

In den 1930er Jahren war Ripensia der wichtigste Fußballverein

Rumäniens. Er gewann wiederholt die nationale Meisterschaft und wurde zu einem Star auf der europäischen Bühne. Er war aber auch ein Symbol. In einer Zeit, in der Fußballvereine in der Regel nach Religion und Nationalität getrennt waren, standen in der Mannschaft von Ripensia Spieler deutscher, rumänischer, ungarischer, jüdischer und serbischer Herkunft. Während der Matches spielten sie reibungslos zusammen und bildeten ein dynamisches Ganzes. Glaubt man Neumann, so sandte der Erfolg von Ripensia ein Signal an den Rest Rumäniens aus, das den Geist der Stadt, ihren «Geist der Zusammenarbeit» und die «ererbten pazifistischen Werte», die hinter alldem standen, deutlich werden ließ.

Man kann, wenn man über die Vielfalt Osteuropas vor den Weltkriegen spricht, leicht in Nostalgie verfallen und die Vielfalt der Sprachen, Religionen und Kulturen als eine Art verlorenes Paradies romantisieren. «Schmelztiegel» wie Timişoara waren jedoch selten. Viel häufiger fand man eine Situation, wie sie in Czernowitz vorherrschte, wo der Sport streng nach ethnischen Kategorien organisiert war: Die Deutschen, Ukrainer, Rumänen und Polen hatten alle ihre eigenen Mannschaften, die Juden sogar zwei – eine zionistische (Maccabi) und eine nicht zionistische (Hakoah).

Die Anhänger des deutschen Vereins, nach Turnvater Jahn benannt,[8] waren ausgesprochen antisemitisch, aber im Grunde mochten sich all diese Vereine gegenseitig nicht besonders. Einem Chronisten der Sportgeschichte von Czernowitz zufolge waren sämtliche Vereine in den 1920er Jahren in eine «komplizierte Fehde» verstrickt, die das ganze Jahrzehnt fortdauern sollte.[9] Gelegentlich brachen diese Spannungen in offener Gewalt aus. 1926 sorgten Fans des Czernowitzer Turn- und Sportvereins Jahn beinahe für einen Aufstand, als es so aussah, als würde Hakoah sie in einem Halbfinalspiel des Ligapokals schlagen. Sie stürmten das Spielfeld und brachten die Schiedsrichter dazu, das Spiel zu unterbrechen. Als die Spieler nach einer Pause zurückkehrten, fanden sie das Spielfeld in eine Mondlandschaft aus gehauenen Kratern und Löchern verwandelt vor. Eine anschließende polizeiliche Untersuchung ergab, dass ein Ingenieur einer nahe gelegenen Fabrik vier seiner Arbeiter geschickt hatte, um das Spielfeld zu zerstören, damit die Juden nicht ins Finale einziehen konnten.

Komplizierte Rivalitäten wie die zwischen den Czernowitzer Sportvereinen waren in Osteuropa an der Tagesordnung.[10] Überall war eher Segmentierung als Integration die Regel.

In Friedenszeiten konnte sich das in einem Geist gesunder Rivalität manifestieren. In den Kleinstädten des deutsch dominierten Zipser Landes, der Spiš, hatten Deutsche, Juden, Slowaken und Ungarn ihre eigenen Fußball-, Tennis- und Hockeyvereine (das Sportschießen – vielleicht weil es ohnehin ein Individualsport war – betrieb man eher gemeinsam). In Sarajewo wurde der Wettkampfgeist in musikalische Darbietungen gelenkt. Bis 1905 hatten alle großen ethnischen Gruppen der Stadt ihre eigenen Gesangsvereine. Die serbische *Sloga*, die kroatische *Trebević* und die sephardisch-jüdische, Ladino sprechende (und singende) *La Lira* versuchten sich gegenseitig zu übertreffen und die besten Konzerte der Stadt zu veranstalten. Die bosnisch-muslimische *El-Kamer*, in erster Linie ein Radsport- und Turnverein, fungierte auch als Gesangsgruppe und organisierte sowohl Liederabende als auch Rennen.

Diese Art der Aufteilung nach ethnischer Zugehörigkeit ging weit über freiwillige Vereinigungen und Klubs hinaus. Die Städte selbst waren oft segmentiert und nach Sprache und Religion in verschiedene Viertel unterteilt. Im nordmazedonischen Bitola lebten die Muslime auf der einen und die Christen auf der anderen Seite der Stadt, während die Juden (hier alle sephardisch und ladinosprachig) auf der anderen Flussseite wohnten. Im albanischen Elbasan lebte die Bevölkerung in drei konzentrischen Stadtkreisen, die christlichen Albaner in der Mitte, umgeben von einem inneren Ring von muslimischen Albanern und einem äußeren Ring von christlichen Vlachen.

Dwinsk (heute Daugavpils), ein Flusshafen im Osten Lettlands, war auf ähnliche Weise in eine Kernstadt und ihre Außenbezirke unterteilt. Das Stadtzentrum gehörte den Deutschen, Russen und Polen. In den äußeren Vierteln lebten Altgläubige (Russen, die mit der offiziellen orthodoxen Kirche gebrochen hatten), Juden und «Zigeuner», von denen einige als «borisniks», also als Makler für den Verkauf gestohlener Pferde, tätig waren. Die Letten, das heißt die lettischsprachigen Bauern, lebten ausschließlich auf dem Lande und kamen nur in die Stadt, um auf dem Markt Lebensmittel zu verkaufen.[11]

Diese Vielfalt hatte etwas Fraktales an sich. Teilungsmuster, die ganze Provinzen strukturierten, fanden sich auch auf der Ebene der Städte und Kommunen wieder. Um 1900 lebten beispielsweise in der Kleinstadt Hvizdets, die für ihre prächtig bemalte Holzsynagoge berühmt war (die heute verloren ist, wobei sich zumindest eine Rekonstruktion im Polin-Museum in Warschau befindet), etwa 2400 Menschen. Sie waren in vier ganz unterschiedliche Viertel aufgeteilt, je eines für die Ukrainer, die Polen, die Deutschen und die Juden der Stadt.[12]

Wer durch Osteuropa reiste, konnte immer wieder feststellen, dass die Menschen zwar zusammen, aber zugleich getrennt lebten. Klassenschranken – in der Regel verstärkt durch Unterschiede im Glauben und in der Sprache – sorgten für immer wiederkehrende Muster der Ein- und Ausgrenzung. Diese Muster reichten bis hinunter ins kleinste Dorf. Nehmen wir zum Beispiel Werbiwzi, einen winzigen Weiler unweit von Hwisdez im Südwesten der Ukraine. Um das Jahr 1900 lebten dort etwa hundertfünfzig Familien. Vier dieser Familien waren jüdisch, die übrigen waren alle Ukrainer. Die Ukrainer waren allesamt Kleinbauern und lebten in grob gezimmerten, mit Stroh gedeckten Hütten. Die Juden betrieben die einzigen Geschäfte in Werbiwzi, eigentlich nur ein paar Marktstände, sowie ein kleines Wirtshaus, das sie von dem Adligen, dem das Dorf gehörte, gepachtet hatten. Dieser Adlige war Pole und Katholik. Er lebte etwas außerhalb von Werbiwzi, in einem Herrenhaus auf einem der beiden Hügel neben dem Dorf. Auf dem anderen Hügel stand eine orthodoxe Kirche, die von seinen ukrainischen Pächtern besucht wurde.

Werbiwzi war ein sehr kleiner Ort, doch der Abstand zwischen den strohgedeckten Hütten in der Ebene und dem Herrenhaus auf dem Hügel war beträchtlich. Nach den Worten von Alexander Granach, der in Werbiwzi aufgewachsen ist, bevor er auf den Berliner Bühnen Karriere machte, gehörte das Haus der Polen mit seinen weißen Mauern und Blumenbeeten einer anderen Welt an. Niemand aus dem Haus des Gutsbesitzers mischte sich unter die Bewohner von Werbiwzi – nicht einmal seine Bediensteten. Als Polen sprachen sie eine andere Sprache und gingen in eine andere Kirche. Sie sahen zudem anders aus, trugen Gummistiefel und Handschuhe und aßen andere Lebensmittel, wie etwa Weißbrot, das im Dorf sonst unbekannt war. Die Kluft hatte auch noch eine weitere Dimension: Bei den seltenen Gelegenheiten, bei denen die Kinder des Gutsbesitzers in ihrer Kutsche an Werbiwzi vorbeifuhren, schien es Granach, als «guckten sie böse, hochmütig und dumm auf uns herab. Genauso wie ihr Vater auf das Dorf herabsah.»[13]

In Werbiwzi, wie in ganz Osteuropa, wurde die Trennung zwischen den Bauern und ihren Grundherren durch Gewohnheit, Brauch und Mythos verstärkt. Die Überschreitung der Grenze zwischen den beiden Welten konnte schreckliche Folgen haben. Ein deutsch-baltischer Pastor aus dem 18. Jahrhundert bemerkte, dass sich die deutschen Grundbesitzer «gedemütigt fühlen würden, wenn sie sich mit einem ihrer lettischen oder estnischen Leibeigenen an einen Tisch setzen müssten».

Die Leibeigenschaft in den baltischen Ländern war außergewöhnlich hart. Nach dem deutschen Hausrecht war es den Gutsbesitzern erlaubt, ihre Leibeigenen mit einem von zwanzig ausgewählten Werkzeugen zu schlagen. Auf den Gütern galt ihr Wort als Gesetz. Aus diesem Grund hatte fast jede lettische und estnische Bauernfamilie «eine Geschichte von Schinderei, Auspeitschung und Handküssen» zu erzählen. Diese Erinnerungen verblassten nur schwer. Die Deutschbalten hatten zumindest den Glauben – das Luthertum – mit ihren Pächtern gemeinsam. Doch auch dabei machte sich die Kluft bemerkbar. Bauern und Adlige besuchten jeweils eigene Gottesdienste, getrennt nach Sprache und Stand.

In weiten Teilen Osteuropas unterschieden sich Grundherren und Pächter entweder durch ihre Sprache oder ihre Religion. In den böhmischen Ländern hatten deutschsprachige Katholiken slawischsprachige Leibeigene, während in Ungarn Slowaken für magyarischsprachige Grundherren arbeiteten. In Bosnien beschäftigten slawischsprachige muslimische Adlige Trupps von orthodoxen christlichen Leibeigenen. Manchmal unterschieden sich die beiden Gruppen sowohl religiös als auch sprachlich. So etwa im ehemaligen Ostpolen, wo katholische Polen über orthodoxe Ukrainer und Weißrussen herrschten. Ebenso besaßen in Siebenbürgen katholische Ungarn Land, das von orthodoxen Rumänen bewirtschaftet wurde.

Getrennt durch Klasse, Sprache und Glauben, mischten sich Grundbesitzer und Bauern nur selten. Oft schienen sie noch nicht einmal dieselbe Welt – oder dasselbe Leben nach dem Tod – zu teilen. Wenn rumänische Bauern in Siebenbürgen das Jüngste Gericht mit Himmel und Hölle an die Wände ihrer hübschen Holzkirchen malten, stellten sie sich selbst in der Rolle der Geretteten dar und ließen alle Sünder wie ihre adligen ungarischen Grundherren aussehen, «denn sie trugen schnurverzierte Röcke, Stiefel und hatten große Schnurrbärte; der Teufel holte sie womöglich darum, weil sie alle Calvinisten waren».[14] Ebenso stellen viele lettische und estnische

Volkslieder ihre grausamen Grundherren in der Hölle dar, wo sie zur Strafe in Bottiche mit kochendem Pech geworfen werden, weil sie ihre Diener «mit dem Ende eines Rohrstocks tanzen lassen».[15]

Oft schienen die Unterschiede zwischen den beiden Klassen von Besitzern und «Besessenen» so groß, dass die Mythologie zu ihrer Erklärung herangezogen wurde. Die polnischen Adligen des 17. Jahrhunderts glaubten, dass sie von Noahs gesegnetem Sohn Jafet abstammten, während ihre Leibeigenen Nachkommen seines verfluchten Sohnes Ham waren, dessen Name im Polnischen immer noch «Flegel» bedeutet. Die ukrainischen und weißrussischen Pächter der Polen hatten eine andere Erklärung für das, was sie trennte. Einer alten ukrainischen Legende zufolge formte Gott die verschiedenen Menschentypen (Moskowiter, Franzosen usw.) aus Lehm,

Malerei in der Holzkirche von Poienile Izei, Rumänien, errichtet um 1604. In diesem Jüngsten Gericht sehen die Sünder aus wie ungarische Grundherren.

doch als es an der Zeit war, die Polen zu formen, hatte er keine Erde mehr und musste stattdessen Brotteig verwenden. Gottes Hund fraß den ersten Polen sofort auf, sodass Gott die Arbeit wieder aufnehmen musste, und zwar derart, dass er aus dem Erbrochenen des Hundes Polen machte. (Nach der entsprechenden weißrussischen Erzählung schiss Gottes Hund den Teig aus, sodass die polnischen Grundbesitzer daraus geschaffen werden mussten.[16])

Die Bauern arbeiteten, die Adligen profitierten. Das war die Regel im Europa des Ancien Régime. Überall, wo diese Art von Feudalismus herrschte, führte das natürlich zu Spannungen. In Osteuropa wurden diese noch dadurch verstärkt, dass die beiden Gruppen oft durch Sprache, Glauben und Klasse getrennt waren. Doch bei aller Feindseligkeit, die dieses System hervorrief, beruhte es auf einer gewissen Symbiose, wenn auch zwischen sehr ungleichen Partnern.

Mitte des 18. Jahrhunderts beschrieb der osmanische Reisende und Staatsmann Ahmed Resmi Efendi, wie dieses System in Polen-Litauen funktionierte. Wie er beobachtete, hatten die polnischen Adligen zwei Gruppen unter ihrer Knute: die Ukrainer und die Juden. Jede trug etwas anderes zum Königreich bei: Die Ukrainer «waren für schwere Arbeiten wie die Landwirtschaft zuständig, während die Juden für Kauf und Verkauf, Zölle und Steuern verantwortlich waren». Die Polen jedenfalls profitierten von beider Arbeit und «waren eifrig mit den Vergnügungen des Lebens befasst».[17]

Das war eine uralte Gliederung: eine Dreiteilung der Gesellschaft in diejenigen, die besaßen, diejenigen, die Landwirtschaft betrieben, und diejenigen, die verkauften. Diese dritte Gruppe – die Kaufleute – war unbedingt notwendig, denn Bauern und Grundbesitzer konnten nicht nur für sich existieren. Sie brauchten jemanden, der ihnen Waren aus der weiten Welt außerhalb des Dorfes brachte und die Überschüsse der Bauern draußen vermarktete. Oft gehörten diese Vermittler zu einer Gruppe von Außenseitern, die sich in ihrer Religion und Sprache von den Bauern und Grundbesitzern unterschieden. Die jiddischsprachigen aschkenasischen Juden in Polen, der Slowakei, Ungarn, Moldawien und im Ansiedlungsrayon sind das paradigmatische Beispiel für eine solche Außenseitergruppe. In Bulgarien, Mazedonien, Südrumänien und Bosnien spielten die Ladino sprechenden sephardischen Juden eine ähnliche Rolle.

Aber es waren nicht nur Juden, die kauften und verkauften. Griechen und Zinzaren (auch als Aromunen bekannt) dominierten den Handel in Teilen des Balkans, während Deutsche in weiten Teilen Kroatiens, Sloweniens und Böhmens das Gleiche taten. In Polen traten die Schotten eine Zeit lang als Händler und Hausierer in Erscheinung, und zwar so sehr, dass sich Ressentiments in Form von Anti-Schottentum zu einem eindeutigen (wenn auch vorübergehenden) sozialen Übel entwickelten.[18]

Diese geschäftlichen Vermittler nahmen in ihren jeweiligen Gesellschaften eine ambivalente Stellung ein. Sie standen weder an der Spitze noch ganz unten in der sozialen Hierarchie. Ihre Anwesenheit war eine wirtschaftliche Notwendigkeit, aber trotzdem wurden sie oft gefürchtet, misstrauisch beäugt und angefeindet. Sie konnten als Vermittler und Fürsprecher fungieren; ihr Rat war bei Dorfversammlungen und an Adelshöfen gleichermaßen willkommen. Trotzdem wurden sie als Händler verachtet und beschimpft, denn ihr Beruf galt als von Natur aus unehrlich. Für die Bauern waren die Kaufleute eine der ewigen, aber unvermeidlichen Bürden des Lebens, wie Hagelschlag oder die Pest. Schon dass sie immer in ihren Läden waren, wo sie den ganzen Tag Gott weiß was taten, ließ sie oft gleichzeitig faul, geheimnisvoll und hinterhältig erscheinen. Juden, Deutsche und sogar bestimmte Gruppen von Wanderhandwerkern wie Töpfer und Schneider wurden verdächtigt, schwarze Magie zu praktizieren und mit dem Teufel zu verkehren.[19]

An der Spitze der sozialen Leiter verhinderte der Snobismus, dass sich die Handel treibenden Minderheiten mit der Aristokratie vermischten. Der jüdische Mittelsmann Fried durfte vielleicht das Herrenhaus der Perényi betreten, um einige Teppichmuster vorzuführen, aber er wurde nicht auf ein Abendessen eingeladen. Auch im Siebenbürgen der Romane von Miklós Bánffy suchten junge Adlige ihre wohlhabenden armenischen oder jüdischen Nachbarn mitunter auf, wenn sie beim Glücksspiel zu viel Geld verloren hatten und einen Kredit benötigten. Sie konnten sogar unerlaubte Affären mit den Töchtern ihres Bankiers oder Gutsverwalters haben, aber sie würden diese niemals heiraten; die soziale Kluft war einfach zu groß.

Heute, mehr als achtzig Jahre nach der Vollendung von Bánffys Transsilvanien-Trilogie, findet man immer noch Spuren der Welt, die er auf mehr als zweitausend Seiten faszinierend ausgemalt hat. Ein Ausflug zu Fuß kann einen immer noch am selben Tag durch eine deutsche Festungsstadt, zu einer ungarischen Burg, in ein rumänisches Dorf und eine armenische Kirche führen. Auch wenn einige dieser Örtlichkeiten heute verlassen sind oder neue Bewohner haben, zeugen sie doch von einer sozialen Landschaft, die in ihrer Komplexität ihresgleichen sucht. Das hat zum Teil damit zu tun, dass Siebenbürgen jahrhundertelang wie eine konzentrierte Miniaturausgabe von Osteuropa als Ganzem wirkte.

Die traditionellen Gesellschaften Osteuropas, die nach Berufen hierarchisch geordnet und durch Sprache und Glauben voneinander getrennt sind, ähneln einer Schichttorte, bei der jede Lage einen anderen Geschmack und eine andere Konsistenz aufweist. Transsilvanien repräsentiert diese Tendenz in ihrer barocksten Form.

Ursprünglich war Siebenbürgen eine Provinz des mittelalterlichen Königreichs Ungarn. Nach der ungarischen Niederlage in der Schlacht von Mohács im Jahr 1526 wurde es zu einem unabhängigen Königreich, das zwischen dem Osmanischen Reich auf der einen und den Habsburgern auf der anderen Seite eingezwängt war. Wie Polen-Litauen war das Land eine Wahlmonarchie und Zufluchtsort für religiöse Dissidenten. Anders freilich als in Polen, wo das politische Leben in den Händen eines ziemlich einheitlichen polnischsprachigen Adels (*szlachta*) lag, wurde Siebenbürgen von drei verschiedenen privilegierten Gesellschaftsgruppen beherrscht: den Ungarn, den Szeklern und den Sachsen.

Die Ungarn und Szekler, die beide Magyar (oder Ungarisch) sprachen, waren die Soldaten und Aristokraten des Königreichs. Die meisten von ihnen waren katholisch, auch wenn einige der bedeutendsten Grundbesitzer Calvinisten waren. Bei den Sachsen hingegen handelte es sich um deutschsprachige Lutheraner. Die meisten von ihnen waren Bauern und Kaufleute, und sie dominierten das städtische Leben in Siebenbürgen. Ihre sieben großen, befestigten Städte gaben Transsilvanien denn auch den deutschen Namen «Siebenbürgen».

Obwohl die Ungarn, die Szekler und die Sachsen die mächtigsten Gruppen in der Region waren, bestand der größte Teil der Bevölkerung des Königreichs aus Leibeigenen, mehrheitlich ostorthodoxen Rumänen. Siebenbürgen war daher in vier Gruppen aufgeteilt, deren Mitglieder vier verschiedenen Kirchen angehörten und drei verschiedene Sprachen sprachen. Bezeichnenderweise hatte die größte dieser Gruppen das geringste Mitspracherecht in den eigenen Angelegenheiten. Und damit war die Vielfalt der Provinz noch nicht erschöpft. Viele der Kaufleute im Königreich waren entweder Griechen oder Armenier.

Die Armenier waren seit Jahrhunderten in Osteuropa ansässig. Ihre Gemeinschaften, die sich in einem weiten Bogen von Moldau bis zum polnischen Galizien erstreckten, waren Teil einer riesigen Handelsdiaspora, die von Indien bis zum Balkan reichte. Obwohl die Deutschen in Siebenbürgen ihr Möglichstes taten, um sie fernzuhalten (sie wollten keine Konkurrenz), hatten sich die Armenier im 17. Jahrhundert als ausgesprochen wohlhabende Händler des Königreichs etabliert. Sie hatten sogar ihre eigene Stadt namens

Armenopolis (heute Gherla) und bauten eine Reihe von armenisch-katholischen Kirchen, die wie Juwelen über das ganze Königreich verstreut waren.

Ich stieß einmal zufällig auf eine dieser armenischen Enklaven, und zwar im Dorf Dumbrăveni, als ich auf dem Weg zur berühmten deutschen Kirchenburg in Biertan durch das transsilvanische Hochland fuhr. Dumbrăveni war einst ein wichtiger Ort – Sitz des Fürsten Michael I. Apafi, eines der letzten unabhängigen Herrscher Siebenbürgens. Heute jedoch liegt der Ort ein paar Kilometer abseits der Hauptstraße zwischen Sighişoara und Mediaş und wird nur selten besucht.

Der meiste Verkehr nach oder aus Dumbrăveni besteht heute aus Pferdekarren, die zum Teil von Roma-Kindern in Begleitung von großen kanariengelben Schäferhunden gelenkt werden. Als ich durch die Stadt fuhr, riss sich einer dieser Hunde, der eine Bedrohung witterte, los und jagte unserem Auto hinterher, wobei er fast überfahren wurde. Die Kinder im Wagen feuerten ihn in seiner Tollkühnheit auch noch an. Derweil verkauften ihre Eltern auf dem Hauptplatz von Dumbrăveni fleißig Brennholz und Topfgeranien. Die St.-Elisabeth-Kirche, einst Sitz des armenisch-katholischen Bischofs, war geschlossen. Einem ihrer Türme fehlt die Spitze, und die Sandsteinstufen, die zur Eingangstür führen, sind im Laufe der Zeit zu zerfallenden Klumpen verkommen. Wenn man sie hinaufsteigt, hat man das Gefühl, auf den Seiten eines verbrannten Buches zu gehen.

Vor drei Jahrhunderten kamen armenische Mönche des Mechitaristen-Ordens den weiten Weg von Venedig, wo sie paradiesisch auf der San Lazzaro ansässig waren, um sich um die Seelen der Kaufleute zu kümmern. Heute hängt ein Schild über der Tür von St. Elisabeth, auf dem in armenischer Sprache zu lesen ist, dass zurzeit keine Gottesdienste stattfinden. Ganz in der Nähe steht der Apafi-Palast in herrlicher Verlassenheit. Kein Schild weist auf ihn hin. Der zweite Stock ist größtenteils mit ausrangierten Büromöbeln vollgestellt. Sämtliche Fensterscheiben sind zerbrochen. Der hintere Garten wurde in ein Gemüsebeet und eine Garage umgewandelt. Man wüsste es nicht, gäbe es nicht eine prächtige grünspanige Tür, über der eine steinerne Inschrift in würdevollem Latein verkündet, dass dieses Gebäude im Jahr 1563 vom rechtmäßig gewählten König von Ungarn errichtet wurde.

Die jahrhundertelange Präsenz der Armenier in Siebenbürgen, die durch ihre Kirchen und Friedhöfe sichtbar bleibt, ist heute weitgehend eine Angelegenheit der Erinnerung. Kein Einzelfall, in Osteuropa gibt es viele solcher seltsamen Gruppen – Isolierte, Abtrünnige und geografische Ausnahmen –, deren Fortbestehen in der Zukunft bedroht zu sein scheint.

Die Kirche Mariä Geburt von Gheorgheni in Siebenbürgen, seit Jahrhunderten ein Gotteshaus der dort nach 1650 angesiedelten armenischen Gemeinde.

Etwa zweihundertfünfzig Menschen bezeichnen sich selbst als Livländer und sprechen eine finnougrische Sprache, die dem Estnischen ähnelt, aber in Lettland beheimatet ist. Die letzte Muttersprachlerin des Livländischen, Grizelda Kristiņa, starb jedoch 2013 und übertrug die Sprache damit ausschließlich in die Hände von Wiedererweckern. Nicht viel besser steht es um die Afro-Albaner in Ulcinj. Die Nachkommen afrikanischer Sklaven, die im 19. Jahrhundert von osmanischen Händlern an die Adria gebracht wurden, sich mit den einheimischen Albanern vermischten und deren Sprache übernahmen, brachten einige der prominentesten Seeleute und Kapitäne dieser montenegrinischen Hafenstadt hervor. Zum Zeitpunkt, da ich dies schreibe, lebt dort keiner mehr von ihnen.[20]

Die jüdischen Karäer (oder auch Karaiten bzw. Karaimen) aus Polen-Litauen, von denen nur noch eine Handvoll in Osteuropa lebt, sind eine weitere fragile ethnische Insel. Ihre Geschichte ist eine der seltsamsten von allen, ein Beweis dafür, wie wandelbar eine solche Identität sein kann, wenn man sie auf die Spitze treibt. Die Karäer, angeblich die kleinste Minderheit im gesamten Polen der Zwischenkriegszeit, hatten uralte Wurzeln, die bis ins Babylonien des 8. Jahrhunderts zurückreichten. Wie viele andere Splittergruppen begannen auch sie als Ketzer. Im Gegensatz zu den meisten anderen Juden hielten sich die Karäer allein an die Thora und lehnten den Talmud und die gesamte rabbinische Literatur, die ihm folgte, ab.

Sie spalteten sich von der Hauptströmung der jüdischen Religionspraxis ab und fanden in Konstantinopel und auf der Krim-Halbinsel eine neue Heimat, wo sie ihre eigene Stadt, Çufut Qale, hatten, deren Name auf Tatarisch «Judenfestung» bedeutet. Dort nahmen die Karäer eine neue Sprache an, einen Dialekt des Kiptschakischen, einer Turksprache, die die Mitglieder der Goldenen Horde sprachen.

Ab dem 14. Jahrhundert kamen erste Karäer ins Königreich Litauen. In den mittelalterlichen Städten Halytsch, Luzk und Trakai waren sie ihren rabbinischen Brüdern zahlenmäßig überlegen.[21] Im 20. Jahrhundert entwickelte sich Trakai zur geistigen und intellektuellen Hauptstadt der Karäer. In den 1930er Jahren gab diese winzige Gemeinde, die nicht mehr als achthundert Mitglieder zählte, mindestens fünf Zeitschriften heraus, die in drei verschiedenen Sprachen und Schriften erschienen. Im nahe gelegenen Vilnius waren die Karäer jedoch vor allem für ihre ungewöhnlich großen und süßen Gurken bekannt, von denen es hieß, sie kämen direkt aus dem Orient, und die sogar in Warschau begehrt waren.[22]

In Trakai, nur einen Tagesmarsch von Vilnius entfernt, sind heute noch die Überreste der karäischen Kenesa, der Synagoge, zu sehen. Kaum jemand betet dort. Von Anfang an waren die Karäer nicht zahlreich, und heute gibt es in Litauen nur noch wenige von ihnen. Die meisten von ihnen, die den Zweiten Weltkrieg überlebt haben, sind nach Israel ausgewandert. Diejenigen, die geblieben sind, haben sich an ihre Umgebung angepasst. Aber schon vor dem Krieg waren sich die Karäer nicht sicher, ob sie wirklich als Juden gelten konnten. Dieser Glaube begann gegen Ende des 19. Jahrhunderts zu gären, blühte aber erst im 20. Jahrhundert richtig auf, vor allem dank der Arbeit eines Mannes, Hajji Seraya Khan Shapshal. Im Jahr 1928 ernannten die polnischen Karäer Shapshal zum Hakham, zum Anführer der Gemeinschaft. Zu diesem Zeitpunkt hatte er bereits hart gearbeitet und eine noch ungewöhnlichere Geschichte für dieses außergewöhnliche Volk geschaffen.

Shapshals eigene Herkunft war außergewöhnlich genug. Er wuchs im karäischen Kernland der Krim auf und studierte an der Universität von St. Petersburg Orientalische Philologie. Nach seinem Abschluss wurde er Hauslehrer des jungen persischen Thronfolgers und brachte ihm Russisch bei. Während seines Aufenthalts in Teheran soll er auch für den Zaren spioniert und einen antidemokratischen Staatsstreich mitorganisiert haben. Als die Bolschewiken Russland übernahmen, richtete Shapshal in Çufut Qale eine karäische Bibliothek ein. Im russischen Bürgerkrieg geriet er ins Visier einer der konterrevolutionären Armeen und floh als Frau verkleidet nach Süden.[23] In Istanbul, wo er ebenfalls als Spion gearbeitet hatte, wurde er ein begeisterter Panturkist.

Während dieser ganzen Zeit blieb Shapshal auch immer ein Gelehrter, nie hörte er auf, seine Studien zu betreiben. Die Idee, die seine Arbeit stets leitete, war seine Überzeugung von den türkischen Ursprüngen der Karäer. Er glaubte, dass sie ethnisch gesehen gar keine Juden waren. Vielmehr seien sie Nachkommen des mächtigen Chasarenreichs, dessen Khane im 8. Jahrhundert n. Chr. zum Judentum konvertierten. In einem Artikel nach dem anderen versuchte er, den altaisch-türkischen Ursprung seines Volkes zu beweisen. Er legte dar, dass die Karäer in Wirklichkeit eher Soldaten als Gelehrte waren und dass ihre ursprüngliche Religion das Heidentum war. Wie die alten Türken verehrten sie den Himmelsgott Tengri, und wie die heidnischen Litauer beteten sie vor langer Zeit zu Bäumen.

Ich machte mich auf die Suche nach Spuren von Shapshal an dem Ort, an dem sich die Karäer erstmals in Litauen niederließen, der alten heidnischen Hauptstadt Trakai. Heute ist Trakai ein belebtes Touristenstädtchen, berühmt für seine Burg aus rotem Backstein, die auf einer der vielen Inseln einer amphibischen Seenlandschaft thront. Die Überreste der Altstadt, heute mit Kuranlagen aus der Sowjetzeit bestückt, liegen auf einer Landenge zwischen den beiden Ufern des Sees. Die mit Kopfstein gepflasterte Hauptstraße ist nach den Karäern benannt. Ihre Präsenz, die heute fast nur noch in der Erinnerung existiert, ist eine der Hauptattraktionen von Trakai. Ein karäisches Restaurant serviert angeblich karäische Gerichte wie Kibinai, Teigtaschen mit verschiedenen Füllungen, darunter auch – eher unkoscher – Schweinefleisch. Ein Pappgestell mit Loch für den Kopf ermöglicht es Passanten, sich in «karäischer Tracht» fotografieren zu lassen. Das karäische Gebetshaus, die

Kenesa, ein gedrungener, herbstlich gelber Würfel unter einem pyramidenförmigen Dach aus gemustertem Blech, ist für Besucher geschlossen.

Das Karäermuseum nebenan war jedoch geöffnet. Es ist nach Shapshal benannt und seinem Andenken gewidmet, wird aber nur selten besucht. Auch so gut wie alle Ausstellungsstücke stammen aus der Privatsammlung von Seraya Shapshal. Es gibt Fotos von karäischen Versammlungen, karäische Zeitschriften aus den 1930er Jahren in einem halben Dutzend Sprachen und Souvenirs aus Paris und Eupatoria, polnische Rechtsdokumente, alte Kalender und wunderschöne alte Teesets und Tassen, um daraus karäischen Schnaps zu trinken. Schaufensterpuppen tragen karäische Kostüme, sowohl solche, die in Polen-Litauen üblich waren, als auch solche, an die man sich auf der Krim erinnert.

In einem Raum waren verschiedene Gegenstände aus Shapshals Sammlung ausgestellt: ein Schild aus Elefantenhaut aus dem Sudan, Pfeil und Bogen aus Kenia, persische Schwerter und eine komplette Samurai-Rüstung. Ich bin schnell daran vorbeigelaufen. Schließlich hatten diese Dinge, wie mir die freundliche Dozentin erklärte, nichts mit den Karäern zu tun. Erst später wurde mir klar, dass diese Gegenstände der Schlüssel zu Shapshal waren. Für diesen Mann mit den vielen Identitäten und Gesichtern, den ehemaligen Royalisten, Hauslehrer und Spion, war die Geschichte vom heidnisch-türkischen Ursprung der Karäer nur das letzte einer Reihe von Kostümen. Wie die japanischen Brustpanzer und Kettenhemden, die er sammelte, war sie als Rüstung gedacht, und eine Zeit lang hatte sie auch als solche funktioniert – bis sie es nicht mehr tat. Als die Nazis 1941 in Vilnius eintrafen, akzeptierten sie seine These von der «rassischen» Besonderheit der Karäer. Sie erklärten sich bereit, so viele zu verschonen, wie es unter den Umständen möglich war. Damit jedoch keine anderen Juden diese Identität als Schutz geltend machen konnten, verlangten sie von Shapshal eine Liste aller Karäer im Lande. Anschließend brachten sie die meisten Karäer trotzdem um – ohne Rücksicht auf die ethnische Zugehörigkeit.[24]

Shapshal überlebte bis zur Ankunft der Sowjets. Er fand Arbeit in einer Kolchose, die sich auf den Anbau von Gurken spezialisierte – die besonders süßen Gurken der Karäer, deren Süße aus Indien stammte und die Jahrhunderte zuvor direkt von der Krim nach Litauen gebracht worden waren, zusammen mit Säcken wertvoller, nährstoffreicher Erde, einst gesammelt unter den weiten Eichen des Tals von Jehoshaphat ganz in der Nähe von Çufut Qale, der Judenfestung.

KAPITEL 7

WANDERER

Bewegung ist das beständige Prinzip Osteuropas – Bewegung von Menschen, Bewegung von Religionen, Bewegung von Ideen. Das ist auch der Grund, warum die Bevölkerungskarten Osteuropas, insbesondere die alten, so ungeordnet aussehen wie marmorierte Rindfleischscheiben oder eine Tasse Kaffee, bevor sich die Sahne ganz aufgelöst hat. Die Wanderungsbewegungen, die zur Entstehung der westeuropäischen Nationen führten, liegen weit in der Vergangenheit. In Osteuropa haben sie nie aufgehört. Als die Westgoten und Franken, Sachsen und Jüten des Westens bereits ferne Erinnerung waren, kamen immer noch nomadische Kumanen und Petschenegen aus der Steppe. Zu Mozarts Zeiten führten die Tataren in der Gegend um Lemberg nach wie vor große Raubzüge um Sklaven durch. Erst Katharina die Große konnte ihnen schließlich Einhalt gebieten.

Die Kriege an den Rändern der Reiche führten zu einem ständigen Strom von Gefangenen und Flüchtlingen, die über die Grenzen flohen. In den verlassenen Gebieten versuchten schon bald Landwirtschaft treibende Siedler ihr Glück auf dem brachliegenden Boden. Rasch schlossen sich ihnen Mitglieder der Handelsdiaspora an. Einige übten spezielle Berufe aus, wie die sächsischen Bergleute in Siebenbürgen oder die schottischen Büchsenmacher und Chirurgen in Polen-Litauen.[1] Andere, wie die Armenier und Juden, erbrachten allgemeinere Dienstleistungen in Handel, Bankwesen und Handwerk.

Mit der Zeit wurden Angehörige all dieser Gruppen sesshaft. Es gab jedoch auch Gruppen von Menschen in Osteuropa, die ihre Wanderschaft nie beendeten und deren Identität untrennbar mit ihrer Mobilität verbunden war. Dazu gehören solche, für die das Wandern eine Lebensform war, wie die huzulischen und vlachischen Hirten in den Karpaten und in den Gebirgsregionen des Balkans; solche, denen das Unterwegssein eine Quelle religiöser Inspiration war, wie jüdische und christliche Pilger und wandernde Sufis; und solche, die das Reisen zum Beruf machten, wie Hausierer, wandernde Handwerker, Minnesänger und Barden. Und schließlich waren da die größten Wanderer von allen: die Volksgruppen hauptsächlich der Sinti und Roma, seit ihrer Ankunft auf dem Balkan vor einem Jahrtausend ein fester Bestandteil des osteuropäischen Lebens.

Trotz ihrer Bedeutung wird über die Wanderer kaum gesprochen. Da sie zwischen den Staaten umherziehen, haben sie es weitgehend vermieden, in die offizielle Geschichtsschreibung aufgenommen zu werden. Und doch sind sie lebenswichtig. Zusammengenommen sind diese Wanderer die großen Befruchter und Hybridisierer der osteuropäischen Kultur. Über Jahrhunderte haben sie Melodien, Traditionen, Volkssprachen und Geschichten über die Grenzen hinweggetragen.

Die älteste Form des Nomadentums in Osteuropa hat ihren Ursprung in der Beziehung zwischen Mensch und Tier. Weidetiere wie Kühe, Schafe und Ziegen sind unablässig auf der Suche nach neuen Weidegründen. Die Menschen, die sie züchteten, lernten, ihren Bewegungen in einem Mobilitätsmuster zu folgen, das als Transhumanz bezeichnet wird. Meistens war das Ganze eine Sache der Höhenlage: Im Frühjahr, wenn das Gras grün und üppig wurde, ging es hinauf in die Berge, im Herbst, wenn die Luft scharf und kalt wurde, hinunter in die Täler.

In den Karpaten und auf dem Balkan diktierten uralte Bräuche die Bewegung von Herden und Menschen zwischen dem Hochland im Sommer und dem Tiefland im Winter. Bei den Huzulen in der Ukraine war die Bewirtschaftung der Sommerweiden eine heilige Aufgabe. Nur Männer durften sich daran beteiligen, und über die gesamte Saison wachte eine ewige, heilige Flamme, die niemals erlöschen durfte. Im hügeligen Grenzgebiet zwischen der östlichen Herzegowina und Montenegro verbrachten ganze Familien den Sommer mit ihren Rindern, Schafen und Ziegen in der Berghirtengemeinschaft (*katun*) an den Hängen des Zelengora.[2] Der Ausflug in die Berge begann Mitte Juni und dauerte bis Ende August. Viele schweißtreibende Tage brauchte man, um die Hochweiden zu erreichen. Angeführt vom *domaćin*, dem gewählten Oberhaupt der Berggeher, nahm dieser Zug aus blökenden Rindern, Frauen und Kindern lieber «vernachlässigte Abschnitte einer alten römischen Straße» statt einer modernen, um Gendarmen und Zöllner zu umgehen.[3] Sobald sie oben waren, wurde das Leben entspannter. Morgens wurden die Tiere gemolken, abends wurde Käse hergestellt. So blieb tagsüber viel Zeit zum Schnitzen, Wandern und Träumen. Die Hirten konnten Orte durchqueren, an die sich nur wenige andere trauten. In den gebirgigen Landschaften, wie sie in den Küstenregionen Kroatiens, Montenegros und Albaniens vorherrschen, waren sie daher natürliche Kaufleute. Vom Mittelalter bis ins 20. Jahrhundert hinein lag der größte Teil des Karawanenhandels in diesem Teil des Balkans in den Händen der Vlachen.

Die Vlachen oder Aromunen sind ein Diasporavolk, das weit über den Balkan verstreut lebt. Die meisten Vlachen sind orthodoxe Christen und haben die Gebiete, die sie besiedelten, allesamt kulturell stark beeinflusst. Ursprünglich sprachen sie eine romanische Sprache, die eng mit dem Rumänischen verwandt ist, übernahmen aber oft auch die Sprache ihrer Nachbarn, sei es nun Griechisch, Bulgarisch, Serbisch oder Albanisch. Traditionell arbeiteten die Vlachen als Hirten und zogen weit über die Hochebenen Osteuropas, von den Karpaten an der polnisch-tschechischen Grenze bis zu den Hochebenen Mazedoniens. Zudem lebten sie vom Handel. Sie waren Meister im Transport von Waren über Gebirgspässe und verknüpften so die entlegenen Innengebiete der Balkanhalbinsel mit den Häfen an der Adriaküste. Auf diese Weise wurden sie reich. Vor dem 20. Jahrhundert waren viele der wohlhabendsten Kaufmannsfamilien auf dem Balkan Vlachen.

Die Mechanisierung des Verkehrs und das Ende der Imperien raubten ihnen einen Großteil ihres wirtschaftlichen Vorteils, während der aufkommende Nationalismus viele Vlachen dazu zwang, sich einer dominanten Kultur anzupassen. Es gibt jedoch Orte, an denen das kulturelle Erbe der vlachischen Diaspora noch immer zu spüren ist. Der vielleicht bedeutendste ist ein kleines Dorf namens Voskopojë in Albanien. Es liegt auf über tausend Metern Höhe, und man erreicht es, indem man eine schmale Straße durch eine unwegsame Schlucht oberhalb der Stadt Korçë hinaufsteigt. Voskopojë selbst liegt in einem wunderschönen Tal, umgeben von hohen, mit Kiefern und Tannen bewachsenen Bergen.

Heute leben in Voskopojë nicht mehr als ein paar hundert Menschen mit ein paar Ziegen und vielen bunt bemalten Bienenstöcken. Vor dreihundert Jahren jedoch konnte man hier eine Stadt erleben, die als Moscopole bekannt war. Diese «Stadt der Hirten» war zu ihrer Blütezeit im 18. Jahrhundert eines der größten Handelszentren auf der Balkanhalbinsel. Ihre Kaufleute reisten bis nach Saloniki, Dubrovnik, Venedig und Leipzig. Zu Hause kümmerten sich vierundzwanzig Kirchen und mehrere Klöster um die Seelen der Menschen. Ein Waisenhaus sorgte für elternlose Kinder.

Viele jener Kirchen sind heute noch vorhanden, die meisten aber mangels Gemeindemitgliedern mit Vorhängeschlössern versperrt. Sie enthalten prächtige Fresken im spätbyzantinischen Stil – Ausfluss einer enormen intellektuellen und künstlerischen Blüte, die um 1750 in diesen Bergen stattfand. In jenen Jahren war Moscopole ein wichtiges Zentrum der Bildung, auch Geld zog die Stadt an. Eine griechische Schule, die Neue Akademie, unterrichtete die Kinder der Kaufmannselite. Eine Druckerei – eine der wenigen in diesem Teil der Welt – sorgte für Bücher und Bildung.

***

1789 machte ein verheerender Überfall muslimischer albanischer Soldaten im Dienste von Ali Pascha von Janina, einem Räuberhauptmann und zeitweiligen osmanischen Beamten – zu seiner Zeit als «muslimischer Bonaparte» bekannt –, der Bedeutung von Moscopole ein Ende.[4] Als ich Voskopojë im Sommer 2019 besuchte, waren von der Druckerei und der Akademie nur noch ein paar Steine übrig, aufgehäuft hinter einem Hühnerstall. An der St.-Nikolaus-Kirche, einer der schönsten der Stadt, traf ich auf ein paar andere Besucher, zwei ältere Ehepaare, ein deutsches und ein französisches. Um in das Gotteshaus zu kommen, riefen wir den zuständigen orthodoxen Priester auf seinem Handy an. Als er ankam, konnte zunächst niemand den anderen verstehen, bis wir entdeckten, dass die beiden Deutschen aus Reutlingen ursprünglich Sachsen aus Braşov in Siebenbürgen waren. Als sie den Pfarrer auf Rumänisch ansprachen, antwortete er in fließendem Arromâni, das in ihren Ohren wie ein alter rumänischer Dialekt klang. Der Pfarrer erzählte, er habe einen Sohn in Mainz und eine Tochter in Trier. Nur wenige junge Leute, so ließ er uns wissen, blieben noch in den Bergen.

Gehörten die Straßen im Hochland den Hirten und ihren Herden, so gehörten die Straßen im Tiefland den Bettlern. Auf der Straße zu leben, ohne eigene Herde oder ein eigenes Tier, bedeutete, auf die Gnade anderer angewiesen zu sein. Bettler verdienten jedoch Respekt, denn man wusste nie, wer sie womöglich waren. Man glaubte, dass Propheten wie der jüdische Elija oder Chidr, der unsterbliche «Grüne» aus der islamischen Mythologie, als Bettler verkleidet auf der Erde umherzogen, um Segen zu spenden und

St. Georg in Voskopojë, Albanien. Der Bau lässt noch erahnen, dass das damalige Moscopole bis Mitte des 18. Jahrhunderts eine blühende, gelehrte Stadt der christliche Aromunen war, gelegen in ansonsten muslimischem Gebiet.

den Armen zu helfen.[5] So einen Segen wollte man sich nicht versehentlich entgehen lassen.

In den Städten lebten akkreditierte Almosenempfänger, die der Bettlerzunft angehörten, aber es gab auch solche, die ihr Glück lieber auf der Wanderschaft suchten. In Litauen gehörten um die Jahrhundertwende die meisten dieser mobilen Bettler zu einer einzigen Großfamilie, den Bezruchkas, deren Name auf Russisch «denen eine Hand fehlt» bedeutet. Ihr Gründungspatriarch hatte zahlreiche Kinder, die alle mit anderen Bettlern verheiratet wurden. Der Ur-Bezruchka fuhr diese Kinder in einem Wagen von Stadt zu Stadt, um sich zu ernähren. Als er zu alt wurde, um weiterzumachen, teilte er Litauen unter seinen Söhnen und Schwiegersöhnen auf und übertrug jedem ein Gebiet, in dem er betteln durfte.[6]

Armut konnte Schicksal sein, aber auch eine Berufung. Die inspiriertesten Bettler Osteuropas waren die Sufi-Derwische auf dem Balkan. Sie gaben alles auf, was sie besaßen, um ein Leben außerhalb der regulären Grenzen der Gesellschaft zu führen – ein Weg, der zu gleichen Teilen Entsagung und Exzess verhieß.

Wie die Bettelmönche Westeuropas lebten die wandernden Sufis ausschließlich von Almosen. Schon das Wort «Derwisch» bedeutet im Persischen «arm» oder «mittellos» (die arabische Entsprechung ist *fakir*). Sufi-Derwische trugen all ihre irdischen Besitztümer bei sich. Dazu gehörten in der Regel eine Bettelschale, ein Beutel, ein Löffel, ein Gürtel, eine Glocke, eine Nadel, ein Feuerstein, ein Rasiermesser, eine Kerze, ein Beil und eine Keule.[7] Außerdem hatten sie in der Regel mindestens ein Musikinstrument dabei, meist ein Tamburin oder eine Trommel. Normalerweise konnte man eine Gruppe von Derwischen hören, lange bevor man sie zu Gesicht bekam.

Nur Männer wurden Derwische. Ihre Kleidung variierte von Gruppe zu Gruppe. Die meisten waren barfuß unterwegs; einige trugen Lendenschurze oder grobe Wollmäntel, die traditionelle Kleidung der Parias im Dorf. Andere liefen völlig nackt herum. Die Abdäl von Rum, Mitglieder des auf dem Balkan am weitesten verbreiteten Derwischordens, kleideten sich ausschließlich in Tierfelle, um ihre Distanz zur Gesellschaft zu signalisieren. Die Kopfbedeckungen der Derwische, die von hohen, konischen Mützen bis hin zu mit Quasten versehenen Tarbuschen mit flachem Deckel reichten, vermittelten ebenfalls die Botschaft, dass sie außerhalb der vorgeschriebenen Ordnung des sesshaften Lebens standen. Das schockierendste Element im Erscheinungsbild der Derwische war jedoch die Art und Weise, wie sie ihr Haar stylten. Die meisten rasierten sich die Haare, den Bart, den Schnurrbart und die Augenbrauen in einer Art und Weise ab, die man die «vier Schläge» nennt.[8] Das war ein zutiefst regelwidriger Akt. Der Prophet Mohammed selbst hatte das

Tragen von Bärten und Schnurrbärten vorgeschrieben. Der Verzicht auf Gesichtsbehaarung bedeutete demnach den Verlust aller Ehre und allen Status. Doch genau so wollten die Derwische es haben.

Auf den Straßen des muslimischen Europas waren verschiedene Gruppen von Derwischen anzutreffen. Jede von ihnen hatte ihre spezifischen Accessoires. Die Haidari trugen gerne Eisenringe um ihre Gliedmaßen und banden sich eine lange Eisenkette um die Brust. Noch verblüffender ist, dass einige Beobachter behaupteten, sie würden ihren Penis mittels eines Eisenrings oder einer Eisenscheide gefangen halten, damit er sich nicht danebenbenahm. Weniger keusch, aber vielleicht noch einschüchternder waren die Abdāl von Rum, die stets langstielige Äxte mit sich führten. Sie brannten sich Flecken auf die Schläfen und tätowierten sich das zweiklingige Schwert von Ali, dem Schwiegersohn Mohammeds, auf die Brust, oder auch Bilder von gewundenen Schlangen auf die Arme.

Jeder Abdāl trug zwei Lederbeutel bei sich, einen für Feuerstein und einen für Haschisch. Gerade Haschisch spielte im Leben der Derwische eine große Rolle. Waren die Nacktheit und die Kahlköpfigkeit der Derwische eine Möglichkeit, die Last der Welt abzustreifen, so war Haschisch, besonders in Verbindung mit Musik, ihr Tor zur Ekstase. Die Abdāl glaubten, der Konsum von Haschisch würde ihnen dabei helfen, die wahre, verborgene Natur der Wirklichkeit zu erkennen und dadurch etwas vom verlorenen Glanz des Lebens im Paradies zurückzugewinnen. Nach einer langen Zeit des Tanzens, Rauchens und Essens legten sie sich zum Schlafen auf den nackten Boden. Wenn sie durch den Klang eines Horns erwachten, war es, als hätte der Erzengel Israfil sie vom Tode erweckt.[9] So war jeder Morgen eine Auferstehung, so wie jede Nacht einen Abstieg ins Grab bedeutete.

Der Kult der Abdāl entstand um das 13. Jahrhundert herum in Zentralasien. Ein Sufi-Meister namens Otman Baba brachte sie Mitte des 15. Jahrhunderts nach Europa. Laut einer von einem seiner

Anhänger verfassten Biografie stammte Otman Baba aus Chorasan in Persien, nahe der Grenze zu Afghanistan. Er kam im Gefolge von Tamerlans Armeen nach Anatolien, von wo aus er mit einigen hundert seiner engsten Anhänger die Hochebenen Kleinasiens und des Balkans durchwanderte. Er wurde über hundert Jahre alt und verbrachte die meiste Zeit davon nackt. Sein Grab befindet sich in Südbulgarien, an der Straße zwischen Chaskowo und Charmanli. Es wurde um eine grüne Quelle herumgebaut. Ein Ort tiefer Ruhe: Man muss die Augen schließen und die Ohren spitzen, um noch eine Ahnung der verstorbenen Derwische wahrzunehmen, das Rasseln ihrer Ketten, das schrille Dröhnen ihrer Hörner.

***

Musiker mussten schon immer reisen. Nur wenige Gemeinschaften konnten eine Musikgruppe dauerhaft aushalten. Ein Dorf hätte Mühe gehabt, auch nur einen einzigen Musiker zu beschäftigen. In der Ukraine dominierten vor allem zwei Arten von Spielleuten die Szene. Das waren die *kobzary*, die zur Begleitung einer Kobsa genannten Laute sangen, und die *lirnyki*, die begleitet von einer Drehleier sangen. Das Repertoire der beiden Gruppen war ähnlich: religiöse Lieder und Bettellieder, Lieder über Gerechtigkeit und Ungerechtigkeit sowie satirische Lieder. Sie sangen zudem Epen über die Kosakenkriege des 17. Jahrhunderts und kürzere Lieder über Gefangene in türkischen Gefängnissen und über Frauen, die durch den Krieg zu Witwen geworden waren. Sie waren es, die das berühmte Lied von Baida, dem Kosaken, vortrugen, der in Istanbul an einem Fleischerhaken aufgehängt wurde, es aber dennoch schaffte, den Sultan zu verspotten.

In der Ukraine wie in weiten Teilen des Balkans war die Musik eine Form des lizenzierten Bettelns. Wie die Derwische lebten auch die Musikanten von der Bettelschale. Im Gegensatz zu den Derwischen war ihr Betteln jedoch eine ausgesprochen strukturierte Tätigkeit. Sowohl die *kobzary* als auch die *lirnyki* waren in einer Zunft organisiert, für die jeweils ausgefeilte Regeln galten. Die Zunft wies den Musikern je eigene Gebiete zu und regelte die Ausbildung neuer Lehrlinge sowie die Weitergabe des geheimen Wissens, das den Kern des Handwerks der Spielleute ausmachte. Zu diesen Geheimnissen gehörte auch eine verschlüsselte Sprache, die sogenannte *lebiiska mova*, die nur den Mitgliedern der fahrenden Spielmannszunft bekannt war. Diese «Fachsprache» basierte auf einem Kernwortschatz aus transponiertem Ukrainisch, der mit Wörtern aus dem Griechischen, Rumänischen, Ungarischen, Türkischen, Hebräischen, Russischen und sogar Schwedischen angereichert wurde, woraus eine echte Geheimsprache entstand, die nur Eingeweihten verständlich war.

Wer die Bedeutungen dieser Geheimsprache offenlegte, verstieß gegen das Zunftrecht. Es gab jedoch eine Kardinalregel, die im Kodex der Volkssänger über allen anderen stand, nämlich dass alle *kobzary* und *lirnyki* blind sein mussten. Und blinde Spielleute brauchten sehende Führer, die sie auf ihren Fahrten begleiteten. Die Sänger hatten zwar festgelegte Gebiete, in denen sie betteln durften, aber sie unternahmen auch Reisen zu Stadtfesten und auf Jahrmärkte, die sie bis nach Galizien, Belarus und Russland führten. Überall und immer aber blieb die Macht der Zunft bestehen. Eine Art Ober-Zunft regelte die wichtigsten Angelegenheiten sämtlicher blinden Bettler der Ukraine. Sie hatte nach dem Vorbild des russischen Militärs ihre eigenen Offiziere und Unteroffiziere sowie eine eigene Schatzkammer. Diese übergeordnete Zunft traf sich jedes Jahr im Frühjahr in einem Wald südlich von Kiew, wo ihre Führung sich zu geheimen Gerichten versammelte, um Streitigkeiten zu schlichten und Entscheidungen über strittige Feinheiten im Zunftrecht zu treffen.[10]

Die Tätigkeit als Führer eines solch blinden Sängers war mit

Verlockungen verbunden, die einen in Konflikt mit diesen Regeln bringen konnten. Einer dieser Führer, Oleksander Dimnych, war ein Waisenkind, das die Musik und das Leben als wandernder Spielmann liebte. Er wollte unbedingt ein *lirnyk* werden, aber zu seinem Pech konnte er sehen. Trotzdem gelang es Oleksander, sich einige Lieder beizubringen. Schlimmer aber war: Er brachte einige dieser Lieder einem anderen Kind bei. Das war ein schweres Vergehen. Wer einem Sehenden die Spielmannskunst, die *nauka*, beibrachte, musste mit einem vollständigen Bettelverbot rechnen. Für die blinden Volkssänger eine schreckliche Strafe, die praktisch einem Todesurteil gleichkam. Als Sehender war Oleksander nicht der gleichen Gefahr ausgesetzt. Dennoch erwischte ihn eine Gruppe von Spielleuten und verprügelte ihn fürchterlich. Oleksander gelang die Flucht, und er entkam seinen Verfolgern, die ihn durchs Land jagten; ein Zweiäugiger im Land der Blinden zu sein hatte nun einmal gewisse Vorteile.[11] (Dimnych ließ sich im Übrigen von den Schlägen nicht einschüchtern. Er trat jahrelang kostenlos auf, heiratete später eine blinde Frau und nahm sich einen Blindenführer, nur damit die Öffentlichkeit ihn als wandernden Volkssänger akzeptierte.)

Diese Volkssänger erfüllten in einer Welt ohne Musikaufnahmen und Massenunterhaltung eine wichtige Funktion. Die technische Entwicklung stellte deshalb eine Bedrohung für diese Ordnung dar. Das Ende der Spielmannszünfte kam jedoch nicht durch die Modernisierung, sondern wurde von oben verordnet. Einer weit verbreiteten Geschichte zufolge liquidierte Stalin die Spielleute, indem er sie zu einer Konferenz nach Charkiw lockte, wo sie allesamt erschossen wurden.[12] Diese Geschichte scheint apokryph zu sein, da die kursierenden Daten für die verhängnisvolle Konferenz zwischen 1933 und 1940 liegen und keine Augenzeugen überlebt haben, die das Ereignis beschrieben hätten. Doch auch wenn kein Dokument gefunden wurde, das beweist, dass ein solches Massaker von oben angeordnet wurde, so steht doch fest, dass es 1940 in der Ukraine praktisch keine lebenden Spielleute mehr gab. Sie waren entweder alle der großen Hungersnot der frühen 1930er Jahre zum Opfer gefallen oder wurden während der großen Säuberung, die 1937/38 in der Sowjetunion stattfand, wegen Förderung des ukrainischen Nationalismus hingerichtet.

***

Die «Zigeuner», wie die Sinti und Roma lange Zeit undifferenziert und meist abwertend genannt wurden, sind der Inbegriff der Wanderer in Osteuropa. Kein anderes Volk – vielleicht auf der ganzen Welt – ist so eng mit dem Leben auf der Straße verbunden. Aber woher kommen sie, und wie sind sie nach Europa gekommen? Im 18. Jahrhundert stellten Philologen anhand ihrer Sprache fest, dass sie vom indischen Subkontinent stammen mussten – möglicherweise aus Rajasthan im wüstenhaften Norden. Der Zeitpunkt ihres Weggangs scheint zwischen dem 8. und 10. Jahrhundert n. Chr. gelegen zu haben. Einige haben vermutet, dass dieser Exodus mit der muslimischen Invasion von Sindh oder der byzantinischen Eroberung von Antiochia ein Jahrhundert später zusammenhängen könnte, aber das ist Spekulation. Wie bei den Slawen vor ihnen verlief der Weg von ihrem Ursprungsort aus in völliger Dunkelheit.

Die ersten Erwähnungen von «Zigeunern» in schriftlichen Quellen stammen aus dem 11. Jahrhundert. 1054 tauchte in Konstantinopel eine Gruppe von Menschen namens Athingani auf.[13] Sie hatten keinen festen Wohnsitz, waren aber in den Künsten der Magie und des Hellsehens bewandert. Der byzantinische Kaiser beauftragte sie, seine Privatgärten von wilden Tieren zu befreien, was ihnen mithilfe von Gift gelang. Dieselben Athingani tauchen im darauffolgenden Jahrhundert sporadisch in byzantinischen Quellen auf, meist mit Schlangen in der Hand und irgendwie ins Geschäft der Wahrsagerei verwickelt.

Ob es sich dabei wirklich um «Zigeuner» handelte, bleibt umstritten, doch zu Beginn des 14. Jahrhunderts lassen sie sich schließlich mit einiger Sicherheit auf verschiedenen griechischen Inseln nachweisen. Einige Jahrzehnte später tauchten sie auch auf dem übrigen Balkan regelmäßig auf. In den 1390er Jahren schenkten die Fürsten Moldaus und der Walachei (die beiden Königreiche, die zusammen mit Siebenbürgen den Großteil des heutigen Rumäniens ausmachen) den rumänischen Klöstern regelmäßig Hunderte von «Zigeunersklaven». Ob es sich dabei um Kriegsgefangene handelte oder ob sie zuvor von den Tataren oder Türken versklavt worden waren, ist ungewiss. Ihre Zahl scheint jedoch zugenommen zu haben, denn 1445 brachte Vlad II. Dracul, Fürst der Walachei und Vater des legendären Grafen Dracula, nach einem erfolgreichen Überfall auf das von den Osmanen kontrollierte Bulgarien einige Tausend Sklaven mit, die «wie Ägypter» aussahen.[14]

So viel zur geschriebenen Historie. Die wahre Geschichte der Roma findet sich in ihrer Sprache. Der Kern ihres Wortschatzes und ihrer Grammatik stammt aus Indien. Viele ihrer Wörter haben Wurzeln, die bis ins Sanskrit der Veden zurückreichen. Das Romani-Wort für Kirche, *khangeri*, stammt aus dem Sanskrit und bedeutet «Turm»; das Sanskrit-Wort für Kreuz kommt von«Dreizack»; und das Wort für Priester, *rashai*, leitet sich von *rishi* ab, was im Sanskrit «Sänger» bedeutet. Wenn also ein Roma-Mann oder eine Roma-Frau in einer Kirche die Messe hört, lauscht er oder sie etymologisch gesehen einem Sänger, der in einem Turm vor einem der uralten Symbole des Gottes Schiwa auftritt. Die Zahl solcher sprachlichen Erbschaften ließe sich unendlich fortsetzen. Das wirklich Bemerkenswerte am Romani ist jedoch die Art und Weise, wie es als Schwamm für Wörter aus anderen Sprachen fungiert hat. Die vielen Entlehnungen, die über zwei Dutzend Dialekte verstreut sind, bilden ein Palimpsest, das Jahrhunderte der Migration und des Wandels nachzeichnet. Ein Romani-Wörterbuch ist daher nicht nur ein Verzeichnis von Wörtern, sondern ein Atlas.

Die tiefste Schicht dieser Entlehnungen stammt aus dem Persischen, von dem das Romani seine Wörter für Stern, Honig, Glück und Sünde hat. Das Armenische fügte die Begriffe für Ofen, Herz und Pferd hinzu. Das Griechische hinterließ einen besonders starken Abdruck, der von den Jahren im Schoß des byzantinischen Reiches zeugt. Es steuerte die Namen für unzählige grundlegende Dinge bei, wie Himmel, Suppe, Großvater und Straße. Der Kontakt mit den slawischen Sprachen des Balkans begann früh und hielt lange an; zu seinem Erbe gehören die Wörter für Bett, Scheune und die Farbe Grün.

Das Türkische hinterließ vergleichsweise geringe Spuren bei den Roma, fügte aber ein Wort von besonderer Bedeutung hinzu – das Wort für Wald, *vesh*. Dem Türkischen verdanken wir zudem einen der besten Hinweise darauf, wann und warum die Roma Indien überhaupt verlassen haben könnten. In den Dialekten des Romani, die auf dem Balkan gesprochen werden, lautet das Wort für «Türke» oder «Muslim» *koraxaj*.[15] Dieser Begriff geht auf die Karachaniden zurück, den Namen einer Dynastie, die zwischen dem 9. und 12. Jahrhundert über Zentralasien herrschte, bevor sie von Dschingis Khan ausgelöscht wurde. Wahrscheinlich waren die Karachaniden die ersten Muslime, denen die Roma beim Verlassen des indischen Subkontinents begegneten. Vielleicht dienten sie in ihren Armeen oder spielten in ihren Lagern Musik.

Was auch immer ihr wahrer Ursprung sein mag: Erst im 15. Jahrhundert tauchten Gruppen von Roma in Europa außerhalb des Balkans auf. Zunächst war man sich nicht sicher, was man von ihnen halten sollte. Sie kamen in Gruppen von fünfzig bis zu einigen hundert Personen, die auf edlen Pferden ritten und schwer beladene Wagen hinter sich herzogen. Die Fremden waren dunkelhäutig und trugen farbenfrohe Kleider sowie Ohrringe. Sie konnten aus der

Hand lesen und wahrsagen. Auf die Frage, woher sie kämen, antworteten sie, sie seien vom Islam konvertiert und vom Papst auf eine Pilgerreise (die 70 Jahre dauerte!) geschickt worden, um für die Zeit zu büßen, die sie mit der Anbetung des falschen Gottes der Sarazenen verbracht hatten.

Diese Geschichte war wie geschaffen, um die Herzen der mittelalterlichen Christen zu erobern, und sie ließ sich offensichtlich auch beweisen. Die meisten Roma-Gruppen im mittelalterlichen Europa führten beeindruckend aussehende Dokumente mit sich, die mit Siegeln von Päpsten, Königen und Kaisern versehen waren und die Wahrheit der Geschichte bezeugen sollten. Mehr als ein Jahrhundert lang wirkte dieser Schwindel wie ein Zauber. Städte von Augsburg bis Sevilla hießen die Neuankömmlinge mit Nahrung und Unterkunft willkommen. Doch allmählich nutzte sich diese Finte ab, und die westeuropäischen Länder begannen, die Fremden zu vertreiben.

Osteuropa schaltete langsamer. Das Königreich Polen war eines der letzten Länder, das eine Gruppe von Pilgern aus «Klein-Ägypten» aufnahm. Sie kamen 1542 an, angeführt von einem Mann namens Peter Rotemberg, der sich als Ritter und Graf ausgab. Er hatte einen Brief des Erzbischofs von Lyon bei sich, in dem die vom Papst auferlegte Buße beschrieben war und in dem es hieß, alle, die Peter und seinen «Philistern» halfen, würden die Absolution für ihre Sünden erhalten.[16]

Da sich zufällig ein Bündel von Dokumenten, die sich auf Peter und seine Gruppe beziehen, erhalten hat, können wir ihre Reise durch Polen und Litauen in den nächsten zwanzig Jahren verfolgen, als sie in einem großen Kreis um die Grenzen der Union zogen und mit ihrer Wagenkolonne von Krakau nach Estland und wieder zurück fuhren. Auf diesen Reisen wurden sie von Stadtvätern, Bischöfen und mächtigen Adligen mit offenen Armen empfangen. Doch allmählich begann Peters Einfluss auf sein Volk zu schwinden.

Die «Philister» gerieten zunehmend in Not und Elend. Immer mehr suchten einfach das Weite. Einige schlichen sich mitten in der Nacht davon, um eigene Wagenzüge zu gründen. Andere machten sich mit Peters Silbergeschirr und Pferden aus dem Staub.[17] Auf vergilbten Pergamentrollen können wir Peter so sehen, wie er den Menschen um ihn herum erschien: immer einsamer, die Höfe um Hilfe bei der Verfolgung seiner flüchtigen Freunde anflehend, nicht länger ein Graf oder Ritter oder gar ein Pilger, sondern schlicht ein «Zigeuner» wie viele andere.

In den darauffolgenden Jahrhunderten ließen sich viele Roma in der Polnisch-Litauischen Union nieder, vor allem in deren östlicher, litauischer Hälfte. Dort fanden sie allgemeine Akzeptanz, insbesondere in der Anfangszeit. Das Königreich war ein Mosaik an verschiedenen Glaubensrichtungen, Sprachen und Religionen, in dem die Roma nicht sonderlich auffielen. Die meisten beendeten ihr Nomadendasein, ließen sich in Dörfern nieder und machten Karriere als Handwerker und Bedienstete.[18] Einige arbeiteten für die Radziwiłłs, die schon erwähnte unermesslich reiche litauische Adelsfamilie mit gewaltigem Hunger nach Macht und Vergnügen.

Die Radziwiłłs sehnten sich danach, Könige zu sein. Ihre adligen Standesgenossen beneideten sie um ihren Reichtum und ihren Einfluss und gestatteten ihnen deshalb nie, den polnisch-litauischen Thron zu besteigen. Angesichts dieser politischen Frustration tat sich die Familie in anderen Bereichen hervor, etwa bei der Ausbildung von Tanzbären. Während des gesamten 18. Jahrhunderts stammten die bestausgebildeten Tanzbären Europas aus einer einzigen Quelle: der Bärenakademie in Smarhoń, im heutigen Belarus. Smarhoń war eine von Dutzenden Städten, die sich im Besitz der Radziwiłłs befanden. Tatsächlich war es weniger eine Stadt als eine Ansammlung von über den Wald verstreuten Siedlungen, in denen Weißrussen, Polen, Juden, Tataren, Sinti und Roma lebten. Die Akademie selbst befand sich in der Skoromokh – der Narrenstraße.

Jedes Jahr wurden Dutzende von Bärenjungen aus den Radziwiłł-Wäldern, die zu jener Zeit ein unvorstellbar großes Gebiet umfassten, in die Akademie geschickt. Die Roma dort bildeten diese Bären aus und unterrichteten auch Bärenschüler von Privatleuten, die für die Dauer ihres Aufenthalts für Kost und Logis ihrer Schützlinge aufkommen mussten. Den Bären wurde nicht nur das Tanzen beigebracht, sondern auch die Rolle des Dieners – sie brachten Wasser an den Tisch, spielten Kellner beim Abendessen und führten viele andere Kunststücke vor.

Eines der berühmtesten Kunststücke, das die Bären der Smarhoń-Akademie vollführten, findet sich am Ende des 18. Jahrhunderts. Damals gehörten die Schule und die Stadt dem Fürsten Karol Radziwiłł, der im Volksmund als «Panie Kochanku» oder «Mein lieber Herr» bekannt war. Er war ungeheuer reich und besaß sechzehn Städte, sechshundertdreiundachtzig Dörfer und fünfundzwanzig Wälder sowie ein schönes Haus in Paris. Fürst Karol war freigebig, abenteuerlustig und neigte zur Gewalt. Er war zudem feierwütig, ein Trinker und Frauenheld (mit einer skandalösen Vorliebe für jüdische Frauen) und er erzählte leidenschaftlich gern Lügengeschichten. Man erinnert sich an ihn als eine Art litauischen Baron Münchhausen – nur dass in seinem Fall zumindest einige der Geschichten wahr waren.

Zu Karols Zeiten wurde die Romagemeinde in Smarhoń von einem «König» angeführt, wie es in fast ganz Litauen der Fall war; dieser hier hieß Jan Marcinkiewicz. Ein späterer Biograf beschreibt ihn als einen großen, kräftig gebauten Mann mit feurigen Augen. Als Zeichen seines Standes trug er einen Hut, der wie eine Krone aussah und den anstelle des Kreuzes eine Pfauenfeder zierte, sowie eine Kette aus großen weißen Perlen, die in einem Anhänger endete, der einen Affen und einen Bären darstellte.[19] Eines Tages beschloss Marcinkiewicz, «seiner Fürstlichen Durchlaucht» einen kleinen Streich zu spielen. Er ließ seine Leute einer Gruppe von

Bären beibringen, wie man einen Pferdewagen zieht. Dann spannte er sechs von ihnen in ein Geschirr und ritt zum Schloss des Fürsten in Nieśwież. Radziwiłł war so begeistert, dass er Marcinkiewicz wie einen echten König empfing und ihn zu einem mehrtägigen Festmahl einlud. Danach ritten sie alle gemeinsam zu seinem Sommerpalast, mit Scharen von Bären, Roma, Bürgern und Adligen im Gefolge.

Die Roma, die für die Radziwiłłs arbeiteten, taten das als freie Männer. Auf dem Balkan, insbesondere in den Fürstentümern Walachei und Rumänien, waren die meisten Roma hingegen versklavt. Überhaupt war die Sklaverei in Rumänien weit verbreitet. Ihre Wurzeln reichen bis ins frühe Mittelalter zurück, und sie hatte bis ins 19. Jahrhundert Bestand. Über die Ursprünge und die Entwicklung der Sklaverei sind jedoch nur wenige Dokumente erhalten. Auch heute noch ist die Sklaverei der Roma eines der am wenigsten erforschten Themen der europäischen Geschichte. Aus den überlieferten Aufzeichnungen können wir uns ein Bild von einer Institution machen, die in mancher Hinsicht ihrem Pendant in der Neuen Welt stark ähnelte und sich in anderen Aspekten deutlich unterschied.

Versklavte Roma in der Walachei und in Moldau hatten keine Bürgerrechte. Sie konnten für ihre Arbeit verpachtet oder direkt verkauft werden. Sie durften in Prozessen nicht aussagen. Sklaven konnten keine freien Menschen heiraten, und die Kinder einer solchen Verbindung behielten den Status von Sklaven. Auch deren Ehepartner wurden versklavt. Das stand im völligen Gegensatz zu den Gepflogenheiten in den benachbarten osmanischen Ländern (die Walachei und Moldau waren lediglich Vasallen der Osmanen), wo die Sklaverei fast nie erblich war. Die rumänischen Sklavenhalter hatten zudem freie Hand bei der Anwendung von Strafen, die erschreckend grausam sein konnten. Wenn Sklaven Schaden zugefügt wurde, wurde das als Eigentumsvergehen, nicht als Verbrechen gegen Menschen behandelt. Laut Gesetz wurde die Ermordung eines

Matejasz Kwiek, geboren um 1887, ermordet 1937, einer der letzten polnischen «Zigeuner-Könige».

Rom durch eine freie Person mit dem Tod bestraft. In der Praxis wurde eine solche Tat jedoch meist mit einer Geldstrafe geahndet.

In der gesamten Republik Moldau und der Walachei waren nur wenige Menschen völlig frei: Sklaverei und Leibeigenschaft wirken wie zwei Seiten einer Medaille. Die Leibeigenen, die den größten Teil der Bevölkerung ausmachten, waren ebenfalls gebundene Arbeitskräfte und hatten keine Möglichkeit, sich aus ihrer Knechtschaft zu befreien. Sie genossen jedoch einige grundlegende Bürgerrechte wie etwa jenes, vor Gericht auszusagen. Umgekehrt profitierten die Roma-Sklaven, obwohl sie keine juristischen Personen waren, manchmal von weniger direkten Anforderungen an ihre Arbeitskraft. Roma-Sklaven zahlten weniger Steuern als die Bauern, und es stand ihnen frei – und manchmal waren sie sogar verpflichtet – zu wandern.[20] Sie konnten einen Barlohn verdienen und ihre eigenen Produkte auf dem Markt verkaufen – obwohl sie natürlich einen Teil des Erlöses an ihre Besitzer abliefern mussten.

Im Winter, wenn das Reisen schwierig war, blieben die fürstlichen Sklaven auf dem Gut ihres Besitzers. Ansonsten kamen sie nur zweimal vorbei, am St.-Georgs-Tag im April und am St.-Michaels-Tag im November, um die ihrem Herrn geschuldete Steuer zu bezahlen.[21] Den Rest des Jahres verbrachten sie auf der Straße und übten ihre Berufe aus. Verschiedene Roma-Clans spezialisierten sich auf unterschiedliche Tätigkeiten: Die *Ursari* führten Tanzbären durch die Lande; die *Lingurari* schnitzten Löffel und andere Holzgegenstände; die *Lăieşi* waren hauptsächlich Schmiede, arbeiteten aber auch als Maurer, Kammmacher und Diebe; die *Aurari* wuschen in den wild rauschenden Flüssen der Hochkarpaten nach Gold.[22]

Diese traditionellen Aufteilungen ermöglichten es bestimmten Gruppen von Roma, sich frei zu bewegen. Dennoch blieben sie am unteren Ende der sozialen Pyramide, die oben weiterhin von einer schmalen Schicht von Fürsten, Bojaren und Priestern beherrscht wurde. Diese sozialen Schranken waren jedoch nicht völlig unüberwindbar. Einige Herrscher ließen ihre Sklaven frei, und einige Roma arbeiteten als freie Bauern und Handwerker.[23]

Der spektakulärste Fall eines Rom, der die Umstände seiner Geburt überwunden hat, stammt aus dem späten 16. Jahrhundert und betrifft Žtefan Răzvan. Er war der Sohn eines versklavten Rom aus dem Besitz des Fürsten der Walachei. Als Kind gehörte er dem Metropoliten von Iaşi, dem wichtigsten Kirchenvertreter in Moldau, der ihm eine gute Ausbildung vermittelte und ihn später befreite. Danach diente er als Botschafter und führte Missionen nach Istanbul und zu den Kosaken in der Ukraine durch. Anschließend wurde Žtefan Oberst in der polnischen Armee, rumänischer Adliger und schließlich Befehlshaber einer Kosakenhorde, mit der er eine Reihe erfolgreicher Überfälle auf das Osmanische Reich unternahm.

Mithilfe dieser berittenen Soldaten (und einiger polnischer Verbündeter) stürzte Žtefan den regierenden Fürsten von Moldau, ernannte sich selbst zum Hospodar und wurde so zum ersten (und möglicherweise einzigen) Roma-Staatsoberhaupt der Geschichte. Seine Herrschaft währte allerdings nicht lange. Nach fünf Monaten auf dem Thron wurde er von seinen polnischen Unterstützern zugunsten eines gefügigeren Marionettenkandidaten verraten. In seinem kurzen Leben war Răzvan Sklave, Soldat, Bojar, «Zigeuner», Kosak und König. In der Schlacht wurde er von den vereinten Kräften des Usurpators und der Polen besiegt und endete aufgespießt auf einem Pfahl.

Mitte des 19. Jahrhunderts wurde die «Zigeunersklaverei» nach und nach auf eine deutlich kommerziellere Basis gestellt. Sklavenhandel wurde nun massenhaft betrieben, und die alten, ungeschriebenen Regeln, die das Auseinanderbrechen von Familien verhinderten, fielen weg. Versteigerungen von Hunderten von Menschen waren jetzt an der Tagesordnung. Eine besonders große Auktion, die 1855 in Bukarest stattfand, sorgte in der Öffentlichkeit für einen Skandal.[24] Fast zur gleichen Zeit wurde Harriet Beecher Stowes *Onkel Toms Hütte* ins Rumänische übersetzt und sofort zum Bestseller, der von «Bojaren, Soldaten, Priestern, Damen» und sogar von freigelassenen Roma gelesen wurde.[25]

Sowohl in der Walachei als auch in Moldau (bis zur Vereinigung im Jahr 1859 gab es kein einheitliches «Rumänien») wurde der Druck, die Sklaverei abzuschaffen, immer stärker, aber wirklich etwas dagegen unternommen wurde erst, als sich ausländische Mächte einschalteten. Eine der Bestimmungen des Pariser Vertrags, der den Krimkrieg beendete, verpflichtete beide Fürstentümer zur Abschaffung der Sklaverei. Im Jahr 1856 verabschiedeten beide rumänischen Königreiche Gesetze, die den Staat verpflichteten, Sklaven von ihren Besitzern zu kaufen und sie dann massenhaft freizulassen.

Anfangs gab es dabei einige Schwierigkeiten, auch weil viele Sinti- und Romasklaven nicht wollten, dass sich ihr Status änderte, da sie lieber die Steuervorteile und die Freizügigkeit, die die Sklaverei bot, beibehalten wollten.[26] Nach einiger Zeit jedoch wurden die Vorzüge der Freiheit überdeutlich. Bald öffneten sich die Schleusen, und die alten Nomadenclans, die es gewohnt waren, innerhalb der rumänischen Fürstentümer umherzuziehen, strömten in die weite Welt hinaus. Zu den zahlreichsten – und geschäftstüchtigsten – dieser Sippen gehörten die Lovara, die traditionell mit Pferden handelten, und die Kalderasch, die als Kupferschmiede arbeiteten.

Die Roma, die die rumänischen Königreiche verließen, wanderten zunächst in die benachbarten Balkankönigreiche Bulgarien und Serbien. Schon bald breiteten sie sich über das übrige Europa aus. Im Jahr 1863 kamen erste Gruppen der Kalderasch in Polen an. Eine Gruppe tauchte in Warschau auf, auf der anderen Seite der Weichsel gegenüber der Altstadt.[27] Ihre äußere Erscheinung war auffällig prächtig. Die Frauen trugen goldene Ohrringe und silberne Halsketten aus österreichischen Talern, und dies immer – denn das war das Markenzeichen der Kalderasch – gepaart mit etwas Rotem: rote Tücher, rote Kleider, rote Korallenketten und rote Bänder, die in ihre Zöpfe geflochten waren.[28] Die Männer – groß, kräftig, mit stechendem Blick – kamen genauso prächtig daher. Die meisten trugen spezielle Mäntel und Kamisolen, geziert von Knöpfen aus gehämmertem Silber, jeder so groß wie ein Ei.

Unternehmungslustig, ungebunden und geschäftstüchtig, wie sie waren, entwickelten sich die Kalderasch binnen eines Jahrzehnts zur wohlhabendsten und sichtbarsten Roma-Gruppe in Polen, Litauen, Russland und Bessarabien. Die «Könige», die über die polnischen «Zigeuner» herrschten (oder zumindest so taten), stammten stets aus diesem größten und aristokratischsten Clan.

Nach ihrem Auszug aus den rumänischen Königreichen fanden sich die Kalderasch plötzlich in einer viel größeren Welt wieder als die, die sie gewohnt waren. Sie passten sich schnell an. Innerhalb einer Generation nach ihrer Ankunft in Europa, jenseits des Balkans, waren ihre Clans in allen europäischen Ländern sowie in Nord- und Südamerika und Australien zu finden. Auch die anderen großen Roma-Kollektive erlebten schlagartig eine Erweiterung ihres kulturellen Horizonts. Die Emanzipation führte zu einer kulturellen Renaissance in der Kleidung, in der Musik sowie im Handwerk. Und in der Literatur – auch wenn wir, da es sich um eine fast ausschließlich mündlich überlieferte Kultur handelte, wenig über die Einzelheiten dieses Wandels wissen.

Eine bemerkenswerte Ausnahme ist Gina Ranjičić. Unser Wissen über ihr Leben und ihr Werk haben wir einem glücklichen Zufall zu verdanken – der Begegnung eines arbeitslosen Lehrers mit einer alten Frau, die ihre letzten Tage unter dem offenen Himmel Ostkroatiens verbrachte. Der Name des Lehrers war Heinrich von Wlislocki (1856 bis 1907). Er war der Sohn eines polnischen Adligen und einer Siebenbürger Sächsin. Schon in jungen Jahren begeisterte er sich für die Sprachwissenschaft. Er schrieb seine Dissertation in altnordischer Philologie und übersetzte die isländische *Edda* ins Ungarische. Auch von den Roma war Wlislocki fasziniert, er lernte ihre Sprache und verbrachte die Sommer damit, mit einigen der nomadisierenden Clans zu reisen (das war damals keine ungewöhnliche Beschäftigung – der Cousin von Kaiser Franz Joseph I., Erzherzog Joseph Karl, studierte ebenfalls die Sprache der Roma, erstellte ein

Romani-Wörterbuch und beherbergte auf seinem ungarischen Anwesen Roma-Wagenzüge).

Im Laufe der Zeit wurde Wlislocki zu einem der bedeutendsten Experten seiner Generation für die Ethnografie und Mythologie der Roma. Gina lernte er gegen Ende ihres Lebens kennen, als ihn der serbische Konsul in Sombor auf sie aufmerksam machte, weil er gehört hatte, dass sie einen Gedichtband bei sich hatte, den er kaufen wollte. Sie fanden ihren Wohnwagen außerhalb von Osijek. Zunächst konnten sie kaum glauben, dass die winzige, runzlige, in Lumpen gehüllte Gestalt vor ihnen jemals eine große Schönheit, geschweige denn eine Dichterin gewesen war, aber das änderte sich, sobald sie zu sprechen begann. Wie Wlislocki berichtet: «Stolz richtete sich die dürre, in sich zusammengesunkene Gestalt auf; mit ihren dunklen, großen, noch immer in unheimlichem Feuer glänzenden Augen suchte sie gleichsam in die innerste Tiefe des Herzens zu dringen.»[29] Bald begann Gina Ranjičić, den Fremden die Ereignisse ihres außergewöhnlichen Lebens zu erzählen.

Ginas erste Erinnerungen waren die an die gescheiterte ungarische Revolution gegen die Habsburger im Jahr 1848. Damals lebte sie in Kroatien mit einer Gruppe von umherziehenden Roma, die sich «Nevelja» nannten. Als kroatische Truppen sie zum Kampf gegen Kossuths Ungarn zwingen wollten, floh der Clan in den Süden nach Serbien. Im Alter von zwölf Jahren trat Gina in den Haushalt eines wohlhabenden armenischen Händlers in Belgrad ein. Als die Nevelja dabei erwischt wurden, wie sie türkische Truppen beklauten, mussten sie über die Save zurück nach Ungarn fliehen. Gina blieb bei ihrem Armenier zurück. Bald adoptierte er sie als seine Tochter und nahm sie mit in sein Haus in Konstantinopel, wo Gina zur Schule ging und lesen und schreiben lernte.

Mit der Zeit verliebte sich Gabriel, der Bruder des Armeniers, in sie, und sie wurden ein Liebespaar. Damit begann eine der schönsten Zeiten in ihrem Leben. Gina schrieb ihre ersten Gedichte in armenischer, türkischer und rumänischer Sprache. Sie sagt, sie habe mit dem Schreiben begonnen, weil sie «so glücklich an der Seite dieses bejahrten Mannes» gewesen sei. Eines Tages jedoch trat ein gut aussehender junger Albaner namens Grigor in ihr Haus. Er erzählte Gina, dass der Sultan im Begriff sei, alle Armenier in der Stadt abzuschlachten, und dass sie mit ihm fliehen solle, wenn sie am Leben bleiben wolle. Grigor nahm sie mit nach Adrianopel (das heutige Edirne) und erklärte ihr bald, sie könne nicht nach Hause zurückkehren, weil die Brüder ermordet worden seien und man Gina verdächtige, etwas damit zu tun zu haben. Grigor begann zu reisen und arbeitete als bewaffneter Wächter für Karawanen auf dem Weg zur und von der ungarischen Grenze. Auf einer dieser Reisen überfiel er mit einigen seiner albanischen Landsleute eine Karawane. Sie nahmen Gina mit und flohen mit ihrer Beute in die albanischen Berge. Doch Gina wollte zurück nach Konstantinopel, was Grigor ihr verbot. Sie stritten sich, und Grigor schlug sie brutal. Als Wiedergutmachung versprach er, Ginas Roma-Verwandte in Serbien ausfindig zu machen. Während seiner Abwesenheit lebte Gina bei einem Ungarn in Adrianopel, im türkischen Thrakien. Dort begann sie die leidenschaftlichste Affäre ihres Lebens mit einem Serben, dessen Namen sie geheim hielt und den sie immer nur als «den weißen Mann» bezeichnete. Der Serbe raubte sie aus, und Gina musste hungern und in Lumpen auf den Straßen von Adrianopel betteln. Sie war jetzt dreiundzwanzig Jahre alt, und ihre Abenteuer fingen gerade erst an …

Ginas späteres Leben verlief nicht minder ereignisreich, samt Episoden in Wien, Neapel, Paris und Bukarest. Sie gewann und verlor Vermögen, lebte als reiche Frau in Konstantinopel und als Flüchtling in Albanien. Sie wurde des Mordes angeklagt und aus einem Schiffswrack gerettet. Als Krankheit sie schließlich ihrer Schönheit beraubte, kehrte sie zurück zu ihrem Volk, den Nevelja, und verbrachte die letzten fünfundzwanzig Jahre ihres Lebens in schrecklicher Armut mit der Karawane.

Wlislocki schrieb, wäre Gina Ranjičić in einer anderen Zeit und unter anderen Umständen geboren worden, wäre sie als «eine der größten Dichterinnen aller Zeiten» in Erinnerung geblieben. Gina Ranjičić' Gedichte berichten von den Umständen ihres Lebens in einem bestimmten Moment. Sie handeln fast immer von der Liebe, von der Ekstase ihres ersten Aufkeimens oder vom Schrecken des Verrats. Sie brannte lichterloh und konnte kaum stillhalten. In einem ihrer Verse schreibt sie:

«Bin ich oben auf dem Berge,
Möcht' ich sein im Tale;
Lieg' ich auf dem Rasen:
Möcht' ich sein im Flutenschwalle!»[30]

An Gina Ranjičić erinnert man sich heute kaum noch, und manche bezweifeln sogar, ob sie eine reale Person oder nicht eher ein Produkt von Wlislockis Fantasie war (Ähnliches wurde über Samuela Pilsztyn gesagt, bis ein Historiker ihren Namen in den geheimen Depeschen des russischen Botschafters an den Krim-Khan fand). Bei Bronisława Wajs, der größten und wohl auch tragischsten Roma-Dichterin des 20. Jahrhunderts, bestehen in dieser Hinsicht keine Zweifel.

Sie wurde 1908 geboren, und obwohl ihr richtiger Name Bronisława war, trug sie wegen ihrer Schönheit den Spitznamen Papusza, «Puppe». Papuszas Mutter gehörte einem galizischen Romaclan an. Ihr Vater, den sie kaum kannte, starb in Sibirien, wohin er wegen Diebstahls verbannt worden war. Ihr Stiefvater spielte und trank. Er brachte die Familie nach Grodno (heute Belarus, aber 1918 bis 1939 zu Polen gehörend), wo sie fünf Jahre lang lebte.

Grodno wurde zu Papuszas Lieblingsstadt. Dort lernte sie lesen.

Sie ging nie zur Schule, doch eine jüdische Frau, eine Ladenbesitzerin mit Geschäft am Hauptplatz, erklärte sich bereit, ihr das Alphabet beizubringen. Das hatte allerdings seinen Preis: Papusza musste jeden Freitag ein fettes Huhn für das Sabbatessen der Dame stehlen. Also stahl sie, und sie lernte. Nach ein paar Wochen konnte sie Zeitung lesen. Später las sie Bücher, die sie aus der Stadtbibliothek auslieh – polnische Klassiker wie Adam Mickiewicz und Henryk Sienkiewicz.[31] Das Lesen half ihr beim Wahrsagen, womit sie bereits im Alter von gerade einmal vier Jahren begonnen hatte. Manchmal liehen ihr Kunden ihre Bücher. Besonders gern las sie Geschichten über Ritter und große Liebesaffären.

Als Papusza achtzehn Jahre alt war, bezahlte ein älterer Mann ihre Mutter, um sie zu heiraten. Sein Name war Dionizy Wajs. Er war Kapellmeister; sein Orchester bestand aus Geige, Bass, Schlagzeug, Hackbrett, Akkordeon und drei Harfen. Obwohl die Harfen riesig waren – größer als ein Mann und fast genauso schwer –, schleppten Dionizy und seine Bandkollegen sie während des gesamten Krieges mit sich herum, selbst als sie sich in den Sümpfen versteckten und auch noch, als der Winter kam und sie nichts zu essen hatten. Einmal haben die Harfen ihnen sogar das Leben gerettet.

Die Gruppe war mit ihren Wagen auf einer Landstraße unterwegs, als in der Ferne eine deutsche Patrouille auftauchte. Einer der Wagen fuhr in ein Schlagloch, und eine Harfe fiel auf die Straße. Die Deutschen zögerten, weil sie dachten, die Harfe könnte ein Gerät der Artillerie sein. Plötzlich, so Papusza, «wehte der Wind über den Boden, traf auf die Harfensaiten, und sie spielten schöner als je zuvor. Die Deutschen standen still und lauschten, und wir schlichen uns heran, schnappten uns die Harfe und rannten davon.»[32]

Eine Nacht lang war der Gruppe eine Atempause vergönnt. Doch es folgten lange Jahre des Terrors. Die Region Wolhynien in der Westukraine war ein besonders schrecklicher Ort des Krieges, mehrere Gräuel überlappten sich hier. Während die Deutschen Juden und «Zigeuner» ermordeten, führten die dortigen Polen und Ukrainer einen mörderischen Krieg gegeneinander. Um nicht in einen der beiden Konflikte verwickelt zu werden, musste Papuszas Gruppe ständig in Bewegung bleiben. Dionizy und Papusza wussten nie, wo sie nächste Nacht schlafen würden. Oft mussten sie sich tief im Wald verstecken, manchmal sogar in Teichen, wo sie bis zum Hals im Wasser standen. Sie schliefen in Löchern, die sie in die Erde gegraben hatten, und litten an Hunger, Kälte und Typhus.

Nach Kriegsende wurde Grodno Teil der Sowjetunion. Papuszas Gruppe siedelte nach Westpolen um, in die Gebiete, die kurz zuvor von Deutschland «zurückgewonnen» worden waren. Eines Tages im Jahr 1949 betrat ein Fremder ihr Lager. Es war ein Pole namens Jerzy Ficowski. Er hatte am Warschauer Aufstand teilgenommen und einige Zeit im berüchtigten Pawiak-Gefängnis gesessen. Seit seiner Jugend hatte er eine Leidenschaft für alles Schöne und Seltsame, insbesondere für die Literatur. Er liebte die Lyrik von Bolesław Leśmian und die Prosa von Bruno Schulz. Im Jahr 1942 schickte er Schulz einen Brief in der Hoffnung, ihn zu treffen, ohne zu wissen, dass der bewunderte Dichter bereits tot war (Ficowski sammelte später die erhaltene Korrespondenz von Schulz – vieles von dem, was wir über das Leben dieses Dichters wissen, haben wir seinen Bemühungen zu verdanken). Nach dem Krieg war Ficowski als ehemaliger Partisan der Heimatarmee den Schikanen der Geheimpolizei ausgesetzt. Sie verhörten ihn immer wieder und wollten ihn dazu zwingen, seine ehemaligen Waffenbrüder zu bespitzeln.

Ficowski aber wollte nicht kollaborieren. Schließlich beschloss er zu fliehen. Sein Freund Edward Czarnecki, ein Musiker, der mit Sinti und Roma aus ganz Polen gereist war und gespielt hatte, schlug ihm einen Unterschlupf vor. Er kannte Dionizys Kapelle – er hatte seine Harfen repariert, und sie hatten zusammen Banjo gespielt. Czarnecki dachte, dass dieser Wagenzug (oder Tabor) ein gutes

Bronisława Wajs, «Papusza», die wohl bekannteste Roma-Lyrikerin, 1910 bis 1987. Fotografie um 1950.

Versteck für Ficowski sein könnte, wenn die Geheimpolizei wieder nach ihm suchen würde.

Als Ficowski ankam, wurde er Papusza vorgestellt. Jemand erzählte ihm, sie sei Dichterin, komponiere auch ihre eigenen Lieder und singe sie auf der Stelle.[33] Ficowski gab ihr Stift und Papier und bat sie, bei der nächsten Eingebung ein Gedicht für ihn aufzuschreiben. Ihr erstes Gedicht nannte sie «Zigeunerlied, aus Papuszas Kopf verfertigt». In Ficowskis Worten versucht es, «die entschwundene Wanderschafts- und Waldvergangenheit in Worten wiederzubeleben».[34] Es beginnt so:

«Im Wald wuchs ich auf wie ein goldener Strauch
in einem Zigeunerzelt, geformt wie ein Pilz.
Das Feuer lieb ich wie mein eignes Herz.
Winde, stark und sachte,
wiegten das Zigeunerkind,
trieben's weithin in die Welt.»

Als Papuszas Gedichte zum ersten Mal gedruckt erschienen, von Ficowski ins Polnische übersetzt, lösten sie in der polnischen Literaturwelt große Bewunderung aus. Die Roma hingegen waren weniger erfreut. Sie warfen ihr vor, die Grenzen dessen, was sich für eine Roma-Frau geziemt, zu überschreiten und den Gadje (Nicht-Roma) Geheimnisse zu verraten. Dieser Eindruck verstärkte sich nach dem Erscheinen von Ficowskis *Cyganie polscy* im Jahr 1953, einem Buch, das sich stark auf das stützte, was er während seiner Zeit im Lager von Dionizy erlebt hatte. Nach der Veröffentlichung des Buches sah sich Papusza zunehmend verfolgt und gemieden. Zur gleichen Zeit starteten die kommunistischen Behörden eine massive Kampagne unter dem Motto «Großer Halt», die darauf abzielte, der Wanderschaft der Roma ein Ende zu machen und die polnischen Roma in staatliche Unterkünfte zu zwingen. Isoliert und allein, ließ sich Papusza in der westpolnischen Stadt Gorzów Wielkopolski nieder.

Hier, weit weg von den Wäldern ihrer Kindheit, versuchte Papusza, sie in ihren Gedichten wieder zu erschaffen. In ihren Versen ist der Wald ein ständiger Begleiter, Lehrer, Zufluchtsort und Heimat. Er ist von lebendiger Präsenz: Er steht still wie ein Weiser, er beantwortet mit seinem Echo Fragen. Selbst während des Krieges kommt der Wald Papusza zu Hilfe. In ihrem epischen Gedicht «Blutige Tränen» beschreibt sie, wie sich ihre Großfamilie im unermesslichen Wald versteckte, wie er sie ernährte und wie seine Bäche die Kunde von ihrem Leiden in ferne Länder trugen.[35]

KAPITEL 8

NATIONEN

Osteuropa ist ein Pulverfass, ein Nest von Mördern, ein Gewirr tödlicher Animositäten. Man würde die komplizierten Konflikte seiner Völker gerne ignorieren, aber das ist leider unmöglich. Sie sind zu wichtig und zu zerstörerisch, um sie außer Acht zu lassen, denn letztlich hängt das Schicksal der Welt von ihren kleinlichen Hasstiraden und grässlichen Ambitionen ab.

Wenn man irgendwann in den letzten zwei Jahrhunderten die Westeuropäer nach ihrer Meinung über ihre östlichen Nachbarn befragt hätte, hätte man womöglich eine Version dieser Haltung zu hören bekommen. Das ist natürlich eine voreingenommene Sichtweise, aber sie enthält ein Körnchen Wahrheit, denn in diesen zweihundert Jahren war Osteuropa tatsächlich ein ständiges Problem für die Diplomatie, und der Hauptschuldige war der Nationalismus. Das gesamte 19. Jahrhundert hindurch konnten die Polen nicht aufhören, sich gegen Russland aufzulehnen. Sogar Österreich und Preußen bereiteten sie Schwierigkeiten.

Der Nationalismus animierte auch die christlichen Untertanen und Vasallen des Osmanischen Reiches zu Aufständen. Den Anfang machten die Serben, die 1804 gegen ihre Janitscharen aufbegehrten, die sich ihrerseits gegen das Reich auflehnten (der erste serbische Aufstand fand also formal gesehen im Namen des Sultans statt – besonders wohlgesonnen war er ihm deshalb aber nicht). Zwar wurde dieser erste Aufstand niedergeschlagen, doch die Serben kämpften weiter und errangen schließlich 1830 ihre Autonomie. Fast zur gleichen Zeit erlangte Griechenland seine Eigenständigkeit (mit westlicher Hilfe), und auch die rumänischen Fürstentümer Moldau und Walachei wurden autonom (unter russischem Schutz). Ihr Beispiel wirkte zusammengenommen wie ein Magnet. Im Jahr 1875 erhoben sich sowohl Bosnier als auch Bulgaren gegen die Osmanen, mit dem Ergebnis, dass Bulgarien unabhängig und Bosnien Teil des Habsburgerreiches wurde und eine dauernd scheuernde Druckstelle der internationalen Diplomatie war.

Gegen Ende des 19. Jahrhunderts bröckelte das Osmanische Reich in Europa wie ein Mund voller verfaulter Zähne. In den habsburgischen Ländern unternahmen die Ungarn 1848 den einzigen großen Versuch, unabhängig zu werden. Ihre Revolution wurde niedergeschlagen, doch nur neunzehn Jahre später erlangte Ungarn seine Autonomie infolge einer Krise, die durch Österreichs Niederlage im Krieg gegen Preußen ausgelöst wurde. Das absolutistische Kaisertum Österreich wurde nun zur Doppelmonarchie, mit einem Königreich Ungarn innerhalb eines gemeinsamen österreichisch-ungarischen Reiches. Die beiden Staaten teilten sich einen Monarchen (Franz Joseph), hatten aber eigenständige Parlamente und Ministerpräsidenten. Die einzigen gemeinsamen Politikfelder waren die Außen- und die Verteidigungspolitik.

Ein beispielloses Arrangement, das auf den ersten Blick wenig praktisch war. Ein Historiker hat es mit einem «Ei mit zwei Dottern» verglichen.[1] Manche sehen darin den verhängnisvollsten Fehler der Habsburger, denn in der Praxis bedeutete es, dass zwei Gruppen – die Deutschen in Österreich und die Ungarn in Ungarn – ein gewisses Maß an Kontrolle über alle anderen Völker des Reiches erhielten. Die Ungarn herrschten über große Minderheiten von Kroaten, Rumänen, Slowaken und Ruthenen. Sie alle wehrten sich gegen die Regentschaft ihrer neuen Herren.

In der österreichischen Hälfte der Monarchie lagen die Dinge ähnlich kompliziert. Tschechen und Deutsche stritten sich um die Kontrolle über Böhmen. Die Polen in Galizien versuchten, ihre

Autonomie zu bewahren, was die Unterdrückung der dortigen Ukrainer bedeutete. Die Slowenen in der Krain und die Kroaten in Dalmatien erhoben jeweils Anspruch auf Eigenständigkeit, doch die Österreicher hatten kaum Interesse an einer Ausweitung der Autonomie ihrer Untertanenvölker. Genauso wenig wie die Ungarn. Ein ungarischer Ministerpräsident sagte zu seinem österreichischen Amtskollegen: «Ihr kümmert euch um eure Slawen, wir uns um unsere.»[2]

Entsprechend dem dualen Charakter der Habsburgermonarchie wurde Bosnien, das man 1878 in das Reich eingegliedert hatte, von einer gemeinsamen Kommission aus Österreichern und Ungarn regiert. Sie ahnten nicht, dass sich diese kleine Provinz als die Bombe erweisen würde, die ihren ganzen Staat zerstören sollte. Es war ein bosnischer Serbe, der beim Attentat auf Franz Ferdinand den Abzug drückte. Der Tod des Erzherzogs sollte eine Revolution auslösen, die mit der Befreiung aller Südslawen im Reich und ihrer Vereinigung in einer neuen Nation namens Jugoslawien endete.

All diese Konflikte wurden angetrieben durch verschiedene Variationen einer einzigen Idee: dass die Völker sich selbst regieren sollten. Aber was war ein Volk? Und was qualifizierte es, eine Nation zu sein? Die Antwort lautete meist: die Sprache. Wer eine bestimmte Sprache sprach, gehörte auch zu einer bestimmten Nation. Diese Gleichsetzung von Sprache und Nation war eine recht merkwürdige Vorstellung, und dazu eine sehr osteuropäische. Ihre frühesten Verfechter waren Priester und polyglotte Intellektuelle. Ihre Gesetzgeber waren Dichter. Ihren verstaubten Tagebüchern und verschwitzten Versen entsprangen neugeborene Staaten und der Untergang von Imperien.

***

Wenn die Moldauer ihre Nationalhymne «Limba noastră» (Unsere Zunge bzw. Sprache) singen, beschwören sie keine großen historischen Triumphe, legendären Führer oder Aufrufe zum Kampf. Stattdessen singen sie ein Loblied auf ihre Sprache. «Unsere Sprache ist ein Schatz», beginnt die Hymne; sie ist ein «brennendes Feuer», die «Sprache des Brotes» und «eine Kette von edlen Steinen / auf unserem Land verstreut».

Mehr als in jedem anderen Teil der Welt verehrten osteuropäische Nationalisten die Sprache. Für sie stellt sie die Seele einer Nation dar. Die große Ironie dabei war jedoch, dass in diesem zersplitterten und äußerst polyglotten Landstrich die Beziehung zwischen gesprochener Sprache und Identität selten eindeutig war. Tatsächlich konnte sie erstaunlich komplex sein. So dachte beispielsweise der Dichter, als er die spätere moldauische Nationalhymne schrieb, gar nicht ans Moldauische (das er als Dialekt betrachtet hätte), sondern ans Rumänische.

Die Nationalisten in Osteuropa haben Sprachen nicht nur gefeiert. Sie haben sie aufgefrischt, wiederbelebt und wiederauferstehen lassen. (Noch einmal mit den Worten der moldauischen Nationalhymne: «Bringt euch zurück zum Leben die Sprache / Angerostet von der langen Zeit, / Wischt weg den Schmutz und den Schimmel / Des Vergessens, worin sie stöhnt.») Sie mussten das tun, denn die Sprachen, auf die sie ihre Hoffnungen setzten, hatten nicht wirklich Wert oder Prestige. Es waren nicht die Sprachen der kaiserlichen Eliten. Es waren nicht einmal die bevorzugten Sprachen der gebildeten Klassen. Zu Beginn des 19. Jahrhunderts war Tschechisch die Sprache der Dorfschulzen. Bulgarisch gehörte den Bauern und Kleinhändlern. Das Slowakische unterlag ungarischem Einfluss und das Ukrainische dem des Russischen; und um Estnisch, Lettisch, Litauisch, Weißrussisch oder Slowenisch zu hören, musste man weit aufs Land fahren.

Für die politischen Unternehmer des romantischen Zeitalters

waren diese «ungebildeten» Sprachen wie trockener Zunder. Es bedurfte nur eines Hauchs, um sie in Flammen aufgehen zu lassen. Weil man glaubte, das Schicksal der Nationen sei so eng mit dem ihrer Sprachen verbunden, wurde das politische Streben nach Unabhängigkeit in Osteuropa meist nicht von Politikern und Revolutionären, sondern von Sprachwissenschaftlern, Gelehrten und Dichtern ausgelöst. Zu den Pionieren an dieser Front gehörten die Tschechen.

Zu Zeiten Kaiser Rudolfs im frühen 17. Jahrhundert waren Tschechisch und Deutsch im Königreich Böhmen weitgehend gleichberechtigt. Beide Sprachen waren weit verbreitet und wurden in Regierungsangelegenheiten verwendet. Nach der Niederschlagung des Böhmischen Aufstands in der Schlacht am Weißen Berg im Jahr 1620 geriet die tschechische Sprache für lange Zeit in Vergessenheit. Im Zuge der Rückeroberung der rebellischen Provinz verbannten die habsburgischen Herrscher sie aus der staatlichen Verwaltung, aus Publizistik und Literatur sowie aus den Schulen.[3]

Im späten 18. Jahrhundert hatte das Deutsche das Tschechische in so gut wie allen Lebensbereichen verdrängt, da Generationen von Böhmen fast ihre gesamte Ausbildung in einer Kombination aus Latein und Deutsch erhalten hatten. Das war nicht besonders beunruhigend, solange die deutsche Sprache lediglich um praktischer Vorzüge willen gepflegt wurde. Gebildete Böhmen waren zumindest zweisprachig. Nur wenige fanden wegen ihrer mangelnden Deutschkenntnisse keine Arbeit. Erst als das Deutsche eine geistige Überlegenheit für sich in Anspruch nahm, wurde dieser Status besorgniserregend.

Nach dem Vorbild der französischen Aufklärer proklamierten deutsche Intellektuelle zu Beginn des 19. Jahrhunderts nicht nur die Gleichberechtigung, sondern vielmehr die Vorherrschaft der deutschen Sprache als Trägerin von Kultur und Denken. Die Bedrohung, die dieses Manöver mit sich brachte, spürte man in Böhmen am deutlichsten, weil die Tschechen dort ihren deutschen Nachbarn bereits sehr ähnlich waren. Sie besuchten dieselben (meist deutschen) Universitäten und lasen dieselben Bücher. Doch gerade dort, wo die Menschen durch sprachliche Veränderungen *am wenigsten* benachteiligt waren, schlugen die neuen Ideen einer Verbindung von Sprache und Identität zuerst Wurzeln.

Der Nationalismus lebte vom Narzissmus der kleinen Unterschiede. Und in den böhmischen Ländern war die Sprache das Einzige, was Tschechen und Deutsche voneinander unterschied. Aus diesem Grund wurde die Sprache in den ersten Jahrzehnten des tschechischen Nationalismus zum Hauptthema. Die tschechische Nation musste im wahrsten Sinne des Wortes ins Dasein geredet werden.

Das erforderte einige Mühe, denn zu Beginn des 19. Jahrhunderts schien die Idee einer «tschechischen Kultur» ein Widerspruch in sich zu sein. Das Tschechische galt als Sprache, die von Stallburschen und Bauernmädchen gesprochen wurde. Ein Dorfpfarrer würde es vielleicht benutzen, um sich mit seinen Schäfchen zu unterhalten. Ein Adliger würde vielleicht während einer Parlamentssitzung ein paar Sätze in seiner «Muttersprache» fallen lassen, um seine Verachtung für einige Wiener Granden zu zeigen, aber zu Hause im Gespräch mit seiner Frau würde er sie niemals verwenden. Ähnlich restringiert war die tschechische Literatur. Es war zwar möglich, Komödien und kleine Possen auf Tschechisch zu schreiben, aber ein Roman auf Tschechisch war kaum denkbar. Alles, was mit der Oberschicht zu tun hatte, war sprachlich tabu, da, wie ein Rezensent im 19. Jahrhundert feststellte, «jede Facette» ihres Lebens auf Deutsch stattfinde. So zu schreiben, als ob sie Tschechisch sprächen, würde einfach falsch klingen.[4]

Angesichts dieser verbreiteten Verachtung machten sich die tschechischen Erneuerer daran, ihre Sprache wiederzubeleben. Sie erstellten Wörterbücher und Grammatiken. Sie ließen alte Wörter aus dem Mittelalter wieder aufleben und prägten unzählige neue. Sie übersetzten Werke der Physik, Chemie, Mathematik, Ästhetik und Philosophie. Im Zuge dessen schufen sie eine ganz neue wissenschaftliche und technische Terminologie. Dass niemand diese mit völlig unbekannten Begriffen gespickten Wälzer lesen konnte, war dabei fast nebensächlich. Jeder Böhme, der etwas über Algebra oder Kant lesen wollte, konnte dies ja bereits auf Deutsch tun. Aber die Übersetzungen der Erweckungsbewegung waren keine Gebrauchsgüter, sondern Absichtserklärungen. Sie kündeten von der Entstehung eines kultivierten Lesepublikums und einer eigenständigen tschechischen intellektuellen Sphäre, auch wenn es die entsprechenden Gemeinschaften noch nicht gab. Die gebildeten Tschechen würden mit der Zeit schon heranwachsen, und wenn es so weit war, würden diese Texte auf sie warten.

In der Zwischenzeit bemühten sich die kleinen Zellen tschechischer Patrioten zu Beginn des «nationalen Erwachens» in den 1810er und 1820er Jahren darum, sich einer breiteren Öffentlichkeit verständlich zu machen. Wie ein tschechischer Schriftsteller schrieb, seien die tschechischen Patrioten «Burschen, die der armen, alten Muttersprache helfen wollen, aber gleichzeitig so sprechen oder schreiben, dass kein Mensch etwas damit anfangen kann».[5]

Den frühen Nationalisten war das ziemlich egal, denn ihre Bewegungen glichen eher Sekten oder exzentrischen Kreuzzügen als jenen politischen Parteien, zu denen sie später werden sollten. Wie viele Sektierer durchliefen auch die tschechischen Erweckungsbewegungen intensive Bekehrungsphasen. Als selbst ernannte «Erwecker» der Nation mussten sie erst einmal zu ihrem eigenen Tschechisch-Sein erwachen. Der bedeutende tschechische Historiker František Palacký entdeckte seines eines Nachts in einem slowakischen Gasthaus, als der Hausherr ihn um Hilfe beim Lesen einer tschechischen Zeitung bat. Obwohl Palacký aus Mähren stammte, beherrschte er die Sprache nicht, und die Beschämung, die ihn in diesem Moment erfasste, bestimmte seine gesamte spätere Karriere. Andere gelangten erst nach und nach zu dieser Erkenntnis, durch persönliche Kontakte oder durch die Lektüre eines der großen (wenn auch leider gefälschten) Werke der mittelalterlichen tschechischen Dichtung.

Wie auch immer die Bekehrung zustande kam, ihr endgültiger Vollzug musste durch eine Art Ritual markiert werden. In der Regel verkündeten die erwachten Tschechen ihren neuen Status, indem sie ihre Namen so abänderten, dass sie slawischer klangen: Aus Barbara wurde Božena, und aus Benedikt wurde Blahoslav. Dergestalt ins Slawentum umgetauft, waren sie bereit, für die Nation zu kämpfen, in Zeitschriftenartikeln und in einer Ode nach der anderen.

Für die osteuropäischen Spracherneuerer waren die Formen des Schreibens ebenso wichtig wie der Inhalt. In der gesamten Region entwickelte so gut wie jede Nation neue Schriften und neue Schreibweisen, um sich von ihren Unterdrückern abzugrenzen. Oft war es gar nicht so einfach, sich auf eine neue, «nationale» Schrift zu einigen.

Im Jahr 1825 führte ein gelehrter Priester namens Franc Metelko ein phonetisches Alphabet für das Slowenische ein. Es sah aus wie eine Mischung aus lateinischer und kyrillischer Schrift, mit einer Prise Cherokee als Beigabe. Der große Vorteil dieses Alphabets bestand darin, dass es vollständig phonetisch war; sein größter Nachteil hingegen, dass es sich nur für den unterkrainischen Dialekt des Slowenischen eignete, während die meisten slowenischen Schriftsteller den oberkrainischen Dialekt benutzten (das Slowenische, eine sehr kleine Sprache, besitzt immerhin 48 Dialekte, die in sieben Hauptdialektgruppen unterteilt sind). Diese Schriftsteller zogen gegen Metelko zu Felde und lösten damit einen literarischen Konflikt aus, der als slowenischer Alphabetkrieg in die Geschichte einging.

Solche Alphabetkriege wurden zu einem wiederkehrenden Phänomen unter den nationalistischen Aktivisten im Europa des

19. Jahrhunderts. Im ruthenischen Alphabetkrieg von 1834 standen sich die Befürworter des kyrillischen Alphabets und die Verfechter des lateinischen Alphabets gegenüber. Der Intellektuelle, der die Umstellung auf die lateinische (und damit polnische) Orthografie vorschlug, argumentierte, diese Änderung werde den jungen Ruthenen die gesamte europäische Bildung zugänglich machen. Seine Gegner erwiderten, die kyrillische Schrift ihrer ukrainischsprachigen Vorfahren aufzugeben komme einem Verrat an der Tradition gleich.[6] Am Ende setzte sich die Tradition durch.

Für die Spracherwecker konnte die Wahl der Schrift den Unterschied zwischen Sklaverei und Freiheit ausmachen. Nicht minder wichtig war die Rechtschreibung. Jeder Haken, jedes Háček und jeder Zirkumflex konnte über die Zukunft einer Nation entscheiden. An diese winzigen Symbole knüpften sich große Emotionen. Einer von Metelkos wichtigsten Unterstützern im slowenischen Alphabetkrieg, ein Mann namens Jernej Kopitar, stellte sich auf seine Seite, weil in Metelkos Alphabet die diakritischen Zeichen fehlten. Kopitar fand, dass diese zu tschechisch aussahen. Außerdem hielt er sie für unverzeihlich hässlich. Für Kopitar sahen die Schwärme von umgekehrten Zirkumflexen, Umlauten und Akzentzeichen der tschechischen Schrift aus wie «Fliegenschiss», der die Seite übersäte.[7] Er hasste sie.

In Litauen hingegen galten dieselben tschechischen Buchstaben – č, š, ž –, gegen die Kopitar wetterte, als Mittel der Emanzipation. 1877 erklärte ein litauischer Priester namens Kaziemieras Jaunius, er wolle eine litauische Schrift schaffen, die das polnisch-lateinische und das russisch-kyrillische Alphabet ersetzen sollte. Seinen Kreuzzug begann er mit dem Gelübde, nie wieder «sz» oder «ż» zu verwenden, denn, so schrieb er, «diese beiden Buchstaben sind polnisch, und in unserer Rechtschreibung sollte nicht die kleinste Spur Polnisch zu finden sein».[8] Die Ersetzung von w und ż durch die funktional identischen v und ž hat die Lesbarkeit des geschriebenen Litauisch nicht merklich verbessert. Sie war jedoch ein Schlag gegen die jahrhundertelange kulturelle Vorherrschaft der Polen.[9]

In der Taxonomie der Sprachreformer des 19. Jahrhunderts gehörten die Litauer zu den Spaltern, die versuchten, ihre Sprache und Rechtschreibung immer deutlicher von der ihrer Nachbarn abzugrenzen. Am anderen Ende des Spektrums standen die Vereiniger, die bestrebt waren, eine Ansammlung von Dialekten unter dem Dach einer einzigen Sprache zusammenzufassen. Die Illyristen, die eine einzige Sprache für alle Südslawen entwickeln wollten, waren eine solche Bewegung (ihre Ideen – nicht aber ihre Sprache – fanden später im Jugoslawismus politischen Ausdruck).

Manchmal konnte auch eine einzige Sprache zwischen diesen Lagern pendeln. Bei der Entwicklung eines literarischen Standardslowakisch schaffte der Dichter und Sprachreformer Ľudovít Štúr kurzerhand den Buchstaben «y» ab, der aus dem Tschechischen übernommen worden war. Dadurch unterschied sich das Slowakische stärker von seinem sprachlichen Nachbarn – ein Sieg für die Spalter. Eine Generation später wendete sich das Blatt unter den slowakischen Intellektuellen zugunsten der Befürworter des Tschechoslowakismus, die meinten, Tschechisch und Slowakisch sollten sich so ähnlich wie möglich werden. Sie ließen das slowakische «y» wieder einführen. Punkt für die Vereiniger.

Auch in Estland war der Buchstabe «y» Gegenstand erbitterten Streits. Nachdem Estland 1918 seine Unabhängigkeit von Russland erklärt hatte, waren viele der Meinung, das Land brauche ein neues Schriftsystem, das seine neue Stellung in der Welt widerspiegelte. 1920 formulierte der Linguist Johannes Aavik einige dieser Gedanken in einem Pamphlet mit dem treffenden Titel: «Ü oder Y? Y!»[10] Sein Vorschlag war ganz einfach: Man sollte den Buchstaben «ü» durch «y» ersetzen. Aavik nannte acht Gründe, warum das geschehen sollte, von denen zwei darin bestanden, dass diese Ersetzung das Estnische näher an seine Schwestersprache Finnisch heranführen und weiter vom Deutschen entfernen würde, dessen Einfluss Estland immer noch zu entkommen versuchte. Einigen Leuten gefiel Aaviks Änderung, aber außerhalb künstlerisch-nationalistischer Kreise setzte sie sich nie richtig durch. In den Jahren zwischen 1918 und 1939 war die Angelegenheit offenbar nicht so wichtig, da Estlands Unabhängigkeit – sowohl kulturell als auch politisch – gesichert schien.

Nach dem Zweiten Weltkrieg, als Estland von der Sowjetunion annektiert wurde, rückten Fragen der Schreibung und der Politik wieder in den Vordergrund. Die sowjetischen Behörden kontrollierten die estnische Orthografie genau. Die Verwendung des aavischen «y» war streng verboten. Deshalb erlebte sie nun im kulturellen Untergrund eine Blüte und tauchte in Samisdat-Zeitschriften und in den Manuskripten regimekritischer Dichter auf. Ursprünglich eingeführt, um das Estnische näher an Europa heranzuführen, bedeutete das «Y» nun die Ablehnung von allem Russischen, was es ironischerweise zu einem noch stärkeren Signifikanten des Estnischseins machte.

In Estland, wie in den meisten osteuropäischen Ländern, waren Sprache und Schrift untrennbar mit Religion und Identität verbunden. Estnisch oder litauisch zu sein und nicht russisch, bedeutete, lutherisch oder katholisch zu sein und nicht ostorthodox. Das wiederum bedeutete, das lateinische Alphabet anstelle des kyrillischen zu verwenden. Die Alphabete repräsentierten die Religionen, was die Wahl der Schrift für Völker, in denen mehr als ein Glauben praktiziert wurde, umso schwieriger und belastender machte. Nirgends war das stärker der Fall als in Albanien, dessen Bevölkerung teils dem katholischen, teils dem orthodoxen und teils dem muslimischen Glauben anhing. Vor dem 20. Jahrhundert war Albanisch als Literatursprache nicht besonders verbreitet. Tatsächlich wurde es selten überhaupt als Schriftsprache verwendet, und wenn doch, dann entweder in arabischer, lateinisch-griechischer oder kyrillischer Schrift.

In Zentralalbanien, wo sich die drei Religionen am stärksten überschnitten, musste es aussichtslos erscheinen, eine dieser Schriften als Standard zu wählen. Im 18. Jahrhundert begannen Gelehrte vor Ort, die den Bedarf erkannten, mit der Entwicklung eigener Alphabete. Obwohl hier weniger Menschen lesen konnten als in jedem anderen europäischen Land (mit Ausnahme von Montenegro), wurde Albanien zu einem wahren Laboratorium für orthografische Erfindungen. Allein in der Stadt Elbasan gab es mindestens zwei verschiedene Alphabete. Das eine wurde von einem orthodoxen Kleriker, das andere von einem gelehrten Silberschmied entwickelt.[11] Beide Männer haben offenbar in Moscopole studiert, dem großen, verlorenen Zentrum balkanischer Gelehrsamkeit. Sie scheinen unabhängig voneinander zu ihren Schriften gekommen zu sein und sie hauptsächlich für die Abwicklung örtlicher kirchlicher Angelegenheiten verwendet zu haben.

Einige albanische Schriften (es gab mindestens zehn verschiedene Modelle) scheinen hauptsächlich für private Angelegenheiten verwendet worden zu sein. Nur eines dieser Alphabete wurde mit einer wirklich nationalen Zielsetzung geschaffen. Es war das Werk eines Mannes namens Naum Veqilharxhi. Seine Familie stammte aus der Gegend um Korça. Nach Zerstörung seines Heimatdorfes ließ er sich in Rumänien nieder, dem damaligen Zentrum der albanischen Emigrantengemeinschaft, wo er studierte und später als Rechtsanwalt arbeitete. In seiner Freizeit widmete Naum sich der Entwicklung und Förderung einer Schrift, die die Albaner aller Glaubensrichtungen vereinen sollte.

Das Alphabet, das Veqilharxhi konzipierte, war einzigartig. Er lehnte sich dabei weder an das lateinische noch an das kyrillische Alphabet an, um allen Vorurteilen von bzw. gegen die einzelnen Gruppen entgegenzuwirken. Seine Hoffnung war, dass seine Erfindung zu einer wirklich nationalen Schrift würde, die die Albaner dazu ermutigen würde, die eigene Sprache zu pflegen und deren Verdrängung durch die fremden Sprachen zu verhindern. Zu diesem Zweck erstellte er Rechtschreibfibeln für Kinder und ließ sie in ganz Südalbanien verteilen. Einige Schüler scheinen das neue Alphabet gelernt und bis ins hohe Alter behalten zu haben, doch Veqilharxhi erlebte seinen (begrenzten) Erfolg nicht mehr. Ein Jahr nach dem Erscheinen seiner Fibel im Jahr 1845 war er tot. Gerüchten zufolge wurde er in Istanbul von Attentätern vergiftet, die der griechisch-orthodoxe Patriarch von Konstantinopel geschickt hatte. Der Nationalismus war nämlich nicht nur eine Bedrohung für das Imperium. Jede nationale Bewegung unter den osmanischen Christen hatte das Potenzial, den Einfluss der Kirche auf die Gläubigen zu schwächen. Auch die Religionen spürten, dass ihr Einfluss angesichts dieser mächtigen neuen Form der Gruppenidentität schwächer wurde.

Der Nationalismus schuf Nationen. Als Ideologie der Zugehörigkeit zog er die Menschen zu ihresgleichen. Der Nationalismus sprach vor allem diejenigen an, die sich ohnmächtig oder hilflos fühlten und nach einer Möglichkeit suchten, in einem größeren «Welt»-Maßstab eine Rolle zu spielen. In den Worten eines Historikers war er ein Mittel, durch das «kleine Menschen, die kleine Gemeinschaften anführten, dennoch an der Ganzheit teilhaben konnten».[12]

Bei diesem Streben nach Anerkennung spielte die Kultur eine mindestens ebenso große Rolle wie die Politik. Wie die Sprache war auch sie ein umkämpftes Schlachtfeld.

Hatten die Philosophen der Aufklärung im 18. Jahrhundert die Kultur als Teil eines universellen Strebens nach Vernunft betrachtet (das für sie natürlich nur auf Französisch erfolgen sollte), wirkte sie im 19. Jahrhundert wie ein internationaler Wettstreit darum, welches Volk den größten Geist besaß. Die Deutschen beharrten darauf, das seien sie. Wer sonst in der Gegenwart konnte sich eines Goethe, eines Kant, eines Beethoven rühmen? Und wer sonst (außer vielleicht den Franzosen, Italienern, Griechen und einigen wenigen anderen) konnte eine Sprache von gleicher Altehrwürdigkeit und Eleganz für sich beanspruchen? Wo waren denn zum Beispiel die alten Lieder der Slawen?

Die osteuropäischen Nationalisten des frühen 19. Jahrhunderts lechzten danach, auf diese Herausforderung zu antworten. Sie brauchten Meisterwerke, die sie als ihre eigenen beanspruchen konnten, und eine heroische Geschichte, derer sie sich rühmen konnten. Im Idealfall vermochte ein episches Werk aus der fernen Vergangenheit beide Sehnsüchte zu befriedigen. Und wo keines zu finden war, musste man eben eines erfinden.

Das Zeitalter des Nationalismus war auch ein goldenes Zeitalter der Fälschungen. Auch hier waren die Tschechen Vorreiter. Ab 1817 versetzte eine Reihe von wundersamen Entdeckungen die aufstrebende tschechische Intellektuellenszene in Aufruhr. Die erste war ein mittelalterliches Manuskript, das im Keller einer Kirche in der kleinen Stadt Dvůr Králové an der Elbe gefunden wurde. Es stammte aus dem 13. Jahrhundert und enthielt eine Reihe von epischen Gedichten und Balladen, die – welch Wunder! – auf Tschechisch verfasst waren. Die Deutschen hatten jahrzehntelang über ihr wiederentdecktes Nationalepos, das Nibelungenlied, gejubelt. Einige Philologen hatten es sogar als die «deutsche *Ilias*» bezeichnet. Nun hatten die Tschechen auf wundersame Weise den endgültigen Beweis für eine eigene epische Tradition, die genauso alt und genauso poetisch war.

Noch sensationeller war die zweite Entdeckung. Im Jahr 1818 tauchte in den Händen eines Gelehrten namens Václav Hanka wie aus dem Nichts ein geheimnisvoller Text auf. Es handelte sich um einen anonymen Brief, angeblich an einen böhmischen Adligen gerichtet, der mit der tschechischen Sache sympathisierte. Der Brief enthielt ein Stück altes Pergament mit einer seltsamen Schrift in grüner Tinte, das der Absender bei einem Besuch auf einer Burg irgendwo auf dem Land gefunden haben wollte. Er habe befürchtet, dass der Besitzer des Schlosses, ein Deutscher, der alles Tschechische hasste, das Fragment zerstören würde, wenn es in seinen Besitz käme. Deshalb vertraue er es, so hoffte er, verständigeren Händen an.

Dieser geheimnisvolle Text, der später als «Grünberger Handschrift» bezeichnet wurde, war mit hundertzwanzig Zeilen viel kürzer als sein Vorgänger. Er schien aus dem 8. oder 9. Jahrhundert zu stammen, also aus den Anfängen der slawischen Vorgeschichte, und berichtete von Libuše, der heidnischen Priesterin, die in der von Cosmas dem Chronisten erzählten Geschichte über die Tschechen herrschte. Im Manuskript hat Libuše den Pflüger Přemysl noch nicht zu ihrem Ehemann erwählt und sprach noch immer Recht, von ihrem Sitz auf dem Felsen von Vyšehrad aus.

Die Libuše des Gedichts ist nicht mehr die etwas ausschweifende Zauberin des Cosmas, die sich mit ihren Schwestern in einem Nest aus Kissen rekelt. Sie ist eine Staatsfrau, die auf einem goldenen Thron vor den versammelten Adligen des böhmischen Staates sitzt. Sie soll einen Erbstreit zwischen zwei Brüdern schlichten. Der eine Bruder will dem alten böhmischen Brauch folgen und das Vermögen des Vaters gemeinsam verwalten. Der andere möchte nach deutschem Vorbild verfahren und das Erbe aufteilen.[13]

Libuše trifft ihre Entscheidung auf der Grundlage geschriebener Gesetze, wie es sich für zivilisierte Menschen gehört. Ein loderndes Feuer der Wahrheit bezeugt die Richtigkeit ihres Urteils. Alle Anwesenden lehnen es ab, dem fremden Brauch zu folgen. Ein aufgeregter Fürst ruft aus: «Es ist falsch, die Wahrheit in Deutschland zu suchen; wir haben unsere eigene Wahrheit und unsere heiligen Gesetze.» Libuše ist der gleichen Ansicht. Für die Verfechter der tschechischen Wiedergeburt war ihre Botschaft, die über ein

Jahrtausend hinweg übermittelt wurde, klar: Tschechen verdienen tschechische Gesetze, die ein tschechischer Staat verwaltet.[14]

Das war eine sehr zeitgemäße Botschaft, perfekt auf die Bedürfnisse der eher zaghaften böhmischen Nationalisten zugeschnitten, welche kaum mehr als eine begrenzte Autonomie innerhalb der engen Grenzen des habsburgischen Absolutismus anstrebten. Schon diese verblüffende Aktualität erregte sofort Verdacht: Waren das wirklich die Worte einer mittelalterlichen heidnischen Priesterin?

Vom Moment ihrer Entdeckung an stellten prominente Philologen und Slawisten die Echtheit der Grünberger Handschriften infrage, aber das war ein zäher Kampf. Als die Manuskripte veröffentlicht wurden, war es schon zu spät: Sie waren bereits zum Fixpunkt eines glühenden patriotischen Kults geworden. Tschechophile Lehrer begannen, ihren Lieblingsschülern heimlich Kopien der «mittelalterlichen» Gedichte zuzustecken. Die Schüler unterbrachen den Unterricht, um sie zu lesen, und ihre Herzen brannten vor «unsagbarer Freude» über die plötzliche Erkenntnis, dass auch sie Tschechen waren.[15] Jahrzehnte später, als Böhmen seine erste tschechischsprachige Universität erhielt, wurde den Studenten beigebracht, dass die Lieder der Handschriften besser als Homer seien.[16] Als schließlich in Prag das tschechischsprachige Nationaltheater gebaut wurde, komponierte Bedřich Smetana zur Eröffnung eigens die Oper «Libuše», eine Nacherzählung der Geschichte.

Doch um die Manuskripte rankten sich nach wie vor Zweifel. Deutsche Gelehrte bestanden darauf, dass sie gefälscht seien. Die Tschechen beharrten patriotisch auf ihrer Echtheit. Zu diesem Zeitpunkt war der Glaube an die Handschriften Teil des nationalen Credos geworden: Wer an Libuše zweifelte, zweifelte an der Richtigkeit der tschechischen Sache. Umso überraschender war, dass 1886 ein tschechischer Gelehrter, Tomáš Masaryk, den Beweis erbrachte, dass die Manuskripte gefälscht waren. Er sollte später der erste Prä-

Libuše an einer Fassade in der Prager Karlova-Straße. Die Plastik stammt aus dem Jugendstil und zugleich aus der Hochzeit nationaler Selbstbesinnung auf märchengleiche Gründungsmythen.

sident der unabhängigen Tschechoslowakei werden. Doch selbst seine brillante Analyse konnte die Kontroverse nicht beenden.

Später, in der Hochzeit des Stalinismus Anfang der 1950er Jahre, war die Frage nach der Echtheit der Manuskripte für die Forscher ein Tabuthema. Während des ideologischen Tauwetters Ende der 1960er Jahre kam sie jedoch wieder auf. Kurz vor Ausbruch des Prager Frühlings 1968 wurden die Handschriften aus dem Archiv geholt, ins Kriminologische Institut der Geheimpolizei gebracht und einer Reihe neuer Tests unterzogen. Diese Tests waren noch im Gange, als im August die russischen Panzer eintrafen, um das tschechische Experiment der Demokratie und Meinungsfreiheit zu zerschlagen. Zu diesem Zeitpunkt hatten die Experten der Geheimpolizei festgestellt, dass es sich bei den Manuskripten tatsächlich um eine Fälschung handelte, wenn auch um eine, die geschickt aus echtem Material zusammengebastelt worden war. Der Verdacht fiel naheliegenderweise auf ihren Entdecker, Václav Hanka, einen erfahrenen Philologen, der über das nötige wissenschaftliche Rüstzeug verfügte, um eine solch ausgezeichnete Fälschung zu erstellen. Doch als die geheimpolizeiliche Analyse abgeschlossen war, wurde das ganze Thema wieder in den Giftschrank gestellt und die Untersuchungsergebnisse zum Staatsgeheimnis erklärt.

Nicht alle Völker Osteuropas mussten auf Fälschungen zurückgreifen, um eine epische Vergangenheit zu rekonstruieren. Bei den Serben beispielsweise kursierten seit Jahrhunderten Lieder über Helden früherer Zeiten. Sie erzählten unter anderem von den Kriegen, die einst gegen die Osmanen geführt wurden: von der Niederlage in der Schlacht auf dem Amselfeld, vom Märtyrertod des Fürsten Lazar und von der Ermordung von Sultan Murad. Umherziehende Barden erzählten sie zur Begleitung eines Saiteninstruments, der Gusle, nach. Manchmal komponierten sie auch ihre eigenen Versionen. (Die Albaner hatten ihre Varianten vieler dieser Geschichten, auch wenn das selten Erwähnung findet.)

Im frühen 19. Jahrhundert sammelte ein serbischer Philologe und Anthropologe namens Vuk Karadžić viele dieser Geschichten und veröffentlichte sie im Ausland, wo sie großen Anklang fanden. In Serbien selbst durfte Karadžić sie jedoch nicht publizieren, weil der serbische Herrscher, Fürst Miloš Obrenović, sie für zu aufrührerisch hielt. Serbien war damals nominell noch ein Vasall des Osmanischen Reiches, und Obrenović befürchtete, Karadžić' epische Lieder könnten die Serben zu einem neuen Aufstand animieren und damit seine Herrschaft gefährden.

Mit der Veröffentlichung seiner *Serbischen Volkslieder* knüpfte Karadžić an eine lebendige Sängertradition an, deren Improvisationstechniken später von amerikanischen Wissenschaftlern untersucht wurden, um die Komposition antiker Meisterwerke wie der *Ilias* und der *Odyssee* besser zu verstehen. Die Völker der baltischen Länder, ebenfalls vom Epos-Fieber des 19. Jahrhunderts befallen, konnten sich nicht auf vergleichbare heroische Erzählungen stützen. Sie taten es auch nicht den Tschechen nach und zauberten irgendwelche Lieder aus dem Hut. Vielmehr setzten sie auf eine Art poetische Bricolage, indem sie ihre nationalen Epen aus Versatzstücken von Mythos, Historie und Fantasie zusammenstellten.

Inspiriert von der finnischen *Kalevala* (erstmals 1835 veröffentlicht) schusterte Friedrich Reinhold Kreutzwald das estnische Nationalgedicht, den *Kalevipoeg*, aus regionalen Legenden und einer finnischen Ballade über einen «eigensinnigen Riesen» zusammen. Andrejs Pumpurs schuf das lettische Nationalepos *Lāčplēsis – Der Bärenreißer* – aus Volkserzählungen, die den Ursprung verschiedener Ortsnamen erklären, und reihte sie zu einer Geschichte aneinander, die während der mittelalterlichen Kriege zwischen den heidnischen Letten und den christlichen Kreuzfahrern spielt.

Obwohl alle diese Werke darauf abzielten, einen Eindruck größter Ursprünglichkeit zu vermitteln, war jedes ein Produkt seiner Zeit. Der lettische *Bärenreißer* enthält ein ausdrückliches Plädoyer für die liberale Demokratie. Im ersten Akt des Epos tötet der Titelheld einen Bären mit bloßen Händen und wehrt verschiedene andere Bedrohungen für die Gemeinschaft ab, die (in dramatisch zunehmender Gefährlichkeit) von Unholden bis zu Deutschen reichen. Anschließend erklärt der Vater des Helden ihm geduldig, dass all seine großartigen Taten ihn in keiner Weise zur Führung des Stammes berechtigen würden. Im Gegensatz zu einigen anderen, nicht näher benannten Völkern wählen die Letten nämlich ihre Herrscher, die dann auch nur für eine streng begrenzte Zeit im Amt sind. Den Lesern dürfte nicht entgangen sein, dass das insbesondere im kaiserlichen Russland der damaligen Zeit nicht der Fall war.

Der estnische *Kalevipoeg* predigte ähnlich fortschrittliche Werte. Besonders vehement betonte er die Gewaltlosigkeit, ein zentrales Prinzip des nationalen Kampfes der Esten gegen das zaristische Russland. Dieser Wert wirkte etwas merkwürdig in einem Gedicht, das angeblich in den Wirren des Barbarenzeitalters geschrieben wurde und dessen zentraler Erzählstrang von einem blutrünstigen Riesen handelt, der an der Ostseeküste herumwandert, Jungfrauen vergewaltigt und andere Riesen zum Zweikampf herausfordert. Hier ist es das eigene Schwert des Helden, das die Botschaft der Toleranz und der Notwendigkeit gerechter Gesetze vermittelt, um die irrationalen Impulse der Menschheit zu zügeln. Aufgrund eines Missverständnisses (und des Fluchs eines Schmieds) schneidet das Schwert seinem Träger schließlich die Füße ab.

Die Zugehörigkeit zu einer Nation bedeutete, eine einzige Sprache zu sprechen und einen einzigen Traum zu träumen. Epen – ob gefälscht oder nicht – befriedigten beide Sehnsüchte. Einigen Nationalisten genügte das. Im Jahr 1839 riet ein baltendeutscher Journalist seinen estnischen Lesern, wenn sie eine Nation wollten, müssten sie nur «ein Epos und eine Geschichte» schaffen, und schon wäre alles gewonnen. In Wahrheit brauchten die Nationen aber auch Helden.

Im Osteuropa des 19. Jahrhunderts waren diese Helden selten Staatsmänner. Meistens waren es lebende (oder vorzugsweise kürzlich verstorbene) Schriftsteller, die vom Publikum in den Rang von Barden erhoben wurden. Man betrachtete sie als Meister der Dichtung.

Sie schufen geniale Werke und hoben die Sprache ihres Volkes in bisher unbekannte Höhen. Sie litten zutiefst – für ihre Kunst, aber auch für ihre Hingabe an ihr Heimatland.

Diese Barden waren mehr als nur Dichter. Sie waren Märtyrer und Heilige, auf deren Schultern sämtliche Bestrebungen des Stammes ruhten. Man kann sie auch als die Quintessenz romantischer Gesinnung sehen. Zu Beginn des 19. Jahrhunderts schrieb Percy Bysshe Shelley, die Dichter seien die «Gesetzgeber der Welt». In weiten Teilen Osteuropas wurde dieses Ideal wörtlich genommen.[17] Von diesen neuzeitlichen Barden wurde erwartet, dass sie nicht nur Symbole, sondern auch Aktivisten waren, die der Nation nicht nur durch ihre Werke, sondern auch durch ihre Taten eine Stimme geben konnten. Ihr Lebensweg war oft mindestens genauso wichtig oder sogar wichtiger als ihre Worte.

Gleiches galt für ihren Stil, für den Lord Byron als Dichter und Mann der Tat die wichtigste Inspirationsquelle darstellte. Von allen Nationaldichtern ahmte ihn keiner so sehr nach wie Adam Mickiewicz. Der polnische Dichter, der in der Regel modisch gestreifte Hosen und weite Hemden mit farbigen Tüchern trug, saß mit Vorliebe auf einem Bergfelsen und blickte nachdenklich gen Horizont. Auch Fotos zeigen ihn gerne mit dem Blick in die Ferne, so als sei er kurz davor, eine Prophezeiung zu empfangen.[18]

Der Montenegriner Petar II. Petrović Njegoš erzielte die gleiche Byron'sche Wirkung wie Mickiewicz, er wirkte allerdings viel natürlicher. Als Fürstbischof war er gleichzeitig weltlicher Herrscher und höchster religiöser Würdenträger seines Landes. Groß, schlank und majestätisch, wie er war, mit einem prächtigen schwarzen Schnauz- und Vollbart (und obendrein an Tuberkulose erkrankt), sah Njegoš ganz wie ein romantischer Held aus. Wenn er ins Ausland reiste, tauschte er seinen Bischofsmantel gegen Hemd und Hose eines montenegrinischen Kriegers. Njegoš verfasste selbst lange Versepen, in denen er die blutige Geschichte seines Landes, die Kriege mit den Osmanen und das Funktionieren des gesamten Universums beschrieb. Leider war er einer der ganz wenigen Menschen in seiner Heimat, die lesen und schreiben konnten. Die gesamte montenegrinische Literatur stammte bis dato aus der Feder der früheren Fürstbischöfe, die die Ereignisse ihrer jeweiligen Herrschaft niederschrieben. Dennoch gingen Njegoš' Werke in die damals noch genuin mündliche Überlieferung ein und wurden so populär, dass man noch in jüngster Vergangenheit in Montenegro nicht selten auf Menschen traf, die, obwohl ansonsten Analphabeten, weite Teile von Njegoš' *Bergkranz* auswendig rezitieren konnten.[19]

Nicht alle Barden waren aus solch heldenhaftem Holz geschnitzt. Karel Mácha und France Prešeren, die Dichter der tschechischen bzw. slowenischen Nationalpoeme, stammten aus eher bürgerlichem Hause. Die beiden Kleinstadt-Juristen waren dem Biergenuss und außerehelichen Affären zugetan und hatten mit kümmerlichen Karrieren zu kämpfen. Sie wirkten ein wenig feist und bieder, und einzig ihre langen Haare deuteten auf einen beginnenden Bohemianismus hin.

Im Gegensatz dazu sah der Rumäne Mihai Eminescu wie ein echter Nonkonformist aus. Schäbig gekleidet, stämmig, behaart, kaffeetrinkend und kettenrauchend, ähnelte er eher einem zerknitterten Zeitungsreporter als dem romantischen Idol, zu dem er eines Tages werden sollte. Sein Äußeres entsprach dem schieren Elend seines Daseins. Zeitlebens ignoriert und hochgradig manisch-depressiv, starb er nach Jahren furchtbaren Leidens völlig vereinsamt in einem Irrenhaus. Mit der Zeit allerdings wurde die Missachtung durch seine rumänischen Mitbürger zu einem festen Bestandteil seiner Legende.

Wohlgenährt, sexbesessen, zerzaust, aufgeplustert und rücksichtslos – die nationalen Barden waren nicht gerade die idealen Gefäße für große Ideen. Es war ihr Schicksal und auch ihr Glück, im Namen der Nation zu leiden. Dieses Leiden war von großer

Petar II. Petrović Njegoš. Bischof, Dichter und Modernisierer, lebte 1813 bis 1851. Skulptur in dem ihm erbauten Mausoleum aus den 1970er Jahren, hoch auf dem Jezerski-Gipfel in Montenegro, den er oft besang.

Bedeutung. Wie ein slowenischer Kritiker einmal über den Nationaldichter France Prešeren schrieb, erforderte es ein gewisses «Maß an Unglück», um ein slowenischer Kulturheld zu werden.[20] Wie von den Märtyrern der Vergangenheit wurde von ihnen erwartet, dass sie eine gewisse Menge Blut hingaben, um die Gerechtigkeit ihrer Sache zu beweisen.

Pech war also quasi Voraussetzung, um zu einem Nationalheiligen zu werden. Ein tragischer Tod war der Idealfall. Am besten war es, wenn der Tod des Dichters gerade dann eintrat, während er versuchte, die verlorene Staatlichkeit seiner Nation zurückzugewinnen. So ließ der Ungar Sandor Petőfi während der gescheiterten ungarischen Revolution von 1848 im Kampf gegen die Russen sein Leben. Er war zwar nur als Beobachter an der Schlacht beteiligt und starb auf der Flucht vor dem Feind. Aber das spielte kaum eine Rolle: Petőfis Legende als tragischer Prophet Ungarns war von diesem Moment an gesichert. In den Worten eines Kritikers war er der «einzige Dichter, der höchstpersönlich eine Volksrevolution anführte».[21] Diesen Ruf hatte er sich zumindest teilweise wirklich verdient. Petőfis Rezitation seiner eigenen Gedichte auf den Stufen des Budapester Nationalmuseums trug tatsächlich dazu bei, den Aufstand zu befeuern.

Der Bulgare Hristo Botev war, zumindest was die Anzahl seiner Werke betrifft, kein großer Dichter. Im Laufe seines kurzen Lebens schrieb er gerade einmal zwanzig Verse. Aber er war ein wunderbar tragischer Rebell. Die Revolution gegen die Osmanen, die er 1876 mit ein paar Dutzend seiner emigrierten Freunde plante, verlief im Sande; sie endete mit Botevs Tod und der Gefangennahme bzw. Hinrichtung fast aller Beteiligten. Später wurde Botev als Inbegriff eines nationalen Märtyrers (und, was noch fragwürdiger ist, als glühender Kommunist) verehrt. Ein Berg, eine Stadt, unzählige Straßen, ein Asteroid und ein Kap in der Antarktis erinnern an ihn.

Taras Schewtschenko (1814 bis 1861), der ukrainische Nationaldichter, hatte nie die Gelegenheit, seinen Mut auf dem Schlachtfeld zu beweisen. Er wurde in die Leibeigenschaft hineingeboren und zeigte schon früh künstlerisches Talent, das einige Maler dazu veranlasste, ihn freizukaufen. Für das Verbrechen, in einem seiner satirischen Gedichte die Frau des Zaren Nikolaus beleidigt zu haben, wurde Schewtschenko in St. Petersburg inhaftiert und ins Exil geschickt. In seinen Gedichten wetterte Schewtschenko gegen Peter und Katharina die Große als die beiden Zerstörer der ukrainischen Freiheit.[22] Im Einklang mit der internationalistischen Ausrichtung des Nationalismus in der Mitte des 19. Jahrhunderts lobte er auch die Rebellion von Jan Hus («Ketzer») und pries die Tapferkeit islamischer Aufständischer im Kampf gegen das Russische Reich («Kaukasus»).

Doch auch Dichter, deren Tod überhaupt nichts mit dem Streben nach nationaler Befreiung zu tun hatte, wurden auf ähnliche Weise kanonisiert. Der Tscheche Karel Mácha starb an einer Erkältung, die er sich zugezogen hatte, nachdem er Nachbarn beim Löschen eines Hausbrands geholfen hatte. Die romantische Legende machte daraus einen Fall von poetischer Erschöpfung: Mácha habe seine ganze Kraft in sein Werk gesteckt und sei auf dem Höhepunkt seiner Schaffenskraft erschöpft gestorben. Diese Geschichte hielt sich noch lange, selbst nachdem Máchas unveröffentlichte Tagebücher enthüllten, dass er ein zwanghafter Frauenheld und Onanist war – keineswegs das zarte Pflänzchen, das seine Jünger beschrieben. Dennoch wuchs Máchas Legende mit der Zeit ins Gewaltige. Die Art und Weise, wie das geschah, erlaubt uns einen Einblick, wie sich der Nationalismus von einer im Wesentlichen literarischen Bewegung in eine Sache der Massenpolitik verwandelte.

Mácha starb 1836. Im Jahr 1859 wurde ihm zu Ehren in Prag ein Ball veranstaltet. Zu dieser Zeit war das eine der wenigen Formen von Versammlungen, die von den österreichischen Behörden erlaubt wurden, ansonsten waren alle Formen von Massenprotesten oder -vereinigungen verboten. Als Höhepunkt des Abends versammelten sich die Gäste, um ein Gedicht über Mácha vorzutragen. Sie mussten das schweigend tun, da öffentliche Reden und Erklärungen (man denke an das Beispiel Petőfis) ebenfalls verboten waren.[23]

Das Einzige, was die Feiernden tun konnten, war singen, und so endete der Abend mit einer Aufführung tschechischer Nationallieder. Zwei Jahre später krönte man die Beerdigung von Václav Hanka, dem Entdecker bzw. Fälscher des Libuše-Liedes, mit einer mitreißenden Darbietung tschechischer Lieder durch einen hundertzwanzigköpfigen Männerchor. Der Sangestrupp, der sich nach dem Klang der Glocken (und dem alten glagolitischen Alphabet) den Namen Hlahol gegeben hatte, war sofort ein Erfolg. Er wuchs schnell zu enormer Größe an und führte zur Gründung eines tschechienweiten Netzwerks von «nationalen» Nachahmer-Chören.

Ähnliches geschah in anderen osteuropäischen Ländern. Wir haben bereits gesehen, wie die Chöre im Sarajewo des Fin de Siècle aufblühten. In Estland und Lettland spielten Chöre und insbesondere Liederfeste eine wirklich zentrale Rolle bei der jeweiligen nationalen Erweckung.[24] Man könnte sagen, dass beide Nationen sich selbst in die Existenz *gesungen* haben. In den böhmischen Ländern war die Ausbreitung der Gesangsvereine jedoch nur Symptom einer umfassenderen Bewegung hin zur Nationalisierung aller Lebensbereiche. Die Konkurrenz mit der großen und wirtschaftlich erfolgreichen deutschen Minderheit trieb diesen Prozess auf die Spitze. Jede Form von kultureller Institution oder Vereinigung, die von Deutschen dominiert wurde, musste ein separates tschechisches Pendant haben. Ab den 1860er Jahren gründeten die Tschechen ihre eigenen Kunstvereine, Theater und Schulen.

Dieser Prozess der Nationalisierung reichte weit über die Grenzen der Hochkultur hinaus. Als Gegengewicht zu den von den Deutschen unterstützten Turnvereinen begannen tschechische Patrioten ihre eigenen Organisationen, die Sokol-Verbände («Falken»), zu fördern. Die 1862 gegründeten Sokols wollten die tschechischen Körper für den Ruhm der Nation trainieren. Ab 1882 veranstalteten sie riesige Feste in Prag, bei denen Tausende muskulöser tschechischer Männer (und später auch Frauen) gemeinsam trainierten und ein wuchtiges Spektakel tschechischer Stärke boten.

Zur gleichen Zeit begann die tschechische Kundschaft gegen die Vorherrschaft des deutschen Bieres zu rebellieren. Überall in den böhmischen Städten gründeten tschechische Organisationen ihre eigenen Brauereien, und die tschechischen Kunden kauften von nun an ausschließlich tschechisches Bier. Die Modalitäten dieser Rivalität haben sich sogar ins Prager Stadtgefüge eingegraben. Einer der Gründe dafür, dass die Stadt so viele schöne Gebäude aus der Zeit des Jugendstils und der Sezession aufweist, ist, dass tschechische und deutsche Bauherren sich bei der Opulenz an Ornamenten und beim Einfallsreichtum der Dekoration ihrer Gebäude gegenseitig übertreffen wollten. Daher die Fülle an wunderschönen Fassaden aus der Zeit der Jahrhundertwende, von denen eine der schönsten den Sitz des Hlahol-Chors ziert. Das Motto der Vereinigung «Mit dem Gesang zum Herzen, mit dem Herzen zur Heimat», das in goldenen Lettern hoch über dem Mosaik eines Phönix mit Regenbogenflügeln über der Tür prangt, vermittelt die berauschende Atmosphäre jener musiktrunkenen Zeit.

Als dieser Phönix 1905 fertiggestellt wurde, gaben sich die meisten Tschechen jedoch nicht mehr damit zufrieden, nur über ihren Unmut zu singen. In den letzten Jahrzehnten des 19. Jahrhunderts verhärtete sich die Politik des Nationalismus in der österreichisch-ungarischen Doppelmonarchie immer mehr, und die informellen Mauern zwischen den Gemeinschaften wurden immer höher. Gleichzeitig hatte sich das Reich insgesamt liberalisiert: Viele frühere Beschränkungen der freien Meinungsäußerung wurden aufgehoben und wichen Möglichkeiten für echte Wahlen und Massenbewegungen. Die Tschechen mussten die Lobreden auf ihre verlorenen Barden nicht mehr im Stillen rezitieren. Sie konnten sie auf der Straße feiern, genauso wie die Slowenen, Polen, Kroaten und alle anderen Nationalitäten des Reiches. Paradoxerweise hatte das zur Folge, dass sich viele Spannungen verschärften. Vormals unbedeutende Meinungsverschiedenheiten über Details in der Sprachpolitik oder Bildungsvorschriften wurden nun zu Kämpfen auf Leben und Tod.

Bis zum Jahr 1900 drehte sich die parlamentarische Politik in Österreich-Ungarn fast ausschließlich um Kleinigkeiten nationalen Vorrangs. Im Jahr 1897 löste die Einführung eines Gesetzes, das die böhmischen Beamten zum Erlernen der tschechischen Sprache verpflichtet hätte, in ganz Österreich wütende Ausschreitungen aus, insbesondere unter den Studenten, die diese vermeintliche Beleidigung der deutschen Sprache erzürnte. Als das Gesetz zurückgezogen wurde, breitete sich eine zweite Welle von Unruhen von Prag aus über die tschechischsprachigen Gebiete aus. In der Folge setzten sich tschechische Nationalisten dafür ein, dass ihre Rekruten zum Appell mit dem tschechischen «zde» statt mit dem deutschen «hier» antreten durften. Das erschien Kaiser Franz Joseph so aufrührerisch, dass er den Tschechen mit dem Kriegsrecht drohte.[25] Im Jahr 1906 war der ungarische Landtag wegen der nicht minder trivialen Frage der Quastenfarbe an den Säbeln der ungarischen Armeeoffiziere lahmgelegt: Sollten es die kaiserlichen Farben Schwarz und Gelb oder die ungarischen Farben Rot und Grün sein?[26]

Für sich genommen erschien jede dieser Kontroversen unbedeutend, aber ihre kumulative Wirkung war tatsächlich bedrohlich. Auf der einst glatten Oberfläche der alten Monarchie begann sich ein Spinnennetz aus Rissen zu bilden. Nach der Niederlage im Ersten Weltkrieg sollten sich diese Risse als fatal erweisen. Aber sie waren nicht zu vermeiden. Wenn die osteuropäischen Nationalisten Fragen der Sprache mit einer Vehemenz angingen, die ihren Kollegen im Westen ungewöhnlich oder sogar irrational erschien, so lag das schlicht daran, dass sie von Vorstellungen der drohenden kulturellen Auslöschung gepeinigt wurden.

Diese Angst war für jemanden aus Frankreich oder England schwer zu begreifen, aber vielen Osteuropäern erschien sie als erschreckend reale Möglichkeit. Gegen Ende des 19. Jahrhunderts war im Russischen Reich Schulunterricht in polnischer und ukrainischer Sprache weitgehend verboten. In Ungarn verloren Slowakisch und Rumänisch immer mehr an Boden gegenüber dem Ungarischen, während in Österreich die deutsche Wirtschaftsmacht die große Verlockung bot, auch kulturell in ihr aufzugehen.

Die historischen Präzedenzfälle waren entsprechend bedrohlich. Den tschechischen und slowakischen «Erweckern» des frühen 19. Jahrhunderts war bekannt, dass ein Großteil Ostdeutschlands einst slawisches Kernland gewesen war, bevölkert von Stämmen verstockter heidnischer Baumanbeter. Aber wer erinnert sich heute noch an die Polabier (oder auch Polaben), die Abodriten oder Wagrier? Jahrhunderte teutonischer Expansion hatten die meisten von ihnen zur Assimilierung gezwungen. Die wenigen Spuren, die sie hinterlassen hatten, waren ein paar Ortsnamen und die letzten überlebenden Sprecher des Wendischen, deren Zahl bereits im späten 18. Jahrhundert stark geschrumpft war.

Auch die baltischen Sprachen hatten seit dem Mittelalter enorme Verluste erlitten. Ab dem 14. Jahrhundert verschwanden das Kurische, das Jatwingische, das Selonische und das Semgallische von den Küsten der Ostsee, ihre Sprecher wurden getötet, christianisiert und schließlich durch den langen Ansturm des Deutschen Ordens in Deutschsprachige verwandelt. Das Altpreußische (eine baltische, keine deutsche Sprache – der Name «Preußen» ist ebenfalls etwas, das die Kreuzfahrer von den Heiden geklaut haben) überlebte etwas länger: Seine letzten Sprecher starben um 1710 an der Beulenpest. Diese Zeit reichte aus, um einen kleinen Bestand an gedruckter Literatur zu schaffen, die fast ausschließlich religiöser Natur war. Der weltliche Teil des altpreußischen Schrifttums scheint sich dagegen auf ein einziges Reimcouplet zu beschränken. Es ist an den Rand einer lateinischen philosophischen Abhandlung gekritzelt, heute im Besitz der Universität Basel, und wurde 1974 von einem amerikanischen Doktoranden entdeckt. Das Couplet lautet: «Prost, Herr! Ein guter Freund musst du sein / wenn du trinken willst, aber dich weigerst, die Zeche zu zahlen.» Es scheint von einem preußischen Studenten in Prag niedergeschrieben worden zu sein, der sich über die Knauserigkeit seiner Trinkkumpane ärgerte.[27]

Die nationalen Erweckungsbewegungen lebten in der Angst, dass ihre Idiome ähnlich wie das Altpreußische auf dem Sprachenfriedhof landen könnten. Daher die Dringlichkeit ihres Tuns. Aber wenn die Arbeit der Erweckung einmal begonnen hatte, wo sollte sie dann enden? Unterdrückung war meist nur eine Frage der Quantität. Wenn Imperien die Kerkermeister der Nationen waren, dann waren die Nationalstaaten ihrerseits Gefängnisse für kleinere Völker. Jedes dieser Völker wartete auf seinen eigenen Vorkämpfer, der ihm seinen Platz an der Sonne sicherte.

Einer der letzten nationalen Erwecker Osteuropas war Óndra Łysohorsky. Sein Streben erinnerte allerdings ganz besonders stark an Don Quichottes Kampf gegen Windmühlen. Er wurde 1905 als Erwin Goj in Mährisch-Schlesien geboren, einer Grenzregion nahe dem Dreiländereck zwischen der Tschechischen Republik, Polen und der Slowakei. (Łysohorsky war ein Pseudonym – Goj übernahm es aus den Namen eines schlesischen Banditen aus dem 17. Jahrhundert und dem Berg, der diesem als Stützpunkt diente.) Sein Geburtsort, die Stadt Frýdek, war als regionaler Wallfahrtsort bekannt. Die Menschen dort sprachen eine Vielzahl von Sprachen: Deutsch, Slowakisch, Polnisch, Mährisch und Tschechisch. Sie sprachen überdies noch eine ganz eigene Sprache, die Vokabeln und Merkmale aus all den anderen enthielt. Łysohorsky nannte diese Sprache, die weder aufgeschrieben noch in Schulen gelehrt wurde, «Lachisch». Und er beschloss, ihr *poeta laureatus* zu werden.

Ab den 1930er Jahren, als Frýdek bereits Teil der unabhängigen

Tschechoslowakei war, entwickelte Łysohorsky ein Schriftsystem für das Lachische, das sowohl Merkmale des Polnischen als auch des Tschechischen entlieh. Das verärgerte die Tschechen, die Łysohorsky vorwarfen, er wolle die nationale Einheit untergraben (das ewige Problem der Spalter). Die Polen bemerkten kaum etwas davon. Dennoch blieb Łysohorsky hartnäckig und veröffentlichte Gedichte und Prosa in jener Sprache, die noch nie jemand gelesen hatte. Einige Schüler folgten seiner Aufforderung und gründeten eine literarische Gesellschaft, doch der Ausbruch des Zweiten Weltkriegs setzte ihren Experimenten ein Ende.

Łysohorsky verbrachte die meiste Zeit des Krieges in der Sowjetunion. Dort schrieb er weiter in lachischer Sprache, obwohl die tschechoslowakischen Kommunisten im Exil verlangten, dass er damit aufhörte, denn sie befürchteten ebenso wie die kapitalistischen Tschechen, das Lachische werde einen Keil in die vereinigte Tschechoslowakei treiben. In seiner Verzweiflung ob der Einmischung der Kommunisten schrieb Łysohorsky 1944 an Stalin, um sich zu beschweren. Dieser Schuss ging allerdings nach hinten los, und schon bald wurde es für ihn noch schwieriger, seine Werke zu veröffentlichen. In den folgenden Jahren setzte sich W. H. Auden für seine Gedichte ein, Marina Zwetajewa und Boris Pasternak übersetzten sie ins Russische. Dennoch hatte Łysohorsky kaum Gelegenheit, sich in seiner Wahlheimat in dieser Sprache zu verständigen.

Diese Enttäuschungen konnten zu diesem Zeitpunkt keine große Überraschung mehr sein. Łysohorsky war nie auf der Höhe seiner Zeit. Sein Erweckungswerk begann viel zu spät, lange nachdem die Zeit der sprachlichen Revivals vorbei war. Nur wenige Menschen in seiner schlesischen Heimat lasen oder interessierten sich für seine Schriften in lachischer Sprache. Nur wenige konnten es überhaupt fließend lesen, denn obwohl Łysohorsky gerne behauptete, dass bis zu zwei Millionen Menschen in ganz Polen und der Tschechoslowakei Lachisch sprachen, wurde diese Sprache nur in einem winzigen Gebiet gesprochen, das das Tal des Flusses Ostravice begrenzte.

Vor seinem Tod im Jahr 1989 baten einige seiner tschechischen Kritiker Łysohorsky, endlich seine harte Haltung aufzugeben und anzuerkennen, dass das Lachische nur ein Dialekt des Tschechischen sei. Abgesehen davon erklärten sie ihm, selbst kleine Zugeständnisse, wie die Ersetzung des polnischen *w* durch ein tschechisches *v*, könnten ihm mehr Leser einbringen. Doch Łysohorsky blieb standhaft. Als man ihn weiter bedrängte, erinnerte er sich an seine Kindheit und an die kleine Gasse neben der Marienkirche in Frýdek, in der er aufwuchs. Er konnte sich noch an all seine Nachbarn erinnern: Frau Lehner, eine Deutsche, Staš und Gladyš, die Polen, und Skotnica, Hesek, Farnik und Zawadsky, allesamt Lachen.[28] Bis an sein Lebensende hielt Łysohorsky ihnen die Treue. Er kümmerte sich nicht um Armeen oder Regierungen; sein Nationalismus war der Nationalismus einer einzigen Straße in einer einzigen Stadt.

TEIL III

20. JAHRHUNDERT

KAPITEL 9

MODERNEN

Keine Region Europas ist entlegener oder weiter von der Zivilisation entfernt als die Prypjat-Sümpfe in Polesien, an der heutigen Grenze zwischen Belarus und der Ukraine. Sie waren die längste Zeit über eine Gegend unwegsamer Feuchtgebiete, sich schlängelnder Bäche und saugenden Schlamms, in der kaum irgendwo eine Brücke oder Straße zu finden war. Das Gebiet war sagenumwoben wegen seiner Rückständigkeit und Unzugänglichkeit, zwei Tatsachen, die die ebenso hartnäckige wie falsche Legende begründeten, dass dies die ursprüngliche Heimat der Slawen sei. Kurzum, die Sümpfe waren kein Ort, an dem man die neuesten Moden und Stile zu schätzen wusste. Und doch waren um 1900 die Gaben der Moderne auch hier angekommen.

Janina Puttkamerowa war 1900 elf Jahre alt. Sie wuchs im polnischen Adel des Gouvernements Wilna im Russischen Reich auf, verbrachte aber ihre Sommer und die Ferien in Dereszewicze, dem Landgut ihrer Großmutter in Polesien. Es war ein prächtiges Haus, das auf einem Felsvorsprung direkt über dem Fluss Prypjat erbaut worden war. Janina schreibt in ihren Erinnerungen, der Blick von der Terrasse des Herrenhauses auf die endlosen überschwemmten Felder auf der anderen Seite des Flusses habe sie an Amerika erinnert, kurz bevor die Pilgerväter kamen, um es zu verwüsten.[1]

Einmal am Tag fuhr ein Dampfschiff unterhalb des Gutshofs vorbei. Oft brachte es Gäste mit. Etwa die fröhliche Tante Wiwa, die mit einer Boa aus Straußenfedern winkte und ein Kleid mit so vielen Seidenvolants und Spitzenbändern trug, dass sie selber wie ein

Schiff mit vollen Segeln aussah. Oder die launische Tante Isia, die schlichte, aber meisterhaft geschneiderte Kleider trug, die sie direkt bei den besten Modeateliers in Wien gekauft hatte. Isias Lieblingskleid war aus rosafarbener Moiré-Seide, gefüttert mit schillerndem Taft. Es gab beim Gehen ein sanftes Rascheln von sich, perfekt, um diskret von ihrer Anwesenheit zu künden, wenn Herrenbesuch vorbeikam.

Die Routine des Lebens in Dereszewicze war angenehm, aber gleichförmig. Die Erwachsenen, die von ihren Aufenthalten an der Riviera oder in den Schweizer Alpen zurückkamen, spielten im Salon Karten und lasen (hauptsächlich Französisches), während die Kinder Krocket spielten und bei einer englischen Gouvernante Zeichenunterricht nahmen. Jeden Abend versammelte sich der gesamte Haushalt zu einem Spaziergang in den Gärten. Gemeinsam schlenderten sie im Schatten der Zierpappeln durch die von Blumen gesäumten Alleen. Sie bewunderten den Duft der Blüten: die Schärfe des Eisenkrauts, die Süße des Phloxes, den Moschusduft der Nelken.

Der Höhepunkt eines jeden Sommers war der 4. August, wenn die Familie zum Geburtstag von Janinas ehrwürdiger Großmutter ein großes Picknick veranstaltete. Sämtliche Bewohner des Hauses fuhren mit Ruderbooten den Fluss hinunter zu einer bestimmten Wiese, wo die als Matrosen verkleideten Dienstboten Körbe mit Obst, Kuchen und Eis aufstellten. In der Abenddämmerung versammelte sich die Gesellschaft wieder im Herrenhaus, um sich an einem Laientheater zu erfreuen. Girlanden aus blauen, rosafarbenen und gelben Laternen hingen über dem Innenhof. In deren farbenfrohem Schein präsentierten die Damen des Hauses eine Reihe von lebenden Tableaus, die man den Werken von Shakespeare, Mickiewicz und Tizian entlehnte. Einmal ärgerte sich Tante Isia, schon immer die dramatischste der Puttkamerowa-Schwestern, dass das Feuerwerk nicht rechtzeitig gezündet wurde, um ihr Nymphenkostüm angemessen zur Geltung zu bringen.

Isia war aber auch die modernste unter den Geschwistern. Sie hielt sich über die neuesten Entwicklungen in der Kunst auf dem Laufenden und machte ganz Dereszewicze mit den Werken der dekadenten Bewegung «Junges Polen» bekannt – mit der skandalös abstrakten Poesie von Kazimierz Przerwa-Tetmajer und dem beängstigenden Stanisław Przybyszewski, dessen Stücke als so berauschend galten, dass es in St. Petersburg hieß, nur Kokain und reiner Alkohol könnten eine vergleichbare Stimulation bieten. Nicht jeder im Haus teilte ihre Begeisterung für diese Autoren. Den Älteren erschienen sie geradezu pervers – als Zeichen einer Kultur, die sich mitten im Niedergang befand.

Die schöne und begabte Isia unterlag heftigen Stimmungsschwankungen. Viele Jahre lang hatte sie eine Affäre mit dem russischen Gouverneur von Minsk, Graf Musin-Puschkin. Seine schwarze Kutsche tauchte jeden Tag zur Mittagszeit vor dem Anwesen ihres Mannes auf – bis er abberufen wurde, weil er während der gescheiterten Revolution von 1905 zu sanft gegen Demonstranten vorgegangen war.

Als ihr Geliebter nach Petersburg zurückkehren musste, wurde Isia von einer langwierigen, mysteriösen Krankheit heimgesucht. Im Jahr 1906 stürzte sie sich in den Fluss, der ihr Anwesen in Minsk durchfloss. Ihr Ehemann, der während der Dauer der Affäre diskret geschwiegen hatte, pflanzte an der Stelle, an der sie ertrunken war, einen mandschurischen Aprikosenbaum und verlor daraufhin alles, was er besaß, an Spekulanten und Betrüger. Der Rest von Isias Familie gedachte ihrer mithilfe von drei gemalten Porträts, zwei in Warschau und eines auf dem Lande. Doch wie ihre Nichte Janina schrieb, hat in einem Land wie Polen, in dem «alles durch Kriege und Invasionen verloren geht», keines dieser Porträts die Katastrophe von 1939 überlebt.[2]

Während ihres kurzen Lebens war Isia davon überzeugt, ihrer Zeit voraus zu sein – worin sie wiederum allerdings ganz das Kind

Das modern-klassizistische Herrenhaus von Dereszewicze in Polesien, südliches Weißrussland. So entlegen die sumpfige Landschaft war, ihre Bewohner – der Oberschicht – waren kulturell bestens an Westeuropa angebunden.

ihrer Zeit war. Um 1900 hatte in Osteuropa ein neuer Geist Einzug gehalten. Man könnte ihn am ehesten als einen heftigen Bruch zwischen Herz und Kopf bezeichnen.

Materiell gesehen waren die Verhältnisse nie besser gewesen. Europa stand kurz vor dem Ende eines (kaum) unterbrochenen halben Jahrhunderts des Friedens. Die meisten Erwachsenen hatten noch nie einen Schuss gehört, der im Zorn abgefeuert wurde. Dieses halbe Säkulum brachte beispielloses Wirtschaftswachstum und bahnbrechende technische Innovationen. Als die Dampfschiffe ihre Passagiere in Dereszewicze absetzten, fuhren die Budapester bereits mit der ersten U-Bahn-Linie der Stadt, die 1896 eröffnet worden war. Zum ersten Mal waren Städte nachts beleuchtet, worin Osteuropa eine unerwartete Vorreiterrolle einnahm: Lemberg war die erste Stadt, die dafür moderne Petroleumlampen verwendete, und Timişoara im heutigen Rumänien war die erste elektrisch beleuchtete Stadt.

Eisenbahnen durchquerten nun den Kontinent und erreichten sogar Janinas Heimat im vergessenen litauischen Dorf Bieniakonie. Getreide aus der Ukraine überschwemmte den amerikanischen Markt, und Holz aus den entlegensten Wäldern Litauens konnte bis nach Liverpool und weiter verschifft werden. Durch diese neuen Verbindungen wurden die Landbesitzer plötzlich und unerwartet reich. Janinas Familie, die reichlich Wald besaß, verbrachte ihre Ferien abwechselnd in der Provence, in Florenz und in St. Moritz.

Doch wie sehr die Dinge auch prosperieren mochten, in geistiger Hinsicht herrschte ein Gefühl der zunehmenden Krise. Überall setzten die Menschen ihr Vertrauen in den Fortschritt und die wissenschaftlichen Entdeckungen, zum Schaden der alten Glaubensvorstellungen. In der Politik hatte der Nationalismus noch immer die Oberhand – sein Einfluss war sogar größer als je zuvor –, doch in der Kunst begann seine Vorrangstellung zu schwinden. Die großen nationalen Dichter wurden zwar nach wie vor gefeiert, aber eher als Ikonen des Kampfes denn als Schriftsteller, die man lesen sollte. Vor allem die jungen Leute sehnten sich nach etwas Neuem. Viele befanden sich in einer offenen, sozusagen ödipalen Revolte gegen ihre Eltern. (Freuds Werk war noch nicht weithin bekannt, aber das sollte sich bald ändern; *Die Traumdeutung* erschien 1900.)

Berauscht von Nietzsche und in Ehrfurcht vor dem, was gleichzeitig in Wien und Paris geschah, lästerten die Schriftsteller des osteuropäischen Fin de Siècle Jesus Christus und konsumierten massenhaft Opium. Häufig starben sie an Alkoholismus, Syphilis, Morphium und Selbstmord, meist in individueller Kombination. Der tschechische Schriftsteller Ladislav Klíma, der verstörende Novellen voll Inzest und Nekrophilie schrieb, unterzog sich verschiedenen Hungerexperimenten und aß tote Mäuse im Namen einer Instanz, die er «absoluten Willen» nannte. Urmuz, das große, heimliche Genie der rumänischen Literaturavantgarde, erschoss sich wegen «der Lähmung, die einem das Leben unmöglich macht». Man fand ihn im Gebüsch hinter einem Bukarester Nobelrestaurant.[3] Géza Csáth, der ungarische Autor großartiger, funkelnder Geschichten über Opium, Magie und Ennui, nahm vielleicht das schlimmste Ende von allen: einen verpfuschten Mord-Selbstmord, bei dem er seine Frau im Drogenrausch tötete, die Sache erst mal wieder vergaß und sich dann vergiftete, als er seine Untat schließlich bemerkt hatte.

***

Die Schriftsteller um 1900 betrachteten sich selbst als Rebellen, auch wenn sich oft nur schwer sagen lässt, wogegen genau sie rebellierten. Sie schrieben mit dem Gefühl, dass die sesshafte Welt der europäischen Zivilisation wie eine erstickende Schneedecke über allem Lebendigen und Realen lag. Ihren jüngeren Geschwistern, die rückblickend schrieben, erschienen dieselben Jahre als ein verlorenes Paradies. Für sie war die Jahrhundertwende Europas Altweibersommer, seine letzte große, tragische Blüte, bevor alle Errungenschaften des Friedens und der Industrie durch Krieg und Revolution zunichtegemacht wurden. Wenn sie über eine Kluft von Jahrzehnten hinweg in der Erinnerung in diese Vergangenheit zurückkehrten, war es eine Welt der Sinnesfreuden. Sie erinnerten sich an schmeichelnde perlmuttfarbene Lederhandschuhe, die von den Herren getragen wurden, wenn sie auf Brautschau gingen, an den Geruch von frischer Butter, die in Huflattichblätter eingewickelt war, und an den Geschmack von echtem chinesischen Tee, den Karawanen durch die Steppe transportierten und der noch immer nach Lagerfeuer und freiem Himmel roch. Vor allem aber dachten sie an die Mahlzeiten, insbesondere an jene außerordentlich aufwendigen Mahlzeiten, deren Zubereitung ein Heer von Dienern erforderte und die dem Ersten Weltkrieg und der Weltwirtschaftskrise ebenso zum Opfer fielen wie der Goldstandard und das Haus Habsburg.

Eugenie Fraser wuchs vor der Revolution in einer wohlhabenden schottisch-russischen Kaufmannsfamilie im fernen Archangelsk am Weißen Meer auf. Sie erinnerte sich an die Osterfeste ihrer Jugend mit zartem Kalbfleisch, rosa Schinken, schwarzem und orangefarbenem Kaviar und Gebäck wie reichhaltigen Paschkas, Kulitschs und Rum-Babas, die alle in einer präzisen Reihenfolge um eine große Pyramide aus karmesinrot, blau, gold und grün gefärbten Eiern angeordnet waren.[4] Der Schriftsteller Miklós Bánffy, Herr der Burg Bonţida und damit Mitglied der höchsten Adelskreise Osteuropas, erinnerte sich an noch großartigere Anlässe: *chaud-froid de bécasses à la Norvégienne* im Budapester Palazzo einer Herzogin und an Jagdfeste auf dem Lande (in Anwesenheit von Erzherzögen), die stets vom «pièce de résistance aller siebenbürgischen Festmähler» gekrönt waren: kaltem Richelieu-Truthahn mit Trüffeln.[5]

Die meisten Schriftsteller, die diese Epoche des Überflusses begleiteten, waren zu sehr mit ihren Neurosen und Experimenten beschäftigt, um ihr große Aufmerksamkeit zu schenken. Die einzige bedeutende Ausnahme, der es gelang, die Kluft zwischen der Generation, die die Belle Époque als selbstverständlich ansah, und derjenigen, die sie als fernen Traum betrachtete, zu überbrücken, war der ungarische Romancier, Journalist und Kurzgeschichtenschreiber Gyula Krúdy (1878 bis 1933). Sein Werk, das nur so strotzt vor lauter Freude an den schönen Dingen des Lebens, ist vielleicht das *nützlichste* literarische Werk, das je geschaffen wurde. Liest man seine Geschichten in Kombination, lernt man alles Wissenswerte: wie man in einem Duell würdevoll stirbt; wie man sich nach einem hohen Gewinn beim Kartenspiel verhält; wie man mit romantischen, unheimlichen Gespenstern umgeht; was man in den Kneipen in jedem Viertel des alten Buda, Pest und sogar im fernen Nyíregyháza bestellt; wie man Kohl einlegt, ein Bier trinkt und eine Dame bezahlt (ohne sie zu beleidigen); was man am besten zu einem Krug kaltem Bier isst (heiße, frische Grieben, kühle grüne Paprika und eine Scheibe Schwarzbrot); und welche Farbe die Soße haben muss, die zu einem Entenbraten serviert wird (ein tiefes, goldenes Gelb, wie ein Glas guter Tokajer).

Krúdy stammte nicht aus Budapest, er wuchs in der ungarischen Provinz auf, weit im Osten. Als er 1896 in die Stadt kam, war er siebzehn Jahre alt, ein enterbter, verschwenderischer junger Mann und Möchtegern-Dichter. Krúdy war aber auch ein Wunderkind, das sich bereits als Autor für die hinteren Seiten zahlreicher Zeitungen etabliert hatte und schon bald literarische Bestseller schreiben sollte. Er stürzte sich mit einem unvergleichlichen Hunger nach Vergnügen in die Hauptstadt. Und die Stadt antwortete ihm.

Zu dieser Zeit war Budapest die größte Stadt zwischen St. Petersburg und Wien, eine moderne Metropole mit elektrischen Straßenbahnen, erstklassigen Hotels, einer ausgezeichneten Pferderennbahn und einigen der besten Bordelle Europas. Das war Krúdys Welt. Er wurde zum großen Dichter der Kneipen und Ballsäle, der Casinos und der Rennbahn und der Menschen, die sie bevölkerten: manische Zeitungsredakteure, todmüde Journalisten, slowakische Bardamen, tagträumende Kellner und blutrünstige Offiziere mit heimlich zärtlichem Herzen. Krúdy lebte inmitten all dieser Charaktere, verlor ein Vermögen bei Pferdewetten und Roulette, trank Unmengen von Zechwein und schaffte es trotzdem, jeden Tag sechzehn Seiten zu schreiben, jede einzelne ein Zeugnis des fortwährenden Genusses, wie ihn nur die Belle Époque, diese entspannteste und lustvollste aller Epochen, bieten konnte.

***

Die lange währende Idylle fand ein jähes Ende am 28. Juni 1914, als ein langer und außergewöhnlich schöner Sommer sich seinem Zenit näherte. Die meisten Osteuropäer, die das Folgende überlebten, erinnerten sich genau daran, wo sie sich an diesem schicksalhaften Tag befanden und was sie taten.

Der ungarische Künstler Béla Zombory-Moldován war schwimmen gegangen. Er weilte gerade in einem Ferienort in der Nähe von Abbazia an der kroatischen Küste, die damals noch zu Ungarn gehörte und nur wenige Zugstunden von Budapest entfernt lag. An diesem Morgen ging er früh zu seiner Lieblingsstelle, einer Sandbank nahe der Stadt Novi. Als er zurückkam, teilte ihm ein Bademeister die Nachricht mit: Einen Monat nach der Ermordung des Thronfolgers Erzherzog Franz Ferdinand in Sarajewo hatte die Monarchie Serbien den Krieg erklärt. In allen Badeorten entlang der Küste wurden bereits Einberufungsbescheide ausgehängt. In der Zeit, die Béla brauchte, um zur Sandbank und zurück zu schwimmen, war die Welt, die er bis zu diesem Moment gekannt hatte, vergangen. Zurück in Budapest schrieb er in sein Tagebuch, dass die Zukunft nur in einem Punkt sicher sei: «Das 20. Jahrhundert würde das Jahrhundert der Juden und der Revolutionen sein.»[6]

In Österreich-Ungarn wie auch in Westeuropa verbreitete sich die Nachricht vom Attentat und von der Kriegserklärung blitzartig. In Russland hingegen machte diese Neuigkeit viel langsamer die Runde und wurde nicht so schnell verstanden. Im hohen Alter erinnerte sich Michail Dmitrijewitsch Bontsch-Brujewitsch, damals General in der russischen Armee, wie der Krieg nach Tschernigow in der nördlichen Ukraine kam:

> Der Sommer war auf seinem Höhepunkt. Die grob zusammengezimmerten Tische auf dem Markt der Stadt bogen sich unter der Last rosafarbener Äpfel, silberner Birnen, flammend roter Tomaten, lilafarbener süßer Zwiebeln, dicker

> gepökelter Schweinefleischstücke, die einem auf der Zunge zergehen würden, fetttriefender, hausgemachter Würste – all der Dinge, an denen die blühende Ukraine so reich ist. Ein wolkenloser, strahlend blauer Himmel hing über der verträumten Stadt. Nichts, so schien es, konnte den gemächlichen Fluss des friedlichen Provinzlebens stören … Die Regimentsdamen wetteiferten miteinander beim Kochen von Schinken und Gelees, beim Einlegen köstlicher Salzgurken in Fässer; die Herren Offiziere begaben sich nach geruhsamer Erledigung ihrer Pflichten zu einer Versammlung, wo auf gestärkten weißen Tischdecken schwitzende Flaschen mit gekühltem Wodka warteten; das Regiment befand sich im Lager, aber das blendende Weiß der Plakate, die von den Soldaten säuberlich getrimmten Blumenbeete, die sorgsam gesandeten Wege verstärkten das Gefühl des ungestörten, friedlichen Lebens, das uns alle beherrschte. Plötzlich, am 29. Juli um fünf Uhr nachmittags, überbrachte mir der Adjutant eine geheime Depesche aus Kiew … zur sofortigen Mobilmachung aller Einheiten der Garnison … Drei Tage später kam der Befehl zur allgemeinen Mobilmachung … Aber gegen wen sollten wir kämpfen? Niemand wusste das.[7]

Was keiner der Beteiligten ahnte, war, dass der Krieg, bei dem es anfangs so aussah, als könnte er im Winter zu Ende sein, vier lange, demoralisierende und katastrophale Jahre dauern würde. Für alle osteuropäischen Reiche, unabhängig davon, auf welcher Seite sie kämpften, sollte sich der Krieg als Todesstoß erweisen. 1917 dankte Zar Nikolaus II. ab, und das Russische Reich, wie es seit der Bekehrung des heiligen Wladimir im Jahr 988 n. Chr. bestanden hatte, ging zu Ende. Ein Jahr später folgte Österreich-Ungarn. Das Osmanische Reich taumelte, zumindest auf dem Papier, noch bis 1922, ehe es sich in den säkularen Nationalstaat Türkei verwandelte.

Zu diesem Zeitpunkt war die Landkarte Osteuropas plötzlich völlig verändert und mit Staaten gesprenkelt, die entweder ganz neu in der Geschichte waren (Jugoslawien, Lettland, Estland, Tschechoslowakei) oder jahrhundertelang geschlummert hatten (Polen, Ungarn, Litauen). Im Laufe des vorangegangenen Jahrhunderts war die Unabhängigkeit zum Traum vieler Osteuropäer geworden. Nur wenige rechneten damit, dass der Krieg sie mit sich bringen würde, und nur wenige ahnten, wie hoch der Preis am Ende sein würde.

Das vorherrschende Gefühl in den ersten Kriegstagen war eine freudige Erregung, die sich aus der Erwartung eines sicheren Sieges ergab. Diese übertriebene Zuversicht führte zu Momenten unangebrachter Ritterlichkeit. An dem Tag, an dem Österreich-Ungarn Serbien den Krieg erklärte, befand sich der Chef des serbischen Generalstabs, General Radomir Putnik, zufällig in Budapest, also tief im Feindesland. Putnik war ein furchtloser Kommandant, ein Held der jüngsten Balkankriege gegen die Osmanen und Bulgaren. Das habsburgische Oberkommando forderte seine sofortige Verhaftung. Franz Joseph hielt dies für unsportlich und befahl, ihn gehen zu lassen. Für den General wurde ein Sonderzug bereitgestellt, der ihn nach Belgrad brachte, wo General Putnik sofort auf die einmarschierenden Österreicher losging.[8]

Auf das Hochgefühl der ersten Kriegstage folgten schnell Verwirrung, Chaos und Niederlage. Russland trat auf der Seite Serbiens in den Krieg ein, ebenso wie England und Frankreich. Deutschland und die Osmanen stellten sich auf die Seite Österreichs. Die österreichische Strategie sah einen raschen Vorstoß von Galizien aus nach Russland vor. In den ersten Kriegstagen bereiteten sich Eliteregimenter der Kavallerie, die aus der Crème de la Crème des polnischen und ungarischen Adels bestanden, auf einen gewagten Aufklärungsangriff auf russisches Gebiet vor. In ihren prächtigen marineblauen Jacken, mit langen roten und goldenen Tressen verziert, strömten die Kavalleristen über die Grenze, wo sie vom feindlichen Maschinengewehrfeuer gnadenlos niedergemäht wurden.

Nicht viel besser erging es der Infanterie. Während der Mobilmachung im August wurden Hunderttausende von Männern aus dem ganzen Reich in Züge verfrachtet und wahllos gegen den Feind geworfen. (Jaroslav Hašeks epischer Roman *Die Abenteuer des braven Soldaten Schwejk*, eine Art komisches *Krieg und Frieden* an der Ostfront, spielt fast ausschließlich in diesen ersten, chaotischen Kriegswochen.) Im September 1914 war mehr als ein Drittel der 900 000 Mann, die nur einen Monat zuvor Russland angegriffen hatten, entweder tot, verwundet oder gefangen genommen.[9] Besonders hart getroffen war das Offizierskorps. Einige Regimenter verloren über neun Zehntel ihrer Offiziere; die Armee insgesamt verlor bis Ende 1914 etwa die Hälfte ihrer Offiziere. Das war eine Riesenkatastrophe, denn trotz der von Hašek geschilderten Parade von Idiotie und stümperhafter Inkompetenz blieben die Offiziere das unersetzliche Rückgrat der Armee.

Sie waren vor allem deshalb besonders wichtig, weil die Vielfalt des österreichisch-ungarischen Reiches die Armee vor komplexe Koordinations- und Kontrollprobleme stellte. Nur ein hervorragend ausgebildetes Offizierskorps konnte das bewältigen. Theoretisch war Deutsch die Kommandosprache in der österreichischen Armee. Die Rekruten sollten – unabhängig von ihrer Muttersprache – eine Liste von achtzig deutschen Befehlen auswendig lernen. Von den Offizieren hingegen wurde erwartet, dass sie die Sprache(n) ihrer Truppen beherrschten.

Auf beiden Seiten blieb die Realität hinter diesem Ideal zurück. Schlecht ausgebildete Soldaten kämpften mit ihren auswendig gelernten Befehlslisten, während die meisten der besser ausgebildeten Offiziere in den ersten Kriegsmonaten ums Leben kamen. Einige Regimenter griffen auf eine Art improvisierter Zeichensprache zurück, um sich zu verständigen. Andere fanden alternative Wege der

Kommunikation. Ein gemischtes ungarisch-slowakisch-deutsches Regiment kommunizierte auf Englisch. Die Offiziere beherrschten die Sprache aus ihrer Zeit in elitären österreichischen Internaten, während die Soldaten es vor Ort gelernt hatten, als sie in amerikanischen Stahlfabriken arbeiteten.[10]

Während das Aufeinandertreffen der deutschen, französischen und britischen Armeen in Frankreich und Belgien rasch in einen tödlichen Stellungskrieg mündete, blieben die Fronten im Osten weitaus fließender. Die Städte in Galizien wechselten im Laufe des Krieges mehrmals die Besatzer. Stryj, der Geburtsort meiner Großmutter, fiel in den ersten Wochen der Kämpfe unter die Kontrolle der russischen Armee. Die Kosaken, die auf kleinen Pferden ritten und wollige Astrachan-Mützen trugen, machten großen Eindruck auf den jungen polnisch-jüdischen Schriftsteller Julian Stryjkowski. Julians älterer Bruder wagte es, auf die Straße zu gehen, um ihnen Zigaretten zu verkaufen. Die Kosaken kümmerten sich nicht um den Preis und warfen einfach die Silberrubel, die sie in der Tasche hatten, in den Dreck. Das brachte gute Gewinne ein, aber die Kosaken blieben furchteinflößende Kunden. Als die Deutschen Stryj einige Monate später zurückeroberten, wurden sie von den Einwohnern mit Zigaretten und Süßigkeiten begrüßt.[11] Als die Russen später die Stadt erneut besetzten, benannten sie alle großen Straßen nach bedeutenden russischen Schriftstellern um. Einige Monate lang gingen die Bewohner dieses galizischen Schtetls durch Puschkin-, Lermontow- und sogar Gogol-Gassen.

Die deutschen Soldaten benahmen sich im Allgemeinen deutlich besser als die russischen, selbst auf russischem Boden. Sie bezahlten Lebensmittel in bar, plünderten nicht und behandelten die Zivilbevölkerung – einschließlich der Juden – mit Respekt. Die deutsche Armee hinterließ einen dermaßen guten Eindruck, dass eine Cousine meines Großvaters in Warschau bei Ausbruch des Zweiten Weltkriegs seine Bitte, mit ihm die Stadt zu verlassen und in die Sowjetunion zu fliehen, mit der Begründung ablehnte, sie kenne die Deutschen und vertraue darauf, dass sie gute Menschen seien.

Als Kriegsschauplatz war die Ostfront insofern einzigartig, als es dort keine Sieger gab. Anders als im Westen gehörte jedes der Krieg führenden Imperien im Osten am Ende zu den Verlierern. Russland war zuerst dran. Im Januar 1917 löste die Lebensmittelknappheit in der Hauptstadt St. Petersburg massive Proteste und Streiks aus. Bald schloss sich auch die Garnison der Stadt an. Innerhalb weniger Tage wurde Zar Nikolaus II. zum Rücktritt gezwungen und durch eine provisorische Regierung ersetzt, die sich aus dem noch jungen russischen Parlament zusammensetzte.

Acht katastrophale Monate lang hielt die provisorische Regierung Russland im Krieg gegen die Mittelmächte. In dieser Zeit erlitt die Armee auf dem Schlachtfeld eine Niederlage nach der anderen gegen die Deutschen, während auf den Straßen die Macht zunehmend an die Soldaten- und Bauernräte, die sogenannten Sowjets, fiel. Im Oktober 1917 stürzten die Bolschewiken – die für sich in Anspruch nahmen, im Namen der Sowjets zu sprechen – die Provisorische Regierung in einem gut organisierten Putsch. Eine ihrer ersten Amtshandlungen war es, dass sie ihre Bereitschaft signalisierten, den Krieg zu beenden und ein Friedensabkommen mit Deutschland und Österreich-Ungarn zu schließen.

Für einen Moment schien es, als würden die Mittelmächte die Oberhand gewinnen. Die deutsche Armee fegte über das Baltikum hinweg, während die österreichischen Truppen tief in die Ukraine vordrangen und überall Marionettenregierungen installierten. Doch fern der Frontlinien hungerten die Berliner wie die Wiener. Als im Sommer 1918 eine neue Welle nordamerikanischer Rekruten in Frankreich eintraf, brach der deutsche Widerstand im Westen zusammen, während es Österreich nicht gelang, die Italiener im Süden aufzuhalten. Und obwohl ausländische Truppen noch keinen Fuß auf deutschen oder österreichischen Boden gesetzt hatten, lief im Herbst die Zeit ab.

In Österreich begann die Katastrophe im Sommer 1918 mit einem desaströsen Feldzug gegen Italien. Im Herbst, als immer deutlicher wurde, dass Deutschland den Krieg verlieren würde, fingen die Untertanen der Habsburger an, ihre eigenen Nationalstaaten zu gründen. Den Anfang machten die Tschechoslowaken, die am 28. Oktober ihre Unabhängigkeit proklamierten. In den folgenden Tagen verkündeten die Polen und Kroaten im Reich ihre Absicht, dasselbe zu tun. Gleichzeitig versuchte Ungarn, sich vom Rest der Monarchie zu distanzieren, in der (letztlich vergeblichen) Hoffnung, einen Friedensvertrag zu günstigen Bedingungen abschließen zu können.

Am 3. November war es mit dem Habsburgerreich vorbei. Verstreut über die Schlachtfelder des Balkans und der italienischen Alpen machten sich die Soldaten der verschiedenen Volksgruppen auf in ihre Heimatländer, die nun als Staaten neu organisiert waren. Für die einfachen Soldaten war das kein Problem, die habsburgischen Offiziere aber standen vor einem größeren Dilemma. Tausende von Männern, die «in der Monarchie ihre weitere und im Regiment ihre engere Familie» sahen, standen auf einmal ohne Ziel und Heimat da.[12] Es waren Männer, die sich eher einer Gesellschaftsklasse als einem Land zugehörig fühlten. Nun entschied plötzlich ihr amtlicher Wohnsitz – einst ein fast bedeutungsloser Eintrag in den Personalakten – darüber, ob sie fortan Bürger Österreichs, Ungarns, der Tschechoslowakei, Polens, Jugoslawiens oder Rumäniens sein sollten.

Einige dieser Nachfolgestaaten nahmen diese nunmehr staatenlosen Männer auf, andere verschlossen die Türen vor ihnen. Eine große Zahl ehemaliger österreichischer Offiziere floh in ihre geistige Heimat Wien, wo sie nun Arbeit ergriffen, um sich Pensionen zu sichern, die sich aufgrund der Inflation bald in nichts auflösten. Sie trafen dabei auf Zehntausende von Offizierskollegen, die gerade aus russischer Gefangenschaft gekommen waren. Die regulären Soldaten mussten damit rechnen, während ihrer jahrelangen Internierung in Russland hart arbeiten zu müssen und vielleicht an Cholera zu sterben. Nicht so die Offiziere, wenn schon sonst nichts, so respektierte das vorrevolutionäre Russland wenigstens den Rang. Während der Internierung waren sie von jeglicher Arbeit befreit und konnten ihren Passionen wie Musik, Sprache oder Schnitzerei nachgehen.

Einige beschäftigten sich auch mit ungewöhnlicheren Dingen. Auf ihrem Gut in Vinohradiv lernte die in Amerika geborene Eleanor Perényi bei ihrem Hauslehrer Győrffy Ungarisch. Er hatte den Krieg als österreichischer Gefangener in der Nähe von Tomsk verbracht, wo er Russisch lernte und als Verkäufer von Kinderspielen sogar umherreisen konnte. Schließlich versuchte er, nach Ungarn zu fliehen, wurde aber an der Grenze aufgehalten, weil man ihn verdächtigte, ein Spion zu sein. Die nächsten zwei Jahre musste er abermals in Sibirien verbringen, wo er von den Kommunisten inhaftiert wurde und eine Zahnärztin heiratete, eine fürchterliche Schreckschraube, die später, als er sie nach Ungarn mitbrachte, jeden, der ihr begegnete, in Angst versetzte.[13]

Győrffy war einer von Zehntausenden österreichisch-ungarischen Kriegsgefangenen, die die Russische Revolution aus nächster Nähe miterleben durften. Einige fühlten sich auf gefährliche Weise zu ihren Idealen hingezogen. Jaroslav Hašek zum Beispiel verließ ein Kriegsgefangenenlager, schloss sich den Bolschewiken an und wurde kurzzeitig Kommissar der Stadt Bugulma in Sowjet-Tatarstan. Nach seiner Rückkehr in die unabhängige Tschechoslowakei gab Hašek die Politik auf, aber viele andere ehemalige Gefangene blieben durch das, was sie erlebt hatten, radikalisiert. Einem von ihnen gelang es sogar, selbst eine erfolgreiche Revolution vom Zaun zu brechen. Vor dem Krieg war Béla Kun Journalist in Transsilvanien gewesen. Als er 1916 gefangen genommen und im Ural interniert wurde, katapultierte eine flüchtige Bekanntschaft mit Lenin Kun mitten hinein in die Revolution und an die Spitze der entstehenden Kommunistischen Partei Ungarns.

Eine Woche nach Kriegsende traf Kun wieder in Budapest ein. Die Ungarische Volksrepublik war gerade einmal zehn Tage alt und zerfiel schon wieder, zerlegt von Soldaten aus der Tschechoslowakei, Rumänien und Jugoslawien. Als diese Territorialverluste, die 72 Prozent des Staatsgebiets ausmachten, durch den Pariser Friedensvertrag rechtskräftig wurden, war die Position der Regierung völlig unhaltbar geworden. Der liberale Premierminister trat zurück. Kun, der damals im Gefängnis saß, brauchte die Macht nicht einmal zu ergreifen, sie wurde ihm mangels Alternative übertragen.

Die ungarische Räterepublik bestand genau 133 Tage, vom 21. März bis 1. August 1919. Während dieser kurzen Regierungszeit wurde Gyula Krúdy zusammen mit einer Gruppe anderer «bürgerlicher Journalisten» zu einer Audienz beim Volkskommissar vorgeladen. Das Treffen fand in der Villa eines Barons statt, die beschlagnahmt worden war. Zerlumpte, mit Handgranaten bewaffnete Soldaten füllten die Straßen. Zunächst glaubte Krúdy, Kun würde sie alle hinrichten lassen. Schnell stellte sich heraus, dass Kun lediglich so viele Schriftsteller wie möglich auf die Seite der Revolution ziehen wollte. In den nächsten Stunden sprach er vor den versammelten Journalisten über die Pläne der Räterepublik zur Kollektivierung der Literatur. Während dieser Rede suchte Krúdy vergeblich nach der «charismatischen Note», die Kun für die proletarischen Massen angeblich so unwiderstehlich gemacht hatte; alles, was er sah, war «ein unscheinbar aussehender Mann … normal genug, um als Bräutigam auf einer Dorfhochzeit durchzugehen».[14]

Wenige Wochen später war die Revolution vorbei, und an die Stelle des Roten Terrors, den Kuns «Lenin-Jungs» verbreiteten, trat ein Weißer Terror, angeführt von Admiral Miklós Horthy, der früher der österreichisch-ungarischen Marine angehört hatte und bald Regent auf dem vakanten ungarischen Thron werden sollte. Kun selbst war gezwungen, unter ziemlich dramatischen Umständen zu fliehen. Nach Angaben des Schriftstellers Dezső Kosztolányi begann seine Flucht um fünf Uhr nachmittags, als Kun in einem zweimotorigen Flugzeug vom Dach des Hauptquartiers der Räteregierung im Hotel Hungaria abhob. Der Volkskommissar steuerte das Flugzeug selbst und flog dabei so niedrig, dass sein Gesicht für die Passanten deutlich zu erkennen war:

> Er war bleich und unrasiert wie gewöhnlich. Er grinste zu den Bürgern hinunter und winkte ihnen höhnisch und voll ausgesuchter Bosheit zum Abschied zu. Seine Taschen waren vollgestopft mit Törtchen von Gerbeaud, mit Schmuckstücken und Edelsteinen, die er den Gräfinnen, Baroninnen und anderen gutherzigen, mildtätigen Damen abgenommen hatte, mit Altarkelchen und ähnlichen Kostbarkeiten. Um die Arme hatte er dicke Goldketten geschlungen.[15]

Als das Flugzeug über der Stadt aufstieg, fiel eine dieser Goldketten mitten in einen Budaer Park, wo sie von einem älteren Angestellten aus dem Stadtteil Krisztina aufgehoben wurde. Dann verschwand das Flugzeug endgültig aus dem Blickfeld, und mit ihm verschwand auch Béla Kun für immer in das Land der Sowjets.

Für damalige Verhältnisse waren die gut vier Monate der ungarischen Räterepublik praktisch eine Ewigkeit. Während die Imperien im Gefolge des Krieges zerfielen, entstanden neue, provisorische Formen gesellschaftlicher Organisation, die meist genauso schnell wieder verschwanden. Von oben betrachtet, glich die politische Landkarte Osteuropas in den Jahren unmittelbar nach dem Ende des Ersten Weltkriegs einem Himmel voller wechselnder Wolken.

Ab 1916 regierte eine kurzlebige, von Frankreich unterstützte albanische Republik von der Stadt Korcë oberhalb des Ohridsees aus über ein Rumpfgebiet; ihre einzige bleibende Errungenschaft war, dass der spätere Diktator Enver Hoxha hier Französisch lernte. 1918 riefen zwei verschiedene Gruppen ruthenischer Dörfer, beide in den Karpaten gelegen, ihre Unabhängigkeit als Republiken Komańcza und Lemko aus, bevor sie (gegen ihren Willen) in das neue unabhängige Polen eingegliedert wurden. An der Grenze zwischen Polen und Litauen gedieh die winzige Republik Perloja unter der Herrschaft ihres Revolutionskomitees, ehe sie 1923 unter ihren beiden Nachbarn aufgeteilt wurde.

Jeder dieser kurzlebigen Staaten stellte in unterschiedlichem Maße einen Versuch dar, jenseits der erschreckenden Uniformität des Nationalstaates ein gewisses Maß an lokaler Autonomie zu bewahren. Nirgendwo war dieser Wunsch so stark ausgeprägt wie im Banat, einer der vielfältigsten Regionen Osteuropas, deren Herz die kosmopolitische Stadt Temesvár / Timişoara war. Im November 1918, als sich das Habsburgerreich auflöste, rief ein deutsch-jüdischer Rechtsanwalt namens Otto Roth eine autonome Republik aus, von der er sich erhoffte, dass sie die nationalen Bestrebungen aller Ungarn, Deutschen, Rumänen und Serben in der Region vereinen würde. Deutsche und ungarische Arbeiter unterstützten seine Vision, rumänische und serbische Bauern lehnten sie ab.

Die Serben organisierten einen Nationalrat, die Rumänen stellten eine Miliz auf. Derweil gehörte der größte Teil des Landes den revolutionären Bauern, den sogenannten Grünen, während zwei serbische Dörfer sich gleichzeitig zu unabhängigen Sowjets erklärten, die niemandem außer sich selbst Rechenschaft schuldeten. Im Februar 1919 war die ganze Sache schon wieder zerfallen. Die Republik war am Ende. Jugoslawien, Rumänien und Ungarn teilten ihr Territorium unter sich auf. Otto Roth floh, träumte aber weiter von einem unabhängigen Banat, das vielleicht, so bizarr es auch klingen mochte, unter der Kontrolle des französischen Übersee-Imperiums stehen sollte.

War die Lage im Banat schon kompliziert, so grenzte die Situation in der Ukraine an totales Chaos. Im März 1918 unterzeichnete Lenin, der sich verzweifelt um ein Friedensabkommen mit den Mittelmächten bemühte, den Vertrag von Brest-Litowsk, der die Ukraine faktisch an Deutschland und Österreich abtrat. Einige Monate lang stützten die Deutschen eine konservative Regierung, die von einem neuen, pseudo-kosakischen «Hetman» geführt wurde. Im November hatte Deutschland den Krieg verloren, womit auch die Tage des Hetmans gezählt waren.

Im Laufe des folgenden Jahres versank die Ukraine in Anarchie. Allein 1919 operierten sechs verschiedene Armeen auf ukrainischem Gebiet, und in Kiew wechselte in weniger als einem Jahr fünfmal die Oberherrschaft.[16] Ein Großteil des Landes geriet unter die Kontrolle lokaler Warlords, die jeweils unterschiedliche Ziele und Ideologien verfolgten. Einige waren Monarchisten, andere verbündeten sich mit den Bolschewiken. Wieder andere hegten wahrhaft utopische Träume. In der Südukraine errichteten Anarchisten unter der Führung von Nestor Machno den sogenannten Freien Rayon, ein riesiges, selbstverwaltetes Gebiet landwirtschaftlicher Kommunen, das sich über eine Fläche größer als Belgien erstreckte.

Dieses freie Territorium wurde von einer Armee aus Tatschankas, von Pferden gezogenen Maschinengewehrwagen, verteidigt und überlebte von 1918 bis zu seiner endgültigen Niederlage gegen die sowjetische Rote Armee im Jahr 1921. Damit teilte es das Schicksal all der vielen konservativen Führer und Generäle, die davon träumten, entweder eine unabhängige Ukraine zu schaffen oder den Zaren wieder einzusetzen. Was ihnen allen letztlich zum Verhängnis wurde, war eine falsche Sichtweise. Hätten sie die soziale Revolution fortgeführt und den Bauern das Land gegeben, nach dem sie sich seit Jahrhunderten sehnten, hätten sie vielleicht deren Gefolgschaft gewinnen können. So aber mussten sie auf ausländische Verbündete zurückgreifen, um ihre zerfallenden Armeen zu stützen. Uneinigkeit trug zusätzlich zu ihrer Desorganisation bei, denn während die verschiedenen Fraktionen der Konservativen, Royalisten und ukrainischen Nationalisten vielen unterschiedlichen Vorstellungen anhingen, wie man in die Vergangenheit zurückkehren könnte, so verfolgten die Bolschewiken eine einzige umfassende Idee, wie man in die Zukunft vorstoßen konnte.

***

Diese Idee war ansteckend, nicht nur für Russen. Ihren Kern bildeten die Sowjets, die selbstverwaltenden und selbstorganisierenden Räte, mit denen die Revolution begonnen hatte und die erst später von der bolschewistischen Partei vereinnahmt wurden. Jeder dieser Räte war eine Revolution im Kleinen – er verkörperte Anspruch darauf, dass das normale arbeitende Volk genauso das Recht hatte, seine Angelegenheiten selbst zu regeln wie adlige Offiziere oder gekrönte Staatsoberhäupter. Mein Urgroßvater, Salomon Mikanowski, trat einem solchen Sowjet bei, der von Soldaten der Roten Armee in der Stadt Witebsk organisiert wurde, wo er als Soldat in der bis kurz zuvor kaiserlichen russischen Armee stationiert war. Salomon fungierte als Richter an einem der improvisierten Gerichte, in denen royalistische Offiziere wegen Hochverrats zum Tode verurteilt wurden.

Witebsk war kein besonders ansprechender Ort. Ein verschlafenes Städtchen im Osten des heutigen Belarus, das in einer Enzyklopädie von 1910 beschrieben wird als «eine alte Stadt mit verfallenden Adelshäusern und schmutzigen jüdischen Vierteln, in denen die Hälfte der Einwohner Juden sind».[17] Fünf Jahre Krieg, Revolution und Bürgerkrieg konnten nicht viel zur Verbesserung der Lage beitragen. Und doch hatte Witebsk während der Monate, die mein Urgroßvater dort verbrachte, den berechtigten Anspruch, das Zentrum der Welt zu sein. Drei Revolutionen trafen dort gleichzeitig aufeinander: eine in der Politik, eine in der Technik und eine dritte in der Kunst.

Diese letzte nahm ihren Ausgang in einem ehemaligen Bankiershaus in der Straße der Auferstehung, die nunmehr nach Lenins engem Mitarbeiter Nikolai Bucharin benannt war.[18] Hier sollte die Witebsker Volkskunstschule (UNOWIS) entstehen, eine kostenlose Einrichtung für alle Altersgruppen, deren Ziel die künstlerische Entwicklung des Proletariats und die Verbreitung nützlicher Kenntnisse unter den Massen war.

Der erste Direktor der Schule war Marc Chagall, der 1919 noch kein Lieferant von Schtetl-Kitsch war, sondern ein Maler mit klaren revolutionären Überzeugungen, dessen Gemälde Titel wie «Friede den Hütten, Krieg den Palästen» trugen. Auf der Suche nach Mitstreitern bei der Lehre lud Chagall den Maler Kasimir Malewitsch ein, sich ihm in der Witebsker Schule anzuschließen. Groß und pockennarbig, aber mit dem Blick eines Hypnotiseurs und einer Stimme wie ein Reibeisen, war Malewitsch zu diesem Zeitpunkt bereits ein vollendeter Modernist. Er war der Anführer einer künstlerischen Bewegung, die sich als Suprematisten bezeichneten und die die Darstellung von Emotionen mittels Vektor, Form und Farbe forderten, ohne jeglichen Bezug zur «objektiven», gegenständlichen Welt. Zusammen mit seinen Gefolgsleuten verdrängte Malewitsch bald den zarteren Chagall und übernahm die Kontrolle über die Schule. Witebsk wurde nun zum Weltzentrum nicht nur des Suprematismus, sondern der gesamten Avantgarde.

Malewitsch wuchs auf Bauernhöfen im Land der «schwarzen Erde» in der Zentralukraine auf. Sein Vater war ein polnischer Ingenieur, der Zuckerrübenbetriebe verwaltete und nach dem gescheiterten Aufstand gegen die russische Herrschaft 1863 nach Kiew gezogen war. Als Kind lernte Kasimir den Geruch von Dreck und den Blick in weite Horizonte kennen. Jetzt saß er zwölf Stunden am Tag in den UNOWIS-Büros und konnte nicht malen, sondern schrieb und plante den Aufbau einer neuen Welt. Vor seinen Fenstern sah er die Rote Reiterarmee – Semjon Budjonnys Kosakenschwadron – auf ihrem Weg zum Kampf gegen die kapitalistischen Polen ziehen, zusammen mit den wenigen Flugzeugen der Roten Armee, die per Eisenbahn an die Front transportiert wurden.

Diese Flugzeuge waren Teil einer eigenen Revolution. Im Jahr 1909 reisten Franz Kafka und sein Freund Max Brod von Prag nach Italien, um in Brescia eine Flugschau zu besuchen. Die mutigsten französischen und italienischen Piloten blieben für lange Minuten in der Luft und erreichten die damals unvorstellbare Höhe von 198,5 Metern.[19] Nur wenige Jahre später wurden ihre Flugzeuge eingesetzt, um an der Ostfront Tod und Verderben über die Zivilbevölkerung zu bringen. Nun bildeten die Flugzeuge furchterregende Erscheinungen. Als die Österreicher erstmals Doppeldecker zur Aufklärung über Galizien einsetzten, versuchten ihre eigenen Truppen, sie abzuschießen.[20]

Mit den Flugzeugen kamen auch zahlreiche Gerüchte auf. Oft ging es dabei um Juden, die man zum Beispiel verdächtigte, feindlichen Bombern auf alle möglichen und unmöglichen Arten Signale zu geben, etwa indem sie sich mit einem Spiegel auf eine Veranda stellten oder einfach nur niesten. In der ukrainischen Stadt Wolodymyr-Wolynskyj hieß es nach dem Abschuss eines feindlichen Flugzeugs, neben den Piloten habe sich auch ein jüdischer Schuster aus Kovel in der Maschine befunden, der den Deutschen verraten hatte, wo sie ihre Bomben abwerfen sollten.[21] Das war reine Fantasie, führte aber zu echter Gewalt. Als Vergeltung für die angebliche Spionage brannten Kosaken das gesamte jüdische Viertel von Wolodymyr nieder.

Zwei Jahre nach dem Ende des Ersten Weltkriegs wurden auf beiden Seiten des polnisch-sowjetischen Krieges Kampfflugzeuge eingesetzt. Isaak Babel, der während des Feldzugs gegen Polen 1920 als Journalist bei den Budjonny-Kosaken «eingebettet» war, erlebte einige von ihnen in Aktion. In seinen Erzählungen über die Reiterarmee schreibt er bewegend über einen ihrer Offiziere, den naiven, aber mutigen Schwadronskommandeur Trunow, der bei einem Gefecht in der Stadt Sokal aus der Luft mit Maschinengewehren beschossen wurde.

Die Flugzeuge, die den Kommandeur töteten, kämpften auf der Seite Polens, wurden aber von amerikanischen und kanadischen Freiwilligen geflogen, die nach dem Ende des Ersten Weltkriegs in Europa geblieben waren, um das Gespenst des Kommunismus niederzuringen. Ihr Kommandant, Cedric Fauntleroy (seine Mutter liebte die Geschichte vom kleinen Lord im schwarzen Samtanzug), war ein Flieger-Ass aus Mississippi. Sein bester Freund Merian Cooper, der ihn für das Geschwader rekrutierte, wurde später Produzent und Regisseur von *King Kong*. Babel traf ihn, nachdem er über Beljow abgeschossen worden war. Die beiden Männer unterhielten sich auf Französisch. Sie diskutierten über Paris, New York, Kriminalromane und die wahre Natur des Bolschewismus. In seinem Tagebuch schrieb Babel, dass der Amerikaner, «barfuß, aber elegant, einen Hals wie eine Säule, blendend weiße Zähne, sein Anzug voller Öl und Schmutz», einen «traurigen und süßen Eindruck» auf ihn gemacht habe.[22]

Kosaken und King Kong, Rübenfelder und Doppeldecker: Das reichte aus, um Schwindelgefühle zu bekommen. Malewitsch wurde davon betrunken. Während er in seinem ungeheizten Schulzimmer in Witebsk schrieb und der Krieg um ihn herum tobte, prophezeite er eine technisch-mechanische Zukunft, in der die Menschen den Platz der Götter einnehmen und die Natur selbst nach ihren Bedürfnissen formen würden. Wie die anarchistischen Machnowiten wählte Malewitsch ein schwarzes Quadrat als Emblem, nur symbolisierte es für ihn Ewigkeit und Unendlichkeit, nicht Rebellion. Wie zur gleichen Zeit die Dadaisten in Zürich (sie waren zur Hälfte rumänische Juden und stammten aus fernen Städten in Moldau, genauso weltverloren wie Witebsk) schrieb Malewitsch Nonsens-Gedichte, in denen sich die Sprache von den Fesseln des Reims oder des Sinns befreite. *Onon Kori Ri Kasambi Moena Lež.* Er stellte sich die Künstler als Flieger vor, die die Fesseln der Schwerkraft sprengen und in die reine weiße Unendlichkeit fliegen, jenseits von Sinn und Zeit: «Schwebt mir nach, Fliegergenossen, in die Tiefe», verkündete er.[23] Das war die wahre, insgeheime Bedeutung der Revolution. Es handelte sich nicht um einen bloßen Regierungswechsel, sondern um eine Art Schwebezustand. Die Moderne konnte nicht durch langsame Fortschritte wie im Westen erreicht werden, sondern auf einmal, in einem einzigen gigantischen Sprung, aus dem Schlamm zu den Sternen.

Die 1949 im britischen Exil lebende Janina Puttkamerowa kämpfte mühsam darum, die Welt ihrer Kindheit im fernen Weißrussland zurückzuholen:

> Es ist heute, nach zwei Weltkriegen und blutigen Revolutionen, schwer, das Gefühl der Sicherheit zu vermitteln, das in unserem leeren und einsamen Polesien herrschte. Die Fenster unseres Hauses hatten keine Läden, und keine der Türen, die vom Herrenhaus nach draußen führten, war jemals abgeschlossen. Ich erinnere mich nicht an böse Hunde und auch nicht an einen Nachtwächter. Man ging in der Dämmerung spazieren, im Schnee, auf einer verlassenen Straße oder in einem leeren Park. Über den weiten Wiesen, Eichen, gefrorenen Feldern und Wäldern herrschten Frieden und Ruhe.[24]

Für diejenigen, die Malewitschs Glauben an die Revolution nicht teilten und die fast ein Jahrzehnt des Blutvergießens, der Hungersnot und der Unruhen erlebt hatten, war es schwer, die Zeit vor dem

Ersten Weltkrieg als etwas anderes als ein verlorenes Paradies zu betrachten. Für Stefan Zweig waren diese Jahre das «goldene Zeitalter der Sicherheit», als alles vorhersehbar war und jeder Gegenstand «seine Norm, sein bestimmtes Maß und Gewicht» besaß.[25] Für Danilo Kiš gehörten sie zu «jenen längst vergangenen, mythischen Zeiten, als man noch den Halbzylinder trug und Europa souverän von der Wiener Mode mit ihren Extravaganzen beherrscht wurde».[26] Für Bruno Schulz war es einfach die «geniale Epoche».

Als Schulz in seiner Erinnerung nach der verlorenen Welt seiner Kindheit suchte, tauchten zwei Figuren auf, die größer waren als alle anderen. Die eine war der habsburgische Kaiser Franz Joseph I. Die andere war eine Frau namens Anna Csillag, deren Bild vor dem Ersten Weltkrieg in so gut wie jeder osteuropäischen Zeitung prangte. Und zwar in Anzeigen, in denen die groben Linien eines schlichten Holzschnitts sie abbildeten, in einem blumigen Bauernkittel, in halber Rückansicht, und in der rechten Hand hielt sie drei Lilien in die Höhe. Das Auffälligste an Anna war jedoch ihr Haar: Mit einer Länge von 185 Zentimetern fiel es ihr wie ein wollartiger Niagara über den Rücken.

Ein Begleittext erklärte den Grund für diesen bemerkenswerten Haarwuchs. Übersetzt in die jeweilige Sprache der Gegend begann er immer auf die gleiche Weise: «Ich, Anna Csillag, mit meinem 185 Centimeter langen Riesen-Loreley-Haar …» (manchmal, wenn kulturell angebracht, verglich sie ihr Wallehaar auch mit dem einer Rusalka, einer slawischen Flussnymphe, statt mit dem der germanischen Sirene).

Schulz erinnerte sich an Annas Geschichte als fast «Hiob-ähnlich». Die junge Frau, mit spärlich wachsendem, dünnem und unattraktivem Haar gestraft, lebt in der fortwährenden Angst, nie einen Mann zu finden, und wird von ihrem ganzen Dorf wegen ihres Schicksals bemitleidet.

Eines Tages jedoch nahte Erlösung. Bei der Arbeit mit Chemikalien und Kräutern stieß Anna auf eine kraftvolle Medizin, die nicht nur ihren Haarausfall heilte, sondern überdies als eine Art Wundermittel das Haarwachstum anregte. Nachdem sie die Pomade ein paar Mal angewendet hatte, wucherte Annas eigenes Haar ungebremst, und bald hatten auch alle Männer in ihrer Familie erstaunliche, glänzend schwarze Mähnen – und dazu fächerartige

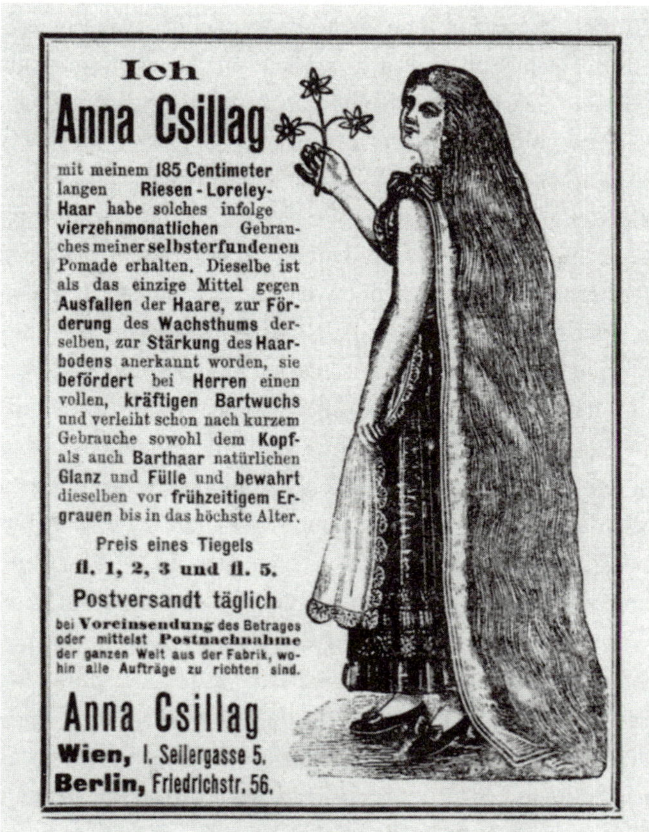

Anna Csillag preist ihr Haarwuchsmittel. So märchenhaft die Darstellung und das Versprechen, so zukunftsweisend ist das ikonische Bild als Werbeanzeige.

Bärte, die bis über die Hüften reichten, sowie seilartige Schnurrbärte, die sich wie eine Boa constrictor um ihren Rumpf und ihre Mitte schlangen. Diesen Segen teilte Anna großherzig mit der Welt, und zwar durch eine Reihe von bezahlten Anzeigen, die ununterbrochen in den Tageszeitungen von Budapest, Krakau, Łódź, Wien, Helsinki, Riga und überall dazwischen erschienen.

So allgegenwärtig waren die Anzeigen der Anna Csillag, dass sie zur Kulisse, ja fast zum Hintergrundsummen des osteuropäischen Lebens der Belle Époque wurden. Nicht nur Schulz, sondern auch viele andere Schriftsteller dachten an Anna, wenn sie sich an das vergangene goldene Zeitalter erinnerten. Czesław Miłosz, Gyula Krúdy, Karl Kraus, Kálmán Mikszáth erwähnen sie, während Józef Wittlin, der große Chronist des Vorkriegs-Lembergs, Anna ein ganzes Gedicht gewidmet hat, in dem sie zum Symbol für alles Süße und Alberne wird, das aus der Welt verschwunden ist. Für mich ist und bleibt jedoch Schulz' Version der Geschichte die einprägsamste. Sie fügt sich nahtlos ein in seine Vision von Drohobycz als einem Ort des unnatürlichen, übermäßigen Wachstums und der Vermehrung, wo das Werk der Schöpfung nie vollendet wurde und selbst tote Dinge ein gespenstisches Eigenleben besitzen. Das ging so weit, dass ich jahrelang davon ausging, Schulz habe die Figur der Anna Csillag selbst aus dem Nichts erschaffen. In Wirklichkeit war sie eine reale Person, auch wenn ein Großteil der Geschichte, die in ihren Anzeigen erzählt wurde, erfunden war.

Ihr richtiger Name war Anna Stern (Csillag bedeutet auf Ungarisch «Stern»), und sie wurde 1852 geboren, nicht in «Karlowitz in Mähren», wie ihre Werbung behauptete, sondern in der Stadt Zalaegerszeg in Ungarn. Ihre Eltern waren Mór Altstädter und Háni Rechnitzer. Anna eröffnete ihr Geschäft um 1876 und betrieb es abwechselnd von Wien und Budapest aus. Manchmal arbeitete sie mit ihrem Bruder zusammen, manchmal allein. Sie verkaufte ihre «Wunder wirkende Pomade» sowie eine Reihe weiterer Produkte, darunter die «beste Seife der Welt» und eine Reihe spezieller Haarbürsten und Kämme, die die Wirkung ihrer Elixiere verstärken sollten.

Die österreichische Bürokratie, gottgleich in ihrer Gründlichkeit, überprüfte jedes dieser Produkte. Dabei stellte sich heraus, dass die «beste Seife der Welt» eine sehr harte, rotbraune Toilettenseife von «schlechtester Qualität» war, und Csillags spezieller «Thee zum Kopfwaschen» bestand lediglich aus Kamille. Am enttäuschendsten war, dass die Pomade nichts als Fett und ein wenig Bergamottöl enthielt. Sie hatte eine weißgraue Farbe, die Konsistenz von Schmalz und wirkte körnig, wenn man sie in einer dünnen Schicht auftrug.[27]

Im Nachhinein können wir jedoch mit Sicherheit sagen, dass die kaiserlichen Inspektoren ihr Ziel verfehlt haben. Sie bewerteten ein physisches Produkt, während das wahre Wunder, das Anna Csillag verkaufte, ihre Botschaft darstellte. Unablässig wiederholt, besaß sie die Kraft eines apokryphen Evangeliums oder eines Gebets. Zumindest ein Beobachter erkannte das sofort. Als er noch als mittelloser Kunstaspirant in einem Wiener Männerwohnheim lebte, war Adolf Hitler angesichts des behaarten mährischen Fräuleins, das ihn da jeden Tag aus der Zeitung grüßte, fasziniert und wütend zugleich.

Glaubt man einem seiner wenigen Freunde aus dieser nebulös bleibenden Zeit, verbrachte Hitler Stunden damit, die Werbematerialien von Csillag zu studieren. Besonders fasziniert war er von den Dankesbriefen, die an die Firma geschickt wurden. Durch sorgfältige Nachforschungen fand Hitler heraus, dass diese gefälscht waren (die angeblichen Absender waren längst tot). Damit glaubte er, den Schlüssel zu einem großen Geheimnis entdeckt zu haben – das Geheimnis der Propaganda. Von ihrer Macht schwärmte er seinem Freund leidenschaftlich vor.[28]

Laut einem anderen Freund aus dieser Zeit war Hitler von Csillags Erfolg so angetan, dass er das Männerwohnheim in eine Art «Reklameinstitut» verwandeln wollte. Sämtliche Bewohner sollten sich dem Verkauf eines Produkts widmen – zum Beispiel einer glasverstärkenden Paste? – und dafür werben, unabhängig davon, ob es funktionierte oder nicht. Um Erfolg zu haben, mussten sie ihre Botschaft nur so oft wie möglich wiederholen. In Verbindung mit rhetorischem Geschick würden sie damit alle Kunden gewinnen, die sie sich nur wünschen konnten.

Hitlers Freund entgegnete, das sei zwar richtig, aber sie bräuchten trotzdem etwas, das sie verkaufen könnten. Rhetorik allein sei schließlich nutzlos.

KAPITEL 10

PROPHETEN

Als Jerzy Stempowski und sein Vater eines Abends im Jahr 1908 oder 1909 durch die Straßen von Berdytschiw in der nördlichen Ukraine gingen, hörten sie etwas, das sie innehalten ließ. Es war eine Stimme, die eine Art Gebet anstimmte.[1] Das war an sich nichts Überraschendes. Zu dieser Zeit war der größte Teil der Bevölkerung von Berdytschiw jüdisch und chassidisch; aus den vierundsiebzig Synagogen der Stadt ertönten ständig hebräische Gebete. Doch was die Stempowskis an diesem Abend hörten, war nicht die Musik der Psalmen, sondern der erste Band von Karl Marx' *Das Kapital*, der laut vorgelesen wurde.

Jerzys Vater klopfte an das Fenster des Hauses, um herauszufinden, was da vor sich ging. Sie wurden hineingeführt, und Vater und Sohn verbrachten den Rest des Abends damit, gemeinsam mit den Angehörigen einer Schneiderzunft Marx zuzuhören. Der Besitzer des einzigen Exemplars des *Kapitals* las mit singender Stimme laut daraus vor und machte nach jedem Satz eine Pause, um Fragen zu beantworten. Je länger der Abend dauerte, desto unklarer wurde der ohnehin schwierige Text, was die Schneider jedoch nicht abschreckte. Laut Stempowski lasen sie «wie Gläubige» und lauschten der Rezitation, als wäre darin eine geoffenbarte Wahrheit versteckt. Für Stempowski hatte diese unreflektierte Akzeptanz einer weltlichen Doktrin damals etwas Unnatürliches an sich. Er, der unter Positivisten und Freidenkern im Russischen Reich, im alten polnisch-osmanischen Grenzgebiet, aufgewachsen war, ahnte nicht, dass sich eine ähnliche Sehnsucht nach prophetischer Führung bald in weiten Teilen seiner Welt breitmachen sollte.

Die beiden Jahrzehnte nach dem Ende des Ersten Weltkriegs waren in Osteuropa eine Zeit tiefer Krisen. Das Ende des Krieges, das nach den Worten von Präsident Woodrow Wilson die Welt «sicher für die Demokratie» machen sollte, bewirkte nichts dergleichen. Zwar führten die anschließenden Friedensverträge zur Gründung einer Reihe neuer Nationalstaaten, doch nur wenige von ihnen wurden zu den blühenden liberalen Demokratien, die sich Wilson vorgestellt und erhofft hatte. 1938 war lediglich noch die Tschechoslowakei ein Mehrparteienstaat, und auch sie war im Begriff, von Hitlerdeutschland filetiert zu werden.

Die Nachkriegsordnung hinterließ noch weitere Narben. Mit einem Schlag verschwanden die alten Großreiche der Habsburger, Osmanen und Romanows von der Bildfläche Europas, aber es gab auch noch andere Verlierer. Der Vertrag von Trianon von 1920 bestätigte die volle Unabhängigkeit Ungarns, nahm dem Land jedoch 72 Prozent des Territoriums, das es in seiner Hälfte der Doppelmonarchie besessen hatte. Das war ein schwerer Schlag, der die ungarische Politik über Generationen hinweg verbitterte und das Land in die Hände derjenigen Mächte trieb, die versprachen, die Verluste wieder wettzumachen.

Bulgarien, ein weiterer Verlierer des Krieges, wurde durch den Vertrag von Neuilly gezwungen, ein weitaus kleineres Gebiet abzutreten. Dieses Abkommen war jedoch so vergiftet, dass Aleksandar Stambolijski, der Ministerpräsident, der ihm 1919 (unter Zwang) zugestimmt hatte, 1923 einem Militärputsch zum Opfer fiel, der mit seiner Festnahme und Ermordung endete. Der Kopf des unglücklichen Mannes wurde in einer Keksdose nach Sofia zurückgeschickt. Als Zugabe hackten die Henker auch noch die Hand ab, mit der der verräterische Vertrag unterzeichnet worden war, auch wenn sie diese anscheinend nirgendwohin geschickt haben.[2]

Auf Stambolijskis Hinrichtung folgte eine Welle der Repression, die sich vor allem gegen die bulgarische Bauernbewegung richtete. Im Jahr 1923 wies Moskau die bulgarischen Kommunisten an, dagegen vorzugehen, was zum sogenannten Septemberaufstand führte. Dieser scheiterte, was eine weitere Welle von Morden nach sich zog. Die Kommunisten rächten sich 1925 mit einem Bombenanschlag auf eine Kirche in Sofia während der Beerdigung eines Generals, den sie ebenfalls ermordet hatten. Hundertdreißig Menschen starben, als das Dach der Kathedrale einstürzte, was wiederum eine Runde des Terrors auf dem Land auslöste.

Diese Abfolge von Gräueltaten ist sinnbildlich für den Fanatismus, der nach dem Krieg in das politische Leben Einzug hielt. Die Menschen stritten sich nicht mehr wegen Säbelquasten oder militärischen Grußformeln. Sie lieferten sich auf der Straße erbitterte Kämpfe um das, was ihnen wie das Schicksal der Welt vorkam. Der Wetzstein, der all diese Konflikte schärfte, war die Gefahr einer Revolution. Je nachdem, wo im politischen Spektrum man stand, war jede Maßnahme sinnvoll, um diese Revolution zu verhindern oder herbeizuführen.

In der Zwischenkriegszeit erschien das Beispiel der Sowjetunion vielen entweder als Verheißung des Himmels oder als Drohung der Hölle. Der russische Bürgerkrieg, der zur Gründung der Sowjetunion führte, hatte unmittelbare Auswirkungen auf die Nachbarstaaten. Im Baltikum kam es zu einem erbitterten Bürgerkrieg, in dem lettische und estnische Nationalisten sowohl gegen die örtlichen Bolschewiken als auch gegen die Rote Armee kämpften. Indem sie Verstärkung von demobilisierten deutschen Truppen anforderte, die in Söldnerbataillonen (den gefürchteten Freikorps) organisiert waren, machte die rechtsgerichtete Regierung Lettlands diesen Konflikt zu einem Übungsplatz für eine künftige Generation von Faschisten.

Der Faschismus selbst war ein Ergebnis dieser frühen Kämpfe

zwischen den Kräften der Revolution und denen der Konterrevolution. Seine Grundidee – eine schwammige Mischung aus Straßenschlägereien, Dirigismus und Führerprinzip – entwickelte erst dann ihre wahre Kraft, wenn sie von der apokalyptischen Angst vor einer Klassenrevolte beseelt war. Osteuropa war zwar ein frühes Experimentierfeld für den Faschismus (viele der Freikorpsmitglieder machten später glänzende Karrieren in der NSDAP), aber es war nicht Schauplatz seiner größten politischen Erfolge. Die faschistischen Parteien im Osteuropa der Zwischenkriegszeit wurden zumeist von anderen, weniger radikalen autoritären Kräften, die ihre Gewaltbereitschaft in strategisch günstigen Momenten einsetzten, beiseitegedrängt oder als Werkzeug benutzt. Dieses Muster lässt sich an der Geschichte Ungarns ablesen, dessen unmittelbare Nachkriegsentwicklung derjenigen Lettlands und Bulgariens ähnelte.

Im Jahr 1919 wurde die kurzlebige Räterepublik unter Béla Kun durch den Einmarsch antikommunistischer ungarischer Soldaten (die meisten von ihnen waren Offiziere) beendet, die als «Nationalarmee» unter der Führung von Miklós Horthy organisiert waren, dem letzten Befehlshaber der österreichisch-ungarischen Kriegsmarine (James Joyce war sein Englischlehrer, als er mit der Flotte in Kroatien stationiert war). Anfang August 1919 zog Horthy, umgeben von einer Leibgarde von Baronen, auf einem Schimmel durchs Land. Im November erreichte er Budapest. Auf seine Machtübernahme folgte eine Welle von Morden, mit denen all jene bestraft werden sollten, die Kun und sein Regime unterstützt hatten. Mehrere Tausend Ungarn starben im Zuge dieses «Weißen Terrors». Fünfundsiebzigtausend weitere landeten im Gefängnis, und hunderttausend flohen aus dem Land.[3] In all diesen Gruppen fanden sich sehr viele Juden, denen bereits die Hauptschuld an der (in Winston Churchills Worten) «Schaffung des Bolschewismus» angelastet wurde.

***

Die Gleichsetzung von Judentum und Bolschewismus war ein weiteres tödliches Erbe des Krieges. Die Russische Revolution übte auf manche Juden des Reiches tatsächlich eine besondere Anziehungskraft aus. Für einige stellte sie einen wichtigen Wendepunkt im politischen Bewusstsein dar und erschien zunächst wie die Erfüllung eines lang gehegten Traums: Urplötzlich tauchte in Russland eine Welt der Gleichheit auf, in der all die alten Schranken des Glaubens und der Armut nichts mehr zählten. Viele ließen sich von ihrer Begeisterung mitreißen und beteiligten sich voller Eifer an der Roten Armee und der entstehenden sowjetischen Bürokratie.

Für Juden außerhalb Russlands hatte dieses Engagement jedoch oft schlimme Folgen. Obwohl nur ein relativ kleiner Teil der osteuropäischen Juden an der Russischen Revolution teilnahm, wurden sie in weiten Teilen Europas untrennbar mit dem Gespenst des Bolschewismus assoziiert. Das machte sie zu einer Zielscheibe politischer Gewalt, wie es sie in dieser Art und Heftigkeit vor dem Ersten Weltkrieg in Osteuropa kaum gegeben hatte.

Diese Welle von Repressalien in der Nachkriegszeit war jedoch nur der Anfang eines umfassenderen Musters. In den folgenden zwei Jahrzehnten erließen die Staaten in ganz Osteuropa eine Reihe von antisemitischen Gesetzen, die Juden aus der Regierung und der Armee ausschlossen, ihre Beteiligung an der Hochschulbildung begrenzten und ihre Rolle in der Wirtschaft einschränkten. Das trieb natürlich viele von ihnen zum Kommunismus, der einzigen politischen Bewegung, die Gleichheit für alle versprach und in der Lage zu sein schien, ihr Wort zu halten.

Natürlich war das nur eine Option unter vielen. In den ersten Jahrzehnten des 20. Jahrhunderts fanden sich die osteuropäischen Juden in einem Labyrinth von Schicksalsverzweigungen wieder. Jeder dieser Pfade hatte seine eigene Politik, sein eigenes Land und seine eigene Sprache. Sie konnten sich für den Zionismus, für Palästina und Hebräisch entscheiden; oder für die Auswanderung,

Amerika und Englisch; oder für die Heimat, das Schtetl und Jiddisch. Selbst das Sprechen des traditionellen Jiddisch wurde zu einer Frage der Politik. Viele fortschrittlicher gesinnte Juden gaben sie zugunsten der jeweiligen Volkssprache auf und ersetzten ihre Hingabe an die religiöse Tradition durch Verbundenheit mit der säkularen Kultur. Die ungarischen Juden fanden sich in den Dichtern Petőfi und Ady wieder; die polnischen Juden schmachteten nach Słowacki und Mickiewicz.

Meine eigenen Großväter – auf beiden Seiten der Familie – haben sich für den Kommunismus entschieden. Für sie war der Kommunismus eine Familienangelegenheit. Das galt aber auch in gleicher Weise für das Unbehagen daran. Mein Großvater Jakub trat als Jugendlicher in die Partei ein. Zunächst musste er eine Probezeit durchlaufen. Später, während er als Pförtner in einer Chemiefabrik arbeitete, verteilte er illegale Flugblätter. Seine Schwestern, Jadwiga und Edwarda, schlossen sich der kommunistischen Jugendbewegung und der einflussreichen Näherinnengewerkschaft an. Sie waren große Leserinnen; die eine Schwester war Proust verfallen, die andere Dostojewski; beide schwankten zwischen Tradition und Moderne, zwischen der etablierten Religion und der modernen Kunst.

Mein anderer Großvater, Czesław Berman, entstammte einem eher traditionellen Umfeld. Er wurde mit dem Namen Bezalel in ein orthodoxes jüdisches Elternhaus hineingeboren und trat der Kommunistischen Partei zu einer Zeit bei, als diese in Polen verboten war. Wegen dieses Vergehens wurde er von der Schule verwiesen und zu seinen Großeltern ins Schtetl Zambrów zurückgeschickt. Sein Bruder Zygmunt, ebenfalls Parteimitglied, musste nach Paris emigrieren. Die Brüder wussten damals nicht, welches Glück sie hatten, nicht in der Sowjetunion gelandet zu sein. Während der Großen Säuberung von 1937 / 38 wurden fast alle Mitglieder der polnischen Kommunistischen Partei in der UdSSR unter dem Vorwurf der Spionage hingerichtet. Die Kader, die nach dem Zweiten Weltkrieg die polnische Partei übernahmen, überlebten dieses Massaker meist in der sicheren Umgebung eines polnischen Gefängnisses.

Für die Brüder Berman war der Kommunismus jedoch ein Weg in eine größere Welt. Er eröffnete ihnen neue Horizonte, genauso, wie es der Zionismus für ihre Vettern tat und die Auswanderung nach Amerika für viele andere. Er bot die Möglichkeit, sich einem weltweiten Kampf gegen einen erbitterten Gegner anzuschließen. Er war zudem eine Chance, kosmopolitisch zu werden – über das Schtetl und die jüdischen Elendsviertel von Muranów, in denen sie lebten, hinauszuwachsen –, ohne jedoch die Heimat zu verlassen. Wahrscheinlich rettete er ihnen auch das Leben. Als der Krieg zwischen Polen und Deutschland begann, half ein ukrainischer Freund aus dem kommunistischen Untergrund meinem Großvater Czesław bei der Überquerung des Flusses Bug in die sowjetische Zone und damit in Sicherheit. Später fand er sich in einem NKWD-Gefangenenlager in Usbekistan wieder, halb wahnsinnig vom Typhusfieber, und später diente er in der Roten Armee bei der Eroberung Berlins.

Es gab ein faschistisches Pendant zur Kommunistischen Internationale, das mein Großvater auf seiner Flucht aus dem besetzten Polen kennenlernte. Noch bevor sie an die Macht kamen, dienten die Beispiele von Hitler und Mussolini einer ganzen Reihe kleinerer Nachahmer in ganz Osteuropa als Inspiration. Einer von ihnen war ein ungarischer Dichter und Gelegenheitsjournalist namens Zoltán Böszörmény. Dieser Sohn eines bankrotten Gutsbesitzers arbeitete nacheinander als Lehrling, Bote und Tagelöhner.[4] Die Konterrevolution von 1919 brachte ihn auf den Geschmack des Kampfes. Bei einem kurzen Aufenthalt an der Universität Budapest kam Böszörmény mit der gewalttätig-patriotischen Kultur der Studentenverbindungen in Kontakt, doch erst eine schicksalhafte Begegnung mit Hitler offenbarte ihm sein Lebensziel: die Schaffung eines magyarischen Pendants zu den Nazis. Als Symbol für seine eigene, *ungarische* Nationalsozialistische Arbeiterpartei wählte Böszörmény zwei übereinandergelegte Sensen – eine Art ländliches Hakenkreuz. Bald wurde seine Partei als die Sensenkreuzler bekannt.

In seiner eigenen Vorstellung war Böszörmény ein Dichter, ein Weiser, ein Krieger, immer bereit, bis zum Tod für Mutter Ungarn zu kämpfen. Die Budapester Presse behandelte ihn wie einen Witz, aber in der Puszta, dem trockenen Grasland Mittelungarns, wo die Bauern noch unter Bedingungen schufteten, die der mittelalterlichen Leibeigenschaft ähnelten, wirkte seine Botschaft elektrisierend. Das einzige Problem war, dass niemand genau erklären konnte, worin diese Botschaft eigentlich bestand. Als zwei Mitglieder des Sensenkreuzes von einem Journalisten nach ihren Überzeugungen gefragt wurden, konnten sie nur sagen, dass sie die «Kommunisten und die Herren» hassten.[5]

Diese Vagheit war kein Hindernis für die Rekrutierung von Mitgliedern, im Gegenteil. Nur ein Jahr nach der Gründung des Sensenkreuzes zählte die Gruppe über zwanzigtausend Mitglieder und verfügte über eigene Sturmtruppen. Böszörmény forderte seine Anhänger dazu auf, Gewalttaten gegen die Juden, die Habsburger und andere Gegner der ungarischen «Rasse» zu begehen. Allerdings folgten nur wenige diesem Appell. Im Jahr 1936 beschloss er deshalb, dass sein einziger Weg zur Macht in einem groß angelegten Aufstand bestand.

Böszörmény prophezeite, dass er am 1. Mai desselben Jahres eine Armee von drei Millionen Bauern versammeln, mit ihnen nach Budapest marschieren und die sündige Stadt niederbrennen würde. Als der Tag gekommen war, erschienen tatsächlich einige Tausend Anhänger, von denen die meisten von der Gendarmerie problemlos festgenommen werden konnten. Etwa siebenhundert Bauern wurden verhaftet, einhundertdreizehn von ihnen standen gemeinsam vor Gericht. Es war ein trauriges Spektakel. Einem Zeugen zufolge trugen die angeklagten Parteimitglieder «zerrissene Hosen, armselige Mäntel oder alte Schaffellwesten». Keiner hatte ein anständiges

Hemd. Ihre Armut war freilich mehr als nur oberflächlicher Natur; 98 Prozent besaßen weder ein Haus noch ein Stück Land. Als der Vorsitzende Richter die Männer fragte, wofür sie kämpften, erklärten sie, sie seien bereit, für die «Idee» zu sterben, konnten aber auf Nachfrage nicht erklären, was genau diese «Idee» war.

Trotz ihres Scheiterns sind die Sensenkreuzler eine Art Destillat des Faschismus: eine Bewegung verzweifelter Menschen auf der Suche nach einer transzendenten Sache, ohne einen echten Gedanken, was diese Sache sein sollte. Nicht alle osteuropäischen Faschisten waren so glücklos. In Rumänien wuchs die «Legion des Erzengels Michael» von einer Studentenorganisation zu einer politischen Partei heran, die kurzzeitig das Schicksal des Landes in ihren Händen hielt. Der Schlüssel zu ihrem Erfolg waren ein charismatischer Anführer und ein politischer Ansatz, der sowohl auf religiöse Bekehrung als auch auf Straßenkämpfe ausgerichtet war.

Wie in Deutschland erwuchs auch in Rumänien der Faschismus zunächst aus der Furcht vor einer Ansteckung durch die Bolschewiken. Corneliu Codreanu, der Gründer der Eisernen Garde, wurde 1899 geboren – zu spät, um noch am Ersten Weltkrieg teilzunehmen. Stattdessen erwarb er sich seine Kampferfahrung zu Hause, auf der Infanterieschule oder bei Straßenschlachten mit streikenden Arbeitern. Für Codreanu war das Verprügeln von Gewerkschaftern ein Beitrag dazu, eine Revolution zu verhindern. Er kam jedoch bald zu dem Schluss, dass die Arbeiter – zumindest die rumänischen – schuldlos waren; die eigentliche Schuld lag für ihn bei den jüdisch-kommunistischen Strippenziehern. Codreanu konzentrierte seine Energie nun darauf, die Juden von der Universität fernzuhalten. Mit seiner Bande vertrieb er sie aus Studentenklubs und Wohnheimen, sprengte jüdische Theateraufführungen und verprügelte Linke, wo immer er sie fand.[6] 1923 koordinierte Codreanu einen Studentenstreik, durch den die rumänischen Universitäten ein ganzes Semester lang geschlossen blieben. Als Krönung dieses Triumphs gründete er eine politische Partei, die Liga zur christlich-nationalen Verteidigung; deren einziges Ziel war die Einführung von Quoten, die die Zahl der Juden in den höheren Schulen, an Universitäten und in den freien Berufen beschränken sollten.

Codreanus Partei, die in «Legion des Erzengels Michael» umbenannt und deren militanter Arm als «Eiserne Garde» bekannt wurde, gewann rasch an Einfluss, was vor allem auf ihre hervorragende Graswurzelarbeit zurückzuführen war. Codreanus Legionäre schwärmten über Rumänien aus und gelangten bis in vergessene Dörfer im Hinterland von Siebenbürgen und Moldau, die bis dahin noch nie von Politikern irgendeiner Partei besucht worden waren. Die Dorfbewohner empfingen die Aktivisten mit brennenden Kerzen und Gesang, woraufhin sich die jungen Legionäre an die Arbeit machten, um gemeinnützige Projekte wie das Ausheben von Entwässerungsgräben und die Instandsetzung von Straßen durchzuführen.[7]

Manchmal reisten Codreanu und seine Männer im Rahmen dieser Expeditionen inkognito. Jemand wurde in ein Dorf vorausgeschickt, um die Vorfreude auf die Ankunft des Anführers zu steigern, und flüsterte konspirativ über «den, der kommen musste». Wenn Codreanu dann schließlich auftauchte, bewegte er sich wie eine Erscheinung durch die Landschaft. Er ritt auf einem weißen Pferd, umgeben von einigen seiner vertrautesten Jünger. Auf jedem Dorfplatz stieg er ab, küsste die Erde und ritt dann davon, ohne mit jemandem zu sprechen. Die Menschen wollten wissen: «War das der Heilige?», und fragten sich, ob sie gar Zeugen des Auftritts eines Messias geworden waren.[8] Codreanus Anhänger konnten ihnen versichern, dass er beides war.

Im Gegensatz zu den Faschisten in Deutschland oder Italien, die dazu neigten, die organisierte Religion als Rivalen zu betrachten, sprach die Eiserne Garde die Sprache des Glaubens fließend und

Corneliu Codreanu, 1899 bis 1938. Als Führer der faschistischen «Legion des Erzengels Michael» in Rumänien zeigte er sich gern in volksnaher nationaler Tracht.

beredt. Die Legionäre trugen Säckchen mit heiliger Erde um den Hals, feierten riesige Messen unter freiem Himmel und unterstützten verschiedene kleinstädtische Mystiker, denen Gott erschien oder die mit der Jungfrau Maria sprachen.[9]

Wie die meisten Demagogen verkündete Codreanu eine Lehre, die zugleich vage und widersprüchlich war. Er war gegen die Demokratie, aber für das Volk. Das allgemeine Wahlrecht fand er verabscheuungswürdig, weil es Juden ein Stimmrecht zugestand. Doch die Juden waren nicht sein einziger Feind; Codreanu hasste auch die Griechen, Türken, Bulgaren und Ungarn. Er betrachtete die rumänische Nation aus religiöser Perspektive, brachte seinen Schülern spezielle Gebete bei und sprach in Gleichnissen, die an Märchen erinnerten. Er erklärte seinen Legionären, dass sie auf ihrem Weg zum «Neuen Menschen» verschiedene Leiden durchmachen müssten. Zu diesen Prüfungen gehörten der Berg des Schmerzes, der Wald der wilden Tiere und die Sümpfe der Verzweiflung.[10]

Das war kindisches Zeug, wirkte aber auf einige der anspruchsvollsten Intellektuellen Rumäniens wie Magie. Zu den prominentesten rumänischen Denkern, die sich vom Faschismus in seinen Bann ziehen ließen, gehörten Mircea Eliade, der große Religionshistoriker, und der pessimistische Philosoph Emil Cioran. Eliade, einer der weltweit führenden Forscher zum Mystizismus, war der Meinung, die Eiserne Garde sei an einem elementaren Krieg beteiligt. Es handelte sich um einen Kampf zwischen «der Welt des Magens», der alten Welt der politischen Parteien und der Marktwirtschaft, und einer neuen Welt, die «es wagte, an den Geist zu glauben». Auch Cioran fand lobende Worte für Codreanus junge Sturmtruppen. In ihren Prügeleien und spontanen Morden sah er «eine Explosion von Energie», in der sich der «Keim einer Idee, die Passion der geistigen Individualisierung» verbarg.[11] Als Codreanu 1938 auf Befehl des rumänischen Königs ermordet wurde, beklagte Cioran das Ableben eines Mannes, der in seinem Leben mehr erreicht habe als jeder andere, ausgenommen Jesus selbst.

Als Jude konnte Mihail Sebastian, ein enger Freund von Eliade und Cioran und der beste rumänische Romancier seiner Generation, nur zusehen und zuhören. In seinen Tagebüchern berichtet Sebastian von engen Freunden wie Eliade, die dazu aufriefen, Minister zu erschießen und an der Zunge aufzuhängen, bevor sie zu einer Diskussion über den neuesten literarischen Klatsch übergingen.[12] Noch grotesker ist, dass sie sich manchmal darüber beklagten, sie hätten keinen Anteil am gestohlenen jüdischen Eigentum bekommen, ohne auch nur den geringsten Gedanken darauf zu verschwenden, dass Sebastian selbst davon betroffen sein könnte.[13]

Sebastian erlebte, wie eine ganze Generation der brillantesten Schriftsteller und Intellektuellen seines Landes in den Bann eines völlig ungebildeten, mystischen Faschismus geriet. Der Dramatiker Eugène Ionesco, der ebenfalls zur rumänischen Intelligenz der Vorkriegszeit gehörte, verglich dieselbe Erfahrung mit einem Aufwachen, nach dem man feststellt, dass die eigenen Freunde, die einst Menschen waren, plötzlich alle Teil derselben monströsen Herde geworden sind – ein Prozess, dem er als «Rhinozerisierung» sein berühmtes Drama widmete. Und doch sind diese intellektuellen Nashörner trotz ihres schrillen Antisemitismus weiter Sebastians Freunde geblieben.

Diese fortdauernde Nähe lässt sich zum Teil damit erklären, dass die Intelligenzija der osteuropäischen Hauptstädte außerordentlich kleine Gruppen waren, in denen jeder jeden kannte. Die Kombination aus großen Leidenschaften und geringen Einsätzen umgab politische Konflikte mit einem Hauch von Unwirklichkeit. In Rumänien war das schon seit Längerem der Fall. Bereits 1886 beschrieb Vasile Alecsandri das rumänische Regime als «eine dumme Komödie, die von dummen Schauspielern vor einem naiven Publikum gespielt wird».[14] Demokratie gab es in der Theorie, nicht aber in der Praxis. In den Provinzen lieferten korrupte Beamte Stimmen an die lokalen Bosse, reiche Magnaten bezogen die Voten von ihren zahlreichen Leibeigenen.

Diese Art von Korruption nahm ideologischen Konflikten einen Großteil ihrer Schärfe. Solange alle auf ihre Kosten kamen, schien es nicht unangebracht, mit einem Gegner Kaffee zu trinken, selbst wenn man sich am nächsten Tag mit ihm duellierte. Das politische Leben im Ungarn und Polen der Zwischenkriegszeit war ebenfalls von dieser Mischung aus offizieller Feindseligkeit und persönlicher Vertrautheit geprägt. In Polen, unter der Herrschaft des nationalen Befreiers und Militärdiktators Józef Piłsudski, waren Kommunisten und Anarchisten ständig von Zensur und Verhaftung bedroht.

Trotzdem pflegten radikale Künstler weiterhin eine große Nähe zu Angehörigen des Regimes.

Ausbeuter und Revolutionäre waren damals oft nur schwer voneinander zu unterscheiden. Aleksander Wat, einer der führenden futuristischen Schriftsteller Polens, trug feine Anzüge samt Einstecktuch oder Nelke im Knopfloch. Mit seinem gekämmten Schnurrbart und seinen tief liegenden Leichenbestatteraugen ähnelte er einem eher erdverbundenen Charlie Chaplin. (Die Tanten meiner Mutter, die als Verkäuferinnen im Warschauer Hutgeschäft seiner Schwestern arbeiteten, fanden ihn ziemlich attraktiv.) Wat, der später die Avantgarde-Literatur gegen radikale Politik eintauschte, erinnerte sich, dass linke Schriftsteller aus dem Westen, die Warschau besuchten, schockiert waren, als sie sahen, wie er und seine Marxistenkollegen zusammen mit Mitgliedern der regierenden rechten Militärjunta im Café saßen. Diese Kontakte konnten jedoch äußerst nützlich sein. Als Wat und die gesamte Redaktion seiner Literaturzeitschrift 1932 im Gefängnis landeten, schickte einer seiner Freunde, ein Oberst in der Regierung, ihnen ein riesiges Fresspaket mit Wodka und Kaviar aus Hirschfelds Feinkostladen.[15]

Eine ähnliche Ungezwungenheit herrschte während eines Großteils der Zwischenkriegszeit in Budapest. Es gab zwar Auseinandersetzungen zwischen Rechten und Linken, aber nach dem doppelten Schrecken von Béla Kun und dem Weißen Terror kehrten die Verhältnisse zu der lockeren Geselligkeit zurück, die die Ära von Kaiser Franz Joseph kennzeichnete. Wie der Historiker István Deák über die Stadt schrieb, «hatte hier selbst der wildeste Antisemit seine jüdischen Freunde, und der am vehementesten verfolgte Revolutionär schien nützliche Verbindungen zu haben». Die Budapester Gesellschaft war «von einer gewissen Unbeschwertheit und einem Sinn für Humor durchdrungen», sodass die großen ideologischen Auseinandersetzungen der Zeit oft eher wie eine «Operette» und weniger wie ein Kampf zwischen Gut und Böse wirkten.[16]

Manchmal konnte die Politik auf irritierende Weise im Wortsinne operettenhaft sein. Einer der Milizenführer, die Miklós Horthy bei seinem Marsch auf Budapest 1919 unterstützten, war ein Mann namens Anton Lehár, der Bruder des Komponisten Franz Lehár, von dem Werke wie *Die lustige Witwe* stammen. Zwei Jahre nachdem seine Truppen dazu beigetragen hatten, Horthy an die Macht zu bringen, beteiligte sich Anton an einem absurden Putschversuch, um den habsburgischen Kaiser Karl (den Großneffen von Franz Joseph, der nicht reiten konnte) auf den formell freien Thron Ungarns zu hieven. Nach diesem Debakel war Anton gezwungen, nach Berlin zu exilieren, wo er sein Leben als rechtsgerichteter Kriegsherr zugunsten einer Karriere als Verleger von Unterhaltungsmusik aufgab. Damit das alles nicht wie eine Operette wirkt, sei daran erinnert, dass Lehár auch beim Weißen Terror eine führende Rolle spielte und dass einer seiner Mitstreiter die abgeschnittenen Ohren seiner jüdischen Opfer als Glücksbringer sammelte.

Das Osteuropa der Zwischenkriegszeit war ein seltsamer Ort, an dem Grausamkeiten unmittelbar neben all den kleinen Annehmlichkeiten des Stadtlebens existierten. Einer ganzen Generation von Schriftstellern und Intellektuellen erschien das als Symptom einer Zivilisation, die am Rande des Zusammenbruchs stand. Das war an sich schon aufregend. Eine wichtige Gruppierung der polnischen Dichtung waren die Katastrophisten: Sie schrieben Gedichte, die das Ende von allem prophezeiten.

Am anderen Ende des Avantgarde-Spektrums erklärten die Futuristen, dass die Welt neu geboren werde. Alles – bis hin zur Sprache selbst – schien reif für eine Neuerfindung. In Wats Worten begannen sie damit, «Antipoesie» und «Antiliteratur» zu machen.[17] Doch allmählich löste die Politik den Avantgardismus als ihre wichtigste Motivation ab, und sie begaben sich auf die Suche nach anderem – ein Werk zu schaffen, das die Massen verführen und sie in Richtung einer versprochenen Utopie führen sollte.

Zehn Jahre später war dieser Optimismus verflogen. Wat hatte das Gefühl, dass er und seine polnischen Schriftstellerkollegen in einem Schraubstock steckten, gefangen zwischen «diesen Ungeheuern mit ihrer gewaltigen Macht und Dynamik»: Stalins Sowjetunion auf der einen und Hitlerdeutschland auf der anderen Seite.[18] Angesichts von Springerstiefeln und Konzentrationslagern verloren die Sprachspiele ihren Reiz. Der Antifaschismus erschien vielen Schriftstellern als die einzige moralisch richtige Entscheidung. Tragischerweise führte jedoch die internationale kommunistische Organisation, die Komintern, die diese Bewegung anführen sollte, die meisten ihrer Mitglieder auf einen dunklen Pfad. Ende der 1930er Jahre stand sie ganz unter dem Einfluss Stalins und der UdSSR und erwies sich für ihre Freunde als viel gefährlicher als für ihre vermeintlichen Feinde.

Jahrzehnte später beschrieb Wat seine jugendliche Hinwendung zum Kommunismus als eine Art philosophische Krankheit, eine Form von «Dämonismus» oder «moralischer Verblendung».[19] Als politisches Bekenntnis beherrschte er sein Leben mehr als ein Jahrzehnt lang, aber erst nach dem sowjetischen Einmarsch in Polen 1939 erfuhr er, was der volle Preis für seine Treue zu Moskau war. Er wurde im sowjetisch besetzten Lemberg verhaftet, verbrachte über ein Jahr im Moskauer Lubjanka-Gefängnis und wäre in seinem anschließenden Exil in Kasachstan fast gestorben.

Bruno Jasieński, ein enger Freund und Futuristenkollege von Wat, teilte dessen Liebe zum Kommunismus, hatte aber nie die Chance, seine Treue zu bereuen. Jasieński wurde 1901 als Wiktor Zysman im russischen Teil Polens geboren. Seine Mutter war eine katholische Adlige, sein Vater ein jüdischer Arzt, der zum Protestantismus konvertierte. Als der Erste Weltkrieg begann, wurde seine Familie ins russische Hinterland evakuiert. In Moskau erlebte er die Russische Revolution aus unmittelbarer Nähe. Er war begeistert, allerdings eher von ihrer ästhetischen Seite als von der politischen. Als er im Alter von achtzehn Jahren nach Polen zurückkehrte, war

Wiktor – jetzt Bruno – ein vollwertiger Apostel des befreiten Wortes. Als Anhänger Majakowskis und der Dadaisten stilisierte er sich jedoch eher als Dandy denn als Proletarier. Mit Zylinder, Monokel und breiter roter Krawatte rezitierte er in Krakauer Kellern blasphemische Verse. Später erinnerte sich Jasieński an diese Epoche seines Lebens als «eine seltsame und schöne Zeit», in der «jede Strophe ein Stoß, jedes Gedicht eine Parade war, in der die Poesie wie Dynamit zusammengemischt wurde und jedes Wort eine Zündkapsel war».[20]

Als er Lenin ins Polnische übersetzte, konvertierte Jasieński vom Futurismus zum Marxismus. 1925 verließ er mit seiner Frau Polen und ging nach Paris. Dort stieß er eines Tages im Schaufenster einer Buchhandlung auf einen Roman mit dem Titel «Je brûle Moscou». Der Titel machte Jasieński wütend; seine Französischkenntnisse reichten nicht aus, um zu erkennen, dass es sich dabei um eine umgangssprachliche Wendung handelte, bei der man Moskau in Eile kurz durchstreifte, anstatt es abzufackeln. Gut, dass er das nicht wusste. Das Buch, das er daraufhin schrieb, *Je brûle Paris* (dt. *Pest über Paris*), ein ziemlich reißerischer Roman über den Aufstieg einer proletarischen Kommune im Herzen Europas, war das beste Werk seiner Karriere. Darin erzählt er die Geschichte einer Stadt, die von der Pest heimgesucht wird und in rivalisierende Lager von Proletariern und Royalisten, Weißen Russen, Bolschewiken, afrikanischen Hafenarbeitern, chinesischen Marxisten und sogar einigen Amerikanern aufgeteilt ist. Sie alle kämpfen darum, das eigene Terrain zu verteidigen und sich einen Anteil an den schwindenden Vorräten zu sichern. Mit der Zeit erweist sich der Kampf als aussichtslos. Die Seuche tötet alle, außer den Bewohnern des Zentralgefängnisses, die durch ihre schicksalhafte Absonderung am Leben bleiben.

Nun allein in der völlig verlassenen Stadt, bilden die Gefangenen eine ideale Arbeitsgemeinschaft. Um sie zu schützen, senden sie einen Funkspruch an den Rest Europas, der vor einer weiteren Ansteckung warnt. Derart auf sich gestellt, erblüht in den Ruinen von Paris eine Utopie. Auf der ehemaligen Place de la Concorde reift das Getreide heran, während im Jardin du Luxembourg Kohl und Blumenkohl gedeihen. Die Tuilerien werden zu einem einzigen, riesigen Gemeinschaftskindergarten, in dem Tausende von Arbeiterkindern mit identischen roten Mützen spielen. Als der Rest der Welt von der List der Pariser erfährt, erklären die westlichen Kapitalisten der Kommune sofort den Krieg, woraufhin ihre eigenen Arbeiter revoltieren. Am Ende des Buches «erbebten die Massen wie titanische Schiffe» und hatten alle das Banner des revolutionären Paris gehisst.[21]

Je brûle Paris markiert das Ende der Pariser Phase von Jasieńskis Karriere. Er wurde aus Frankreich ausgewiesen, weil er «blinden und törichten Hass auf die westeuropäische Kultur» hegte, und floh nach Leningrad, wo er wie ein Held gefeiert wurde.[22] Die erste russische Ausgabe von *Je brûle Paris* wurde auf Anhieb ein Bestseller, und Jasieński stieg schnell zu einem der führenden sowjetischen Schriftsteller auf. Er machte sich für die Sowjetisierung Tadschikistans stark, setzte sich für die Steigerung der Baumwollproduktion ein und schrieb einen Roman über einen Geheimpolizisten, der den Bau eines Kanals in Zentralasien überwacht. Er legte sich eine hübsche Wohnung in Moskau und eine neue russische Frau zu. Irgendwann ließ er sogar einen Berg im Pamir-Gebirge nach sich benennen.

Doch die guten Zeiten waren nicht von Dauer. Als ein polnischer Schriftstellerkollege, der durch die Sowjetunion reiste, Jasieński im Winter 1934 besuchte, war er schockiert, als er in einer schmuddeligen, eiskalten Wohnung empfangen wurde, in der sich Beluga-Kaviar und kaiserliches Kristall auf den Tischen türmten.[23] Der Freund hatte den Eindruck, dass die feinen Speisen und Getränke nur zur Schau gestellt wurden, eine Demonstration sowjetischen

Luxus für einen Besucher aus dem Westen, und dass in dem Moment, in dem er die Wohnung verließ, jemand kommen würde, um alles wegzuräumen. Jasieński selbst schien Angst zu haben: «Seine Augen schweiften hastig in alle Richtungen, seine Hand zitterte, als er die Getränke einschenkte.» Sein eigenes Haus war zu einem Potemkin'schen Dorf geworden, zu einer Botschaft an die polnischen Schriftsteller, welche Belohnungen sie erwarten durften, wenn sie sich auf die Seite der Revolution schlugen.

Jasieński hatte zu Recht Angst; die Schlinge um seinen Hals zog sich zu. Am 31. Juli 1937, auf dem Höhepunkt der Großen Säuberung, wurde Jasieński beschuldigt, ein Trotzkist und polnischer Spion zu sein. Während des Verhörs wurden ihm die Zähne ausgeschlagen und die Fingernägel ausgerissen. Schließlich unterschrieb er ein Geständnis, das er jedoch bald widerrief. Er schickte eine Reihe von Briefen an Stalin, in denen er seine Unschuld beteuerte und darum bat, freigelassen zu werden. Als das erfolglos blieb, bat er darum, lieber erschossen zu werden, als noch mehr Folter zu ertragen. Dieser Wunsch wurde ihm am 17. September 1938 im Keller des Butyrka-Gefängnisses in Moskau erfüllt. Einige Monate später teilte Jasieńskis russische Frau sein Schicksal. Ihr Sohn wurde in ein Waisenhaus gebracht und wuchs angeblich zu einer wichtigen Figur der sowjetischen Mafia heran.

Im Gegensatz zu den eher bürgerlichen Wat und Jasieński kam der rumänische Romancier Panaït Istrati aus den tiefsten Tiefen des Proletariats zur revolutionären Politik. Seine Mutter war eine rumänische Wäscherin, sein Vater, den er nie kennenlernte, ein griechischer Schmuggler. Wie Mihail Sebastian wuchs er im Flusshafen von Brăila an der Donau auf. In jenen Jahren war Brăila eine Art Odessa *en miniature* und Heimat eines bunten Gemischs aus Juden, Türken, Griechen, Bulgaren, Syrern, Tataren und Russen, die als Schauerleute, Getreidehändler, Schwammtaucher und Verkäufer arbeiteten. Ihnen waren Istratis erste Romane gewidmet. Doch vorher musste er erst Schriftsteller werden, ein Weg, der so manche Irrungen und Wirrungen mit sich brachte.

Im Alter von zwölf Jahren lief Istrati von zu Hause weg und machte sich auf in die Welt. Er versteckte sich an Bord von Frachtschiffen und durchquerte das Mittelmeer von Beirut bis Bari, wobei er sich mit allen möglichen Arbeiten durchschlug, sei es als Konditor, sei es als Schweinezüchter. Ein Freund von Istrati aus dieser Zeit beschrieb ihn als «einen großen, schlanken jungen Mann mit einem gierigen Mund, aber sanften, gehorsamen Augen». Istrati war abwechselnd depressiv und euphorisch und hatte leidenschaftliche Affären mit Männern und Frauen, die mehrere Ehen überdauerten. Bewegt vom Leid, dem er begegnete, und wütend über seine eigene Armut, schloss sich Istrati verschiedenen revolutionären Bewegungen an. Seine ersten veröffentlichten Geschichten schrieb er für sozialistische Zeitschriften. Als er an Tuberkulose erkrankte, brachte er sich in einem Schweizer Sanatorium Französisch bei. Später, in Frankreich, mittellos und verzweifelt, versuchte Istrati, sich die Kehle durchzuschneiden. In der Nacht zuvor hatte er einen Brief an den französischen Schriftsteller Romain Rolland geschrieben, der damals auf dem Höhepunkt seines Ruhmes stand und als «Gewissen Europas» galt. Jemand fand den Brief in seiner Kleidung und schickte ihn an Rolland, während sich Istrati in einem Krankenhaus in Nizza erholte. Der Brief war ein Schrei der Verzweiflung, aber auch die Geschichte seines Lebens. Er war zugleich witzig, leidenschaftlich und fesselnd.

Rolland antwortete Istrati und bat ihn, mehr von seinen Geschichten zu Papier zu bringen.[24] Das Ergebnis war der erste Romanzyklus von Istrati, *Die Geschichten des Adrian Zograffi*. Dieser äußerst unterhaltsame Zyklus (es lohnt sich, ihn laut vorzulesen) beginnt als homoerotische Fantasie über orientalische Themen (Harems, Sklavenjungen usw.) und endet als patriotisches Plädoyer für die moldauisch-walachische Union von 1859. Der dritte und beste

Band, *Die Haiduken*, beginnt in einer Höhle, wo eine Gruppe von Räubern ein Geständnis ablegt. Der Zyklus wurde in Frankreich von Henri Barbusse veröffentlicht, dem linken Pressemagnaten, der auch Jasieńskis *Je brûle Paris* als Fortsetzungsroman publizierte.

Nachdem Istrati ein bekannter Autor und eine öffentliche Person geworden war, wurde er zu einem leidenschaftlichen Befürworter der Sowjetunion. Istrati war nicht Mitglied der Kommunistischen Partei. Er wusste nichts Konkretes über den Marxismus, aber er sympathisierte mit den Armen, den Unterdrückten und den Aufständischen. Im Jahr 1927 fuhr er nach Moskau. Monatelang reiste er durch das gesamte europäische Russland, fuhr die Wolga hinunter und besuchte Bewunderer und neue Freunde in Nischni Nowgorod und Baku. Ganz besonders faszinierte ihn die Moldauische Autonome Sozialistische Sowjetrepublik. Sie erschien ihm wie ein Miniatur-Rumänien, in dem der Sozialismus bereits im Aufbau begriffen war. Er führte lange Gespräche mit Dr. Ecaternia Arbore, einer ehemals militanten rumänischen Sozialistin, die jetzt Gesundheitsministerin in Moldau war. Die Dinge, die sie ihm im Vertrauen über die Lebenswirklichkeit in der Sowjetunion erzählte, schockierten Istrati.

1929 kehrte er nach Paris zurück, krank, desorientiert und desillusioniert.[25] Die Art und Weise, wie Stalin mit den sowjetischen Trotzkisten umgegangen war, erschütterte ihn zutiefst. Er hatte das Gefühl, mit der bolschewistischen Linken brechen zu müssen, fürchtete sich aber vor den Konsequenzen. Bei einem Besuch in seiner Heimat, von wo er über einen Arbeiterstreik berichten wollte, verfolgte ihn die rumänische Geheimpolizei und durchsuchte seine Post; Istrati wurde allgemein als Agent Moskaus betrachtet. Zur gleichen Zeit wurde in der Sowjetunion bereits sein Liebäugeln mit dem Trotzkismus bemerkt, und er galt als gefährlicher Provokateur. Istratis Befürchtungen erwiesen sich als berechtigt, als die der Sowjetunion nahestehende Presse von seinem Überlaufen erfuhr und ihn fortan als bezahlten Handlanger der Geheimpolizei, als Söldner und als sowjetisches Schaf, das sich in einen faschistischen Wolf verwandelt hatte, denunzierte. Sein Verleger Henri Barbusse koordinierte die Pressekampagne gegen ihn von Paris aus, während Bruno Jasieński ihn von Moskau aus in der Zeitschrift *Vestnik inostrannoi literaturny* attackierte.[26]

Selbst Mihail Sebastian, der stets eine unabhängige Linie zwischen rechts und links vertrat, schloss sich an und nannte Istratis Politik «komisch, prätentiös, mittelmäßig und – sagen wir es deutlich – dumm». Schließlich sagte sich Istratis großer Mentor Romain Rolland von ihm los und bezeichnete ihn als «blindes und ungelenktes Instrument der schlimmsten Politiker».[27] Gesundheitlich angeschlagen und politisch heimatlos, irrte Istrati auf der Suche nach einem sicheren Unterschlupf umher. Eine Zeit lang schloss er sich einer Splittergruppe der Eisernen Garde an, die sich «Kreuzzug des Rumänentums» (Cruciada Românismului) nannte. Für Istrati, wie für viele andere Intellektuelle seiner Generation, gab es keinen Mittelweg mehr zwischen Faschismus und Kommunismus; das eine abzulehnen bedeutete, sich dem anderen in die Arme zu werfen.

Nicht lange nachdem Istrati sich dem «Kreuzzug» angeschlossen hatte, wurde dessen Anführer auf außergewöhnlich brutale Weise von seinen ehemaligen Mitstreitern der Eisernen Garde getötet. Istrati war nun tatsächlich allein. 1935 starb er in einem Bukarester Sanatorium. Zwei Jahre später wurde sein Name in der 1937 erschienenen Ausgabe der *Großen Sowjetischen Enzyklopädie* ein letztes Mal mit Schimpf und Schande überzogen, seine Romane wurden als «von oberflächlicher Romantik gefärbt» und von der «mediokren Ideologie» der «kleinbürgerlichen Revolte» getrübt beschrieben. Gerade als diese Worte veröffentlicht wurden, trat die Große Säuberung in ihre tödlichste Phase ein, eine Orgie des Mordens, die sowohl Isaak Babel als auch Bruno Jasieński sowie fast eine Million weiterer unschuldiger Sowjetbürger das Leben kosten sollte.

Die Säuberung bedeutete das endgültige Aus für alle utopischen Träume, die die Russische Revolution geweckt hatte. Jasieński, Istrati und Wat hatten sich auf unterschiedliche Weise von der Revolution inspirieren lassen; jeder von ihnen hatte gehofft, einen Weg zu finden, die Zukunft mithilfe der Kunst zu gestalten. Als das nicht gelang, schlossen sie sich rein politischen Bewegungen an, die sie schließlich verrieten. Dasselbe könnte man von Cioran und Eliade auf der rechten Seite des politischen Spektrums sagen, obwohl es für sie weniger die Geschichte war, die sie fallen ließ, als vielmehr ihre eigenen Mitverschwörer.

Derweil blieb der arme Mihail Sebastian einer älteren Version von Zivilisation treu. Für ihn war das eine Welt des reinen Ausdrucks, die durch die Werke Beethovens in der Musik und Molières auf dem Theater verkörpert wurde. Sein Festhalten an diesem Ideal machte ihn, wie Istrati, politisch heimatlos. Gleichzeitig raubte ihm sein Glauben die Möglichkeit zu arbeiten. Mit der Einführung der Rassengesetze Ende der 1930er Jahre war es Sebastian als Jude verboten, seine Romane zu veröffentlichen oder seine Theaterstücke aufzuführen. Er überlebte den Krieg dank eines Hungerlohns, den er als Lehrer an einem jüdischen Internat verdiente, wurde dann aber nur eine Woche nach Kriegsende von einem Lastwagen, der von der Straße abkam, überfahren. Es ist unwahrscheinlich, dass Sebastian sich stärker heimisch gefühlt hätte, wenn er weitergelebt hätte. Im neuen, stalinistisch geprägten Rumänien von 1945 wurde die Kunst genauso in den Dienst der Politik gestellt, wie das unter dem Faschismus der Fall gewesen war.

Die Schriftsteller der Zwischenkriegszeit nutzten das politische Engagement, um sich einen Weg durch die Wildnis ihrer Zeit zu bahnen. Für sie war Ideologie eine Form der Prophezeiung. Kommunismus und Faschismus befassten sich nicht einfach nur mit den Problemen der Gegenwart, sondern sagten das Kommen einer neuen Welt voraus. Einen Moment lang schien es, als ob die Künstler die Künder dieser neuen Welt wären. In den 1930er Jahren war klar, dass sie lediglich dazu bestimmt waren, ihre Diener zu sein.

Dennoch gab es nach wie vor Menschen, die an die älteren Formen von Prophezeiung glaubten. Die Religion war in Osteuropa weiterhin eine starke Kraft. In den orthodoxen Klöstern der Bukowina und Wolhyniens wurde noch gebetet, und in Albanien und Bosnien predigten Sufi-Babas in unmittelbarer Nähe zu nationalistischen Revolutionären. Im Polen der Generation meiner Großeltern war der Chassidismus immer noch so einflussreich wie der Kommunismus oder der Zionismus. Und mancherorts wirkte die Russische Revolution selbst wie die Erfüllung der größten aller Prophezeiungen.

***

Mitte der 1930er Jahre tauchte in den Wäldern Ostpolens ein Prophet auf. Er zog Jünger aus seinem Dorf an, von denen einige seine Apostel und andere seine Ehefrauen wurden. Zu seinen Anhängern gehörten Bauern und Landwirte, aber auch Scharlatane und Möchtegern-Zaren. Gemeinsam bauten sie eine Kirche für den neuen Glauben. Dann begannen sie mit dem Bau einer Stadt namens Wierszalin, zunächst nur eine Ansammlung von Bauernhöfen, von der sie aber glaubten, dass sie bald die Hauptstadt der ganzen Welt werden würde. Dann kam der Krieg und zerstörte alles, sodass nur einige wenige Gläubige übrig blieben, die die Legende von der heiligen Stadt am Leben erhielten.

Die Geschichte von Wierszalin beginnt einige Jahre vor dem Ersten Weltkrieg mit einem Bauern namens Eliasz (oder Elija) Klimowicz. Er lebte in einem Dorf namens Stara Grzybowszczyzna (der Name bedeutet «die alten Pilzgründe»), einem verschlafenen Nest in der Nähe der heutigen polnisch-weißrussischen Grenze. Klimowicz wurde zunächst durch einen der Not geschuldeten Akt der Frömmigkeit bekannt. Ein Bandit überfiel die Bauernhöfe in der Umgebung seines Hauses. Klimowicz reiste daraufhin zu einem heiligen Mann namens Johannes von Kronstadt, um ihn um Hilfe zu bitten. Während seiner Abwesenheit tötete jemand den Banditen. Der Dank dafür ging nicht an den Mörder, sondern an Klimowicz, weil er in weiser Voraussicht göttlichen Beistand gesucht hatte.

Klimowicz, nun so etwas wie ein örtlicher Held, war besessen davon, seine eigene Kirche zu bauen. Um Geld aufzutreiben, verkaufte er sein gesamtes Land – ein schockierender Akt für einen Bauern zu jener Zeit und an jenem Ort – und ging dann auf Reisen, um Spenden zu sammeln. Nach und nach wuchs sein Ruhm. Er vollbrachte Wunder, heilte Kranke und trieb Dämonen aus den Besessenen aus. Dann begann er zu predigen. Elija sagte die Erlösung der Welt voraus, und die Menschen, die er traf, glaubten allmählich, dass er ein Prophet war – der Prophet Elija, der auf die Erde zurückgekehrt war. Schließlich verbreitete sich sogar das Gerücht, er sei der wiedergeborene Christus, gekommen, um sein Reich in den Wäldern von Grzybowszczyzna zu errichten.

Aus der ganzen Region strömten die Menschen herbei, um in der Nähe von Elijas Hof zu sein, den er in einem abgelegenen Flecken ein paar Kilometer von Grzybowszczyzna entfernt, in einem Ort namens Wierszalin, eingerichtet hatte. Männer verließen ihre Frauen, Frauen ihre Ehemänner. Besonders gerne schlossen sich Witwen und Jungfrauen seiner Herde an. Normale Menschen fanden sich plötzlich in biblischen Rollen wieder. Ein Holzfäller namens Aleksander Daniluk wurde zu Elijas Apostel Simon, ein Tuchhändler namens Pawel Bielski fungierte als sein Apostel Paulus, der Klimowicz' Taten aufschrieb und ihn in Liedern pries.

Diese Männer und Frauen gehörten zur letzten Generation von Polen und Weißrussen, die in den ungestörten Rhythmus des bäuerlichen Lebens des 19. Jahrhunderts hineingeboren wurden.

Diese Gleichförmigkeit wurde durch den Ausbruch des Ersten Weltkriegs zerstört. Da der Zar gegen die vorrückenden deutschen Truppen eine Strategie der verbrannten Erde verfolgte, wurden die meisten Bauern tief ins Innere Russlands evakuiert. Dort waren sie mit neuen Sprachen, neuen Sitten und neuen Lebensweisen konfrontiert. (Meine Urgroßmutter war eine dieser Evakuierten, dieser *bieżancy*. Das russische Militär zwang sie und ihre Familie, Analphabeten aus einem Dorf in der Nähe der polnischen Stadt Kutno, ihre Heimat zu verlassen und nach Osten zu gehen. In Russland lernte sie ihren Mann kennen, einen mittellosen polnischen Aristokraten aus dem Südosten Litauens.)

Als 1917 die Oktoberrevolution ausbrach, hatte sie die Wucht eines Blitzes. Viele erlebten sie aus nächster Nähe. Einige dienten sogar in der Roten Armee oder ihrer Flotte. Als die Kämpfe beendet waren und sie in das nun unabhängige Polen zurückkehrten, mussten sie die weitere Entwicklung der Revolution staunend aus der Ferne verfolgen.

Aleksander Daniluk, der Chefpropagandist und Hoftheologe des Propheten, erklärte seinen Anhängern die wahre, religiöse Dimension der Russischen Revolution. Der rote Stern der Sowjetunion sei derselbe, den die Propheten vor Christi Geburt «vorausgesagt» hatten. Wie damals lägen jetzt endzeitliche Veränderungen in der Luft; Elijas Aufgabe, so Daniluk, sei es allein, «den Menschen die Wahrheit zu sagen, damit sie verstehen, dass ihr Leben nicht nur ein einfaches, gewöhnliches Allerweltsleben ist, sondern die Erfüllung der bedeutsamsten Prophezeiungen und der größten Ereignisse in der Geschichte der Welt».[28]

In der heiligen Stadt Wierszalin waren große Dinge im Gange. Die Apokalypse stand bevor, und Lenin wolle mit den Erzengeln zusammenarbeiten, um sie herbeizuführen. Die Zeit, die normalerweise in engen Bahnen verläuft, begann wild in alle Richtungen zu rasen. Im Dorf Ciełuszki rannte Olga D. nackt durch die Straßen, zerschlug Fenster und schrie allen, die es hören wollten, «Tut Buße» zu. Jana D. warf Kreuze auf dem Friedhof um, zerbrach Zäune, schlug mit bloßen Händen Fenster ein und rief: «Schluss mit allem Alten!»

Das alles sah aus wie von einem Dadaisten auf die Bühne eines Zürcher Cafés gestellt, aber es war die Wirklichkeit. Wierszalins Zeit war abgelaufen. Das Ende begann an einem heißen Sommertag des Jahres 1936. Es war Erntezeit. Eine Prozession von Bauern bahnte sich ihren Weg über sandige Wege zu Elijas Sitz. Ein Mann an der Spitze des Zuges trug ein Holzkreuz. Ein anderer hielt eine Peitsche in der Hand. Ein dritter trug eine Dornenkrone aus einem Stück Stacheldraht, das er aus einem Zaun gerissen hatte. Ein vierter hatte einen Hammer und Nägel dabei – dicke, viereckige Nägel, wie sie bei den Kalvarienprozessionen zu Ostern verwendet werden.

Die Meinungen gehen auseinander, ob die Pilger das Kreuz als Opfergabe für Elija darbrachten oder ob sie beabsichtigten, ihn zu kreuzigen und damit das Ende der Tage herbeizuführen. Er selbst jedoch ging offenbar von Letzterem aus. Die Prozession und die Passionswerkzeuge versetzten ihn in Angst und Schrecken. Bevor der von der Prozession auserwählte Judas ihn küssen konnte, floh Elija. Er versteckte sich im Rübenkeller seines Hofes im Stroh. Drei Tage später war er wieder da, wie von den Toten auferstanden. Das war jedoch nicht die Wiederkehr, die sich seine Anhänger erhofft hatten, und viele wandten sich jetzt von ihm ab.

Elijas Fall begann als Farce, endete aber in einer Tragödie. Im Jahr 1939 kam der Krieg erneut nach Wierszalin. Als die Sowjets eintrafen, soll Elija von einem seiner eigenen Apostel denunziert worden sein. Die Russen lachten ihn aus und nannten ihn den «polnischen Gott». Einem Bericht zufolge wurde Klimowicz auf der Stelle getötet. Anderen Berichten zufolge wurde er nach Sibirien deportiert, wo er noch viele Jahre gepredigt haben soll. Andere behaupten, er sei in einer Anstalt irgendwo östlich von Krasnojarsk gestorben. Vielleicht gibt es irgendwelche Aufzeichnungen, die die Wahrheit verraten, aber sie sind bis heute nicht gefunden worden.

Nach Elijas Tod oder Verschwinden gaben die meisten seiner Anhänger den Glauben an den Propheten auf. Eine Handvoll hielt jedoch daran fest. Jedes Jahr pilgerten sie nach Wierszalin und besuchten den heiligen Hügel von Grabarka, der Elijas Golgatha gewesen sein soll, und daneben das Tal von Joschafat. Anschließend versammelten sie sich in dem einzigen verbliebenen Haus des Ortes, um Gebete zu sprechen und Lieder zu singen, in denen sie ihr verlorenes Paradies beklagten.

Włodzimierz Pawluczuk, ein polnischer Journalist und Soziologe, der in den frühen 1970er Jahren mit den meisten der verbliebenen Gläubigen sprechen konnte, hat beschrieben, was aus ihnen geworden ist. Der Apostel Simon verkaufte Birnen auf einem Platz in der nächsten Stadt. Paweł Toloszyn, der Elija beim Bau der Kirche in Wierszalin half, lebte auf seinem Bauernhof und wurde zum Erfinder genialer arbeitssparender Geräte. Miron, einst der Erzengel Gabriel am Heiligen Hof, wurde Imker. Pałaszka, eine der Gottesmütter des Elija und eine seiner glühendsten Verteidigerinnen, wurde eine bekannte Weberin. Im Jahr 1970 fertigte sie zu Ehren von Lenins hundertstem Geburtstag einen prächtigen Teppich, dessen Schönheit in der Presse vielfach gelobt wurde und der sogar seinen Weg ins Stadtmuseum von Grodno fand.

Die einstige «Welthauptstadt», die nie in der Nähe der weltlichen Machtzentren lag, ist heute nur noch über lange, unbefestigte Straßen mitten durch die großen Kniszyn-Wälder im äußersten Osten Polens zu erreichen. Die Dörfer, in denen Klimowicz einst predigte, sind fast alle verschwunden. Der Wald hat die Siedlungen zurückerobert. Ab und zu tauchen hinter einer Biegung der staubigen Straße plötzlich doch noch Reste davon auf: zwei oder drei Holzhäuser, teils bedrohlich schief, jedes mit einem handgeschnitzten Dachvorsprung, dessen filigranes Holzwerk, von hundert Wintern verwittert, zur Farbe von Zeitungspapier verblasst ist.

Wierszalin, das irdische Jerusalem des Elija Klimowicz, existiert noch. Es ist schmucklos und weitgehend vergessen. Im Wesentlichen sieht es aus wie ein abgelegener, vernachlässigter Bauernhof. Es liegt inmitten eines tiefen Waldes aus hohen Kiefern und dünnen kleinen Birken. Am Ende der Straße befindet sich ein kleines Bauernhaus, das zu einer Pension umgebaut wurde. Der Sohn des Besitzers war gerade dabei, einen Anbau zu errichten. Er erzählte mir, dass die Leute aus Białystok hierher kämen, der Ruhe wegen. Einmal hätten sie sogar einen Gast aus Krakau gehabt.

Vor vierzig Jahren lebte hier noch eine Handvoll der Gottesmütter des Propheten. Vor zwanzig Jahren hatte das Haus des Elija noch einige seiner ursprünglichen Verzierungen, etwa die nach weißrus-

Der «Prophet» Elias Klimowicz mit Anhängerinnen. Fotografie vermutlich aus den 1930er Jahren. Sein Wirkungsort Grzybowszczyzna liegt im äußersten Osten Polens an der Grenze zu Weißrussland.

sischer Art blau und weiß gestrichenen Fensterläden. Jetzt wächst Moos auf den Holzschindeln des Daches, der Hof ist von Reif überzogen. Das Gotteshaus, das Klimowicz mit seinen eigenen Händen gebaut hat – sein erstes Wunder –, steht ein paar Kilometer entfernt, etwas außerhalb des Dorfes Stara Grzybowszczyzna. Es gehört jetzt der orthodoxen Kirche.

Im Garten vor Elijas Kirche steht ein altes Holzkreuz. Als ich davor stehe, frage ich mich: Ist das das Kreuz, an dem die Pilger ihn kreuzigen wollten? Weiter draußen, im Wald, liegt der Friedhof. Alle Grabsteine sind für Weißrussen. Einige haben kyrillische Inschriften. Bestimmte Jahreszahlen – 1943, 1945, 1949, 1950 – tauchen immer wieder als Sterbedaten ganzer Familien auf. Später an diesem Tag wird mich Marta, die heldenhafte Historikerin und Buchhändlerin im nahen Städtchen Krynki, darauf hinweisen, dass viele der Grabsteine einen erklärenden Vermerk tragen: «von polnischen Banditen erschossen». Die Banditen, die damit gemeint sind, gehörten zur Polnischen Heimatarmee, kurz AK. Heute gelten sie als patriotische Helden und werden von der Regierung überall geehrt. Die Menschen in dieser Ecke Polens erinnern sich ganz anders an sie, denn hier waren die Partisanen an einem versteckten Krieg beteiligt, der von Polen gegen Weißrussen geführt wurde. Es war nur einer der vielen internen Konflikte, die unter der Oberfläche des Zweiten Weltkriegs in Polen, Jugoslawien und anderswo ausgetragen wurden, Kriege, die von Nachbarn gegen Nachbarn geführt wurden und deren seelisches Gift noch immer schwer auf dem Land lastet.

KAPITEL 11

KRIEG

Will man eine Bestandsaufnahme von Bruno Schulz' Leben, Werk und Tod machen, so dauert das nur etwa zwei Stunden. Das alles – Leben, Werk und Tod – spielte sich nämlich in der kleinen galizischen Stadt Drohobycz (ukrainisch Drohobytsch) ab, die etwa fünfundsiebzig Kilometer südlich von Lemberg in der Ukraine liegt. Während des Zweiten Weltkriegs wurden die Juden von Drohobycz geschlagen, ausgehungert, ins Ghetto gesperrt, auf der Straße erschossen, in Lager deportiert und sogar gezwungen, ihre eigenen Gräber auszuheben. Von den zehntausend Juden, die zu Beginn des Krieges dort lebten, waren am Ende nur noch etwa vierhundert am Leben. Die Stadt selbst blieb jedoch weitgehend verschont. In Drohobycz kann man immer noch sehen, wie die Stadt vor der Katastrophe aussah. Und nicht nur das: Bei einem Spaziergang auf den Boulevards kann man sogar noch weiter zurückreisen, nämlich in die Zeit der Kindheit von Bruno Schulz, die «geniale Epoche», die er in seinen Romanen und Erzählungen beschreibt.

Seit Schulz' Lebzeiten vergeht die Zeit in Drohobycz offenbar langsamer als im Rest der Welt. Als ich die Stadt im Sommer 2019 besuchte, schien ein Großteil in der sanften Apathie des Verfalls zu versinken. Das alte jüdische Krankenhaus war von wildem Gestrüpp umrankt. Am Henry-Sienkiewicz-Gymnasium, wo Schulz' Verlobte Józefina Szelińska Polnisch unterrichtete, hat die Vegetation die Kontrolle über das Dach übernommen. Riesige Kletten sprossen aus den Balkonen des zweiten Stockwerks. Das bescheidene Holzhaus, in dem Józefina wohnte, wenn sie in der Stadt blieb, hatte bedrohliche Schieflage und schien kurz davor, im Boden zu versinken.

Einige der schöneren Gebäude aus früheren Zeiten waren noch gut erhalten, was vor allem daran lag, dass die meisten von ihnen in der Sowjetzeit von städtischen Einrichtungen übernommen worden waren. Die Villa Bianca in der Taras-Schewtschenko-Straße, die Schulz in seiner Erzählung *Der Frühling* beschreibt, ist heute ein Heimatmuseum, das allerdings nur sehr sporadisch geöffnet ist. Die alte Villa des Bürgermeisters, die einst dem reichsten Mann der Stadt gehörte, beherbergt jetzt die Biologieabteilung der örtlichen Lehrerbildungsanstalt. Zu Sowjetzeiten war es ein Haus der Pioniere. Während der deutschen Besatzung diente es als Offizierscasino. Schulz, nicht nur als Dichter, sondern auch als Künstler hochbegabt, hat dafür Wandmalereien angefertigt, die allerdings verschwunden sind – eine komplizierte Geschichte von Wiederentdeckung und Verlust.

Das Haus von Bruno Schulz ist nur einen kurzen Spaziergang entfernt. Es ist nach wie vor in Privatbesitz, aber mit einer offiziellen Gedenktafel aus schwarzem Granit versehen. Ein weiteres Schild warnt vor dem Hund des Hauseigentümers, einem bedrohlich aussehenden Deutschen Schäferhund, der den Passanten aus einem Fenster neben der Veranda böse Blicke zuwirft.

Schulz hat auch seine eigene Straße, die 2001 eingeweiht wurde. Sie ist nur ein paar hundert Meter lang, nicht ausgeschildert und führt zu einer stillgelegten Ziegelei, genau genommen endet sie in einer vermüllten Sackgasse. Aber vielleicht passt das ja irgendwie: Schulz war schließlich der Proust der Müllhalden. In seinen Geschichten, die allesamt in seiner Heimatstadt spielen, erscheint Drohobycz als ein wuchernder Regenwald des Übersehenen, in dem sich alles mögliche Ausrangierte – alte Zeitungen, kaputte Puppen, Rohre, Gummischläuche, rissiger Wandputz und Räume voller gewellter Tapeten – türmt und vermehrt und in seinem ganz eigenen Rhythmus atmet.

In Schulz' Jugend war Drohobycz eine polyglotte Stadt. Das zeigte sich schon in der Struktur des Stadtbilds. Die größten Straßen waren nach polnischen Schriftstellern, ukrainischen Sängern, berühmten Zionisten und Juden benannt. Jede der drei ansässigen Hauptkonfessionen hatte ihr eigenes Viertel: Orthodoxe und griechisch-katholische Ukrainer lebten hauptsächlich in der Gegend zwischen Stadtzentrum und Bahnhof. Juden lebten nördlich des Hauptplatzes. Die katholischen Polen versammelten sich in dem dazwischenliegenden Viertel mit den braunen Häusern.

Alle drei Gruppen trafen sich auf dem großen Marktplatz, wo sich auch das Rathaus befand. Brunos Vater Jacob hatte dort ein Textilgeschäft, das nach dem Ersten Weltkrieg pleiteging. Die nahe gelegene «Krokodilstraße» war mental meilenweit – vielleicht sogar einen ganzen Kontinent – entfernt. Das war Drohobycz' «Little Klondike», ein amerikanisiertes Viertel mit kitschig-bunten Geschäften. In Schulz' Erzählung war es eine seltsam farblose Straße, in der die Realität selbst halbfertig erschien, eine «Konzession unserer Stadt an großstädtische Modernität und Verderbtheit».[1]

Die Stryjska-Straße beherbergt heute eine ganze Reihe neuer kitschig-bunter Geschäfte, die man freilich kaum als «amerikanisch» bezeichnen würde (eine Straße weiter gibt es allerdings eine «New York Street Pizza» sowie ein einheimisches McDonalds-Imitat namens «McFoxy»). In dieser Straße befand sich auch das ehemalige Hauptquartier der Geheimpolizei, wo Schulz nach der sowjetischen Besetzung der Stadt 1939 eine Zeit lang inhaftiert war. Schulz' Vergehen war, dass er zu viel Blau und Gelb (die Farben der ukrainischen Flagge) in das Wandgemälde zu Ehren der «Befreiung der Westukraine» (die in Wahrheit von Polen annektiert wurde) einbrachte, wodurch es zu ukrainisch und zu wenig sowjetisch wirkte.

Ein paar Blocks von der Krokodilstraße entfernt und näher am Stadtplatz steht das Gebäude, in dem einst der Judenrat des Ghettos von Drohobycz untergebracht war. Am 19. November 1942 ging Schulz von seiner Wohnung in der Floriańska-Straße dorthin, um einen Laib Brot zu holen. Ein SS-Offizier namens Karl Günther schoss ihm in den Kopf, als er das Gebäude verließ. Es handelte sich nicht ganz um einen zufälligen Mord, sondern um den Schlusspunkt einer privaten Fehde zwischen Günther und einem anderen Offizier namens Felix Landau, dem Leiter des örtlichen Einsatzkommandos.

Landau hatte in seiner Jugend als Möbeltischler in einem Wiener Atelier gearbeitet und hielt sich, obwohl er schon lange bei der SS war, für einen Kunstmäzen. Schon früh in der Besatzungszeit wurde er auf Schulz als Künstler aufmerksam. Landau ließ Schulz das Schlafzimmer seiner Kinder mit Szenen aus Grimms Märchen bemalen. Eine der Figuren auf diesen Wandbildern – ein Zwerg – scheint das Gesicht von Schulz zu tragen. Es ist sein letztes bekanntes Werk. Während einer «wilden Aktion» – einem Amoklauf, der durch die Auseinandersetzung eines SS-Mannes mit einem jüdischen Apotheker ausgelöst wurde – tötete Landau den «Lieblingsjuden» von Günther. Günther erschoss daraufhin aus Rache Schulz und sagte zu Landau: «Du hast meinen Juden getötet – ich deinen.»

Das gängige Bild des Holocausts ist untrennbar mit dem der Konzentrationslager und vor allem mit Auschwitz verbunden. Das führt nicht selten dazu, dass die Ermordung der europäischen Juden als ein eher unpersönlicher, mechanischer Vorgang erscheint. In einigen geschichtswissenschaftlichen Darstellungen wird der Holocaust fast zu einer Frage der Logistik, bei der der deutsche Einfallsreichtum – mit ein wenig Unterstützung durch den herrschenden Atavismus – über die Problematik von Menschen und Material triumphiert. In den meisten osteuropäischen Ländern war der Holocaust jedoch ein intimes Gemetzel. Er fand aus nächster Nähe statt, oft von Angesicht zu Angesicht, in Anwesenheit von Zeugen und einer Vielzahl von Nachbarn. Der Holocaust sollte daher nicht als eine Frage von Bevölkerungsgruppen, sondern von Individuen betrachtet werden. Niemand erlebte die gesamte Erfahrung einer Nation oder einer Volksgruppe. Stattdessen erlebte jeder die Katastrophe auf seine Weise, als den Tod von etwas Geliebtem, eines Familienmitglieds oder das Verschwinden einer Gemeinschaft. Der Tod von Schulz und das Massaker an den Juden von Drohobycz stehen wie jede andere Gewalttat als Synonym für die Katastrophe als Ganzes. Und jede jüdische Familie in Osteuropa, auch meine, hatte ihr eigenes Drohobycz.

***

Die Woche des 20. Januar 1942 war bitterkalt in Novi Sad (im heutigen Serbien). Die Temperatur sank auf unter minus dreißig Grad, und die Donau, die durch die Stadt fließt, fror ebenso zu wie die nahe Theiß.[2] Die Bevölkerung von Novi Sad bestand mehrheitlich aus orthodoxen Serben, aber es gab auch eine beträchtliche Anzahl von Ungarn, Deutschen und Juden. Die Stadt und die umliegende Region Bačska, die früher zu Jugoslawien gehörte, waren im Jahr zuvor unter ungarische Herrschaft geraten. Bald darauf meldeten die ungarischen Truppen, dass es in der Gegend Partisanen gebe. Um etwaigen Angriffen zuvorzukommen, nahmen sie Geiseln – meist Serben und Juden aus der Stadt. Diese Geiselnahme entwickelte sich rasch zu einem Massaker. Die Bürger der Stadt, darunter auch Eduard, der Vater des Schriftstellers Danilo Kiš, wurden mit vorgehaltener Waffe aus ihren Häusern gezerrt und zum Strand getrieben, wo eine Reihe von Badehütten und Restaurants an der Donau standen. Dort wurden sie gezwungen, sich auszuziehen und in einer Reihe aufzustellen, um darauf zu warten, dass ungarische Gendarmen ihnen ins Genick schossen. Die Toten wurden durch Löcher im Eis geschoben. Ihre Leichen wurden erst Monate später entdeckt, nachdem Tauwetter eingesetzt hatte und sie bereits bis nach Belgrad und anderswohin flussabwärts getrieben waren.

In den drei Tagen der Razzia von Novi Sad kamen zwischen 880 und 1255 Menschen ums Leben. Danach kehrte in der Region eine gewisse Ruhe ein. In Ungarn wie auch in den anderen mit Nazideutschland verbündeten Ländern – zu denen 1942 auch Bulgarien, Rumänien sowie die slowakischen und kroatischen Marionettenstaaten gehörten – neigte die Gewalt zu kurzen, stakkatoartigen Ausbrüchen, die mit plötzlichen dramatischen Änderungen der Politik einhergingen. Jedes dieser Länder verfolgte gegenüber seinen jüdischen Bürgern eine etwas andere Strategie und bewegte sich dabei im Spannungsfeld zwischen den eigenen nationalen Bedürfnissen und den deutschen Träumen von einem judenfreien Europa. Bulgarien beispielsweise verschonte die Juden im eigenen Land weitgehend, ging aber im besetzten Mazedonien, das es von Jugoslawien erobert hatte, gnadenlos gegen sie vor. Dort sorgten Deportationen unter bulgarischer Regie dafür, dass die jahrhundertealten sephardischen Gemeinden von Monastir, Skopje und Štip ausgelöscht wurden.

Wie Bulgarien war auch Ungarn nur zu gern bereit, die Juden in den von seinen Nachbarn erworbenen Gebieten zu exekutieren, zeigte sich aber sehr viel zurückhaltender, wenn es darum ging, den eigenen Juden dasselbe anzutun. Tatsächlich war Ungarn für die meiste Zeit des Krieges eines der sichersten Länder für Juden in ganz Osteuropa. Im Spätherbst 1944 fand diese Situation jedoch ein jähes Ende. Im Oktober desselben Jahres erkannte Ungarns Staatsoberhaupt Miklós Horthy, dass die Alliierten kurz vor dem Sieg standen, und versuchte, Ungarn aus dem Krieg herauszuholen. Sofort griffen daraufhin deutsche SS-Truppen ein und entführten Horthys Sohn. Mit diesem Druckmittel zwangen sie Horthy, Ferenc Szálasi, den Chef der faschistischen Pfeilkreuzler, zum Ministerpräsidenten des Landes zu machen. Unter Szálasis Herrschaft wurde Ungarn plötzlich zum gefährlichsten Land für Juden in Europa. In den folgenden Monaten wurden Zehntausende Juden auf der Straße ermordet, Hunderttausende wurden nach Auschwitz deportiert. Im Februar 1945 waren mehr als zwei Drittel der 770 000 ungarischen Juden tot.

Auch Rumänien verfolgte in Bezug auf seine Juden eine gemischte Strategie. In den von seinen Nachbarn annektierten Gebieten ging man äußerst rücksichtslos vor. In Bessarabien und der Bukowina richteten die Rumänen Todeslager ein und massakrierten Juden an der Seite ihrer deutschen Verbündeten.[3] Näher an der Heimat, in Iaşi, organisierten rumänische Geheimpolizisten 1941 ein tödliches Pogrom, dem etwa 14 000 Menschen zum Opfer fielen.[4] Iaşi, die Hauptstadt der nördlichen Region Moldau, war kein neu erobertes Terrain, sondern stand schon seit Jahrhunderten unter rumänischer Herrschaft. Doch obwohl die Bereitschaft der rumänischen Regierung, dort Gräueltaten zu begehen, ein Zeichen dafür zu sein schien, dass sie dies auch im ganzen Land tun würde, kam es aus verschiedenen Gründen nie zur erwarteten Katastrophe. Es gab nie Massendeportationen von Juden aus Bukarest. Zwar wurden die Juden durch verschiedene Rassengesetze nach Art der Nazis diskriminiert, doch ihr Leben in der Hauptstadt war weniger von Terror als vielmehr von einer unablässigen Flut von Beleidigungen und Demütigungen bestimmt.

Für Mihail Sebastian in Bukarest betraf das vor allem seine Arbeit und seine Wohnung. Zuerst hieß es, dass er nicht mehr als Anwalt arbeiten konnte. Dann, dass seine Romane nicht mehr veröffentlicht und seine Theaterstücke nicht mehr unter seinem Namen aufgeführt werden durften. Dann wurde Sebastians Telefon abgestellt, da Juden keine Telefone mehr besitzen durften. Schließlich wurde Sebastian aus seiner Wohnung geworfen, weil sie sich außerhalb des Juden vorbehaltenen Viertels befand.

Nun mühte er sich als Lehrer an einer jüdischen Schule, um seinen Lebensunterhalt zu verdienen. Sebastians Tagebuch wechselt infolgedessen von der Aufzeichnung seiner Treffen mit der Crème de la Crème der Bukarester Intelligenz zur ständigen Sorge, wo er wohnen soll. In der Zwischenzeit kamen von der sowjetischen Grenze erschreckende Nachrichten über Massendeportationen und Hinrichtungen. Doch erst ein von der Eisernen Garde angeführtes Massaker in Bukarest selbst, bei dem über hundert Juden zu Tode geprügelt, gefoltert und anschließend in einer Metzgerei an Fleischerhaken aufgehängt wurden, auf denen «Koscheres Fleisch» stand, nahm ihm endgültig jede Hoffnung. Während des gesamten Winters 1941 hörte Sebastian weiterhin seine geliebten klassischen Komponisten und las Shakespeare und Molière, doch sein inneres Gleichgewicht fand er nicht mehr wieder.[5]

Während Juden in Bukarest, das mit den Achsenmächten verbündet war, der Besitz von Telefonen verboten war, durften sie im von den Deutschen besetzten Prag keine Haustiere halten. Das war bei Weitem nicht das schlimmste Verbot, das gegen sie verhängt wurde, aber für viele Juden war es dasjenige, das am meisten schmerzte. Für Leo Popper kam der schlimmste Tag des Krieges, als er mit der Straßenbahn in die Stadt fahren musste, um den Hund seiner Familie, Tamik, wegzugeben. Leo Popper, ein Meister im Verkauf von Staubsaugern und ehemaliger Deserteur der französischen Fremdenlegion, war ein großer Tierliebhaber. Er war ein begeisterter Angler und Jäger und war es durchaus gewohnt, Tiere auch zu töten.

Während der deutschen Besatzung Böhmens, die von 1939 bis 1945 dauerte, fischte Leo illegal Karpfen aus seinem Teich (Juden war es verboten, zu fischen oder einen Teich zu besitzen). Diese Fische tauschte er dann gegen Mehl und Schmalz ein, das er seinen Söhnen schickte, die in Theresienstadt interniert waren. Leo war mit einer nicht jüdischen Tschechin verheiratet, was ihn selbst nach den ziemlich komplizierten Rassengesetzen, die damals im deutschen Protektorat galten, vor den Lagern bewahrte, aber zwei seiner drei Söhne nicht verschonte. Kurz bevor sein Sohn Jiři nach Mauthausen (und von dort nach Auschwitz) geschickt werden sollte, wagte Leo die noch riskantere Tat, einen Hirsch zu wildern. Wäre er erwischt worden, hätte dies ein sicheres Todesurteil bedeutet. Doch das Risiko zahlte sich aus. Als Jiři aus Auschwitz zurückkam (wo er eine von Mengele persönlich vorgenommene Selektion überlebte), wog er nur noch vierzig Kilo. Die wertvollen Kalorien des «schönen Bocks» haben ihm das Leben gerettet.[6]

Leo Poppers Beinahe-Zeitgenosse, der tschechisch-jüdische Schriftsteller Jiří Weil, jagte und fischte nicht, aber er erwies sich als ebenso geschickt im Überleben. Als Teenager konvertierte Weil zum Kommunismus und pilgerte nach seinem Studienabschluss 1922 in die Sowjetunion. Ein Jahrzehnt später kehrte er zurück, um Lenin ins Tschechische zu übersetzen, und entging nur knapp der Großen Säuberung von 1937. (Weil gebührt die Ehre, den ersten Roman über die Säuberung und den ersten Roman über die Gulags geschrieben zu haben, die beide jahrzehntelang verboten waren. Der erste davon hatte den Tod eines Freundes von Weil zur Folge: Er wurde vom NKWD dafür erschossen, dass er in einem ausländischen Roman gesehen wurde.)

Nachdem die Tschechoslowakei 1938 vom Deutschen Reich annektiert worden war, heiratete Weil seine tschechische Geliebte Olga; es war eine der letzten erlaubten «Mischehen» im besetzten Böhmen. Da er Jude (und Kommunist) war, schützte ihn das nicht vor der Deportation nach den neuen NS-Gesetzen. Um sich vor dem Lager zu retten, täuschte Weil seinen eigenen Tod vor, indem er eine «Leiche» von der Hlávka-Brücke in Prag warf. Den Rest des Krieges verbrachte er versteckt in Krankenhäusern und illegalen Wohnungen. Während dieser Zeit schrieb Weil weiterhin Geschichten, die er auf verstreute Papierschnipsel kritzelte. Die menschlichsten Figuren darin sind Tiere – die streunenden Katzen und Hunde, die «noch nicht gelernt» hatten, die Menschen nach Uniformen zu unterscheiden».[7]

Die Erlebnisse von Kiš, Sebastian oder Weil fanden alle in gewisser Weise am Rande des wahren Grauens des Holocausts statt. Ihnen blieb das Schlimmste erspart, weil sie entweder nur Halbjuden waren oder in Ländern lebten, die von der vollen Wucht der nationalsozialistischen Kriegsmaschinerie verschont blieben. Das ist kein Zufall, denn wäre es anders gewesen, hätte keiner von ihnen überlebt. In den verbündeten Ländern und Protektoraten Deutschlands wurde in den ersten Kriegsjahren der Anschein von Legalität aufrechterhalten. Irgendwann aber war auch dieser Schein dahin, und der Mechanismus der «Endlösung» – der vollständigen Vernichtung der europäischen Juden – setzte sich in Gang. Solange die minimale Legalität währte, gab er den Menschen jedoch einen gewissen Handlungsspielraum. Für die meisten Juden in der Tschechoslowakei, in Rumänien oder Ungarn waren die Kriegsjahre eine Spirale der Erniedrigung und des Mangels, die schließlich in Deportation und Tod mündete.

In Polen und in den von der Sowjetunion und Jugoslawien eroberten Gebieten funktionierte der nationalsozialistische «Rassenstaat» ohne die geringste Behinderung oder irgendwelche Zugeständnisse an die Rechtsstaatlichkeit. Es war ein Utopia des Mordens, in der das Töten so gewaltige Ausmaße annahm, dass es die Mörder zermürbte. Ein Großteil dieses Mordens fand am helllichten Tag statt. Im Osten gingen dem Holocaust in den Lagern Gemetzel vor Ort voraus, bei dem 1,5 Millionen Juden in den Städten, in denen sie lebten, meist durch Erschießungskommandos in Gruppen von einigen Hundert oder Tausend exekutiert wurden. Das war der so genannte «Holocaust durch Kugeln». Er endete erst, als der SS die Munition und die Männer ausgingen. Die Ermordung von Menschen einzeln oder in Gruppen war eine mühsame Arbeit, die die Mörder auslaugte. Die Konzentrationslager stellten eine Lösung für diese Probleme in Sachen Logistik und Moral dar. Die Lager dienten nicht dazu, die Taten geheim zu halten, sondern sollten in erster Linie die Effizienz steigern. Sie markierten den Übergang von einer handwerklichen zu einer industriellen Tötungsmethode.

Doch die Konzentrationslager waren nur ein Teil der von den Nazis errichteten Vernichtungsmaschinerie. Es gab noch viele andere. Der Holocaust fand nicht nur in Auschwitz statt. Er ereignete sich in riesigen, stadtgroßen Ghettos und auf kleinstädtischen Marktplätzen, in abgelegenen Arbeitslagern und in den umliegenden Wäldern.

Außerdem war der Holocaust selbst nur ein Teil der Hölle, die der Krieg mit sich brachte. Praktisch überall, wo sie hinkamen, öffneten die deutschen Truppen eine Büchse der Pandora, indem sie sich in den von ihnen eroberten Gebieten mit politischen Randgruppen zusammentaten und damit blutige Bruderzwiste auslösten. Mit Ausnahme der kurzlebigen Herrschaft der Eisernen Garde in Rumänien waren die faschistischen Parteien vor der Ankunft der Nazis in Osteuropa wenig erfolgreich. Vielerorts bot die Ankunft der Deutschen den extremen Nationalisten die Gelegenheit, lang gehegte Bestrebungen nach ethnischer und religiöser Gleichförmigkeit zu verwirklichen.

In Lettland und Litauen taten sich die Deutschen mit örtlichen Faschisten zusammen; diese stellten Hilfstruppen, die bei der Eliminierung von Juden, Sinti und Roma halfen, die nach den Vorstellungen von Hitlers «Rassenstaat» ebenfalls ausgerottet werden sollten. In der Slowakei und in Kroatien taten die Deutschen mehr, als nur Truppen zu rekrutieren. Sie schufen ganze faschistische Regime, Marionettenregierungen, die ihre eigene Politik gegen Juden und andere Minderheiten verfolgten.[8] Besonders aktiv waren in dieser Hinsicht die kroatischen Ustaše. Obwohl sie Juden auf ihrem Gebiet verfolgten, inhaftierten und deportierten, richtete sich die eigentliche Feindseligkeit der Ustaše gegen die Serben. Im Laufe des

Krieges ermordeten sie allein im Konzentrationslager Jasenovac, in dem auch Tausende von Roma und Juden interniert waren, etwa 200 000 Serben.

Mit ihrem Versuch, ein «serbenfreies» Kroatien zu schaffen, waren die Soldaten des Ustaša-Regimes nur ein Baustein in einem Viereck der Gewalt. In den Jahren der deutschen Besatzung fanden auf dem Gebiet Jugoslawiens gleich mehrere Kriege statt. In einem standen sich Deutsche und Italiener und die Alliierten gegenüber. Ein anderer richtete sich gegen den jugoslawischen Widerstand. Ein dritter Krieg wurde von kroatischen Extremisten gegen ihre serbischen Gegner geführt. Ein vierter Krieg tobte innerhalb Serbiens zwischen den beiden Hauptgruppen des jugoslawischen Widerstands, den multiethnischen kommunistischen Partisanen unter Josip Broz Tito und den serbisch dominierten promonarchistischen Četniks. Da sie keine verlässlichen Verbündeten hatten, kämpften die Muslime in Bosnien auf allen Seiten dieses Konflikts und gerieten von allen Seiten ins Kreuzfeuer.

Eine ähnlich komplexe Situation entwickelte sich in der ethnisch gemischten Region Wolhynien. Dort, im ehemaligen Ostpolen (das heute zur Ukraine gehört), führten ukrainische Nationalisten einen Vernichtungskrieg gegen die ansässigen Polen, die ihrerseits in Gebieten, in denen sie die Mehrheit und die Ukrainer die Minderheit stellten, Vergeltung übten. Während dieser blutige Bürgerkrieg tobte, kämpften sowjetische Partisanen hinter den deutschen Linien weiter, während SS-Divisionen Juden, Sinti und Roma verfolgten, darunter auch die Gruppe der Dichterin Papusza, die sowohl Einheiten der Wehrmacht als auch der Ukrainischen Aufständischen Armee (UPA) aus dem Weg gehen musste. Einmal wurden sie nur deshalb vor der Exekution bewahrt, weil sie das Vaterunser auf Ukrainisch aufsagen konnten.[9]

Im Gegensatz zu Kroaten, Slowaken oder Ukrainern wurden die Polen von den Deutschen nicht als würdige Kollaborateure angesehen. Sie durften lediglich dienen, nicht kämpfen. Doch obwohl man den Polen nie auch nur ein begrenztes Maß an Autonomie zugestand, halfen einzelne Personen den Deutschen bei der Eliminierung und Tötung ihrer jüdischen Nachbarn.

Einige meiner eigenen Familienmitglieder wurden auf diese Weise von Landsleuten, die eigentlich ihre Verbündeten hätten sein sollen, denunziert und getötet. Doch das ist Teil einer Gewaltgeschichte, die ich nur bruchstückhaft erzählen kann. Sie beginnt dort, wo der größte Teil meiner Familie lebte, als der Krieg begann, und wo die meisten von ihnen starben, lange bevor er endete: im Warschauer Ghetto. Das Ghetto war eine Gefängnisstadt für fast eine halbe Million Menschen, die nur zu einem einzigen Zweck errichtet wurde: um zu töten. Dort starben so viele Menschen, dass die Rekonstruktion der Geschehnisse die Fähigkeiten der Archäologen erfordert. Das Ghetto war wie ein schwarzes Loch, das nicht nur Licht, sondern auch alle Informationen verschluckte. Aber die Gefangenen waren sich dessen bewusst, und viele taten ihr Möglichstes, um Zeugnisse zu hinterlassen, die sie überdauern würden. Wann immer ich versucht habe, zu verstehen, was mit meiner Familie geschehen ist, begann meine Suche hier.

Das Ghetto war wie ein brennendes Schiff, und die Werke, die darin geschrieben wurden, waren wie Flaschenpostbotschaften, die in die Tiefe der Zeit geworfen wurden. Wie bei jedem Aspekt des Lebens im Ghetto spielte der Zufall eine entscheidende Rolle dafür, was überdauert hat und was nicht. Man brauchte ein Versteck, aber man konnte sich selten darauf verlassen. Eugenia Szajn-Lewin versteckte ihre Schriften in einem Geheimfach unter dem Boden ihrer Warschauer Wohnung. Sie selbst kam beim Warschauer Aufstand ums Leben, aber ihre Manuskripte blieben. Ludwik Landau verbarg seine Chronik der Besatzung an zwei Orten: in der Erde vergraben und unter einem Kohlenhaufen in seinem Haus außerhalb Warschaus. Nur die Hälfte unter dem Kohlenhaufen hat überlebt. Vor dem Krieg war Władysław Szlengel einer der Stars der Warschauer Varietébühne. Während des Krieges wandte sich der Komponist von Tangos und Volksliedern der Poesie zu. Nach dem Krieg fand ein Trödler einige seiner Gedichte versteckt in der doppelten Platte eines Holztisches, der auf den Sperrmüll geworfen wurde.

Die wichtigste Sammlung von Dokumenten, die aus dem Ghetto in unsere Welt gelangte, ist das Ringelblum-Archiv, ein riesiges Kompendium, das von Arbeitern und Archivaren unter der Leitung des Historikers und Jiddisten Emanuel Ringelblum zusammengetragen wurde. Ringelblum, der selbst im Warschauer Ghetto interniert war, wusste, dass jeden Tag wertvolle Dokumente über das Leben im Ghetto verschwanden, weil sie verfeuert oder auf den Müll geworfen wurden. Seine Organisation Oneg Schabbat versuchte, so viel wie möglich zu retten, und schickte Vertreter in die Wohnungen deportierter Schriftsteller, aber die fanden selten etwas. In Ringelblums Worten: «Die große Flut der Deportation überschwemmte alles, zerstörte alles und hinterließ keine Spuren.»[10]

Diese Flut der Zerstörung machte die bewahrende Arbeit der Archivare umso dringlicher. Mit großer Sorgfalt suchte man nach einem sicheren Ort für die von ihnen zusammengetragene Sammlung. Der erste Teil des Archivs wurde am 3. August 1942 vergraben, als die Deutschen auf den Straßen des Ghettos Blockaden errichteten. In sorgfältig versiegelten Metallkisten verpackt, wurde es im Keller eines Lagerschuppens in der Erde verscharrt. Sechs Monate später wurde der zweite Teil an derselben Stelle vergraben, diesmal verpackt in zwei großen Milchkannen aus Stahl. Der dritte und letzte Teil des Archivs wurde an einem anderen Ort vergraben, kurz vor Beginn des Ghettoaufstands am 19. April 1943.

Nach dem Krieg wurde die erste Tranche des Archivs 1946 geborgen. Der zweite Teil (der in den Milchkannen) wurde erst 1950 wieder zutage gefördert. Der dritte Teil wurde nie gefunden. In den Jahren, in denen sie in der Erde lagen, hatten die Dokumente, die überlebt hatten, die Feuchtigkeit des Bodens aufgesogen. Fotos lösten sich auf, die minderwertige Kriegstinte verlief über die Seiten, Schimmel zerfraß das Papier. Doch nach jahrelanger sorgfältiger Restaurationsarbeit konnte das meiste wieder lesbar gemacht werden.

Eine der beiden Milchkannen, die einen großen Teil des Ringelblum-Archivs und damit der wichtigsten Zeugnisse aus dem Warschauer Ghetto barg. Heute im Jüdischen Historischen Institut Warschau.

Anhand der vergrabenen Dokumente konnten die letzten Momente der Archivare rekonstruiert werden. Kurz bevor die letzte Kiste versiegelt wurde, fügte Nahum Grzywacz dem Stapel von Dokumenten eine handschriftliche Notiz hinzu. Sie lautete: «Es ist der 3. August 1942, 13.40 Uhr. Ich möchte leben. Nicht nur, weil ich mein eigenes Leben retten will, sondern um die Menschen und die ganze Welt zu warnen!» Ein anderer Archivar schrieb: «Straße nebenan wird belagert … Wahrscheinlich machen wir gleich unsere letzten Eingrabungen … Nur zu gerne würde ich den Augenblick erleben, in dem der große Schatz ausgegraben wird und der Welt die Wahrheit ins Gesicht schreibt.»[11]

Keiner der beiden Männer hat den Krieg überlebt. Trotzdem stehe ich in ihrer Schuld. Das Ghetto hat viele in meiner Familie das Leben gekostet: die Großmutter mütterlicherseits, Sabina, und ihre Tanten Rachel und Rose, den Großvater, die Großmutter und den jüngsten Onkel meines Vaters sowie viele weitere Cousins und Cousinen und andere Verwandte. Die meisten von ihnen wurden wie vom Erdboden verschluckt, ohne dass auch nur die geringste Information über ihren Tod zu finden ist. Die einzige Ausnahme ist die Tante meiner Mutter, Róża oder Rose. Sie arbeitete als Verkäuferin in einem Hutgeschäft in Warschau. Sie war sechsundzwanzig, als der Krieg begann, und hatte gerade einen Sohn namens Jakub zur Welt gebracht. Im Jahr 1941 war sie am Verhungern. Auf der Suche nach Arbeit und Lebensmitteln verließ sie das Ghetto, und zwar über ein großes Regierungsgebäude in der Nähe des Bankplatzes, der sich zu dieser Zeit auf beiden Seiten der Mauer öffnete. Auf der arischen Seite wurde sie während der Fahrt in der Straßenbahn entdeckt und denunziert, angeblich von einem polnischen Kind. Ihr einziges Verbrechen bestand darin, außerhalb des Ghettos unterwegs gewesen zu sein.

Nach ihrer Verhaftung wurde Róża in das Frauengefängnis in der Gęsia-Straße 24 eingewiesen. Dort teilte sie sich eine Zelle mit einer Frau namens Bajla Keselberg, der es nicht nur gelang, aus dem Gefängnis zu fliehen, sondern auch ihre Geschichte aufzuschreiben und bei jemandem zu hinterlegen, der mit Oneg Schabbat in Verbindung stand. Die Hinrichtung fand am 15. Dezember 1941 statt. Das war noch vor den Deportationen nach Treblinka und den großen «Aktionen», also in einer Zeit, als der Tod von siebzehn jungen Frauen noch als etwas Schockierendes galt. Adam Czerniakow, der Leiter der Ghettobehörde, machte dazu sogar einen besonderen Vermerk in seinen Aufzeichnungen.

Der Bericht Bajlas umfasst vier Seiten. Das billige, braune Papier hat sich im Laufe der Jahre in der Erde rosa-gelb verfärbt.[12] Die Handschrift ist eine saubere, wenn auch etwas kindliche Schreibschrift – die Handschrift eines Mädchens. Ihre Stimme ist die einer Augenzeugin. Der Text enthält zahlreiche Durchstreichungen und Ausrufezeichen. Wenn die Emotionen am stärksten sind, wird der Text durch den Druck der Feder auf das Blatt dunkler. Kurz nach den von ihr beschriebenen Ereignissen entkam Bajla aus Gęsiówka über das Gefängniskrankenhaus. Ich weiß nicht, was später mit ihr geschah, aber es scheint, als habe sie den Krieg nicht überlebt.

Hier ist, was Bajla über Róża schrieb:

> Bei der ersten Hinrichtung wurden acht der Verurteilten in die Dunkelheit gebracht, so dass sie nicht einmal die Schüsse hörten. Die zweite Hinrichtung sahen sie mit eigenen Augen. Zwei der zum Tode Verurteilten, die 17-jährige Salwerowna und die 28-jährige Mikanowska, die Mutter eines zweijährigen Kindes, waren mit Bela in einer Zelle untergebracht. Bis zur letzten Sekunde hatten sie nichts geahnt. Erst als sie zur Hinrichtungsstätte geführt wurden, begriffen sie, was auf sie zukam. Unglaubliche Schreie und Wehklagen zerrissen die Luft. Sie schrien, dass sie leben wollten. An der Hinrichtungsstätte standen noch acht Pfähle, die von der vorherigen

Exekution übrig geblieben waren. Ein Rabbiner erschien, vor dem die Verurteilten ein letztes Gebet sprachen … Die Hinrichtung wurde in Anwesenheit der deutschen Polizei vollzogen. Vor der Exekution traf der Leichenwagen von Pankiert ein. Er beeilte sich, dorthin zu kommen! Die Verurteilten wurden in zwei Gruppen aufgeteilt, da es nur acht Pfähle gab. Vier jüdische Polizisten banden jede der verurteilten Frauen an einen Pfosten, und die polnische Polizei schoss mit einem Maschinengewehr auf sie.
Salwerowna, die jüngste der Verurteilten, deren Mutter ebenfalls zum Tode verurteilt wurde und im Krankenhaus starb, schleuderte den Henkern ihre letzten Worte entgegen: Warum sie sie töteten … Sie wehrte sich heftig, biss den Polizisten in die Hände und ließ sich nicht fesseln. Am schlimmsten war es mit Mikanowska. Mit übermenschlicher Kraft riss sie sich immer wieder vom Pfosten los und schrie, man möge ihr ihr Kind bringen, damit sie es an ihrer Brust nähren könne … Sie drohte den Henkern oder flehte sie an, sie zu verschonen, weil sie ihr Kind aufziehen wolle. Die Häftlinge beobachteten die Hinrichtung von ihren Fenstern aus. Vor allem die Frauen erlitten einen nervösen Schock. Wurden sie nicht Zeugen ihres eigenen Schicksals? Die Schreie der Gefangenen mischten sich mit denen der Verurteilten. Polizisten kamen in die Zellen und schlugen sie, anstatt sie zu beruhigen.[13]

Ohne Ringelblums Milchkanne hätte ich nie von Różas Schrei erfahren. Und wäre ihr Schrei nicht gewesen, hätte sie keine Spuren hinterlassen. Heute ist vom Gęsiówka-Gefängnis kaum noch eine Spur übrig. Es wurde während des Krieges abgerissen, und das umliegende Viertel wurde so stark zerstört, dass das Straßenbild nicht mehr dem entspricht, wie es einmal war. Aber für mich hallt der

Schrei von Róża immer noch durch die ganze Gegend. Dieser Schrei verfolgt mich bis heute.

In dem Teil Polens, der unter direkter deutscher Besatzung stand, dem sogenannten Generalgouvernement, vollzog sich der Holocaust in drei verschiedenen Phasen. In der ersten Phase wurden die Juden in Stadtghettos gesperrt, wo sie sich zu Tode schufteten, verhungerten oder wegen irgendwelcher kleiner Vergehen erschossen wurden. Die zweite Phase, die hauptsächlich im Herbst 1942 stattfand, war die der Ghettoräumungen. In mehreren «Aktionen» wurde die Bevölkerung der polnischen Stadtghettos in Viehwaggons getrieben und per Zug in Konzentrationslager gebracht, wo die große Mehrheit sofort vergast wurde. Die wenigen, die verschont wurden, mussten in Gefängnisfabriken und Steinbrüchen arbeiten, wo die meisten vor Hunger und Krankheit dahinsiechten, bevor sie in der Gaskammer an der Reihe waren.

Der Beginn der Ghettoauflösungen fiel mit dem Beginn des «Unternehmens Barbarossa», dem Überfall der Nazis auf die Sowjetunion, zusammen, der am 22. Juni 1941 begann. Mein Großvater Jakub und seine Schwestern Jadwiga und Edwarda waren alle in Minsk, wohin sie nach dem deutschen Überfall auf Polen am 1. September 1939 aus Warschau geflohen waren. An jenem Tag hatte der Zweite Weltkrieg begonnen, aber noch lebhafter erinnerte sich Jadwiga an den 22. Juni 1941. So ging es im Grunde allen Menschen in der Sowjetunion. In Minsk begannen am selben Tag deutsche Flugzeuge, Bomben auf die Stadt zu werfen. Jakub wurde als Lastwagenfahrer für eine Lazarettbrigade rekrutiert und geriet bald darauf in der Nähe der Front in Gefangenschaft. Jadwiga und Edwarda marschierten zu Fuß nach Osten, um sich in Sicherheit zu bringen, und schafften es, vor der deutschen Armee in der Stadt Tula anzukommen. Ihr Vater Salomon arbeitete in einer Gärtnerei irgendwo außerhalb von Minsk; von ihm hat man nie wieder etwas gehört.

Nach Hitlers Verrat an Stalin wurde der Krieg zu etwas völlig anderem als zuvor. Er war nicht mehr ein Eroberungsfeldzug, sondern ein Kampf auf Leben und Tod zwischen rivalisierenden Ideologien, in dem alles erlaubt war. Die Juden, die in Ostpolen lebten, das seit 1939 zur sowjetischen Besatzungszone gehörte, fanden sich plötzlich in einer fürchterlichen neuen Realität wieder.

Zambrów, das Schtetl meines Großvaters väterlicherseits, geriet gleich am ersten Tag des Einmarsches unter deutsche Herrschaft. Schon bald darauf wurde der Patriarch der Familie meiner Großmutter mütterlicherseits, der Golombeks, im Rahmen der deutschen Zwangsarbeiterrekrutierung beim Ausheben von Schützengräben eingesetzt. Eines Tages kam ein deutscher Offizier auf ihn zu und fragte: «Jude, was bist du von Beruf?» – «Ich bin Bauer», antwortete er. Der Deutsche schrie ihn daraufhin mit wilder Stimme an: «Du lügst, Jude, du lügst!»

Nachdem er einige der anderen Zwangsarbeiter befragt hatte, erfuhr der Offizier: Der Mann war tatsächlich Bauer. Erstaunt rief er andere Deutsche herbei, damit sie sich dieses seltene Exemplar – einen Bauernjuden – anschauten. Der Deutsche nahm ihn beiseite, gab ihm einen Laib Brot und sagte ihm, er solle nie wieder in die Schützengräben kommen, sondern auf seinen Hof zurückkehren. Hier schwante ihm zum ersten Mal, dass etwas Schreckliches auf die ganze Gemeinde zukommen würde und dass seine Familie sich lieber verstecken sollte.[14]

Einen Monat später – nur zwei Monate nach dem Überfall auf die Sowjetunion – begannen die Massaker. Am 22. August 1941, der als Schwarzer Dienstag in die Geschichte einging, befahlen Soldaten dreitausend Juden aus Zambrów, sich auf dem Marktplatz zu versammeln. Fünfzehnhundert von ihnen wurden für einen angeblichen Arbeitseinsatz ausgewählt. In Wirklichkeit wurden sie in Gruppen von je fünfzig Personen in den Wald getrieben, wo sie erschossen und in Gruben geworfen wurden.[15] Später im Jahr, im

Dezember, wurde in Zambrów ein Ghetto für etwa zweitausend noch verbliebene Juden eingerichtet.

Das Ghetto war heillos überfüllt, was schnell zu einem Ausbruch von Typhus und anderen Krankheiten führte. Wer konnte, floh in den nahe gelegenen Wald. Einige versuchten, sich den örtlichen Abteilungen der Heimatarmee oder der AK, der polnischen Partisanen, anzuschließen, doch die meisten wurden abgewiesen. Im November 1942 wurden etwa 20 000 Juden aus Zambrów und Umgebung zusammengetrieben und für den Transport nach Auschwitz vorbereitet. Die Deportationen begannen im Januar 1943 und wurden in Chargen von zweitausend Menschen pro Nacht durchgeführt. Am Ende des Krieges waren nur noch eine Handvoll Juden in Zambrów und Umgebung am Leben.

Mit der Liquidierung der polnischen Ghettos begann die dritte und letzte Phase des Holocausts in Polen. In dieser Phase, die sich vom Sommer 1942 bis zum Eintreffen der Sowjetarmee im Herbst 1944 erstreckte, mussten die Juden, denen es gelungen war, den Ghettos zu entgehen oder zu fliehen, oder die wie durch ein Wunder einem Transport entkommen waren, nun in den Wäldern und auf dem Land überleben. Dort waren sie fast ausschließlich auf die Barmherzigkeit der katholischen Polen angewiesen, die buchstäblich die Macht über Leben und Tod ihrer jüdischen Nachbarn hatten. Viele wurden bei der polnischen oder deutschen Polizei denunziert oder ohne Umschweife gefoltert und ermordet.

Die Phase unmittelbar nach dem Ende der Ghettoliquidationen im Jahr 1942 war eine der gefährlichsten. Es war die Zeit der «Judenjagd».[16] Sie begann mit einer Orgie der Gewalt, bei der umherziehende Juden zusammengetrieben und erschossen wurden. Geleitet wurde die Jagd von den deutschen Truppen und ihrer Hilfstruppe, der polnischen «blauen» Polizei, durchgeführt wurde sie von Dorfwachen, Bau- und Feuerwehrtrupps sowie Freiwilligen vor Ort.

Später wurde aus der Jagd eine raffiniertere Verfolgung. Bei den Opfern handelte es sich größtenteils nicht mehr um verirrte und verwirrte Flüchtlinge, sondern um Menschen aus der Region, die bewusst Schutz bei Leuten gesucht hatten, die sie kannten und denen sie vertrauten. Diese Opfer hatten Namen, Persönlichkeiten, Lebensgeschichten, die ihren Wohltätern und Verfolgern gleichermaßen bekannt waren. Daher blieb ihr Tod viel stärker im Gedächtnis der Menschen haften als die anonymen Massenmorde der ersten Kriegsjahre.

Nur etwa sechs Prozent der Juden, die gegen Geld versteckt wurden, überlebten den Krieg, im Gegensatz zu fast der Hälfte derjenigen, die aus altruistischen Motiven versteckt wurden. Die schiere Länge des Krieges spielte dabei eine große Rolle. Wäre er ein Jahr früher zu Ende gewesen, hätten Zehntausende von Juden überlebt, und es hätte dann viel mehr Geschichten von rechtschaffenen Nichtjuden gegeben, die allen Widrigkeiten trotzten.

Juden zu verstecken war gefährlich. Das eigene Haus konnte von den Deutschen dafür niedergebrannt, die Familie getötet werden. Die größte Gefahr ging jedoch von anderen Polen aus. Die Menschen in den Dörfern beobachteten sich gegenseitig genauestens. Schon wenn jemand mit einem neuen Paar Schuhe oder einer neuen Jacke in der Kirche erschien, genügte das, um Verdacht zu erregen, und in einer Zeit des Hungers war jüdisches Leben sehr billig zu haben. Die offizielle Belohnung für die Auslieferung eines Juden an die deutschen Behörden konnte bis zu 50 Kilogramm Zucker, eine Kiste Wodka oder zehn Kubikmeter Kartoffeln betragen.[17] In der Regel war es jedoch viel weniger, nämlich nur zehn oder gar nur ein Kilogramm Zucker und die Rechte an der Kleidung des Toten. Juden wurden schon für ein Kissen, einen Wintermantel oder ein paar Meter Seide denunziert.

Manchmal reichte es schon, zu viel Lärm zu machen, um zum Tode verurteilt zu werden. Während sich die Cousine meines Großvaters, Adela, mit ihren Töchtern außerhalb Warschaus versteckte, wurde ihr Mann krank. Da es keine Möglichkeit gab, ihn zu behandeln oder sein lautes Husten zu verbergen, erschossen ihn die Gastgeber einfach. In einem Dorf war man immer gleichermaßen von seinen Wohltätern wie auch von seinen Nachbarn bedroht. Aber im Dorf gab es wenigstens die Hoffnung auf Nahrung und Hilfe; im Wald gab es beides nicht.

Wie Emanuel Ringelblum in seiner Geschichte der Okkupation schreibt, hörten die Juden für viele polnische Dorfbewohner und Städter auf, Menschen zu sein. Gejagt, verfolgt, in Bunkern und auf Dachböden lebend, hungernd, voller Dreck und Flöhe, waren sie weniger als Tiere. Es war bekannt, dass jeder von ihnen für die Gaskammern oder das Erschießungskommando bestimmt war. In den Köpfen der Menschen, die sie umgaben, waren sie einfach «die Toten auf Urlaub».[18] Sie zu töten oder zur Tötung auszuliefern hatte keine größeren moralischen Konsequenzen als das Töten einer Taube oder eines verirrten Rehs. Jüdisches Leben war nicht mehr nur billig, sondern überhaupt nicht mehr von Bedeutung.

In den Wald oder die Flur gezwungen, war der Mensch völlig auf sich allein gestellt. Fishel Zilberman besaß Felder und Obstgärten in dem Dorf Strzegom. Es war ein perfektes Versteck – in der Nähe eines Waldes und weit entfernt von jedem deutschen Wachposten. Also baute Fishel ein Versteck – einen in die Erde gegrabenen Unterstand – für seine Familie und die Familien ihrer Freunde. Das Versteck blieb ein Jahr lang unangetastet, bis es von Einheimischen überfallen wurde, die von den Juden die Herausgabe all ihrer Wertsachen verlangten, damit sie den Ort geheim hielten. Danach waren sie nie mehr sicher. Die Dorfbewohner kamen immer wieder vorbei; ihre Forderungen nach Geld eskalierten zu Schlägen, gefolgt von Morden. Fishels Tochter Rut erinnerte sich, wie sie durch die reifenden Weizenfelder zurück zum Unterschlupf ihrer Familie ging und dabei dachte: «Die Welt ist so schön, und ich werde hier wie ein Tier gejagt.»[19]

Die Gleichsetzung von jüdischem Leben mit Tieren war damals gängige Praxis. Etwa zur gleichen Zeit, als sich Rut auf dem Land versteckte, versuchte ein anderes junges jüdisches Mädchen, Fajga Pfeffer, ebenfalls in den Wäldern zu überleben. Sie hatte zwei Liquidierungen des Ghettos in Peremyschljany in der Nähe von Lemberg überlebt, indem sie sich einmal unter Stroh in einem Schuppen und das zweite Mal in einem Obstgarten versteckte. Danach schloss sie sich einer Gruppe von Juden an, die in der Wildnis ihr Glück versuchten.

Eines Tages wurde Fajga von sechs Polizisten angehalten. Sie fragten sie, wo die anderen Juden seien, und sagten ihr, sie solle es ihnen sagen, wenn sie überleben wolle. Fajga entgegnete, dass sie nicht nach verfluchtem jüdischem Gold suchen sollten, da sie bereits genug Gold hätten, ebenso wie dunkle Erde und Weißbrot, die besser seien als Gold. Sie fragten sie weiter aus, als plötzlich Schüsse ertönten. Fajga rannte davon. Bevor sie floh, warnte sie die Männer, dass «sie die Juden nicht wie Tiere jagen sollten, denn es wird die Zeit kommen, in der für diese Seelen bezahlt werden muss».[20] Ihre Worte wogen schwer wie ein Fluch.

Bei Kriegsende im Mai 1945 war das Gewicht solcher Flüche in ganz Osteuropa zu spüren. Allein in Polen waren während des Krieges drei Millionen Juden ermordet worden – etwa 92 Prozent der ursprünglichen Bevölkerung.[21] In jedem Dorf gab es Vermisste, entwendetes Vieh und Gegenstände, Häuser und Kleidung, die den Toten genommen worden waren. Und da jede Stadt ein Tatort war, brachte der Frieden keine Ruhe, sondern Angst. Vielerorts führte diese Angst, in der sich die Furcht vor Strafe mit dem verzweifelten Wunsch verband, die unrechtmäßig erworbenen Güter zu behalten, zu schrecklichen Gewalttaten. Das schlimmste und bekannteste dieser Ereignisse war das Pogrom von Kielce im Jahr 1946.

Die Stadt Kielce liegt etwa 170 Kilometer südlich von Warschau inmitten des nicht allzu hohen Heiligkreuzgebirges. Vor dem Krieg war es ein großer Ort mit etwa 75 000 Einwohnern, davon etwa ein Drittel Juden. Ich habe bzw. hatte Familie von dort. Der Großvater meiner Cousine Ania, Julian, wurde in Kielce geboren. Sein Vater, Koppel, besaß das größte Fotogeschäft der Stadt, das Studio Moderne. Koppel lernte die Kunst der Fotografie in der Schweiz, sechs Jahre verbrachte er in Zürich. Als er nach Kielce zurückkehrte, eröffnete er ein Geschäft in der Hauptstraße. Es war ein hübscher Laden mit Milchglasfenstern, Glaswänden und einem Glasdach, das genug Licht für gute Fotos hereinließ. Der einzige Nachteil des schönen Glases war, dass es bei jedem Hagelschlag zersplitterte.

Anfangs machte Koppel die meisten Fotos selbst, doch als er älter wurde, übernahmen sein Bruder Artur und seine älteren Söhne diese Aufgabe. Für Porträts hielten sie einige Requisiten wie Vorhänge und Säulen im Atelier bereit. Die Fotos wurden mit Glasplatten aufgenommen. Manchmal half Koppels Frau Fajgla bei der Retusche, indem sie eine sehr helle, blasse Farbe auf die hellen Stellen der Platte auftrug. Sie musste vorsichtig sein, denn jeder Fehler würde nur dem Studio Rembrandt, dem Konkurrenten auf der anderen Straßenseite, zum Vorteil gereichen.

Als der Krieg ausbrach, floh Koppels Familie nach Osten, mit dem Fahrrad, zu Fuß und in gemieteten Pferdefuhrwerken. Julian und seine Frau Fela überquerten den Fluss Bug auf einer Fähre, die von Weißrussen gesteuert wurde. In Kowel, einer kleinen Stadt in der Westukraine, trafen sie auf Julians Eltern und seine älteste Schwester Róża. Różas Ehemann Obarzanski überredete Koppel und Róża, wieder nach Kielce und in die deutsche Besatzungszone zurückzukehren. Obarzanski sagte, «dass man sich mit den Deutschen arrangieren könne, dass man miteinander auskommen könne». Natürlich gab es unangenehme Dinge, und manchmal bekam man Schläge ins Gesicht, aber solange man einem deutschen

Polizisten ab und zu eine Gans zusteckte (natürlich gebraten), konnte man sich arrangieren.[22] Julians Familie hielt es freilich nicht lange in Kielce aus. Sein Vater und seine Mutter wurden nach Birkenau deportiert. Seine Schwester wurde in einem Steinbruch erschossen. Ihren Mann Obarzanski ereilte das schrecklichste Schicksal: Er wurde hinter einem Auto zu Tode geschleift.

Keiner von Koppels Familie kehrte nach dem Krieg nach Kielce zurück. Aber etwa hundert Juden aus der Stadt wagten es sehr wohl. Am 4. Juli 1946 wurden zweiundvierzig von ihnen von einem Mob erschossen oder zu Tode geprügelt, der sich aus Kielcer Polen zusammensetzte, die an der Seite eines polnischen Polizeikommandos und einer Einheit der polnischen Armee wüteten.

Das Pogrom begann mit dem Verschwinden eines Kindes. Der neunjährige Henryk Błaszczyk, der Sohn eines Schneiders, wurde am 1. Juli vermisst. Als er am 3. Juli wieder auftauchte, erzählte er seinen Eltern, er sei entführt und in einem Keller festgehalten worden (später stellte sich heraus, dass er in Wirklichkeit in ein nahes Dorf gelaufen war, um dort Kirschen zu pflücken). Einer der Nachbarn der Błaszczyks war der Ansicht, es müsse sich um Juden gehandelt haben, die Blut für ihre Pessach-Matze besorgen wollten. Henryks Vater war der gleichen Meinung und brachte die Angelegenheit zur Anzeige.

Die polizeilichen Ermittlungen begannen am nächsten Tag in einem Haus, in dem die meisten der verbliebenen Juden der Stadt lebten (sie waren überwiegend erst kurz zuvor aus der Sowjetunion zurückgekehrt). Der kleine Henryk identifizierte einen der Bewohner, einen orthodoxen Juden namens Kalman Singer, als die Person, die ihn in den Keller gelockt habe.[23] Die Polizei durchsuchte das Gebäude, stellte allerdings rasch fest, dass es dort gar keinen Keller gab. Unterdessen begann sich draußen eine Menschenmenge zu versammeln. Bald wurden Steine geworfen. Unter Rufen wie «Sie haben unsere Kinder getötet!» stürmten die Mitglieder des Mobs in das Gebäude und fingen an, die Menschen, die sich darin zusammengekauert hatten, zu töten.[24] Soldaten, die zur Wahrung des Friedens entsandt worden waren, schlossen sich der Gewalt an, die bald auf den Rest der Stadt übergriff. Bewaffnete Banden zogen durch die Straßen und verprügelten und ermordeten alle Juden, denen sie begegneten.

Nach dem Ende der Gewalttätigkeiten versuchte man, die Schuld für das Pogrom von Kielce externen Agitatoren zuzuschieben – dem NKWD, dem antikommunistischen Untergrund und sogar Zionisten. Spätere Untersuchungen haben gezeigt, dass das Ereignis aus dem Innersten des Ortes kam, dass es auf einem tiefen Misstrauen gegenüber den zurückkehrenden Juden beruhte. Weil sie scheinbar vom Tod zurückkamen, waren diese Juden in den Augen ihrer

Trauerzug nach dem Pogrom von Kielce. 1946 kam es in der polnischen Stadt zwischen Krakau und Warschau zu antisemitischen Ausschreitungen, bei denen über vierzig Menschen ermordet wurden.

ehemaligen Nachbarn etwas Unheimliches. Die Angst, dass sie sich das verlorene Eigentum zurückholen könnten, vermischte sich mit Rachefantasien. Beide Empfindungen wurden von uralten Stereotypen und Mythen genährt. Der Ritualmordvorwurf war hier kein Vorwand, sondern schlicht eine naheliegende Erklärung. Für diejenigen, die in den Straßen von Kielce wüteten, war die Legende vom Juden als Blutsauger und Vampir keine Metapher, sondern Realität. Die Schreie des Mobs erzählen die Geschichte: «Juden, wo sind unsere Kinder? Es reicht mit den Juden, bringt sie um, sie schnappen sich polnische Kinder und foltern sie.»[25]

Kielce war kein Einzelfall, und Polen war auch nicht das einzige Land, in dem zurückkehrenden Juden mit Gewalt begegnet wurde. Weitere Pogrome ereigneten sich in Rzeszów und Krakau, wo Juden verdächtigt wurden, Blut für Transfusionen zu stehlen, um ihre nach dem Trauma der Lager geschwächten Körper wieder zu stärken. Ähnliche Vorfälle ereigneten sich in Ungarn und der Slowakei. Im traditionellen (d. h. christlichen) Volksglauben waren die Juden lange Zeit der Inbegriff des Fremden gewesen – eine Rolle, die gleichermaßen bedrohlich und verlockend war.[26] Jetzt, als die toten Nachbarn in monströser Lebendigkeit zurückkehrten, war es vorbei mit dieser Ambivalenz.

Jenseits der Städte und Lager und tief auf dem Land sorgte der Holocaust für eine tiefgreifende, fast metaphysische Auflösung des sozialen Gefüges. In ganz Osteuropa waren die Juden plötzlich aus einer Landschaft verschwunden, die sie seit Jahrhunderten bewohnt hatten. Betrauert wurden sie nur selten. Für einige war ihr Verschwinden die Erfüllung einer Prophezeiung. Als die polnische Anthropologin Alina Cała in den 1980er Jahren Informationen über bäuerliche Vorstellungen von den Juden sammelte, hörte sie häufig, der Krieg sei von Gott als Strafe geschickt worden, und die Juden selbst wüssten das ganz genau.

Für andere war das Ende jüdischen Lebens in Osteuropa einfach nur eine Gelegenheit zum Plündern. Christliche Nachbarn übernahmen jüdische Geschäfte, beschlagnahmten jüdisches Land und zogen in jüdische Häuser ein. Sogar den Boden unter den Krematorien der Konzentrationslager durchsuchten die Menschen nach Goldfüllungen und weggeworfenen Ringen. Bald gab es nur noch wenige Zeichen jüdischen Lebens auf dem Land: ein zerbrochener Grabstein hier, der Abdruck einer Mesusa auf einem Türrahmen dort, die Apfelbäume, die in einem ehemals jüdischen Obstgarten wuchsen.

Im polnischen Zambrów ist kaum noch etwas davon übrig, nur der alte Stadtplatz, der jetzt von einer Hauptverkehrsstraße durchschnitten wird, und ein Stück Wiese, wo früher der jüdische Friedhof war. Das Studio Moderne in Kielce gibt es schon lange nicht mehr, aber einige der dort aufgenommenen Fotos haben sich erhalten. Eines zeigt einen jüdischen Jungen, der ein berühmtes Schachwunder wurde. Ein anderes ist ein Porträt der Mutter des späteren Papstes Johannes Paul II., das 1915 gemacht wurde, als sie ihren Mann, einen Unteroffizier der österreichisch-ungarischen Armee, besuchte. Andere Porträts zeigen ganz normale Menschen: einen Mann mit militärischem Haarschnitt und Schnurrbart, eine Frau mit Fuchsstola und Perlenkette, sechs Kinder in ihren Sonntagskleidern.

In Drohobycz fungiert die gesamte Stadt als stillschweigendes Mahnmal. Die Stadtsynagoge, die weitaus höher ist als alle anderen Gebäude dieser Art in Polen und bis vor Kurzem noch als Salzlager diente, überragt ihren Stadtteil. Von den Juden, die aus Drohobycz deportiert wurden, ist nichts geblieben. Fast alle wurden nach Bełżec deportiert, in das geheimste und am wenigsten in Erinnerung gebliebene aller Lager – der Scheiterhaufen, der das Leben der Juden von Lwów und der gesamten Umgebung verzehrte. Bevor die Nazis das Lager im Sommer 1943 evakuierten, taten sie alles, um ihre Spuren zu verwischen. Sie brannten sämtliche Gebäude nieder und warfen Erde über den Grund, damit es so aussah, als sei der gesamte Komplex ein Bauernhof gewesen. Die Massengräber wurden (von jüdischen Arbeitern) exhumiert und die Überreste der Leichen ebenfalls verbrannt; am Ende zerstampfte man die letzten Knochensplitter und vermischte sie mit Asche, um nichts zu verraten. Als Archäologen in den 1990er Jahren dort Grabungen durchführten, fanden sie Hinweise auf ehemalige Gräben, die sich als leichte Unebenheiten im Boden zeigten. Zunächst konnten sie darin jedoch nichts finden, bis ihre Gerätschaften tief genug bohrten und auf eine dicke Schicht verkohlter Knochen stießen. Darunter befand sich Fett. Zeit und Chemie hatten die dort verscharrten Leichen in eine Art menschliche Seife verwandelt.

KAPITEL 12

STALINISMUS

Warschau, Februar 1945. Schnee fällt auf die Hauptstadt. Am rechten Weichselufer wimmelt es von Rotarmisten, Flüchtlingen aus dem Osten und Heimkehrern aus den Vertriebenenlagern. Das linke Ufer – früher das Herz der Stadt – ist fast menschenleer. Sechs Monate sind seit Beginn des Warschauer Aufstands am 1. August 1944 vergangen. Nach zwei Monaten außergewöhnlich brutaler Straßenkämpfe verkündeten die Deutschen den Sieg, erschossen jeden, den sie noch lebend fanden, und zogen sich endgültig aus der Stadt zurück. Nach dieser Niederlage ist Warschau zu einem einzigen Trümmerhaufen geworden, in dem die Zahl der Toten die der Lebenden übersteigt. Damit teilt die Stadt als Ganzes das Schicksal des Warschauer Ghettos, das ein Jahr zuvor, im Frühjahr 1943, nach dem dortigen Aufstand ebenfalls verwüstet, entvölkert und niedergebrannt wurde.

Doch auch wenn beide in Trümmern lagen, bestanden doch noch Unterschiede zwischen der Stadt und der Stadt in der Stadt. Im Stadtzentrum gab es immerhin noch einzelne Gebäude und sogar Reihen von Stadthäusern, an denen man sich orientieren konnte. Im Ghetto gab es nichts mehr. In Muranów, dem Vorkriegsviertel, das den Kern des späteren Ghettos bildete, stand kein einziges Haus mehr. Alles, was von dem Viertel übrig war, war eine mannshohe Schicht aus fein gesiebtem Schutt. Ein Besucher des Ghettos schrieb, er habe stundenlang in den schneebedeckten Trümmern gesucht, ohne auch nur eine Spur von dem zu finden, was früher einmal hier stand. Ein anderer hielt fest, die Ruinen ließen ihn denken, dass die

Mauern, die den jüdischen Friedhof umgaben, sinnlos waren; beide Seiten gehörten jetzt den Toten.[1]

Vier Jahre später sah Muranów ganz anders aus. Einst eine städtische Wüste, war es nun Schauplatz eifriger Aktivitäten. Drei Jahre lang arbeiteten Brigaden junger Freiwilliger daran, das Gebiet von Trümmern zu befreien, unter denen sich oft noch menschliche Überreste und Knochen fanden. Einige dieser Freiwilligen kamen von weit her, aus Ländern wie Bulgarien und Jugoslawien, angezogen vom Ruf eines sozialistischen Landes. Nun war es Zeit für den Wiederaufbau. Es gab Pläne für ein Musterviertel, ein Arbeiterparadies mit Tausenden von Wohnungen, jede bescheidene, aber komfortable 40 Quadratmeter groß, angeordnet in großen Blöcken, die durch großzügige Boulevards mit viel Grün und Bäumen getrennt waren. Es war ein visionärer Plan, und der Prozess seiner Verwirklichung war ebenso utopisch. Teams erfahrener Maurer (einige von ihnen Frauen – das war eine neue Art von Baustelle), ausgestattet mit den neuesten Arbeitstechniken und befeuert vom Geist des sozialistischen Wettbewerbs, arbeiteten in halsbrecherischem Tempo, um so viele «Speedscraper» zu errichten, wie sie in einer bestimmten Zeit schaffen konnten.[2] Ein Wohnblock war in dreiundzwanzig Tagen fertig, ein anderer in acht, ein weiterer in sechs.[3] Die Dichter konnten nur staunen. Einer lobte das «herrliche Viertel neuen, sozialistischen Lebens».[4] Ein anderer Poet, vom Tempo der Bauarbeiten überwältigt, rief die «Muse des Sechsjahresplans» um Beistand an.

Für viele der Beteiligten war das, was in jenen Sommertagen in Muranów vollbracht wurde, tatsächlich Sozialismus. Egal, dass die Bauarbeiten schlampig vorangingen, dass die Rohre undicht, der Putz lose und die Böden schief waren – es wirkte trotzdem wie ein Wunder. Aus dem Nichts war etwas gezaubert worden. Schiere Entschlossenheit hatte Berge versetzt. Die Zukunft, so schien es, gehörte den Arbeitern und einem System, das sie bei jeder Entscheidung in den Mittelpunkt stellte.

In dieser neuen Welt würde Wohnraum kostenlos sein, Land gemeinschaftlich genutzt werden, und die Fabriken würden dem Staat gehören. Das war mehr als nur eine Veränderung der wirtschaftlichen Verhältnisse: Es war eine Revolution, die sich schlechterdings auf *alles* auswirkte, von der Art, wie sich die Menschen kleideten, bis hin zur Weise, wie sie sprachen und dichteten. Diese neue Realität hatte allerdings auch viele unheilvolle Auswirkungen, denn es handelte sich um eine Revolution, die nicht von unten, sondern von oben und nicht von innen, sondern von außen aufgezwungen wurde.

Die Sowjetisierung Osteuropas begann 1939 mit der Einnahme Ostpolens durch die Sowjetunion, die zuvor im Rahmen des Molotow-Ribbentrop-Pakts mit Nazideutschland ausgehandelt worden war. Sie setzte sich 1940 fort, als die Sowjets die unabhängigen Staaten Litauen, Lettland und Estland sowie die Regionen Bukowina und Bessarabien von Rumänien annektierten. All diese Gebiete gehörten nun zum Einflussbereich der Sowjetunion, und ihre bisherige Geschichte musste beiseitegewischt werden.

Im Sommer 1940 erläuterte der sowjetische Außenminister Wjatscheslaw Molotow in einem Gespräch mit dem stellvertretenden Ministerpräsidenten Litauens die Gründe für diesen plötzlichen Vorstoß gen Westen. Seit der sowjetischen Machtübernahme waren gerade einmal zwei Wochen vergangen, und noch schien es möglich, eine partielle Unabhängigkeit für Litauen zu retten. Doch mitten in den Verhandlungen ließ Molotow plötzlich die Maske fallen und erklärte dem Minister, worum es wirklich ging:

> Sie müssen sich der Realität stellen und begreifen, dass kleine Nationen in Zukunft verschwinden müssen. Ihr Litauen wird sich zusammen mit den anderen baltischen Nationen, einschließlich Finnland, der glorreichen Familie der Sowjetunion anschließen müssen. Deshalb sollten Sie jetzt damit

> beginnen, Ihr Volk in das Sowjetsystem einzuführen, das in Zukunft überall in Europa herrschen wird, wobei es an einigen Orten, wie in den baltischen Staaten, früher und an anderen später in die Praxis umgesetzt wird.[5]

Die Aufnahme Litauens in das Sowjetsystem verlief in der Tat schnell und brutal. Innerhalb weniger Wochen nach dem Eintreffen der Roten Armee wurden Scheinwahlen abgehalten, um ein kommunistisch dominiertes Parlament zu bestimmen, während die bäuerlichen Ländereien aufgelöst und zu Kolchosen zusammengelegt wurden. Gleichzeitig verhafteten und deportierten die sowjetischen Behörden Zehntausende von politisch verdächtigen oder gesellschaftlich unerwünschten Bürgern, von denen die meisten nach Sibirien und Zentralasien verbracht wurden. Von den Razzien waren auch die Staatsoberhäupter der baltischen Länder betroffen. Litauens Präsident Antanas Smetona konnte sich über die Grenze nach Deutschland absetzen, aber die Präsidenten von Lettland und Estland (Kārlis Ulmanis bzw. Konstantin Päts) hatten weniger Glück. Ulmanis starb 1942 auf dem Weg ins Gefängnis in Turkestan an der Ruhr. Päts verbrachte den Rest seines Lebens in mehreren psychiatrischen Kliniken an unterschiedlichen Orten der Sowjetunion. Eines der Symptome seines angeblichen Wahnsinns war, dass er immer wieder behauptete, er sei der Präsident von Estland.[6]

Diesen Prozess der sozialen Säuberung durch Massenvertreibungen und Verhaftungen wiederholte die Sowjetunion in jedem der annektierten Gebiete.[7] Auf diese Weise wurde jede dieser Gesellschaften zügig zerschlagen und enthauptet, was ihre Integration in ein fremdes politisches System erleichterte. Die damit einhergehenden Veränderungen erwiesen sich als dauerhaft. Obwohl jedes dieser Gebiete 1941 von der vorrückenden deutschen Armee erobert wurde, blieben sie nach ihrer Rückeroberung durch die Rote Armee 1944/45 bis zum Zerfall der Sowjetunion 1991 deren Teil.

Die Eingliederung dieser westlichen Grenzgebiete war nur ein Vorgeschmack auf das Imperium, das die Sowjetunion nach dem Ende des Zweiten Weltkriegs in Osteuropa aufbauen sollte. Um 1950 gehörte ganz Osteuropa zu einem einzigen gesellschaftlichen, politischen und wirtschaftlichen System. Von Polen bis Albanien war jedes Land in der Region ein Einparteienstaat, der von einer jeweiligen Version der Kommunistischen Partei beherrscht wurde. Alle Länder verfügten über eine Kommandowirtschaft nach sowjetischem Vorbild, und alle wurden von einem Diktator nach dem Vorbild Stalins geführt. Mit der wichtigen Ausnahme Jugoslawiens, das mit Josip Broz Tito einen eigenen, einheimischen Partisanenführer an der Staatsspitze hatte, waren alle diese Staatschefs in ihrer Macht von Stalin abhängig und sahen ihn als Modell dafür, wie sie regieren sollten. Stalin billigte ihre Kandidaturen, diktierte ihre Innenpolitik und bestimmte ihre Beziehungen zum Rest der Welt.

Solange Stalin lebte, verhielten sich diese Satellitenstaaten wie Provinzen eines einzigen gigantischen Staates. Und doch war das Ganze eine seltsame Art von Imperium. Im Gegensatz zu den baltischen Ländern und den Grenzgebieten blieben Polen, die Tschechoslowakei, Ungarn, Rumänien, Bulgarien und Albanien unabhängige Staaten, und sie gaben sich große Mühe, den Anschein zu erwecken, als sei ihre Zugehörigkeit zum Sowjetblock völlig freiwillig. Trotz der überwältigenden Macht der Roten Armee (der Dichter Czesław Miłosz, der ihren Vormarsch in Polen miterlebte, verglich sie mit geschmolzener Lava, die über das Land fließt) setzte die Sowjetunion ihren Willen in Osteuropa nicht sofort durch. Stattdessen agierte sie über ihre Stellvertreter: lokale kommunistische Parteien, die oft winzig begonnen hatten und deren Führung in der Regel aus den Schulen der Komintern in Moskau kam.

Ab 1945 vergrößerten diese kommunistischen Parteien ihre Mitgliederzahl, traten bei Wahlen an und bildeten Koalitionsregierungen mit anderen (meist prosowjetischen) Parteien. Innerhalb dieser

Regierungen besetzten die Kommunisten in der Regel das wichtige Innenministerium und damit die Geheimpolizei. Mit diesen beiden Machtinstrumenten konnten sie ihre politischen Gegner terrorisieren und Wahlen zu ihren Gunsten manipulieren. 1948 hatten die kommunistischen Parteien in der gesamten Region das Sagen, nachdem sie auf eine Weise an die Macht gekommen waren, die, wenn auch nicht ganz legal, so doch zumindest von lokalen Wünschen und Bestrebungen geleitet war.

In der Tschechoslowakei enthielt dieser Anschein sogar ein Körnchen Wahrheit. Dort schnitt die Kommunistische Partei bei den Wahlen recht gut ab, ohne auf Betrug zurückgreifen zu müssen, und gewann 1946 erstaunliche 38 Prozent der Stimmen. Die Partei selbst wuchs in bemerkenswertem Tempo, von 28 000 Mitgliedern im Mai 1945 auf über eine Million im März 1946.[8] Dennoch kam die tschechische KP im Februar 1948 durch einen Staatsstreich an die Macht, der allerdings in Teilen der Gesellschaft recht positiv aufgenommen wurde. Tausende von Studenten protestierten in Prag gegen die kommunistische Machtergreifung, doch Hunderttausende von Fabrikarbeitern nahmen an Kundgebungen teil, um sie zu feiern.[9]

Diese Kundgebungen waren vielleicht nicht ganz spontan, aber sie spiegelten etwas von der veränderten Stimmung im Land wider. Ob legal oder nicht, die Zukunft war da. Wie der Romancier Milan Kundera später über die Zeit nach dem Putsch schreiben sollte, hatte «ein neues, wirklich ganz anderes Leben begonnen». Es waren gleichzeitig die «freudigsten aller Zeiten» und eine Zeit des absoluten Ernstes, und «jeder, der sich nicht freute, wurde augenblicklich verdächtigt, dass ihn der Sieg der Arbeiterklasse betrübe».[10]

Freudvoll, aber todernst; mit Gewalt durchgesetzt, aber mit Begeisterung begrüßt – der Stalinismus konnte diese Widersprüche aushalten, weil er mehr war als ein politisches System: Er war eine

Zivilisation mit eigenen Stilen, Geschichten und Helden. Er glaubte an den Fortschritt und behauptete, er könne ihn fast augenblicklich und auf einen Schlag herbeiführen. Er forderte die sofortige Abschaffung der Klassenunterschiede und einen ebenso abrupten Sprung in die Zukunft. Als Teil dieses Sprungs wurden die jungen Menschen aufgefordert, sich auf das Drama einzulassen, sich ein neues Leben aufzubauen. In der Regel fand dieses Projekt der inneren Umgestaltung in einer Fabrik statt, die die Rolle übernahm, die im mittelalterlichen Europa die Kathedralen innegehabt hatten. Es handelte sich jedoch nicht um bloße Werkstätten, sondern um freistehende Städte, die von eigenen Wohnsiedlungen, Kulturzentren und Schulen umgeben waren.

Viele dieser Industriestädte wurden kurz nach dem Krieg gebaut. Die meisten entstanden rings um riesige Eisenhütten. Dazu gehörten Nowa Huta in Polen, Sztálinváros in Ungarn und Dimitrovgrad in Bulgarien. Oft wurden sie, wie in Muranów, von Grund auf neu gebaut, auf nackter Erde. Junge Menschen verließen zu Tausenden ihre Dörfer in Galizien und in der ungarischen Tiefebene, um beim Bau zu helfen.

Die von ihnen errichteten Städte stehen heute noch. Nowa Huta ist ein entfernter Vorort von Krakau, ein verschlafener, angenehmer Ort, dessen riesige Boulevards – wie geschaffen für große Mai-Umzüge – weitgehend verkehrsfrei sind, abgesehen vom langsamen Schlurfen der Rentner, die sich ihr tägliches Brot holen. In Sztálinváros (heute in Dunaujváros umbenannt – Donaustadt statt Stalinstadt) laufen die Öfen der Donau-Eisenhüttenwerke noch immer auf Hochtouren, und die Luft ist erfüllt vom beißenden Geruch des säuregehärteten Stahls. Der Eingang zum Werk, der im Zustand der 1950er Jahre erhalten ist, besteht aus einer gigantischen Zementsäule, deren Inneres ein Wandgemälde mit der Darstellung der «Allianz zwischen Arbeitern und Bauern» ziert. Auf diesem Fresko, das Endre Domanovszky mit picassohafter Souveränität ausführte, verteilen riesige Bäuerinnen gigantische Brotlaibe an dankbare (und ebenso riesige) Stahlarbeiter. Das gesamte Ensemble ist ein Triumphbogen für die Arbeiterklasse, ein Zeichen dafür, dass es sich nicht um eine bloße Fabrik handelt, sondern um ein Denkmal für den Sieg des Proletariats.

Denjenigen, die mit der kommunistischen Herrschaft sympathisierten, erschien nichts schöner als der Anblick von geschmolzenem Stahl. Für den tschechischen Schriftsteller Bohumil Hrabal sahen die glühenden Brammen im Poldi-Stahlwerk in Kladno «luftig und reizvoll und unwirklich» aus. Hrabal erlebte die Fabrik im Rahmen des Programms «77 000 Menschen in Arbeit bringen», bei dem Zehntausende, die wie er keine Erfahrung mit industrieller Arbeit hatten, plötzlich aus ihren Berufen gerissen und in Fabriken und

Die Kleinstadt Dunapentele hatte 1949 noch keine 4000 Einwohner. Ab 1951 hieß sie Sztálinváros, Stahlwerk und Universität wurden errichtet.

Kolchosen in der gesamten Tschechoslowakei eingesetzt wurden.[11] Bei diesen «Freiwilligen» handelte es sich um Personen, die in ihren Funktionen von der neuen Ordnung nicht mehr benötigt wurden – Besitzer verstaatlichter Unternehmen, Theologieprofessoren, Politiker verbotener Parteien und Schriftsteller gesellschaftlich unverantwortlicher Belletristik. Zu dieser letztgenannten Kategorie gehörte Hrabal. Als angehender Dichter hatte er jahrelang mit dem Surrealismus experimentiert. Seine literarischen Vorbilder waren Rimbaud und Éluard, wie für viele seiner Prager Altersgenossen. Das Stahlwerk in Kladno brachte ihn zurück zum Konkreten.

Hrabal verliebte sich schwer in Poldi, doch es war keine einfache Liebe. Das Werk war ein Inferno aus Hitze und Dreck. Säurehaltige Dämpfe brannten in den Augen und in der Kehle. Er sah, wie Arbeiter von Stahlträgern zerquetscht, von herabhängenden Drähten zerrissen und von geschmolzenem Metall verbrüht wurden. Einige starben noch auf dem Werksgelände, andere wurden ins Krankenhaus gebracht und kehrten nicht mehr zurück. Hrabal arbeitete mit in Ungnade gefallenen Richtern, Gewerkschaftern, Kleinganoven und ehemaligen Prostituierten zusammen. Gemeinsam verarbeiteten sie Schrott, der mit dem Zug aus der gesamten Tschechoslowakei angeliefert wurde: Eisenkreuze von Dorfkirchhöfen, Teile von Panzern, Ziergitter von Gräbern, Nähmaschinen und Emailwannen, die Brandbomben zu seltsamen Formen verschmort hatten.[12] Das waren die Überbleibsel einer alten Welt, die eingeschmolzen und zu etwas Besserem umgeschmiedet wurden. Die Metaphern schrieben sich praktisch von selbst. In einer Kurzgeschichte, zu dieser Zeit entstanden, lässt Hrabal eine seiner Figuren erklären, was das alles zu bedeuten hat:

> «Begreifen Sie denn nicht, dass Sie Ihren ganzen Gewerbekram selber in die Martinsöfen packen, wo Brammen für eine andere Epoche gegossen werden? Wo werden sie in

einem Jahr sein, all ihre Gewerbe und Scheißfirmen und Werkzeuge? Weg! Und was wird aus Ihnen? Das Gleiche wie aus Ihren Ausdrucksmitteln … zu Brammen werden Sie, auch Sie wird die Zeit einschmelzen.»[13]

In den großen Stahlwerken von Kladno, Nowa Huta und Sztálinváros wurde die Vergangenheit eingeschmolzen. Hier schmiedeten sie aber auch eine neue Art von Menschen – Helden für ein proletarisches Zeitalter. In der UdSSR nannte man diese neuen Menschen Stachanowiten oder Helden der Arbeit. Es handelte sich dabei um Produktivitätswunder, um Stoßarbeiter, deren Kraft und Tüchtigkeit als lebendiger Beweis dafür dienten, dass schiere Anstrengung über jeden Mangel an Material oder Mitteln triumphieren konnte. Mit anderen Worten: Nicht die Technologie, sondern der Wille würde den Osten dazu bringen, den Westen zu überholen.

Die Stachanow-Bewegung fühlte sich demokratisch, denn ihre Helden konnten von überall her stammen. Im Jahr 1949 kam Piotr Ożański aus einem kleinen Dorf in den Karpaten nach Nowa Huta. Der vierundzwanzig Jahre alte Armee-Veteran und Mitglied einer polnischen Jugendbrigade träumte davon, im Baugewerbe eine «neue Heldentat der Jugend» zu vollbringen. Als gelernter Maurer beschloss er, in einer einzigen Schicht vierundzwanzigtausend Ziegelsteine zu verlegen. Am 14. Juli 1950 ging sein Wunsch in Erfüllung. In acht Stunden verlegte sein Team 34 727 Ziegelsteine.[14] Innerhalb weniger Wochen war sein Konterfei auf Transparenten bei Paraden zu sehen.

Auch in der Literatur wurden die Arbeiterhelden gefeiert. Über Nacht entstand ein neues Genre: der Produktionsroman. Auch er war ein Import aus der Sowjetunion. Die meisten Produktionsromane spielen in Fabriken. Ihre Titel erzählen schon ihre Geschichten: *Auf der Baustelle*, *Kohle*, *Die Offensive*, *Der Traktor*, *Traktoren werden den Frühling herbeibringen*

Ein besonders beliebtes Sujet waren Traktoren oder «Friedenspanzer», wie sie von poetisch veranlagten Menschen mitunter genannt wurden. Allgegenwärtig und revolutionär zugleich, versprachen Traktoren, die alte feudal-patriarchalische Ordnung auf dem Land hinwegzufegen. Als Vorboten eines neuen Zeitalters waren sie ideale Motive für Künstler aller Art. Wie ein slowakischer Maler 1949 ganz gemäß der damaligen Orthodoxie meinte, sei «ein Mann auf einem Mähdrescher» für seine Epoche das, was «ein Mann in Rüstung oder in fürstlichem Gewand» für die Renaissance gewesen sei.[15]

Die Schaffung einer neuen Literatur bedeutete auch, die alte loszuwerden. In Polen und Ungarn beschränkte sich das darauf, verschiedene Vorkriegspublikationen zu verbieten und Tausende von Titeln aus den Regalen der öffentlichen Bibliotheken zu entfernen. In der Tschechoslowakei wurde die Aufgabe, den nationalen Kanon zu erneuern, ernster genommen. Zwischen 1949 und 1952 bewertete ein spezieller «Liquidationsausschuss» die gesamte Literatur des Landes auf ihre Tauglichkeit. Ein Großteil davon wurde für unzureichend befunden, allerdings oft aus ästhetischen und nicht aus ideologischen Gründen. Landesweit wurden etwa 27 Millionen Bücher geschreddert, eingestampft und zu Pappe verarbeitet.[16] Nach seiner Zeit bei Poldi arbeitete Hrabal in einer dieser Literaturverwertungsanlagen. Wäre er lange genug geblieben, hätte er seine eigenen Romane in den hydraulischen Pressen verschwinden sehen können.[17]

Was aber sollte an die Stelle all der Bücher treten, die zum Recyceln oder für den Verbrennungsofen bestimmt waren? Eine neue Literatur, die aus den Erfahrungen der Arbeiterklasse schöpfte und von Vertretern dieser Klasse geschrieben wurde. Zumindest war das die Hoffnung. Die kommunistischen Kulturbehörden in Polen waren ständig auf der Suche nach solchen autodidaktischen Künstlern. Zu diesem Zweck veranstalteten sie spezielle Wettbewerbe für angehende Liedermacher, Bildhauer, Maler und vor allem Schriftsteller. Es wurde sogar ein spezieller literarischer «Help Desk» eingerichtet, um diese angehenden Talente aus der Dunkelheit der Schreibstube ins Licht des veröffentlichten Buches zu führen.

Auf solche Einladung reagierten die angehenden Schriftsteller in Scharen. Im Nationalarchiv in Warschau fand ich einmal einen riesigen, fast unberührten Stapel von Briefen. Sie stammten von angehenden Dichtern, frustrierten Romanautoren und verschiedenen Grafomanen aller Art. Die meisten von ihnen waren junge Menschen, Angehörige der sogenannten Generation des *awans społeczny*, des «sozialen Aufstiegs». Viele von ihnen waren kurz zuvor aus ihren Heimatdörfern in die Stadt gekommen, um sich an den neuen Arbeiteruniversitäten einzuschreiben, die eine beschleunigte Ausbildung für proletarische Jugendliche anboten. Sie schrieben, dass sie in die Sowjetunion reisen, ein Stipendium bekommen, in Zeitschriften veröffentlichen und als Führungskräfte in der Industrie arbeiten wollten.

Die Werke, die diese Möchtegern-Schriftsteller einreichten, entsprachen so ziemlich allen Klischees des sozialistischen Realismus. Es gab Gedichte, die die Rote Armee und die Polnische Arbeiterpartei priesen, sowie eine obligatorische Ode an die Zugmaschine mit dem wenig einfallsreichen Titel «Die Musik der Traktoren». Ein sechzehnjähriges Mädchen schickte ein Lied über das am wenigsten aufregende Thema von allen ein: Bolesław Bierut, den damaligen Präsidenten Polens und Chef der Polnischen Arbeiterpartei – ein grauer Fleck, der als Stalins Wachhund in Warschau fungierte.

Wie alle Führer der Volksdemokratien war auch Bierut daran gewöhnt, von seinen dankbaren Untertanen Geschenke zu erhalten, was man anschließend der Presse mitteilte. Zu einem Geburtstag bekam Bierut neunundneunzig Präsente aus dem Volk, darunter Proben von Straßenschotter, Stromkreisunterbrecher und ein Modell des Präsidentenpalasts, das jemand vollständig aus Zucker gefertigt hatte. Das war allerdings nichts im Vergleich zu dem, was Stalin geschenkt bekam. Zu seinem siebzigsten Geburtstag im Jahr 1949 nahm der Vater der Völker achthundertelf Präsente von dankbaren Polen entgegen. Darunter befanden sich der letzte Meter Jutestoff, der nach den Vorgaben des Dreijahresplans produziert wurde, eine 900 Kilogramm schwere, aus Steinsalz geschnitzte Statue seiner selbst und die Lieblingspfeife eines älteren Kaschuben.[18]

Die Geschenke an den Führer waren oft sehr persönlich und sogar handgefertigt. Das konnte gleichermaßen rührend und gefährlich sein. Anfang der 1950er Jahre stellte ein geschäftstüchtiger Metzger in Budapest eine Büste von Mátyás Rákosi, dem ungarischen Pendant zu Bierut, der im gesamten Sowjetblock als «Stalins bester Schüler» bekannt war, in das Schaufenster seines Geschäfts. Geformt war sie aus Schweinefett – ein Kunststück, das allerdings schnell seine Kehrseite offenbarte. Alle anderen Geschäfte in der Straße begannen ebenfalls, Porträts des Führers auszustellen, denn sie wollten nicht hintanstehen. Was als Werbeaktion begonnen hatte, wandelte sich in einen obligatorischen Akt der Ehrerbietung. Doch als der Frühling kam, begann die Büste des Metzgers zu schmelzen. Rákosi – ohnehin kahl und unansehnlich – sah nun wirklich monströs aus. Der Metzger geriet in Panik, baute seine Skulptur eiligst ab und verkaufte den Rest des Schmalzes.[19]

Von all den «kleinen Stalins», die in den frühen 1950er Jahren in Osteuropa regierten, hat der Ungar Rákosi am meisten für seinen eigenen Personenkult gesorgt. Er war ein unauffälliger Apparatschik, der sich vor allem dadurch einen Namen machte, dass er fünfzehn Jahre in einem der Gefängnisse von Admiral Horthy überlebte. Nachdem er nun an die Spitze der Macht gedrängt worden war, wurde er zum Symbol einer neuen Ordnung. Dichter rühmten ihn als weisen Lehrer und Vater der Nation. In der vielleicht wahrhaftigsten dieser Lobeshymnen pries ein Schriftsteller ihn genau dafür – dass er den Dichtern ein Thema für ihre Gedichte liefere.

Doch der Kult um Rákosi war vor allem visueller Natur. Fotografien seines kahlen, eiförmigen Kopfes mit den markanten, kohlschwarzen Augenbrauen hingen in fast jedem Büro, Klassenraum, Geschäft, Kaffeehaus und Wartezimmer des Landes an der Wand. Das beliebteste Bild zeigte Rákosi in einem Getreidefeld stehend, zärtlich einen Weizenhalm inspizierend. Dieses Bild wurde mehr als 50 000 Mal reproduziert und verkörperte all das, was Ungarn an Rákosi schätzen sollte: seine Milde, sein agronomisches Fachwissen und insbesondere seine Fürsorge für das Getreide. In den Worten eines seiner Hofdichter, der sich später in den Westen absetzte, vermittelte es «all das Wohlwollen, das Mátyás Rákosi dem Volk entgegenbrachte, ob das Volk sein Wohlwollen nun wollte oder nicht».[20]

Die Führer der anderen Ostblockländer waren an ähnliche Schmeicheleien gewöhnt, aber die größte Ehre – die Unsterblichkeit –, ereilte sie erst, wenn sie tot waren. Auch hierfür kam das Vorbild aus der Sowjetunion. Als Lenin 1924 starb, wurde sein Leichnam sofort einbalsamiert und in einem eigens dafür errichteten Mausoleum auf dem Roten Platz in Moskau dauerhaft ausgestellt. Den Herrschern der Volksdemokratien durfte, wenn sie denn wirklich seine Erben waren, nicht weniger vergönnt sein.

Als Georgi Dimitrow, der Chef der bulgarischen KP, 1949 starb, kümmerte sich ein Team von Einbalsamierern aus dem Lenin-Mausoleum selbst hingebungsvoll um seinen Leichnam. Dimitrows Mausoleum, ein irgendwie neoklassizistischer Kubus aus cremefarbenem bulgarischem Marmor, wurde in nur sechs Tagen errichtet. Teams von Stoßarbeiter schufteten rund um die Uhr, um es bis Ende derselben Woche fertigzustellen. Ähnlich schnell und anspruchsvoll war das Einbalsamierungsverfahren für Dimitrow. Wie bei den Mumien der alten Ägypter wurden seine inneren Organe zunächst sorgfältig entfernt und durch sterile Mullbinden ersetzt. Im Inneren des Grabes wurde die beste Klimaanlage des Landes installiert, um dauerhaft für die richtige Temperatur und Luftfeuchtigkeit zu

Traktorkult und sozialistische Industrieverherrlichung, Marmorbild. Eine Darstellung in der Metro von Minsk, die zu ihrer Entstehungszeit – nach 1984 – bereits nostalgisch anmutet.

sorgen. Spezialisten des Moskauer Theaters entwarfen ein Beleuchtungssystem, das genau die richtige Menge an dramatischem Schatten auf Dimitrows ziemlich abgemagertes Gesicht warf, ohne seinen Körper so zu erwärmen, dass sich die Verwesung beschleunigt hätte.

Ein Problem machte den Präparatoren jedoch einen Strich durch die Rechnung. Wie genau sollte Dimitrow in seiner neuen, ewigen Gestalt aussehen? Die chemischen Bäder und Injektionen, die zum Einsatz kamen, um sein Gesicht und seine Hände lebensecht zu erhalten, bleichten seine Haut weiß. Um die ursprüngliche Farbe wiederzuerlangen, musste eine Schicht Make-up aufgetragen werden. Um herauszufinden, welchen Farbton es haben sollte, untersuchten die Einbalsamierer die Pigmentierung von hundertfünfzig bulgarischen Studenten. Daraus ermittelten sie einen durchschnittlichen, «idealen» bulgarischen Hautton, den sie dann auf die Mumie übertrugen. Auf diese Weise wurde Dimitrow nicht nur zum Parteivorsitzenden oder zum Vater der Nation, sondern zu einer perfekten Synthese aller Bulgaren.[21]

Als Klement Gottwald, der Vorsitzende der tschechoslowakischen KP, am 14. März 1953 an einer geplatzten Arterie starb, nur fünf Tage nachdem er an Stalins Beerdigung in Moskau teilgenommen hatte, erschien dies vielen wie ein letzter Akt der Loyalität gegenüber seinem Meister. Wie schon bei Dimitrow machten sich die Spezialisten des Lenin-Mausoleums sofort an die Arbeit, den Körper des lebenslangen Alkoholikers (und mutmaßlichen Syphilitikers) zu konservieren. Zunächst wurden Gottwalds innere Organe entnommen und in Glasgefäße gelegt, während man den Rest seines Körpers in eine Militäruniform kleidete, die allerdings über zwei Paar Gummianzüge gestülpt wurde. Nur Gottwalds Gesicht und Hände waren der Luft ausgesetzt. Sie mussten deshalb häufig und sorgfältig behandelt werden, unter anderem mit Paraffin und Vaseline, um sie geschmeidig und frisch zu halten. Jeden Abend, wenn die letzten Besucher das Prager Mausoleum verlassen hatten, wurde Gottwalds Leichnam in ein Kellerlabor hinabgelassen, wo diese Verrichtungen durchgeführt werden konnten. Alles an diesem Prozess – von den Einzelheiten der Einbalsamierung bis hin zur Unterstützung durch die sowjetischen Freunde der Tschechoslowakei – wurde streng geheim gehalten.

Trotz – oder vielleicht gerade wegen – dieser Heimlichtuerei verbreiteten sich in Prag schnell Gerüchte, wonach mit dem Leichnam nicht alles in Ordnung war. Bereits einen Monat nach Gottwalds Tod hieß es, er sei verwest und stinke so entsetzlich, dass man sich ihm nur mit einer Gasmaske nähern könne.[22] Später kam man zu der Überzeugung, dass der Führer schrittweise verweste. Zuerst seien Gottwalds Füße schwarz geworden, dann seine Beine. Danach musste sein ganzer Brustkorb mit Asphalt ausgefüllt werden.

Schließlich musste der gesamte Körper, der inzwischen unerträglich verrottet war, verbrannt werden.[23]

Nichts davon war wahr. Nach den akribischen Aufzeichnungen der Einbalsamierer wies Gottwalds Körper in all den Jahren, in denen er ausgestellt war, lediglich eine leichte Verfärbung der Handflächen auf. In der öffentlichen Vorstellung war Gottwalds Leiche jedoch zur tschechoslowakische Variante des Bildnisses von Dorian Gray geworden. In dem Maße, wie das Regime wankte, wankte auch der Leichnam. Und in der Tat litt sein Erbe. Als die Tschechoslowakei 1962 endgültig mit dem Stalinismus als herrschender Ideologie brach, wurde Gottwald in aller Stille eingeäschert.

Anschließend wurde die Asche in einem kleinen Kolumbarium in seinem Mausoleum beigesetzt. Nach dem Fall der Berliner Mauer im Jahr 1990 beschloss die tschechoslowakische KP, die nun endgültig nicht mehr an der Macht war, dass es an der Zeit sei, ihren ehemaligen Parteichef auf einen normalen Friedhof zu überführen. Ein für das Mausoleum zuständiger Historiker sollte die Urne mitnehmen und sie in einer eigens angemieteten Grabstelle beisetzen. Auf dem Weg dorthin kehrte er in einer Kneipe ein und vergaß dort die Asche.[24] Wo sie abgeblieben ist, wissen wir bis heute nicht.

***

Städte, die aus den Trümmern des Krieges wiederaufgebaut wurden; Fabriken, die aus der nackten Erde emporwuchsen; brillante Führer, die von einer dankbaren Bevölkerung bis in alle Ewigkeit verehrt werden – all das gehörte zur Traumwelt des Hochstalinismus. Die Realität sah ganz anders aus. Die kommunistische Wirklichkeit sollte unendlich plastisch werden und sich unablässig auf eine goldene Zukunft zubewegen. Stattdessen steckte sie nur allzu oft im Dreck fest.

Neue Wohnsiedlungen in Orten wie Muranów und Sztálinváros

waren schnell überfüllt und unhygienisch. Die Hochöfen der neuen Musterstädte konnten mangels technischen Know-hows und geeigneter Rohstoffe kaum noch Stahl produzieren. Das Wirtschaftswachstum geriet ins Stocken oder schlug sogar um in Rezession. Die Landwirtschaft, die in weiten Teilen des Ostblocks gerade erst kollektiviert worden war, erlebte einen besonders eklatanten Niedergang.[25] Als das Versprechen einer blitzartigen Umgestaltung der Gesellschaft Anfang der 1950er Jahre scheiterte, setzten die Parteiführer zunehmend auf Vorwürfe der Sabotage und des Verrats, um ihr Versagen zu erklären. Nicht all diese Saboteure trugen menschliche Gestalt.

Der Sommer 1950 war ein Moment besonders intensiver Paranoia. Auf der Koreanischen Halbinsel war gerade ein Krieg ausgebrochen. In der Tschechoslowakei begann die zweite Ernte des ersten Fünfjahresplans. Und es begann eine Invasion. Ausgehend vom äußersten Süden und Westen des Landes, nahe der Grenze zur «imperialistischen» Bundesrepublik Deutschland, tauchte plötzlich ein unheimlicher Angreifer auf den tschechischen Feldern auf: der Kartoffelkäfer.

Dieser Schädling ist in Nordamerika beheimatet. Die KP Tschechiens interpretierte sein Auftauchen auf tschechischem Boden als vorsätzlichen Sabotageakt – also quasi als Kriegshandlung. In Regierungserklärungen wurde behauptet, die Insekten würden von Flugzeugen der amerikanischen Luftwaffe abgeworfen. Diese «Gangster in Flugzeugen» würden sich nicht damit begnügen, koreanische Dörfer in Brand zu setzen, sondern versuchten nun auch, die hart errungenen Ernten der tschechischen Landwirte zu verderben.

Schnell wurden tschechische Schüler zwangsverpflichtet, um den Krieg gegen diese «sechsbeinigen Botschafter der Wall Street» zu führen. In eng aufeinander abgestimmten Kampflinien, bewaffnet nur mit Gläsern und scharfen Augen, fingen und töteten die jungen Pioniere den imperialistischen Feind in großer Zahl. «Alle in die Schlacht gegen den Kartoffelkäfer», hieß es auf Transparenten, und aus der Schlacht wurde allmählich ein Fest.

Der Kartoffelkäfer wurde aber auch zu einer Metapher. In der tschechischen Presse jener Zeit wurde er zum Symbol für alle einheimischen Feinde des Sozialismus. Eine Prager Zeitung schrieb, die Einschleppung der Schädlinge sei nur die letzte in einer Reihe westlicher Provokationen, einer Kette von Sabotageakten, die mit der Einschleusung von Agenten auf oberster Regierungsebene ihren Höhepunkt erreicht habe.[26] Die Zeit sei nun reif, diese Verräter zu enttarnen.

Im gleichen Jahr, in dem die Kartoffelkäfer auf den tschechischen Feldern auftauchten, begannen in fast allen Ländern des Sowjetblocks Schauprozesse gegen angebliche Verräter, Spione und Saboteure. Wie bei den großen stalinistischen Schauprozessen der 1930er Jahre gehörten die Zielpersonen dieser Ermittlungen zu den prominentesten und mächtigsten Mitgliedern der Kommunistischen Partei. Vor seinen Prozessen war Rudolf Slánský die Nummer zwei in der tschechoslowakischen KP. In Ungarn hatte László Rajk genau die Geheimpolizei organisiert, die ihn nur wenige Jahre später verhaftete. Und wenn diese hohen Bäume fielen, zogen sie Dutzende von niedrigeren mit sich in die Tiefe.

Die Schauprozesse waren wie Theaterstücke inszeniert. Jede Frage der Staatsanwälte und jede Antwort der Zeugen wurden im Voraus schriftlich festgehalten. Mátyás Rákosi, der Vorsitzende der ungarischen KP, verfasste höchstpersönlich nicht nur Rajks Anklageschrift sowie die Fragen, die ihm der Richter stellte, sondern auch Rajks Antworten auf diese Fragen.[27] In gewisser Weise waren sich sogar die Angeklagten über ihre Rolle bei diesem Tanz im Klaren. Als der Prozess gegen Rajk zu Ende war und er zum Tode durch den Strang verurteilt wurde, führte ihn der Chef der ungarischen Geheimpolizei in einen kleinen Raum neben dem Gerichtssaal, umarmte ihn und sagte: «Du warst großartig, mein lieber Laci.»[28]

Wie es sich für eine wirklich fesselnde Aufführung gehört, wurden die dramatischsten Teile der Schauprozesse live im Rundfunk im ganzen Land übertragen. Die Fabrikarbeiter legten ihre Werkzeuge nieder, um den Geständnissen der Angeklagten zu lauschen. Das konnte zu seltsamen Situationen führen, da die in den Prozessen verwendeten Drehbücher oft mit den nackten Tatsachen der Realität kollidierten. Der Romanautor Péter Nádas beschreibt eine dieser Szenen. Während einer der Angeklagten im Rajk-Prozess zu seinen Verbrechen aussagte, hörten sein Vater, seine Mutter und sein kleiner Sohn zu Hause zu. An einer Stelle erwähnte der Angeklagte, er habe sich im Zuge eines komplizierten Komplotts zur Ermordung der Führer der ungarischen Partei, das von den jugoslawischen Sicherheitsdiensten und der CIA inszeniert wurde, entschuldigen müssen, um an der Beerdigung seines Vaters teilzunehmen. Daraufhin brach der Sohn des Angeklagten in Tränen aus:

> «Warum hat er das gesagt? Aber er ist nicht nach Hause gekommen! Opa! Warum nur? Warum antwortest du nicht? Opa, bitte antworte mir! Warum hat er das gesagt? Aber du lebst doch, Opa?! Opa, bitte!» Doch der Großvater saß totenstill da. Er sagte kein Wort.[29]

Sogar ein Kind konnte die offensichtliche Lüge der Prozesse durchschauen, aber es war der Großvater, der den größeren Zusammenhang begriff. Der Zweck der Schauprozesse bestand nicht darin, eine überzeugende Geschichte über den Zustand der Welt zu erzählen, sondern zu zeigen, dass niemand anderer als die Partei über die Wahrheit entscheiden konnte. Das Geständnis des Angeklagten war der wichtigste Teil, denn er demonstrierte, wie groß die Macht des Regimes war. Einen Gegner exekutieren konnte jeder. Auch jemanden fälschlich eines Verbrechens zu beschuldigen war nicht schwer. Aber jemanden dazu zu bringen, scheinbar freiwillig etwas zuzugeben, das nicht nur falsch, sondern offensichtlich absurd war – das erforderte wahre Meisterschaft.

In Ungarn, Bulgarien und Albanien wurde zahlreichen Opfern der Schauprozesse vorgeworfen, sie hätten mit Tito, dem schlimmsten aller Verräter, kollaboriert. Im Gegensatz zu allen anderen kommunistischen Führern in Osteuropa (mit der eingeschränkten Ausnahme von Enver Hoxha in Albanien) war Tito ohne die Hilfe der Roten Armee an die Macht gekommen. Seine eigenen kommunistischen Partisanen hatten die Achsenmächte aus Jugoslawien vertrieben. Obwohl Tito in den 1930er Jahren Mitglied der Komintern und treuer Stalinist gewesen war, war er Stalin nichts schuldig und hielt es nicht für nötig, ihn bei jeder Entscheidung zu konsultieren. Schwelende Meinungsverschiedenheiten führten im Sommer 1948 zum Bruch, der in einer sowjetischen Blockade der jugoslawischen Grenzen und in der Aufforderung an das jugoslawische Volk, Tito zu stürzen, gipfelte.

Die Spaltung zwischen Tito und Stalin erschütterte die Einheit des Ostblocks. Die Vorstellung, die Osteuropäer könnten Titos Beispiel folgen und unabhängig von der Sowjetunion ihren eigenen Weg zum Kommunismus gehen, stellte eine unmittelbare Bedrohung für die sowjetische Hegemonie in der Region dar. Stalin ließ daraufhin seine Geheimpolizei auf angebliche Tito-Anhänger in den Führungsetagen aller osteuropäischen KPs ansetzen.

In Jugoslawien war die Situation genau umgekehrt. Hier waren am verdächtigsten die Mitglieder der jugoslawischen KP, die sich möglicherweise gegen Tito auf die Seite Stalins stellten. Es konnte Tausende dieser inneren Feinde geben. Dabei handelte es sich jedoch nicht einfach um Klassenfeinde oder Faschisten, wie bei den kroatischen Ustaše, die in den letzten Kriegstagen zu Tausenden hingerichtet wurden. Es handelte sich um Parteimitglieder, von denen die meisten verdiente Partisanen waren. Sie zu exekutieren wäre eine Verschwendung von wertvollem Material für den

Aufbau des Sozialismus. Stattdessen würde man sie umerziehen müssen.

Schauplatz dieser Umerziehung war eine Insel im Mittelmeer namens Goli Otok, die «nackte Insel». Der Legende nach wurde sie zuerst von einem kroatischen Bildhauer namens Antun Augustinčić entdeckt, der in der Adria auf der Suche nach hochwertigem Gestein war. Eines Tages stieß er auf ein besonders trostloses Eiland, auf dem sich einst ein Marmorsteinbruch befunden hatte. Die sonnenverbrannte, waldlose und karge Insel war der perfekte Ort für ein Gefängnis. Ab nun ein Ort, an dem nicht Stein, sondern menschliches Material geformt wurde. Die Gefangenen schleppten die abgebauten Blöcke einfach zum Meer hinunter und dann wieder den Hügel hinauf, immer und immer wieder. Eine wortwörtliche Sisyphusarbeit.

Auf Goli Otok gab es, zumindest offiziell, keine Gefängniswärter. Die Häftlinge, die aus allen Teilen Jugoslawiens stammten und zumeist KP-Mitglieder waren, regelten ihr Leben selbst. Sie putzten, kochten und arbeiteten auf dem Bau ihrer eigenen Gefängnisunterkunft. Sie waren alles in einem, Häftlinge und Wärter, Spitzel und Vernehmungsbeamte. Sie waren auch die Folterer. Andere Gefangener zu peinigen war die einzige Möglichkeit, um zu beweisen, dass man sich gebessert hatte. Sobald die Häftlinge vom Festland auf die Insel kamen, mussten sie ihre erste Prüfung ablegen: den *stroj*, die Linie. Alle Häftlinge, die bereits auf der Insel waren, stellten sich in zwei Reihen auf, während die Neuankömmlinge an Land gingen. Unter den Rufen «Ti-to!» und «Mar-ko!» liefen die neuen Häftlinge barfuß anderthalb Kilometer zwischen bis zu 4000 Männern hindurch. Auch ehemalige Generäle mussten sich dieser schmerzhaften Initiation stellen. Zusammen mit anderen Parteigrößen mussten sie öffentlich Rechenschaft über ihren Sündenfall ablegen.[30]

Es wäre ein Leichtes, sich über die paranoide Atmosphäre lustig zu machen, die zu den stalinistischen Schauprozessen und zur Einrichtung der höllischen Besserungsanstalt auf Goli Otok führte. Fast alle Angeklagten in diesen Prozessen waren unschuldig (zumindest was die gegen sie erhobenen Vorwürfe betrifft). Das gilt auch für viele der auf der «nackten Insel» Inhaftierten. Doch auch wenn sich diese Verdächtigungen als unbegründet erwiesen, gab es für die Regierungen Grund zur Vorsicht. Tito war tatsächlich von sowjetischen Spionen umgeben, sie hatten selbst einen Großteil seiner privaten Leibwache infiltriert.[31]

In den ersten Jahren des Kalten Krieges waren die internationalen Spannungen groß. Sowohl der kommunistische als auch der antikommunistische Block setzten auf verdeckte Mittel, um ihre Ziele durchzusetzen. In den späten 1940er Jahren wimmelte es in Osteuropa nur so von Geheimagenten und Geheimdienstoperationen. Berlin war in dieser Zeit die vielleicht spionageverseuchteste Stadt der Geschichte, und die bewaldete Grenze zwischen Österreich und der Tschechoslowakei wurde zum Schauplatz unzähliger Ex- und Infiltrationen.[32] Einige der ambitioniertesten Operationen unter westlicher Führung bestanden darin, antikommunistische Exilanten auf dem Seeweg in ihre Heimatländer zu schleusen oder sie aus der Luft abzusetzen, wie es in Albanien mehrfach geschah.

Bei der «Operation Valuable» sollte eine Gruppe albanischer Partisanen 1949 einen antikommunistischen Aufstand in den Bergen entfachen. Das endete in einem völligen Fiasko – eine desaströse Generalprobe für die Invasion in der Schweinebucht. Die Idee des bewaffneten Widerstands gegen den Kommunismus war jedoch nicht an sich lächerlich. In vielen Ländern des Ostblocks waren antikommunistische Guerillakräfte bis Mitte der 1950er Jahre eine Selbstverständlichkeit. Einige dieser Gruppen führten einfach frühere Widerstandsbewegungen aus dem Krieg fort. Andere bestanden aus Kämpfern, die auf die Seite der Achsenmächte übergelaufen waren und die deshalb von den neuen kommunistisch geführten Regierungen kein Pardon zu erwarten hatten.

In den baltischen Staaten waren sie als die Waldbrüder bekannt. In Rumänien hießen sie *haiducii*. Die bei Weitem größte Bewegung dieser Art gab es jedoch in Polen. Dort kämpften viele Einheiten der Heimatarmee, der großen Partisanentruppe, die sich den Deutschen während der gesamten Besatzungszeit widersetzt hatte, noch lange nach dem Krieg und der Friedenserklärung weiter. Einige dieser Soldaten schlossen sich einer neuen Organisation mit dem Namen «Freiheit und Unabhängigkeit» (Wolność i Niezawisłość, WiN) an, deren Ziel es war, die sowjetischen Streitkräfte von polnischem Territorium zu vertreiben. Andere zogen sich auf eigene Faust in die Wälder zurück, wo sie sich am sichersten fühlten, und operierten auf eine Art und Weise, die eher an eine Banditentruppe als an eine Rebellenarmee erinnerte.

In der Regel hatten diese Gruppen jedoch die Unterstützung der ländlichen Bevölkerung. In weiten Teilen Polens tobte bis in die späten 1940er Jahre hinein ein Bürgerkrieg. Letztendlich setzten sich jedoch die kommunistischen Sicherheitskräfte durch, die zahlenmäßig deutlich überlegen und bereit waren, brutale Methoden anzuwenden. Zwischen 1945 und 1947 gelang es ihnen, die Führung von vier aufeinanderfolgenden «Kommandos» der WiN festzunehmen. Die polnischen Emigranten im Westen, die in der WiN ihre letzte Hoffnung auf die Rückkehr eines freien Polens sahen, waren verzweifelt.

Doch dann geschah eine Art Wunder. 1948 entstand ein fünftes Kommando des Widerstands. Als die Abgesandten dieser neuen Organisation nach einer schwierigen Reise «undercover» durch Ostdeutschland im Westen ankamen, prahlten sie damit, dass sie über Hunderte von bewaffneten Männern verfügten, die bereit seien, den Kampf gegen die sowjetischen Besatzer aufzunehmen.

Für emigrierte Polen, die im antikommunistischen Untergrund gekämpft hatten, war das die Antwort auf ihre Gebete. Auch die westlichen Geheimdienste, insbesondere die CIA, waren begeistert.

Sie wollten im Falle eines dritten Weltkriegs Verbündete vor Ort haben, Männer, auf die man sich verlassen konnte, um Eisenbahnen zu sabotieren und Fallschirmjäger zu retten, aber auch um bei der täglichen Spionagearbeit gegen den Feind zu helfen. «Freiheit und Unabhängigkeit» war in dieser Hinsicht die perfekte Wahl. Über einen Zeitraum von fast fünf Jahren versorgten die Amerikaner die Gruppe mit Ausbildung, Ausrüstung und Geld – insgesamt über eine halbe Million Dollar, die in Gold geliefert wurden.

Der einzige Haken an der Sache war, dass die ganze Sache ein Fake war. Das fünfte Kommando war eine List, eine Provokation, von der polnischen Spionageabwehr eigens entwickelt, um ausländische Geheimdienste zu täuschen und potenzielle Saboteure, die gegen den Arbeiterstaat arbeiteten, in die Falle zu locken. Viele der Menschen allerdings, die in diesem Netz gefangen waren, wussten selbst nichts davon: Neben ihren westlichen Auftraggebern waren insbesondere auch die polnischen Kuriere und Soldaten des fünften Kommandos fest davon überzeugt, dass sie für die Beseitigung der kommunistischen Herrschaft kämpften. Sie erkannten ihren Irrtum erst, als sie verhaftet wurden – manchmal nicht einmal dann.

1952 flog die Tarnung des fünften Kommandos schließlich auf. Polnische Zeitungen berichteten über die Festnahme von Agenten, die mit Fallschirmen aus dem Westen nach Polen gekommen waren. Dutzende von Verschwörern, die von Provokateuren in die fiktive Organisation hineingezogen worden waren, mussten mit lebenslanger Haft oder ihrer Hinrichtung rechnen. Ehemalige Doppelagenten verkündeten stolz, sie hätten ein Komplott vereitelt, das die «speichelleckerischen Handlanger des Kapitalismus» ausgeheckt hätten. Bis heute weiß niemand, wer den Befehl zur Beendigung des Komplotts gab, auch wenn Stalin selbst als Hauptverdächtiger gilt. Möglicherweise hatte es mit der Wahl Eisenhowers zu tun und sollte dazu dienen, die Amerikaner vor der Stärke der sowjetischen Kontrolle in den Satellitenstaaten zu warnen, aber gesichert ist es nicht.

Hier überschneidet sich die Geschichte der «Operation Cäsar» auf kleine, aber interessante Weise mit der Geschichte meiner Familie. Nach dem Krieg arbeitete mein Großvater Jakub Mikanowski für dieselbe Abteilung der Staatssicherheit – die Spionageabwehr –, die auch die Operation Cäsar überwachte. Jakubs Weg in die Welt der Geheimdienstarbeit war lang und gewunden. Die meiste Zeit des Krieges verbrachte er im Untergrund, in den Wäldern. Nachdem er aus deutscher Gefangenschaft in der Nähe von Minsk entkommen war, traf er auf eine Gruppe verirrter sowjetischer Grenzsoldaten. Gemeinsam überquerten sie die deutschen Frontlinien bei Smolensk. Dort begann seine eigentliche Karriere als Soldat. Er nahm an einem Kurs für Ablenkungstaktik teil, dem eine Fallschirmspringerschule folgte.

Im Frühjahr 1942 wurde Jakub hinter den feindlichen Linien in Weißrussland abgesetzt. Er kämpfte zusammen mit den Partisanen in den Wäldern von Brjansk und Babrujsk. Aufgrund der hohen Zahl an Opfern unter seinen Vorgesetzten wurde er schnell befördert. Innerhalb weniger Monate stieg er vom Chef eines Trupps zum Führer eines Zuges auf. Im November 1942 war er bereits Kommandeur einer Kompanie. Noch im selben Monat beantragte er die Mitgliedschaft in der Kommunistischen Partei.

Er kämpfte noch fast zwei Jahre lang in den Wäldern. In dieser Zeit wurden in den weißrussischen Wäldern einige der schlimmsten Gräueltaten des gesamten Krieges begangen. Eine beliebte Taktik der nationalsozialistischen Partisanenjäger war es, in ein Dorf einzudringen, das der Kollaboration verdächtigt wurde, alle Bauern zusammenzutreiben, sie in eine Scheune zu sperren und diese in Brand zu stecken. Jakub erlebte viele dieser Gräueltaten unmittelbar mit. Mit seiner Partisanenbrigade befreite er persönlich mehrere Hundert jüdische Gefangene aus einem Durchgangsarbeitslager. Diese Tat brachte ihm später eine kurze Erwähnung im dritten (und meiner Meinung nach besten) Band der *Geschichte der Arbei-*

terklasse der Weißrussischen Arbeiterrepublik ein.[33] Sie sicherte ihm zudem einen Posten im Sicherheitsapparat der neuen polnischen Arbeiterrepublik. Die Geheimpolizei und das Innenministerium rekrutierten viele ihrer Leute aus den ehemaligen Partisaneneinheiten. Deren Mitglieder waren loyal, kampferprobt und daran gewöhnt, im Verborgenen zu operieren – perfektes Menschenmaterial für Spionage und Spionageabwehr.

Für sie fand der Krieg nie ein Ende. Vom Untergrundkrieg gegen Deutschland gingen sie direkt zum Kalten Krieg gegen den Westen über. An dem Tag, an dem der Sieg in Europa erklärt wurde, war mein Großvater noch in Weißrussland und kämpfte gegen die Reste der Wlassow-Armee – abtrünnige Truppen der Roten Armee, die sich auf die Seite der Nazis geschlagen hatten. Danach wurde er als einer von Hunderten von Führungsoffizieren für die riesige Operation Cäsar eingesetzt. Seine Unterschrift findet sich auf einigen der Berichte darüber, die an den KGB-Beauftragten für polnische Angelegenheiten geschickt wurden. Ob seine Beteiligung tiefer reichte, habe ich nicht herausfinden können. Die entsprechenden Abschnitte seiner Personalakte wurden vor langer Zeit geschwärzt. Seine Töchter (meine Mutter und meine Tante) waren zu jung, um etwas darüber zu wissen.

Es gibt jedoch eine Familienlegende, die mit der traurigen Geschichte des fünften Kommandos zusammenhängen könnte. Irgendwann in den frühen 1950er Jahren wurde meinem Großvater von seinem Arbeitgeber ein Bonus angeboten. Er konnte ihn entweder in Form eines Autos oder eines Pelzmantels bekommen. Meine Großmutter Zofia entschied sich für den Pelzmantel, eine Wahl, die in der Familie jahrzehntelang nachhallte und zum Synonym für ihre törichte Liebe zum Luxus wurde.

Dennoch war das eine enorme Belohnung in der damaligen Zeit. Zum Vergleich: Einer der wichtigsten an der Operation Cäsar beteiligten Doppelagenten war ein Mann namens Marian, dessen operativer Deckname Artur lautete. Dieser Artur bemühte sich wie kaum ein Zweiter darum, andere Mitglieder des Untergrunds zu rekrutieren und anschließend zu verraten. Dafür wurde er wie folgt belohnt: ein Neujahrspaket mit vier Schachteln Tee, zwei Dosen Sardinen, einem Glas Obstkompott, einer Dose Kakaopulver, einer Dose Schokoladenpulver und zwei Paar Nylonstrümpfen.[34]

Zwei Paar Strümpfe – das war seinerzeit Luxus. Es herrschten magere Zeiten in Polen. Lebensmittel und Treibstoff wurden noch immer nur über Rationierungskarten ausgegeben. Die Waren waren eher minderwertig. Warum also wurde meinem Großvater der Mantel oder das Auto angeboten? Meine Vermutung ist, dass es mit dem Abschluss der Operation Cäsar zu tun hatte. Immerhin hatte die polnische Spionageabwehr im Laufe des Komplotts über 500 000 US-Dollar in Gold abgefangen – das entspricht heute etwa 10 Millionen Dollar. Der Mantel könnte ein Anteil an dieser Beute gewesen sein.

***

Nicht alle Bedrohungen, denen sich die Männer und Frauen der osteuropäischen Sicherheitsdienste ausgesetzt sahen, bestanden in Spionen und Doppelagenten. Einige waren rein immaterieller Natur – das Ergebnis des langjährigen Kampfes der Kommunistischen Partei gegen die Religion. Ein totalitärer, atheistischer Parteistaat konnte keine konkurrierenden Autoritätsquellen dulden, schon gar nicht solche, die den Anschein göttlicher Sanktion trugen. Wunder – wie der Bau eines Wohnhauses binnen sechs Tagen – mussten nun gänzlich weltlich sein, während solche, die vom Himmel zu kommen schienen, als falsch entlarvt oder unterdrückt werden mussten.

Am heftigsten prallten diese beiden konkurrierenden Haltungen gegenüber dem Heiligen im Fall des sogenannten Číhošť-Wunders aus der Tschechoslowakei aufeinander. Dieses ereignete sich am 11. Dezember 1949 in einer kleinen Dorfkapelle auf der Böhmisch-Mährischen Höhe. Der Pfarrer Josef Toufar hielt gerade seine Adventspredigt, als sich plötzlich ein Kreuz auf dem Tabernakel hinter ihm wie von selbst zu bewegen schien. Da er vom Altar abgewandt stand, sah Toufar selbst nichts davon, aber zwanzig seiner Gemeindemitglieder bezeugten, dass sich das Kreuz dreimal neigte und dann wieder aufrichtete, ohne dass jemand es berührt hätte.[35]

Die Nachricht über das Wunder verbreitete sich schnell, und binnen weniger Tage wurde die Kirche zu einem Wallfahrtsort für Menschen aus der ganzen Tschechoslowakei. Gerüchte und Prophezeiungen, insbesondere über einen bevorstehenden Krieg, rankten sich an diesem Ereignis empor. Toufar selbst erfüllten Vorahnungen. Er wusste, dass das Wunder eine Gefahr für seine Gemeindemitglieder bedeutete. Er gab nicht vor zu verstehen, was wirklich geschehen war, war sich aber sicher, dass er nichts damit zu tun hatte. Er konnte jedoch nicht ahnen, dass er den Großteil der Schuld auf sich würde nehmen müssen.

Am 28. Januar 1950 wurde Pfarrer Toufar verhaftet. Der Befehl dazu kam offenbar von den höchsten Ebenen der tschechischen KP. Bald darauf wurden auch andere, hochrangige Mitglieder des tschechischen Klerus bei einer groß angelegten Polizeiaktion festgenommen. Offenbar diente dies alles der Vorbereitung für einen großen Schauprozess, in dem die katholische Hierarchie auf oberster Ebene (bis hin nach Rom) der Verschwörung gegen den Staat beschuldigt werden sollte.

Das Wunder von Číhošť sollte in diesem Prozess ein entscheidendes Beweisstück sein. Damit der Schauprozess funktionieren konnte, sollte Toufar zugeben, dass er das Wunder auf Anweisung seiner kirchlichen Vorgesetzten persönlich inszeniert hatte. Er weigerte sich. Mitglieder der Geheimpolizei peinigten ihn mit Schlafentzug und schlugen ihn abwechselnd, um ihn zu einem Geständnis zu zwingen. Nach vier Wochen waren sie schließlich am Ziel; Pfarrer Toufar unterschrieb das ihm vorgelegte Dokument (wahrscheinlich zumindest – die Unterschrift ist so wackelig, dass fraglich ist, ob sie wirklich von ihm stammt).

Anschließend wurde er zurück in die Kirche in Číhošť gebracht, um vor laufender Kamera zu demonstrieren, wie er seinen Betrug inszeniert hatte. Das Filmmaterial existiert noch heute: Es zeigt Toufar, dem die Hände gebrochen und die Zähne ausgeschlagen worden waren, wie er sich kaum auf seinen geschwollenen Füßen halten kann. Kurz nach Ende der Dreharbeiten brach er zusammen. Einen Tag später war er trotz Behandlung durch die besten Prager Ärzte tot. Als offizielle Todesursache wurde ein durchbrochenes Magengeschwür angegeben. Sein Leichnam wurde versteckt und später in einem Massengrab verscharrt, wo seine Knochen mit denen eines Zirkuselefanten vermischt wurden, um künftige Reliquiensucher auf die falsche Fährte zu locken.

Da der Hauptzeuge jetzt fehlte, wurde der Schauprozess abgebrochen. Die übrigen angeklagten Geistlichen wurden zu langen Gefängnisstrafen verurteilt, einige zur Arbeit in Uranminen geschickt. In den folgenden Jahren geriet der Číhošť-Vorfall in der Tschechoslowakei zu einem absoluten Tabuthema, mit Ausnahme eines kurzen Moments im Sommer 1968, als eine Untersuchung der wahren Umstände von Toufars Tod kurzzeitig wieder aufgenommen wurde.[36]

Seit 1989 hat sich das alles gewandelt. Die Kirche in Číhošť ist zu einem Wallfahrtsort geworden, und für Toufar wurde ein Seligsprechungsverfahren eingeleitet. Eine zentrale Rolle wird dabei die Frage nach der wundersamen Bewegung des Kreuzes spielen. Die stalinistischen Ermittler waren sich sicher, dass es sich um einen Trick handelte, erzeugt durch einen im Altar versteckten Flaschenzug. Sie fanden diesen allerdings nie, und auch keine Beweise für eine vergleichbare Trickserei. Auf die Idee, dass es sich wirklich um ein Wunder handeln könnte, kamen sie so wenig, wie ein Advocatus Dei in einem Heiligsprechungsprozess argumentieren würde, der Teufel habe seine Finger im Spiel.

Obwohl es die kommunistischen Behörden zutiefst beunruhigte, war das Wunder von Číhošť ein singuläres Ereignis, das keine unmittelbaren Nachfolger hatte. Anders lagen die Dinge in Polen. Dort traten die Wunder in Wellen auf. Viele betrafen Ikonen der Jungfrau Maria, die etwa plötzlich zu weinen begannen. Um die Jahre 1949 und 1950 – auf dem Höhepunkt des stalinistischen Terrors – verzeichnete die Geheimpolizei zweihundertachtzig Erscheinungen dieser Art.[37]

Die tschechoslowakische Geheimpolizei versuchte das «Wunder von Číhošť» 1950 zu unterdrücken, indem sie Pfarrer Toufar zu Tode folterte und die Leiche verschwinden ließ. Folgerichtig entwickelte sich nach 1989 eine rege Wallfahrt. Aufnahme von 2015.

Die berühmteste davon trug sich in Lublin zu, wo am 3. Juli 1949 eine Ikone der Jungfrau in der Kathedrale der Stadt plötzlich Tränen vergoss. Innerhalb weniger Tage verbreitete sich die Nachricht über dieses Wunder überall in Polen. Pilger aus dem ganzen Land kamen nach Lublin. Viele behaupteten, von der weinenden Madonna spontan geheilt worden zu sein. Bald wurde der Andrang so groß, dass er nicht mehr zu kontrollieren war. Die Stimmung unter den Pilgern war ausgelassen. Tausende strömten herbei, um das Bild zu sehen und zu beichten. Bekehrungen waren an der Tagesordnung. Ein Philosophieprofessor der Katholischen Universität Lublin erinnerte sich, dass auf den Altären Stapel von zerrissenen Parteibüchern lagen. Selbst Angehörige der kommunistischen Polizei warfen sich vor der Ikone nieder.[38]

Eine Abteilung der polnischen Geheimpolizei wurde entsandt, um die Situation zu beobachten. Die Polizisten untersuchten die Ikone und stellten fest, dass keine künstliche Substanz verwendet worden war, um die «Tränen» zu erzeugen. Dennoch sorgten sie dafür, dass die örtliche Presse die katholische Hierarchie beschuldigte, das Ereignis ausgeheckt zu haben – als konterrevolutionäre Provokation. Sie schlossen die Kirche und karrten eine Gruppe Arbeiter aus einer Schuhfabrik herbei, um die verbliebenen Pilger mit Ziegelsteinen zu bewerfen. Bei den anschließenden Unruhen wurde eine einundzwanzigjährige Studentin zu Tode getrampelt. Ein Polizeikordon riegelte die Kathedrale ab, und eine Sonderkonferenz wurde einberufen, um das Vorgehen der Kirche zu verurteilen. Ihr Slogan lautete: «Schluss mit der mittelalterlichen Rückständigkeit».

Dennoch rissen die Wallfahrten nicht ab, im Gegenteil: Sie wurden immer mehr zu politischen Protesten, die sich gegen die kommunistischen Behörden richteten. In der Menge wechselten sich religiöse Gesänge mit Parolen ab wie: «Nieder mit dem Kommunismus» und «Lang lebe der Klerus».[39] Irgendwann verbreitete sich das Gerücht, dass Pilger vor dem Kapuzinerkloster verhaftet würden.

Daraufhin strömten die Wallfahrer zur nächstgelegenen Milizstation und bewarfen sie mit Steinen. Sie wurden von Angehörigen des Militärs und der Polizei eingekesselt. Hunderte Menschen wurden verhaftet, die meisten von ihnen wurden unterhalb des Lubliner Schlosses eingesperrt.

Das machte dem Wahnsinn in Lublin ein vorläufiges Ende, löste aber auch landesweit eine Flut neuer Wunder aus. Für einige davon gab es Zeugen und handfeste Beweise. Andere existierten nur als Gerüchte. Einer der Milizionäre, die die Lubliner Pilger verhaftet hatten, soll danach erblindet sein. Ein anderer litt an einer verkümmerten Hand. Und ein Mitglied der Kommunistischen Partei, das die Jungfrau verhöhnt hatte, war angeblich in ein Schwein verwandelt worden.[40]

Trotz dieser beunruhigenden Vorfälle erwies sich die polnische Geheimpolizei bei der Bekämpfung weiterer Marienerscheinungen in der Volksrepublik als ziemlich standhaft. Als die Gottesmutter in Gestalt eines seltsamen Lichtscheins auf einem Kirchturm im Warschauer Stadtteil Muranów erschien, wurde die Mauer mit schwarzem Teer bestrichen. Als sie einem jungen Mädchen auf einer Wiese beim Dorf Mazury erschien, wurde das Mädchen zunächst verhaftet. Als dann über Nacht an der Stelle, an der die Jungfrau stand, ein Myrtenstrauch spross, verbrannten sie den Strauch. Später, als die Jungfrau einem anderen Mädchen in einer Sauerampferwiese vor der Stadt Zabłudów erschien, umstellte die Polizei die Örtlichkeit und schüttete Branntkalk über den gesamten Sauerampfer. Das alles hielt die Leute nicht davon ab, die Asche aufzusammeln und zum Schutz um ihre Häuser zu streuen.[41]

Als die Geheimpolizei ihr fruchtloses Spiel mit der Muttergottes schließlich leid wurde, begann sie, die Erkenntnisse aus zwanzig Jahren schwieriger Kämpfe in einer Reihe von streng geheimen internen Berichten zusammenzufassen. Diese Berichte waren als Leitfaden für die Beamten vor Ort gedacht und behandelten Themen wie den Umgang mit Menschenmengen, den Abriss illegaler Kapellen und den Umgang mit den Sehern selbst. Diese Veröffentlichungen befassten sich also mit einem Problem, das es so nur in Osteuropa gab: Es waren Anleitungen zur Unterdrückung von Wundern.

KAPITEL 13

SOZIALISMUS

Jeder wusste noch genau, wo er am Tag von Stalins Tod war. Als sich die Nachricht verbreitete, dass der «Gärtner des menschlichen Glücks» am 6. März 1953 ins Jenseits eingegangen war, wurde sie aus allen Lautsprechern und Radiogeräten des Sowjetblocks verkündet. Hunderttausende von Trauernden strömten auf die Straßen und füllten die großen Plätze und Prachtstraßen von Budapest, Warschau und Prag.

Auch auf dem Land und in den Fabriken herrschte Trauer, ganz im Sinne des Stalinismus. Zehntausende von Arbeitern und Bauern beantragten sofort die Aufnahme in die Kommunistische Partei. In der Glashütte Nr. 12 im polnischen Tur versprachen die Arbeiter, «der vom Genossen Stalin vorgegebenen Linie zu folgen und ihre Anstrengungen an der Produktionsfront zu verstärken», während die Bauern im Dorf Grzeczna Panna («Höfliche Jungfrau») gelobten, den Getreideertrag auf jedem Hektar ihres Landes zu steigern.[1] Im Dorf Ślesin erklärte eine zweiundsiebzigjährige Frau öffentlich, es wäre viel besser gewesen, wenn sie an Stalins Stelle gestorben wäre, da sie nur ein paar kleine Kinder großgezogen habe, wohingegen Stalin und seine «unsterbliche Weisheit» von «allen Menschen auf der Welt» dringend gebraucht würden.[2]

Der ungarische Dichter György Faludy, der im berüchtigten Gefängnis von Recsk inhaftiert war, einem Miniatur-Gulag nach sowjetischem Vorbild, in dem die Gefangenen verhungerten und zu Tode geprügelt wurden, während sie in Steinbrüchen arbeiten mussten, erfuhr von Stalins Tod ein paar Tage später als der Rest seiner Landsleute. Der Gefängnisfriseur kam in seine Zelle, umarmte ihn und rief: «Der kaukasische Bandit ist endlich nicht mehr unter uns!»[3]

Faludy war drei Jahre zuvor, im Jahr 1950, nach Recsk gekommen. Seine Verbrechen bestanden darin, dass er aus dem Ausland nach Ungarn zurückgekehrt war, dass er Schriftsteller war und dass er nicht der Kommunistischen Partei angehörte. Der offizielle Grund für seine Verhaftung lautete, dass er angeblich für den amerikanischen Geheimdienst tätig war und einen Aufstand zum Sturz der Volksrepublik organisiert hatte. In dem Bewusstsein, dass Widerstand zwecklos war, gestand Faludy die Anklage. Der Beamte, der ihn verhörte, beglückwünschte ihn und forderte ihn als «einen Menschen mit Fantasie» auf, doch bitte ein «wirklich schönes und glaubhaftes Geständnis» zu verfassen.[4] Nun, drei Jahre später, staunte er, als sich die Lagerwachen bei ihren Gefangenen entschuldigten und nervös den Himmel nach amerikanischen Flugzeugen absuchten.

Stalins Tod löste eine politische Lawine aus. Es dauerte ein paar Jahre, bis sie ihre volle Wucht entfaltete. Einige Monate nach Stalins Tod verkündete die ungarische Führung eine allgemeine Amnestie für politische Gefangene. Faludy wurde freigelassen, ebenso wie alle anderen Insassen des Lagers in Recsk. In den Wochen darauf kam es in Polen, der Tschechoslowakei, der DDR und Bulgarien zu Streiks und Arbeiterrevolten. Doch der eigentliche Schock folgte im Februar 1956, als Nikita Chruschtschow seine «Geheimrede» hielt. Vor einer geschlossenen Versammlung der Kommunistischen Partei der Sowjetunion warf er Stalin eine Reihe von Verbrechen vor, darunter die Hinrichtung der meisten Mitglieder des Politbüros im Jahr 1937 und die Tatsache, dass die Sowjetunion 1941 nicht auf den Krieg mit Deutschland vorbereitet war. Obwohl geheim, verbreitete sich der Inhalt von Chruschtschows Rede schnell. Die Enttäuschung, die sie bei den Gläubigen auslöste, war gewaltig. Einem tschechischen Kommunisten zufolge war es, «als hätte man einer Ursulinen-Nonne gesagt, dass es keinen Gott gibt und Voltaire besser ist als der Papst».[5]

Chruschtschows Ansprache sollte sich als die bedeutendste Rede des 20. Jahrhunderts erweisen. Auf lange Sicht markierte sie das Ende des Stalinismus als Herrschaftsmethode in der gesamten Region. Von wenigen Ausnahmen abgesehen, waren die Tage der Massenverhaftungen und Hinrichtungen jetzt vorbei. Von nun an sollte die eiserne Faust der kommunistischen Macht einen Samthandschuh übergezogen bekommen. Nicht minder drastisch waren die unmittelbaren Folgen. In Polen führte die Geheimrede zu Unruhen und schließlich zu einem Wechsel an der Spitze der Partei. In Ungarn löste sie eine Revolution aus. Fast einen Monat lang, im Oktober und November 1956, wurde das Land von der Straße aus regiert, von Demonstranten und Arbeiterräten. In Budapest riss die Menge eine kolossale Bronzestatue Stalins nieder und lynchte Geheimpolizisten vor ihrem Hauptquartier. Es bedurfte einer sowjetischen Invasion und wochenlanger blutiger Straßenkämpfe, um den Aufstand niederzuschlagen.

Nach dem Ende der ungarischen Revolution schloss János Kádár, der neue Vorsitzende der wiedergegründeten Kommunistischen Partei Ungarns, einen stillschweigenden Pakt mit dem Volk: Haltet den Kopf unten, erwähnt den Aufstand nie wieder und genießt ein Leben in (relativem) Frieden und Wohlstand. Es war der Beginn einer neuen Ära, die als Gulaschkommunismus bezeichnet wurde und für die Entwicklungen in ganz Osteuropa bezeichnend war.

Überall im Ostblock lockerten die kommunistischen Regierungen ihren Griff. Organisierte politische Opposition war zwar immer noch absolut verboten, aber die Kultur öffnete sich zunehmend für Einflüsse aus dem Westen. In der Tschechoslowakei, wo die Hardliner der KP erst 1962 die Macht abgaben, erlebte das Kino in den 1960er Jahren eine Blütezeit; es war das Jahrzehnt von Miloš

Forman, Jiří Menzel und Věra Chytilová. In Polen fand eine neue Generation von Regisseuren, darunter Andrzej Wajda und Roman Polanski, in der Tauwetterperiode nach 1956 ebenfalls ihre Stimme. Mit der neuen Kunst kamen auch neue Ideen. Diese fanden rasch ein Echo in der Politik. 1968 kündigte Alexander Dubček, der neu gewählte Vorsitzende der tschechoslowakischen KP, eine Reihe von Reformen an, mit denen die Kontrolle über die Wirtschaft im eigenen Land wiederhergestellt und das Parlament für den Mehrparteienbetrieb geöffnet werden sollten. Entscheidend war, dass der neue Parteichef auch praktisch alle Formen der Zensur im Land aufhob und damit die kurze Periode der Offenheit einleitete, die als «Prager Frühling» gefeiert wurde.

Für Dubček bedeuteten die von ihm eingeleiteten Veränderungen die Anpassung des Sozialismus an die tschechoslowakischen Verhältnisse, oder, wie er es ausdrückte, den Beginn eines «Sozialismus mit menschlichem Antlitz». Der sowjetischen Führung erschien diese plötzliche Liberalisierung jedoch als existenzielle Bedrohung. Im August 1968 schickte Breschnew, Chruschtschows Nachfolger an der Spitze der UdSSR, deshalb die Panzer. Wie 1956 in Ungarn wollte die Sowjetunion die «Sicherheitszone», die sie im Krieg für sich gewonnen hatte, mit roher militärischer Gewalt verteidigen.

Nach dem Einmarsch befürchteten viele in der Tschechoslowakei eine umfassende Säuberung. Was stattdessen geschah, verlief jedoch eher schrittweise, allerdings nicht minder heimtückisch. Es war eine allmähliche Wiederherstellung der Autorität über Gesellschaft und Kultur, die euphemistisch als Ära der «Normalisierung» bezeichnet wurde.

Der erste Schritt war die Neutralisierung der Opposition. Über Monate und Jahre hinweg wurden die verschiedenen Reformkommunisten, Schriftsteller, Intellektuellen und Künstler, die den Prager Frühling unterstützt hatten, entlassen, mit Publikations- und Auftrittsverboten belegt und zu einer Vielzahl von niederen Tätigkeiten gezwungen. Praktisch die gesamte intellektuelle Elite der Tschechoslowakei verschwand von ihren Arbeitsplätzen und fand sich an den unterschiedlichsten Orten wieder: in Fabrikkellern, auf der Straße, beim Asphaltieren oder hinter dem Steuer eines Taxis. Philosophen wurden zu Baggerfahrern, Redakteure verdingten sich als Fensterputzer, Literaturwissenschaftler stiegen in die Kanalisation hinab. Es war ein Leben im inneren Exil, eine Verbannung ohne Gefängnis.

In den 1950er Jahren wären dieselben Menschen wirklich verschwunden – in einem Netz aus Gefängnissen, Arbeitslagern und Uranminen, deren lebensfeindliche Bedingungen als perfekter Ort für Volksfeinde galten. In einem Essay von 1978 fasste der tschechische Schriftsteller und Dissident Ludvík Vaculík den Unterschied zwischen den beiden Epochen so zusammen: «In den fünfziger Jahren gab es sowohl die revolutionäre Grausamkeit als auch den selbstlosen Enthusiasmus … Heute ist von Enthusiasmus nichts mehr zu spüren, und es gibt, abgesehen von einigen Exzessen, auch keine besondere Grausamkeit. Die Gewalt hat sich vermenschlicht.»[6]

Der Stalinismus hatte seine Feinde eliminiert. Die nachfolgenden sozialistischen Regime hingegen neutralisierten sie. Der Philosoph Milan Šimečka nannte dies die Ära der «zivilisierten Gewalt», in der Menschen vom Regime nicht mehr gefoltert oder ausgehungert wurden. Geheimpolizisten klopften nicht mehr um vier Uhr morgens an Türen. Wenn jemand verhört werden musste, wurde ein fester Termin dafür anberaumt, während der normalen Bürozeiten. Wenn jemand ins Gefängnis kam, konnte er davon ausgehen, dass er vorschriftsgemäß behandelt wurde. Und wenn Abhörgeräte in den Wohnungen installiert wurden, «geschah dies ohne Beschädigung des Mobiliars».[7]

Da es der tschechischen Geheimpolizei (größtenteils) verboten war, Schläge oder Folter anzuwenden, war sie gezwungen, bei ihren Schikanemethoden kreativ zu werden. Infolgedessen waren die

1970er Jahre das goldene Zeitalter der schmutzigen Tricks. Führende tschechische Intellektuelle wachten auf und mussten feststellen, dass ihre privaten Gespräche – in ein wenig schmeichelhaftes Licht gestellt – im nationalen Fernsehen übertragen wurden. Bohumil Hrabals Geburtstagsfeier wurde gesprengt, und seine Manuskripte wurden von keinem der führenden tschechoslowakischen Verlage mehr angenommen.[8] Nach Verhören fuhr er mit der «Siebzehner Straßenbahn» quer durch Prag und versuchte, den Moment der Heimkehr so lange wie möglich hinauszuzögern, denn solange er nicht zu Hause war, konnte ihn die Geheimpolizei nicht wieder vorladen.[9]

Das Gesicht von Marta Kubišová, einer der populärsten Sängerinnen des Landes, wurde auf pornografische Fotos verpflanzt, die angeblich in Westdeutschland aufgenommen worden waren. Die Geheimpolizei StB verteilte diese manipulierten Bilder dann an Konzertveranstalter, Zeitungsredakteure, Radio- und Fernsehsender und ihre Sängerkollegen, um sicherzustellen, dass sie nicht mit Kubišová zusammenarbeiteten oder ihren Namen auch nur laut erwähnen.[10] Daraufhin wurde Kubišová zur Unperson: Der einzige Job, den sie finden konnte, war in einer Hühnerschlachterei.

Bei einer Durchsuchung der Wohnung von Ludvík Vaculík beschlagnahmte der StB eine Reihe von Nacktfotos, die er mit seiner Geliebten gemacht hatte und auf denen sie gänzlich unbekleidet auf mittelalterlichen Grabsteinen posierte. Zwei Jahre lang versuchte die Geheimpolizei, Vaculík mit diesen Fotos zu erpressen, damit er tat, was sie wollte. Als er sich ein letztes Mal weigerte, veröffentlichte sie die Fotos in der Zeitung und zeigte sie im Fernsehen. Gleichzeitig schickten sie Agenten zu Vaculíks Frau Madla, um ihr von seinen anderen Geliebten zu erzählen und sie unter Druck zu setzen, sich von ihm scheiden zu lassen oder ihn zumindest zu denunzieren. Als Madla Vaculíková sich weigerte, schnauzte einer der Agenten sie an und fragte: «Was sind Sie – eine Heilige?»[11]

Der kurze Vorfrühling von Prag 1968. «Unbefugten ist das Betreten verboten» steht vieldeutig auf dem Plakat. «Vstup/betreten» war auch die offizielle Bezeichnung der Kommunistischen Partei für die Invasion.

All diese schmutzigen Tricks waren nur möglich durch die Überwachung: Mittels Hausdurchsuchungen, Verhören und Observationen übte der StB ständig Druck auf die Dissidenten aus. Verglichen mit der Größe des Landes war die Opposition klein, während die Geheimpolizei über enorme Ressourcen verfügte. Bis zu dreißig Agenten konnten damit beauftragt werden, einen einzigen Dissidenten zu beschatten, wenn dieser in den Urlaub fuhr. Die Staatssicherheit mietete eine Wohnung gegenüber der Prager Wohnung der Vaculíks, um sie rund um die Uhr überwachen zu können. Als der führende regimekritische Dramatiker Vacláv Havel zum Schreiben in sein Landhaus reiste, verfolgte die Geheimpolizei ihn auf seinen Spaziergängen, beschädigte sein Auto und errichtete eine spezielle Beobachtungskabine auf Stelzen (die angeblich wie eine Mondlandefähre aussah), damit sie ihn auch im Blick hatte, wenn er zu Hause war.[12]

Mochte der Einsatz von menschlichem Personal durchaus effektiv sein, so war der eigentliche Durchbruch bei der Überwachung technologischer Natur. Ab den 1960er Jahren verhalf eine neue Generation elektronischer Apparate – Abhörgeräte, Telefonwanzen und versteckte Kameras – den Sicherheitsdiensten des Ostblocks zu ungeahnten Leistungen. In der ersten Ausgabe der *Securitatea* von 1968, der Hauszeitschrift der rumänischen Geheimpolizei, wurde diese schöne neue Welt gepriesen, in der Agenten Dinge tun konnten, «die in der Vergangenheit ins Reich des Fantastischen fielen», wie das Abhören von Gesprächen durch Wände hindurch oder das Anzapfen eines Telefons auch dann noch, wenn der Hörer bereits auflag.[13]

Nicht nur Rumänien profitierte von dieser technischen Revolution. Sogar Albanien, das isolierteste und wirtschaftlich schwächste Land des Ostblocks, machte sich die neuen Methoden zu eigen. Zu einer Zeit, als ein Fernseher acht Monatsgehälter kostete und private Tonbandgeräte schlichtweg nicht existierten, verfügte die albanische Geheimpolizei, die Sigurimi, bereits über eine ganze Reihe von elektronischen Überwachungsgeräten im Miniaturformat. Versteckt wurden die Wanzen in Handtaschen, Vasen und handgefertigten Holzpfeifen. Einige stellte man sogar selbst her.

Sämtliche Signale und Aufzeichnungen, die mithilfe dieser Gerätschaften gemacht wurden, gelangten schließlich ins «Haus der Blätter» in Tirana. Dieses Gebäude ist heute ein Museum, in dem Besucher alte Verhörräume betreten und die verschiedenen raffinierten Tarnungen studieren können, die sich die Sigurimi für ihre Wanzen ausgedacht hatte. Ursprünglich als Villa für Tiranas ersten Gynäkologen gebaut, wurde das Haus später zum Hauptquartier der Staatssicherheit und dann zum Zentrum des Netzes, das die

Sigurimi über Albanien gesponnen hatte. Tausende Stunden aufgezeichneter Gespräche und Telefonate fanden ihren Weg in dieses komfortable Haus, das etwas abseits des Stadtzentrums im Schatten ausladender Platanen und Palmen liegt.

Doch so viele Rohdaten sie auch abfing: Am wichtigsten für die Effektivität der Sigurimi war das *allgemeine Bewusstsein dessen,* dass ihre Augen und Ohren eben überall waren. Selbst die harmlosesten Äußerungen, etwa wenn sich jemand lautstark über die schlechten Tomaten auf dem Markt beschwerte oder etwas Positives über die westdeutsche Fußballmannschaft sagte, konnten zu jahrelangen Gefängnisaufenthalten führen.[14] Die Menschen lernten, stets und überall darauf zu achten, was sie sagten. Das war im gesamten Ostblock so.

Schreibmaschinen galten den kommunistischen Behörden als besondere Sicherheitsgefahr, weil sie eines der wenigen potenziellen Massenkommunikationsmittel waren, die sich noch in privater Hand befanden. Mit ihnen brach deshalb das goldene Zeitalter des Samisdat an, des Selbstverlags im osteuropäischen Untergrund. Ab Mitte der 1970er Jahre produzierten viele führende Schriftsteller in der Tschechoslowakei – darunter auch Vaculík – Ausgaben ihrer Werke, indem sie diese mittels mehrerer Lagen Kohlepapier zu mehreren Exemplaren abtippen ließen. Das verwendete Papier musste hauchdünn sein; trotzdem war die elfte oder zwölfte Kopie vom Ende des Packens kaum noch lesbar und wurde oft zu einem günstigeren Preis angeboten.[15]

Trotz der schlechten Papierqualität und der winzigen Auflagen waren die Samisdat-Ausgaben eine wichtige Möglichkeit für verbotene Autoren, weiterhin zu veröffentlichen. Der Samisdat-Druck war zudem das wichtigste Mittel, um die Schriften der Dissidenten im gesamten Ostblock zu verbreiten. Die Menschen lasen die neuesten Essays von Havel und Alexander Solschenizyn größtenteils in solchen handgemachten, maschinengeschriebenen Kopien. Schnell wurde die Geheimpolizei darauf aufmerksam. Als Solschenizyns «Nicht mit der Lüge leben» im Herbst 1977 in Krakau in Umlauf kam, bestellte die Staatssicherheit sofort einen ihrer vertrauenswürdigsten Spitzel innerhalb der Opposition ein, weil sie mit seiner Hilfe herauszufinden hoffte, auf welcher der Schreibmaschinen seiner Freunde der Text getippt worden war.[16] In Rumänien mussten nach 1983 alle Schreibmaschinen bei der örtlichen Polizei registriert werden. Jedes Jahr wurde man mittels Postkarte auf die Wache bestellt, um unter Aufsicht einen Schreibmaschinentest zu machen – drei Kopien, ohne Durchschlag.[17]

Solche Informanten vermochten der Geheimpolizei einen Einblick in das Innenleben der Dissidentenverlage zu verschaffen, und mithilfe von Überwachungsgeräten konnte sie diese dauerhaft kontrollieren. Anfang der 1970er Jahre gab es im Prager Wohnhaus der Vaculíks so viele Wanzen und Kameras, dass das Ehepaar auf jedes Wort achten musste. Wenn die beiden sich in den Jahren zwischen 1969 bis 1989 etwas Wichtiges mitzuteilen hatten, schrieben sie es mit Kreide auf eine abwischbare Schiefertafel. Wenn sie etwas auf Papier kritzelten, spülten sie die Zettel sofort nach dem Lesen im Klo hinunter.[18]

In einer Welt, in der neugierige Ohren allgegenwärtig waren, konnte die Toilette als dringend benötigter Zufluchtsort dienen (wenn auch nicht überall: Die ostdeutsche Stasi verwanzte sogar öffentliche Bedürfnisanstalten, genauso wie Opernlogen und Beichtstühle). Die Literaturwissenschaftlerin Cristina Vatulescu, die im Rumänien der 1980er Jahre aufwuchs, hörte einmal, wie ein Freund ihres Vaters zugab, dass er «jeden Abend zu Hause sämtliche Türen und Fenster verschloss, sich im Badezimmer versteckte und gegen das Regime wetterte».[19] Wahrscheinlich wurden seine Tiraden aufgezeichnet, aber das spielte keine Rolle – denn er tat ohnehin genau das, was das Regime wollte. Ziel der Regierenden war es keineswegs, die Bürger von sich zu überzeugen, sondern ihnen einfach so viel

Angst einzujagen, dass sie nur noch den Mut hatten, ihre Bedenken im Verborgenen zu äußern. Abweichende Meinungen gab es, aber nur versteckt in einer Schublade oder in der Abgeschiedenheit eines verschlossenen Badezimmers. Solange sie dort blieben, davon war das Regime überzeugt, konnte es unbegrenzt herrschen.

Die 1960er und 1970er Jahre waren das große Zeitalter der Akten. Ganze Armeen von Informanten, Beschattern, Schreibkräften und Sekretärinnen waren an ihrer Produktion beteiligt. Und nicht nur diese Fachleute, sondern auch Freunde, Geliebte und sogar Ehepartner. Ihre Arbeit wurde von Agenten koordiniert und von Obersten beaufsichtigt. Der rumänische Polithäftling Belu Zilber meinte einmal scherzhaft, die Herstellung von Akten sei «der erste bedeutende sozialistische Industriezweig».[20]

Die Überwachung produzierte Unmengen von Papier, die Akten über regimekritische Autoren nahmen Tolstoi'sche Ausmaße an und erreichten eine Joyce'sche Liebe zum Detail. Dabei wurden die Geheimpolizisten zu Lehrlingen in der sanften Kunst der Literaturkritik. Bei der Verfolgung von Marin Preda, einem der führenden rumänischen Schriftsteller, befragten einige Securitate-Agenten Freunde aus seiner Kindheit und suchten nach vergangenen Traumata und verborgenen Motiven. Dabei stießen sie auf die Geschichte über Predas «Schock, als er zufällig das Geschlechtsteil seines Vaters sah».[21] Derweil waren andere Mitglieder des Teams damit beschäftigt, die Beziehung des Schriftstellers zu seinen drei Ex-Frauen zu analysieren. Da sie sich ihrer Fähigkeiten als Leser von Belletristik nicht ganz so sicher waren, beauftragten sie einen Literaturwissenschaftler damit, die in den Romanen der Zielperson verborgenen Bedeutungsebenen herauszufinden.

Der tschechische Journalist Jiří Lederer musste nach seiner Entlassung aus der Haft 1970 drei- bis viermal wöchentlich zu ausführlichen Nachbesprechungen in ein Gefängnis kommen, wo er seine Artikel Wort für Wort und Satz für Satz erläutern musste, während sein Vernehmungsbeamter ihm Fragen stellte wie: «Worauf wollten Sie mit der Bemerkung in Klammern hinaus?» oder «Was wollten Sie dem Leser mit den drei Punkten suggerieren?»[22]

Da sich die Geheimpolizei derart detailliert mit den Texten befasste, konnte sie fast als eine Art Mitautorin oder Lektorin eines Schriftstellers fungieren. Für den tschechischen Philosophen Karel Kosík war die Staatssicherheit eine große Hilfe bei seiner Arbeit, da sie ihn durch die wiederholte Beschlagnahme und Vernichtung seiner Manuskripte dazu zwang, seine Gedanken immer wieder neu zu formulieren und so die verborgenen Fehler in seinen Überlegungen zu korrigieren.[23] Ludvík Vaculík hat in seinen zahlreichen Feuilletons und autofiktionalen Büchern einzelne Geheimpolizisten zu Figuren gemacht. So ist Oberstleutnant Noga, «ein kleiner Mann, gut gebaut, dunkelhäutig und dunkelhaarig», der mit einem kaum wahrnehmbaren Akzent sprach, welcher seine Herkunft als mährischer Fabrikarbeiter verriet, eine immer wiederkehrende und ziemlich bedrohliche Erscheinung in Vaculíks *A Cup of Coffee with my Interrogator*. Vaculíks allmonatliche Verhöre mit StB-Major Fišer spielen in seinem Buch *Tagträume – Alle Tage eines Jahres* eine so prominente Rolle, dass Vaculík sich verpflichtet fühlte, dessen Inhalt vor der Veröffentlichung Fišer zum Lesen zu geben. Der Major schickte das Manuskript nach einem Monat mit der Bemerkung zurück, dass er zwar kein «Literaturkritiker» sei, aber nach dem, was er bisher gelesen habe, sei er der Meinung, dass Vaculík es «besser» könne.[24]

In Polen konnte die Geheimpolizei bestimmen, wer ins Ausland reisen durfte, wer übersetzt wurde und wer die wichtigsten Literaturpreise erhielt. Auf diese Weise machte sie Andrzej Kuśniewicz, den Verfasser melancholischer und heute völlig vergessener Großstadtromane, die in den letzten Tagen der österreichisch-ungarischen Monarchie spielen, zu einem der prominentesten Schriftsteller der 1970er und 1980er Jahre. Im Gegenzug erzählte Kuśniewicz seinen

Kontaktleuten alles, was sie über Interna des Literaturlebens wissen wollten: wer sich darüber ärgerte, bei einem Preis übergangen worden zu sein, wer zu emigrieren plante und wer mit der Opposition sprach.[25]

War die Geheimpolizei in der Lage, von ihr auserkorenen Autoren den Weg zu ebnen, so fiel es ihr noch viel leichter, denjenigen das Leben zur Hölle zu machen, die sie als ihre Feinde betrachtete. Herta Müller hat wie kaum eine andere osteuropäische Schriftstellerin das Leben im spätsozialistischen Überwachungsstaat beschrieben. Ihre Romane sind Werke von subtiler, erstickender Paranoia. Sie sprießen aus bitterer Erfahrung. Müller wuchs im Banat als Angehörige der deutschsprachigen Minderheit in Rumänien auf. Während des Studiums schloss sie sich einer literarischen Gruppierung an, deren Mitglieder es sich zur Aufgabe gemacht hatten, wahrheitsgetreu über die Verhältnisse zu schreiben, in denen sie lebten. Wegen dieser Arbeit im literarischen Untergrund verlor Müller ihre Stelle als technische Übersetzerin in einer Fabrik. Ihr Ehemann, auch er Schriftsteller, wurde ebenfalls entlassen. Später wurde Müller verhaftet, weil sie auf einem Basar in Timişoara Walnüsse zu einem «exorbitanten Preis» – also zum Schwarzmarkttarif – gekauft hatte. Die Securitate bot ihr an, ihr das Leben zu erleichtern, wenn sie sich bereit erklärte, als Informantin für sie zu arbeiten; sie lehnte ab. Daraufhin wurde die Verfolgung immer schlimmer.

Die rumänische Geheimpolizei hatte Ende der 1980er Jahre nur etwa 15 000 aktive Mitarbeiter, aber sie verstand es gekonnt, sich allgegenwärtig zu zeigen. Der Pförtner des Hauses, in dem Herta Müller wohnte, registrierte ihr Kommen und Gehen. Fremde schienen in ihrer Wohnung ein und aus zu gehen. Ein Lastwagen schubste sie von der Straße, als sie mit dem Fahrrad unterwegs war. Allmählich regte sich in Müller der Verdacht, dass ihre Freunde sie bespitzelten. Sie begann sogar ihren Mann zu verdächtigen. Die Haare fielen ihr büschelweise aus. Es ging ihr jetzt nicht mehr darum, wahrheitsgemäß zu schreiben, veröffentlicht zu werden oder sich auch nur über Wasser zu halten. Der Kampf bestand für sie, wie sie am Ende von *Heute wär ich mir lieber nicht begegnet* schreibt, nur noch darin, «nicht irr [zu] werden».[26]

Doch trotz aller Brutalität und allen Leids, das sie verursachte, war der Beginn der kommunistischen Herrschaft in Osteuropa in den 1950er Jahren der Auftakt zu einer echten Revolution im Leben der Menschen. In weiten Teilen der Region bedeutete sie das endgültige Ende des Feudalismus. Die Bauern, die lange Zeiten ans Land gebunden waren, verließen zum ersten Mal seit Generationen ihre Höfe, um sich in den gerade errichteten Fabrikstädten ein neues Leben aufzubauen. Großstädte, die der Krieg zerstört hatte, erhoben sich – gemessen an der Aufgabe – geradezu blitzartig aus der Asche. Moderne Annehmlichkeiten wie Elektrizität, Kino und Telefon verbreiteten sich von den Städten aus aufs Land. Wohnraum – mochte er auch noch so bescheiden sein – stand fast jedem, der ihn brauchte, zur Verfügung.

Mochte das Leben im Ostblock um 1955 auch nicht übermäßig komfortabel sein, so konnte man sich durchaus des Gefühls erfreuen, dass im Vergleich zu früher große Fortschritte erzielt wurden. Das gelobte Land des voll entwickelten Kommunismus, in dem sämtliche sozialen Schranken, einschließlich des Staates, hinweggeschmolzen wären, war sicherlich noch nicht erreicht, aber Gleichheit – oder zumindest *annähernde* Gleichheit in rein materieller Hinsicht – war eine Tatsache. Es kam selten vor, dass man viel mehr oder viel weniger hatte als sein Nachbar. Und die Dinge schienen immer besser zu werden. Es gab kostenlose Schulbildung für alle. Die Alphabetisierungsrate stieg in ungeahnte Höhen, ebenso wie die verfügbare medizinische Versorgung. Die Lebenserwartung näherte sich der im Westen an. Armut – echte, verzweifelte Armut – und Hunger gehörten zur Vergangenheit. Urlaub in den Bergen, am

Meer oder auf dem Land wurde jetzt sogar für die Mehrheit der Menschen zu einem erreichbaren Ziel. (Die riesigen Hotelburgen in der polnischen und slowakischen Tatra, an der bulgarischen Schwarzmeerküste und entlang der jugoslawischen Adria zeugen von diesem Zeitalter der sozialisierten Erholung.)

Eine Generation später war es viel schwieriger, die gleiche Begeisterung für die neue Ordnung zu wecken. Das Wachstum erlahmte, und die Revolution wurde zur Routine. Die schöne neue Welt des Sozialismus verwandelte sich in eine Epoche der stumpfen Wiederholung. Der ungarische Romancier György Konrád nannte diesen Zustand des nicht enden wollenden Stillstands das «osteuropäische Präsens».[27] In ihm verlief das Leben sehr langsam. Kaum waren sie geboren, trugen die Eltern ihre Kinder (unter diesen auch meine Eltern) in die Wartelisten für Wohnungen und Autos ein. Wenn sie Glück hatten, betrug die Wartezeit nur dreißig Jahre.

Es gab immer nur die gleichen wenigen dürftigen Waren. Minderwertige Produkte beherrschten den Markt – das heißt, wenn sie überhaupt erhältlich waren. Es war eine Welt der Briefumschläge, die nicht klebten, der Kugelschreiber, die nicht schrieben, und der Streichhölzer, die nicht brannten.

Unter diesen Bedingungen der Langeweile und des Mangels war es schwer, so etwas wie «revolutionäre» Begeisterung aufrechtzuerhalten. Niemand nahm die Ideologie mehr ernst. Die Politik wurde zu einem Reich der Täuschung, der leeren Phrasen und sinnlosen Ermahnungen. In den späten 1970er und frühen 1980er Jahren waren die Lehren des Marxismus-Leninismus einem totalen Zerfallsprozess unterworfen. Fast überall (außer vielleicht im kleinen Albanien, das dank seiner nahezu perfekten Isolation in seiner Militanz unerschütterlich blieb) wurden sie, in den Worten eines Rumänen, als «eine Art amorphe Last» empfunden.[28] Die politische Ausbildung war eine reine Formalität. Die kommunistische Ideologie, ihre Parolen, ihre Organisationen und ihre zeitlichen Anforderungen bildeten einen einzigen, bedrückenden Nebel, in dem man sich im täglichen Leben ganz selbstverständlich bewegen musste.

In seinem Essay *Versuch, in der Wahrheit zu leben. Von der Macht der Ohnmächtigen* erzählt Václav Havel die Geschichte eines (fiktiven) Gemüsehändlers, der in seinem Schaufenster ein Schild mit der Aufschrift «Proletarier aller Länder, vereinigt euch» aufhängt. Er glaubt nicht an diese Parole, und das Regime verlangt auch gar nicht von ihm, dass er daran glaubt, sondern nur, dass er durch das Aufhängen des Schildes seinen Gehorsam zeigt. Für Havel ist dies eine Parabel über das Leben in einer, wie er es nennt, «posttotalitären Gesellschaft», die die Ordnung aufrechterhält, indem sie diktiert, was gesagt werden darf, und den Freiraum für individuelle Meinungsäußerungen unterdrückt. Aber wie in Osteuropa üblich, übersteigt die Absurdität der Realität die der Fiktion. Ein (echter) Bukarester Gemüsehändler hat einmal einen Zettel an die Ladentür gehängt, auf dem stand: «Wir haben Kohl.» Jemand anderes klebte einen Zettel darunter, auf dem stand: «Wieder ein Sieg über den Kapitalismus».[29]

Im Allgemeinen war der Humor ein gutes Barometer für das, was in den Volksdemokratien wirklich vor sich ging. So stellte etwa die offizielle Propaganda den rumänischen Präsidenten Nicolae Ceauşescu als Helden, als Genie, ja quasi als Gott dar. Privat jedoch war der zierliche und vollkommen größenwahnsinnige Diktator die Zielscheibe unzähliger Witze. In einem davon ist Ceauşescu auf dem Weg zum Bukarester Flughafen, als er eine Gruppe von Bürgern sieht, die in einer Schlange stehen. Er befiehlt seinem Fahrer, anzuhalten und zu fragen, worauf sie denn warten.

> Die gesamte Autokolonne hält an, und bald kommt der Fahrer mit der Antwort zurück. «Die Leute warten auf Brot.» – «Mein Volk sollte nicht auf Brot warten müssen», donnert der besorgte Führer. «Es soll sofort Brot geben!» Tatsächlich

> taucht in kürzester Zeit ein Lastwagen auf, und das Brot wird verteilt. Zufrieden setzt Ceauşescu seine Fahrt fort, sieht aber schon bald wieder eine, diesmal noch längere Schlange. Wieder befiehlt er anzuhalten und schickt den Fahrer los. «Die Leute warten auf Eier», wird ihm gesagt. – «Mein Volk sollte nicht auf Eier warten müssen», brüllt er. «Bringt meinem Volk Eier!» Wie zuvor taucht prompt ein Lastwagen auf, die Eier werden verteilt, und Ceauşescus Wagenkolonne setzt ihre Fahrt fort. Doch schon bald entdeckt der Präsident eine dritte Schlange, die längste bisher. Wieder lässt er anhalten und schickt den Fahrer los, um nachzuforschen. «Das Volk wartet auf Fleisch.» Einen Moment lang schweigt Ceauşescu, doch dann sagt er mit der gleichen Bestimmtheit wie zuvor: «Bringt meinem Volk Stühle!»[30]

Darin steckt mehr als nur ein Körnchen Wahrheit. Um die Farce aufrechtzuerhalten, dass er über ein glückliches und gesundes Land herrschte, das mit den Errungenschaften des voll entwickelten Sozialismus gesegnet war, brauchte Ceauşescu die Hilfe von Tausenden. Den Anblick von Warteschlangen konnte er tatsächlich nicht ertragen. Wenn er einen Markt oder ein Geschäft besuchte, musste alles üppigst mit Lebensmitteln bestückt sein. Wenn er einen zweiten Markt besuchte, mussten dort genau die gleichen Waren ausliegen. Ceauşescu konnte es auch nicht ertragen, Kirchen oder Privathäuser zu erblicken, denn sie waren für ihn Symbole der Reaktion. Wenn er und seine Frau Elena durch Bukarest fuhren, mussten all diese Zeichen unabhängigen Lebens hinter Gerüsten oder Holzplatten versteckt werden, angebracht auf Kosten der Eigentümer. Die Anwohner entlang der Route der Autokolonne mussten ihre Wäsche abhängen, weil das nicht «schön» aussah.[31] Kam ein ausländischer Würdenträger zu Besuch, wurde eine Menge zusammengetrommelt, die ihm zujubeln musste, wobei sich zahlreiche Securitate-Agenten unter die Menschen mischten, um sicherzustellen, dass es nicht zu unangemessenen Vorfällen kam.

Manchmal musste sogar die Natur bei dieser allgegenwärtigen Farce mitspielen. Wenn Ceauşescu ein Feld besuchen wollte, auf dem das Getreide nicht gut wuchs, wurde zusätzliches Getreide herbeigeschafft und noch am selben Tag in die Erde gesetzt, um das Feld voller erscheinen zu lassen. Die Herren über diese Inszenierung mussten jedoch vorsichtig sein: Wurde das zusätzliche Getreide zu früh gepflanzt, würde es verdorren, bevor das selbst ernannte «Genie der Karpaten» eintraf, um es zu inspizieren.[32]

Seit dem Ende des Stalinismus waren Witze über das Regime fester Bestandteil des Lebens im Ostblock. Nur in Albanien sucht man sie bemerkenswerterweise vergebens.[33] Dort konnten selbst harmlose Äußerungen wie «Ich esse Brot mit Butter» oder «Ich habe kein Brot» als Propaganda ausgelegt werden, je nachdem, mit welcher Betonung sie gesagt wurden. So wurde ein Mann zu dreiundzwanzig Jahren Gefängnis verurteilt, weil er einen Witz über den Vorsitzenden Mao, den damals einzigen wichtigen Verbündeten Albaniens in der sozialistischen Welt, gemacht hatte. Scherze über Enver Hoxha, Albaniens Herrscher vom Ende des Zweiten Weltkriegs bis zu seinem Tod 1985, wurden nicht nur vermieden – sie waren undenkbar.

Während seiner langen Regentschaft schottete Hoxha Albanien die meiste Zeit vom Rest der Welt ab. Reisen nach Jugoslawien wurden nach seinem Bruch mit Tito 1948 unmöglich. Auch die Sowjetunion war nach dem Abbruch der Beziehungen 1960 tabu (Hoxha gefiel nicht, dass Chruschtschow vom stalinistischen Erbe abrückte). Für Albaner war sogar die Tatsache, dass sie Verwandte im Ausland hatten, ein so großer Makel, dass dies verhindern konnte, dass sie eine Ausbildung machten oder in sensiblen Branchen arbeiteten.

Eine weitere potenzielle Quelle der Stigmatisierung war die Religion. In einer Rede von 1967 sagte Hoxha dem religiösen Glauben als «Opium der Massen» den Kampf an. In den folgenden Jahren ließ er Tausende von Moscheen, Kirchen und Sufi-Hütten schließen. Viele dieser Gotteshäuser, darunter einige der bedeutendsten architektonischen Schätze Albaniens, wurden komplett abgerissen.[34] Mit dem Verbot der Religion verschwand auch der alte Heiligenkult in den Untergrund. Die Familien verehrten die heiligen Stätten weiterhin im Verborgenen, indem sie in der Nähe Picknicks abhielten. Ein besonders beliebter Ort war das Grab von Sari Saltik in Krujë.[35]

Hoxha tat sein Möglichstes, um seine Landsleute sowohl über ihre eigenen Traditionen als auch über die Geschehnisse in der übrigen Welt in Unkenntnis zu halten. Dennoch hatte es zu Beginn der 1970er Jahre für einen Moment den Anschein, als würde ein frischer Wind in die muffige Kammer des albanischen Sozialismus eindringen. Als sich das Klima nervöser Spannungen sowohl mit dem Sowjetblock als auch mit dem Westen zu entspannen begann, tauchten auf den Straßen von Tirana erste Anzeichen moderner Mode auf. Frauen schnitten sich die Haare kurz, als Bob. Die Männer trugen ihr Haar etwas länger, wie die Beatles. Die Röcke wurden kürzer, die Koteletten länger. Neue Melodien schwirrten durch die Luft. Viele von ihnen klangen italienisch. Einige sogar ein bisschen nach Soul.

Die meisten dieser neuen Lieder waren zum ersten Mal während der Übertragung des Liederfestivals 1972 zu hören gewesen. Dieses Festival war eine jährliche Veranstaltung, die der staatliche Rundfunk organisierte. In den vorangegangenen Jahren waren dort eher nüchterne Nummern im sozial-realistischen Stil gesungen worden, Loblieder auf die Ernte oder den Widerstand gegen den Imperialismus. Die prämierten Werke trugen Titel wie «Heldenlehrer» oder «Das Haus, in dem die Partei zur Welt kam». Doch die elfte Ausgabe des Festivals war anders. Die Bühne sah moderner aus. Keine Hämmer und Sicheln mehr im Dekor. Auch die Darbietungen wirkten zeitgemäßer.[36] Musiker wippten mit den Füßen, Sängerinnen wackelten mit den Hüften. Zum ersten Mal klangen die Lieder eingängig. Die Leute nahmen sie auf und gaben sie an Freunde und Nachbarn weiter. Junge Leute sangen sie auf der Straße mit und taten ihr Bestes, um das Outfit der Sängerinnen zu kopieren. Es lag was Neues in der Luft, ganz klar. Der Titel des Siegerlieds, «Wenn der Frühling kommt», deutete darauf hin, dass vielleicht eine Tirana-Version des Prager Frühlings bevorstand. Die italienische und die jugoslawische Presse griffen diese Vorstellung auf und verkündeten die Anfänge eines albanischen Tauwetters.

Wer konnte, sah sich das elfte Liederfestival an. Auch Enver Hoxha schaute zu, und was er sah, gefiel ihm nicht. Er hatte allen Grund, sich Sorgen zu machen. Sein Herz wurde immer schwächer. Der jüngste Fünfjahresplan war ins Stocken geraten. Und das Schlimmste war, dass China, Albaniens letzter Verbündete, dem Westen gegenüber weich zu werden schien. Im selben Jahr hatte der Vorsitzende Mao dem kapitalistischen Kriegsherrn Richard Nixon die Hand geschüttelt. Es war also an der Zeit, das Fenster wieder zu schließen.

Am 26. Juni 1973 verkündete Hoxha bei einer Sitzung der Partei der Arbeit seine Absichten: Er verurteilte den Import «verderblicher bourgeoiser Ideen», darunter «langes Haar [bei Männern], auffällige Kleidung und kreischender Dschungelmusik». Der Gegenangriff sollte sofort beginnen.[37]

Der erste Schritt bestand darin, dass die Partei die Musiker des Festivals wegen der Aufführung «entarteter Musik» tadelte. Dann begann sie mit einer Säuberungsaktion gegen «innere und äußere Feinde», die ihren Führungsanspruch gegenüber der Jugend bedrohten.[38] «Ein ausländisches Gesicht zeigen» und «bürgerlicher Revisionismus» waren die Hauptvorwürfe, die mit Ausschluss geahndet wurden. Die Studenten rasierten sich eilig ihre Koteletten ab und entledigten sich jeglicher anderer dekadenter Modeerscheinungen. Am Flughafen von Tirana warteten Barbiere, um gelandeten Reisenden sogleich Frisur und Bart zurechtzustutzen, falls die Haartracht der Fremden «die Normen sozialistischer Ästhetik verletzte».[39] Derweil ging die Säuberungsaktion weiter und ergriff nun auch auf die Führung der Partei selbst. Zwischen 1973 und 1975 wurden acht Minister und hundertdreißig Künstler und Intellektuelle aus ihren Ämtern entlassen und entweder hingerichtet, verbannt oder ins Gefängnis geworfen. Die Säuberungen begannen mit den Sängern, die beim Festival auftraten, dem Direktor des Fernsehsenders, der es ausgestrahlt, und dem Leiter der Ideologieabteilung, der die Durchführung des Festivals ermöglicht hatte. Der Kreis der Bestraften erweiterte sich dann auf die prominentesten Redakteure, Dichter, Journalisten und Theaterregisseure Albaniens sowie auf die Minister für Verteidigung, zentrale Planung sowie Industrie und Bergbau.

Die meisten dieser Männer (es waren fast durchweg Männer), ehemals die Crème de la Crème des albanischen Regierungsapparats, verschwanden über Nacht aus ihrem normalen Leben, um sich dann in einem der zahlreichen albanischen Gefangenenlager wiederzufinden. Diese plötzliche Wendung des Schicksals trübte ihre Begeisterung für die Herrschaft von Hoxha allerdings nicht unbedingt. Einige von Hoxhas obersten Leutnants, die im berüchtigten Ballsh-Gefängnis wieder zusammenkamen, waren überzeugt, dass ihre Verurteilung lediglich ein Test war. Sie waren sich sicher, dass sie, wenn sie gegen die Klassenfeinde und Verräter in ihrer Mitte wachsam blieben, schließlich erlöst werden würden. Im Laufe ihrer Haft trafen sich diese «roten Paschas» regelmäßig, um über die gesammelten Schriften von Hoxha zu diskutieren und sich immer wieder aufs Neue von seiner Größe zu überzeugen. Als Hoxha im Fernsehen auftrat, seufzte Dashnor Mamaqi, ehemaliger Herausgeber der Zeitung *Zëri i Popullit*: «Wie ich diesen großen Mann vermisse!»[40]

Nach dem Fiasko des Liederfestivals blieb es in Albanien noch viele Jahre lang gefährlich, irgendwelche Anzeichen von Kontakt oder Vertrautheit mit dem Westen zu zeigen. Mari Kitty Harapi aus Shkodër musste dies auf die harte Tour erfahren, als sie noch ein Teenager war. Eine ihrer Tanten war 1945 emigriert und lebte in Italien. Diese Tante hatte die Angewohnheit, Care-Pakete mit italienischer Kleidung in die alte Heimat zu schicken. Einmal bat Kitty ihre Tante um Schuhe, woraufhin sie ein Paar orangefarbene Pumps bekam.

Als Kitty diese Schuhe sah, wusste sie sofort, dass ihre Tante keine Ahnung mehr vom Leben in Albanien hatte. In einem Land, in dem «alles die Farbe von Staub, Asche und Dreck» hatte, wirkten diese leuchtend orangefarbenen Schuhe, die sich so sehr von allem um sie herum unterschieden, wie ein roter Umhang vor den Augen eines Stiers. Kitty wusste sofort, dass sie «die Harpyien herbeirufen» würden.[41] Als sie am nächsten Tag in die Fabrik zur Arbeit kam (Kitty durfte wegen ihrer verdächtigen Herkunft keine Universität besuchen), meinte ihre Chefin, dass die Pumps an ihren Füßen besser aussehen könnten, aber Kitty weigerte sich, sie auszuziehen. Am nächsten Tag wurde sie wegen «imperialistischer Extravaganz» in der Kleidung entlassen.

Wie gefährlich es auch sein mochte, die Menschen sehnten sich nach wie vor nach Kontakten mit der Welt außerhalb ihrer Grenzen. Und sie taten alles, um sie zu knüpfen. Im Norden Albaniens brachte der Fluss Drin Treibgut aus Jugoslawien mit sich, etwa weggeworfene Coca-Cola-Dosen, Plastikflaschen und Schminkutensilien. Die Leute fischten solche Sachen heraus und stellten sie als Trophäen auf ihren Kaminsims oder machten daraus nützliche Gegenstände wie Stifthalter oder Fernsehantennen.[42] Zu den begehrtesten Schwemmgütern aus dem Fluss gehörten die Sohlen alter Schuhe, die von Schustern zu neuen Schuhen recycelt werden konnten, die von besserer Qualität – und eleganter – waren als alles, was man an Schuhwerk in Albanien bekam.

Das Wissen, dass sie verboten waren, machte die Gegenstände

aus dem Westen umso begehrenswerter. Die Kinder legten Sammelalben an, die mit Fragmenten dieser alternativen Realität gefüllt waren: Bonbonpapier, Werbung und Verpackungsetiketten, die vom Fluss an ihre Gestade gespült wurden. Sie nannten diese Sammlungen *letra të bukura*, «schöne Papiere». Rumänische Kinder taten dasselbe. Eine Rumänin, die als Kind Lebensmittel von Verwandten aus dem Ausland erhielt, erinnerte sich daran, wie sie über die «glänzenden, knisternden, goldenen oder silbernen» Verpackungen staunte, in denen sie ankamen.[43] Sie bewahrte diese leeren Verpackungen, «sorgsam und schön geordnet», in einem großen Kaffeesack auf, um sie regelmäßig zu betrachten und mit anderen Mädchen aus ihrer Klasse zu tauschen.

Sogar meine Großmutter, die im relativ offenen Polen lebte, unterhielt eine Art Schrein für die Wunder des Westens. Im Fernsehzimmer ihrer Wohnung (in dem sie sich Folgen des *Denver-Clan* ansah) befand sich eine Reihe von Holzregalen, in denen sie die Schätze aufbewahrte: dekorative Schnapsflaschen, leere Parfümflakons, Pralinenschachteln mit hübschen Etiketten. Der Rest der Wohnung war ebenfalls voller Keks- und Konservendosen, dazu Kleidungsstücke, die in den 1970er Jahren aus New York geschickt und allesamt nie benutzt oder getragen, sondern einfach aufbewahrt worden waren. Früher dachte ich, das sei ein Symptom des Hortens, einer Krankheit, die häufig bei Menschen auftritt, die die Entbehrungen der Weltwirtschaftskrise und des Zweiten Weltkriegs miterlebt haben. Dann wurde mir klar, dass es hier um etwas anderes ging: Das alles waren Reliquien aus einem anderen Universum, aus einer Welt der Träume, die real und in diesen Stücken zum Anfassen, aber für immer unerreichbar war.

Denn eine der prägenden Erfahrungen des Lebens im real existierenden Sozialismus war es, in einer Warteschlange zu stehen. Das galt vor allem für die weniger wohlhabenden Mitglieder des «Friedensblocks», wie Rumänien und Albanien, aber auch für andere

Länder in Zeiten der Wirtschaftskrise. Anfang der 1980er Jahre verwandelte sich Polen durch die Wiedereinführung der Rationierung in ein veritables Land der Schlangen. So gut wie jedes verfügbare Gut wurde knapp. Aber selbst diese Knappheit war unvorhersehbar, unberechenbar. Wenn jemand sah, dass sich eine lange Schlange bildete, stellte er sich sofort an. Je länger die Schlange, desto begehrenswerter musste die Ware sein, die da auf den Markt «geworfen» wurde. Ein polnischer Soziologe, der diese Zeit analysierte, berichtete, dass er Dutzende von Kunden sah, die einen Lebensmittelladen verließen und vor Glück strahlten, weil sie es geschafft hatten, gleich zwei Decken pro Person zu kaufen. Derselbe Mann beschreibt, wie er in einer Warschauer Metzgerei in der Schlange stand und feststellte, dass es nur Schweinshaxe zu kaufen gab. Obwohl er sie nicht wollte und eigentlich nie aß, nahm er zwei. Der Rest der Schlange überzeugte ihn davon, dass seine Frau dankbar sein würde, und wenn nicht, konnte er sie immer noch an jemand anderen verschenken. Aus diesen Erfahrungen leitete er vier grundlegende Gesetze der Warteschlangenbildung ab, angefangen mit: «Die Attraktivität eines Artikels hängt von der Länge der Warteschlange ab.»[44]

Die Allgegenwart des Schlangestehens ließ neue und sich rasch entwickelnde Formen sozialen Engagements entstehen. Hausfrauen arbeiteten in Teams von fünfzehn oder mehr Personen, um alle notwendigen Einkäufe zu erledigen. Nachbarn legten ihre Ressourcen zusammen und tauschten ihre Dienste – z. B. juristischen Beistand oder Schreinerarbeiten – gegen jegliche Ware, die sie finden konnten. Viele Werktätige verbrachten den größten Teil ihres Tages «auf Pause» und suchten in der Stadt nach lebensnotwendigen Gütern. Größere Unternehmen machten sich mehr Gedanken über Warteschlangen. Wie Späher in einem gut organisierten Ameisenstaat schickten sie morgens als Erstes ein paar Sekretärinnen aus, um nach vielversprechenden Lieferwagen oder sich bildenden Menschenreihen Ausschau zu halten. Zur Mittagszeit zogen dann die übrigen Sekretärinnen gemeinsam los, um so viel wie möglich für die Bürogemeinschaft zurückzubringen.[45]

Eine typische Warteschlange stellte ihrerseits die Gesellschaft im Miniaturformat dar. Normalerweise bestand sie aus zwei getrennten Reihen. In der einen, längeren die normalen Kunden, in der anderen, kürzeren die privilegierten, also jene Bürger, die einen offiziellen Anspruch darauf hatten, sich ganz vorne anzustellen. Dazu gehörten Schwangere und Frauen mit Kleinkindern, Behinderte, Kriegsveteranen, Blutspender und ältere Menschen. Die privilegierten Käufer schafften es jedoch nicht per se an die Spitze der Schlange vor alle anderen. Vielmehr kam abwechselnd jemand aus den beiden Reihen an der Theke dran. Trotz dieser ungeschriebenen Regeln gab es einen gewissen Missbrauch der beiden Schlangen, nicht zuletzt, weil viele den Verdacht hegten, dass es sich bei einigen der privilegierten Kunden in Wirklichkeit um bezahlte «Steher» handelte, die für andere einkauften, oder um Betrüger, die sich von jemand anderem ein Baby liehen, um in der kürzeren Schlange zu stehen.[46]

Für die meisten Artikel stand man höchstens ein paar Stunden an, aber für spezielle Waren konnte sich die Wartezeit deutlich länger hinziehen. So standen die Menschen für notwendige, aber selten zu habende Artikel wie Kinderschuhe oft tagelang Schlange, und zwar schon ab drei Uhr morgens. Eine Schlange für Farbfernseher in Krakau zog sich über sechsundneunzig Stunden, und die Leute schliefen nachts in neben der Schlange geparkten Autos, um ihren Platz zu behalten. Aber selbst das war noch harmlos, denn für besondere, langlebige Güter konnten die Wartezeiten zeitweise kosmische Ausmaße annehmen. So beobachtete ein amerikanischer Forscher Anfang der 1980er Jahre, wie ein Mann auf eine Waschmaschine wartete und behauptete, er sei die Nummer 686 in dieser Schlange. Die Nummer war ihm vom Warteschlangenkomitee zugeteilt worden, einer spontanen Organisation, die in solchen Situationen häufig entstand, um bei langen Wartezeiten für Ordnung zu sorgen. Der arme Besitzer dieses Nummernzettels schätzte, dass er bei der Geschwindigkeit, mit der sich die Schlange bewegte, gute fünf Jahre brauchen würde, um das versprochene Gerät zu bekommen.[47] Vom Zeitpunkt des Interviews aus wäre seine Geduld gerade rechtzeitig zum Ende des Kommunismus belohnt worden.

In Rumänien herrschte die schlimmste Zeit der Knappheit in den 1980er Jahren, kurz vor dem Zusammenbruch des gesamten Systems. Wie viele andere Ostblockländer hatte Rumänien im Laufe der 1970er Jahre eine beträchtliche Menge an Auslandsschulden angehäuft, um den Lebensstandard aufrechtzuerhalten. 1982 beschloss Präsident Ceauşescu, die sieben Milliarden Dollar auf einmal und so schnell wie möglich zurückzuzahlen. Das war nur zu schaffen, wenn die Exporte massiv gesteigert wurden, vor allem von Nahrungsmitteln. Zu diesem Zweck ließ sich Ceauşescu ein paar spezielle Methoden einfallen, um das wenige Fleisch, das im Land noch vorhanden war, optimal zu verwerten. So schlug er nach einem Besuch in China vor, zu Hause ab nun Ersatzwürste aus Sojabohnen herzustellen. Es fehlte jedoch an der erforderlichen Technologie und am nötigen Fachwissen: Das Ergebnis war weich, ölig und roch auch noch schlecht.

Die andere Hälfte von Ceauşescus Sparmaßnahmen bestand in der Reduzierung der Importe – in diesem Fall vor allem von Treibstoff. Bald war das Land nicht nur hungrig, sondern auch kalt und dunkel. Um Strom zu sparen, wurden die Straßen nicht mehr beleuchtet, und Glühbirnen mit mehr als 40 Watt Helligkeit waren nicht mehr zu bekommen. Oft wurde der Strom um sechs Uhr abends einfach abgeschaltet. Die Menschen in den Plattenbauten nutzten altmodische Petroleumlampen als Lichtquelle. Um Gas zu sparen, stellten die Städte die Gaszufuhr für einen Großteil des Tages ab. Mitten in der Nacht war der Gasfluss in der Regel am stärksten, sodass die beste Zeit zum Kochen zwischen zwei und fünf

Bukarest 1990. Neben den bekannten megalomanischen Großprojekten griff der Verfall um sich. Manche Kirchen blieben erhalten.

Uhr morgens lag. Um Geld zu sparen, wurden Gebäude überhaupt nicht mehr beheizt. In Budapest machte der Witz die Runde, dass es drinnen kälter sei als draußen.

Da so viele Lebensmittel für den Export bestimmt waren, gingen den Städten allmählich die lebensnotwendigen Güter aus. Zucker, Eier, Öl und Butter waren nur noch mit Rationskarten erhältlich. Die Beschaffung von Milch und vor allem von Säuglingsnahrung, auf die die meisten berufstätigen Mütter angewiesen waren (der Mutterschutzurlaub war ziemlich kurz[48]), war meist ein Albtraum. Fleisch tauchte nach einem geheimnisvollen Muster, das nur wenigen Eingeweihten bekannt war, in den Läden auf und verschwand genauso rätselhaft wieder. Auf dem Höhepunkt der Knappheit waren sogar Kartoffeln schwer zu bekommen.

Die systematische Verknappung führte zu einer seltsamen Spiegelwirtschaft, die parallel zur offiziellen funktionierte. Die Bauern kamen in die Stadt, um Brot zu kaufen, mit dem sie ihre Schweine füttern konnten. Stadtbewohner fuhren aufs Land, um Paraffin zu kaufen. In dieser Welt der verzerrten Waren und Preise hatten Benzin, Kaffee und Zigaretten den stabilsten Wert – sie fungierten im Grunde als Ersatzwährung. Vor allem Kent-Zigaretten und Kaffee waren wie Gold. Mit ihnen konnte man sich Tickets für die erste Klasse im Schlafwagen, Ferienunterkünfte und Krankenhausaufenthalte sichern. Mit Kents konnte man sogar in den Himmel kommen. In den 1980er Jahren stellten rumänische Ethnografen fest, dass in einigen ländlichen Gebieten Angehörige von Verstorbenen «Päckchen amerikanischer Kent-Zigaretten in den Sarg legten, damit der Tote auf dem Weg in die Unterwelt den ‹Zoll› bezahlen konnte».[49]

Kaffee – echter Kaffee – hatte nicht ganz diese spirituelle Bedeutung, war aber genauso wertvoll. Was man in den Geschäften zumeist finden konnte, war ein Kaffeeersatz aus gerösteten Hülsenfrüchten namens «Nechezol». Tatsächlich wusste niemand so genau, woraus es bestand: vermutlich Gerste, Kastanien und Kichererbsen, wahrscheinlich mit einer kleinen Beimischung von Kaffee. Manche Leute siebten das Pulver vor dem Aufbrühen, um die Strohstücke herauszupicken.[50] Selbst der Kaffeesatz war ein Schatz, der mehrmals aufgebrüht wurde, bis er sein Aroma verlor.

Reiner, natürlicher Kaffee war fast zu kostbar, um ihn sofort zu verwenden. So gelang es einem rumänischen Vater einmal, zehn oder zwölf echte Kaffeebohnen für seinen Sohn zu besorgen. Damals herrschte allgemein das Gefühl, dass die Zeit stehen geblieben war und dass der Sozialismus ewig Bestand haben würde. Der Vater war deshalb davon überzeugt, dass echter Kaffee schon bald für immer aus seinem Teil der Welt verschwinden würde, und so bewahrte er diese halbe Handvoll Bohnen sicher in einem dicht verschlossenen Behälter auf, als Erbe für seinen kleinen Jungen. Er wollte sichergehen, dass sein Sohn eines Tages, wenn er erwachsen war, wenigstens eine Tasse echten Kaffees trinken und – nur ein einziges Mal – den Duft der Freiheit genießen konnte.[51]

KAPITEL 14

TAUWETTER

Ein Mensch rennt, um einen Zug zu erwischen. Der weitere Verlauf seines Lebens wird davon abhängen, ob er es schafft oder nicht. In einer Version gelingt es dem Mann namens Witek, den Zug zu erreichen. In einer etwas verwirrenden Abfolge von Ereignissen tritt er anschließend in die Kommunistische Partei ein, verliert seine Freundin und entschärft eine angespannte Situation in einer psychiatrischen Klinik. In einer zweiten Version rennt Witek den Bahnsteig entlang, stößt mit einem Bahnpolizisten zusammen, wird verhaftet und schließt sich der Opposition an. In der dritten Version erwischt Witek den Zug nicht, und er stößt auch nicht mit dem Bahnbediensteten zusammen. Er beendet sein Medizinstudium, heiratet, bekommt Kinder und geht der Politik völlig aus dem Weg. Am Ende steigt er in ein Flugzeug nach Paris – eine andere Maschine, als zunächst geplant – und stirbt, als sie kurz nach dem Start explodiert.

Das ist, kurz zusammengefasst, die Handlung von Krzysztof Kieślowskis Film *Der Zufall möglicherweise* von 1981. Der Titel trifft einen seit mehr als einem Jahrhundert entscheidenden Faktor im Leben der Osteuropäer perfekt. Im Laufe des 20. Jahrhunderts wurden zahllose Leben durch eine Art Münzwurf entschieden: ein verpasster Zug, eine fehlgeleitete Bombe, ein verspäteter Abflug, eine willkürlich gezogene Linie auf einer Landkarte. Ich kenne unzählige solcher Geschichten, allein aus meiner Großfamilie:

Eine Frau verpasst in Sibirien einen Zug, verliebt sich in einen Hauptmann der Sowjetarmee und heiratet ihn. Er stirbt im Kampf, und sie heiratet einen anderen Mann, in einem anderen Land, der systematisch jede Spur seines Vorgängers vernichtet. Ein Sohn schickt einen Pferdewagen, um seine Eltern und seine kleinen Brüder über die Grenze zu bringen. Ein Bruder kommt, die anderen bleiben. Nur der Bruder, der geht, überlebt. Ein Mann reist mit drei Freunden von Warschau nach Minsk. Der erste findet Arbeit als Elektriker an der städtischen Oper und überlebt. Der zweite verhungert in der Sowjetunion. Der dritte kehrt nach Polen zurück, wo er getötet wird. Als zwei Jahre später Bomben auf Minsk fallen, machen sich zwei Schwestern auf den Weg nach Osten. Sie lassen Vater und Bruder zurück. Der Bruder wird beim Fahren eines Lastwagens gefangen genommen, flieht und schließt sich den Partisanen an. Vom Vater, der in einer Gärtnerei außerhalb der Stadt arbeitet, sieht und hört man nie wieder etwas. Die Schwestern überleben den Krieg, können aber nie an diesen Tag denken, ohne zu weinen.

In meiner Familie war der Zweite Weltkrieg, wie bei so vielen anderen auch, ein alles entscheidender Einschnitt. In der Folge des Krieges wurden Menschen zusammengebracht, die sich in ihrem früheren Leben nie begegnet wären. In meiner Familie bedeutete das in der Regel, dass Juden mit Katholiken zusammenkamen. Die Tochter enteigneter polnisch-ungarischer Adliger heiratet einen jüdischen Offizier der Spionageabwehr; ein polnisch-katholisches Mädchen aus einer radikal-nationalistischen Familie im Westen heiratet einen kommunistischen Schtetl-Jungen aus dem Osten. Ohne diese plötzlichen, abrupten Begegnungen (mein Großvater kündigte seine Eheschließung an, indem er zu seiner Schwester sagte: «Jadzia, bügle mir ein Hemd») gäbe es mich nicht.

Immer wieder fallen die Würfel: Zwei Fremde treffen sich an einem Strand an der Ostsee. Ein Bajonettstich verfehlt eine Frau, die sich unter Leichen in einem Straßenbahnwagen versteckt. Ein Mann sitzt im Gefängnis, während die Hyperinflation sein Vermögen vernichtet. Ein Granatsplitter verfehlt ein Herz um Millimeter.

Mein eigener Würfelwurf fand in der Nacht des 13. Dezember 1981 statt. Um Punkt Mitternacht verhängte General Wojciech Jaruzelski, Ministerpräsident, Erster Sekretär der Polnischen Vereinigten Arbeiterpartei und Vorsitzender des Militärrats der Nationalen Errettung, das Kriegsrecht über ganz Polen. Eine landesweite Ausgangssperre trat umgehend in Kraft, und alle Versammlungen wurden verboten. Doch die meisten Menschen erfuhren das nicht sofort. Die offizielle Ankündigung erfolgte erst am nächsten Morgen um sechs Uhr. In diesen ersten sechs Stunden der Militärherrschaft verhafteten Bereitschaftstruppen und die Nationalpolizei in ganz Polen Tausende von Oppositionsführern, Gewerkschaftsaktivisten, Intellektuellen, Künstlern, Schriftstellern, Schauspielern und demonstrierenden Studenten.

Die Verhängung des Kriegsrechts war ein verzweifeltes Unterfangen der polnischen Regierung, ein Versuch, die Ordnung in einer Gesellschaft wiederherzustellen, die sich gerade als Ganzes in einem Aufstand gegen die kommunistischen Machthaber befand. Hauptinitiator dieser Revolte war die unabhängige Gewerkschaft Solidarność. Innerhalb von fünfzehn kurzen Monaten hatte sich die Solidarność von einer lokalen Protestbewegung in einer Danziger Werft zu einer nationalen Bewegung mit zehn Millionen Mitgliedern entwickelt – eine für das Regime schockierende Zahl in einem Land mit nicht einmal vierzig Millionen Einwohnern. Um eine Chance zu haben, die Solidarność einzudämmen, musste die Polizeiaktion am Morgen der Verhängung des Kriegsrechts schnell und chirurgisch genau erfolgen – eine Enthauptung, durchgeführt, bevor das Opfer die Axt überhaupt bemerkte. Beinahe wäre das gelungen.

In der Nacht, in der das Kriegsrecht verhängt wurde, weilten die meisten Anführer der Solidarność auf einer Konferenz in Danzig. Sie wurden in ihren Hotels verhaftet, bevor sie nach Hause zurückkehren konnten. Einige wenige, die entkommen konnten, wurden am nächsten Morgen am Bahnhof aufgegriffen. Lech Wałęsa, der Anführer der Solidarność, wurde mit einem Armeehubschrauber nach Warschau gebracht. Dort blieb er den größten Teil des folgenden Jahres in staatlicher Gefangenschaft. Ähnliche Szenen spielten sich überall in Polen ab. Die Menschen wurden mitten in der Nacht von Polizeikommandos geweckt oder kamen von Festen nach Hause und fanden die Polizei vor ihrer Tür. Es war für niemanden möglich, andere zu warnen – erstens, weil alle Verhaftungen fast gleichzeitig stattfanden, und zweitens, weil kurz vor Mitternacht alle Telefonleitungen im Land unterbrochen wurden.

In dieser ersten Nacht wurden fast sechstausend Menschen verhaftet. Die wenigen, die entkamen, verbrachten die nächsten Monate und Jahre im Verborgenen. Als die Morgendämmerung endlich anbrach, standen in allen größeren Städten Panzer auf den Straßen. Armeeeinheiten patrouillierten auf den großen Boulevards. An Bushaltestellen und Bahnhöfen wimmelte es von Polizisten. Spezialeinheiten von Fallschirmjägern umstellten Radiosender, Fernsehstationen und Telefonzentralen.[1] Ein berühmtes Foto von diesem Morgen zeigt einen gepanzerten Mannschaftswagen vor dem Warschauer Kino Moskau, auf dessen Anschlagtafel *Apocalypse Now* zu lesen war (der Coppola-Film hatte gerade in Polen Premiere). Es schien tatsächlich das Ende der Welt zu sein. Genau neun Monate später wurde ich geboren.

Meine Eltern hatten sich ein paar Monate zuvor in Boston bei einer Vorführung von Krzysztof Kieślowskis *Der Filmamateur* kennengelernt. (*Der Zufall möglicherweise* war bereits gedreht und geschnitten, aber der Film wurde vor der Veröffentlichung verboten. In Polen kam er erst 1987 in die Kinos.) Meine Mutter und mein Vater wuchsen beide in Warschau auf, nur fünf Minuten Fußweg voneinander entfernt, aber über den Weg gelaufen sind sie sich erst in den USA. Mein Vater hatte ein Studentenvisum, das in weniger als einem Jahr auslaufen sollte. Meine Mutter war zu Besuch be-

Die Eltern Chris Niedenthals, geboren 1950, waren aus Polen geflohen. Der Fotograf macht am 13. Dezember 1981 diese Aufnahme: Ein Warschauer Kino zeigt Francis Ford Coppolas «Apocalypse Now», am selben Tag wird in Polen das Kriegsrecht verkündet.

ihrer Tante Jadwiga in Queens, New York. Sie wollte sechs Wochen bleiben. Als Jaruzelski das Kriegsrecht ausrief, war es, als ob ein

Burgtor heruntergelassen worden wäre. Polen war verschlossen. In den folgenden Monaten gab es für polnische Bürger keine Möglichkeit, das Land zu verlassen, und für Ausländer fast keine Möglichkeit, einzureisen. Eine Rückkehr schien aussichtslos, wenn nicht gar unmöglich. Als die Reisefreiheit wiederkehrte, verließ jeder, der konnte, das Land.

In den nächsten acht Jahren wanderten über eine Million Polen in den Westen aus. Einige verließen das Land aufgrund politischer Verfolgung, viele andere aber auch, um einer im freien Fall befindlichen Wirtschaft zu entkommen. Vor allem diejenigen, die über eine technische Ausbildung oder einen Hochschulabschluss verfügten, wollten weg aus einem Land, in dem es kaum Arbeitsplätze gab und Lebensmittel und Gas wieder auf Berechtigungsschein ausgegeben wurden. Schon vor Verhängung des Kriegsrechts waren Essig und Streichhölzer so ziemlich die einzigen Waren, die man kaufen konnte, ohne Schlange zu stehen.[2]

Und so wuchs ich in Amerika auf, als Amerikaner, für den Polen ein ferner Ort war, den man besuchen konnte, wo es in den Geschäften nichts gab und niemals etwas funktionierte. Es schien, als würde das für immer so bleiben. Wie für den Rumänen mit seinen Kaffeebohnen, die er in einem Glas für eine ferne Zukunft seines Sohnes aufbewahrte, kam es meinen Eltern und vielen anderen so vor, als ob Polen und der Rest des Ostblocks in eine Phase des Stillstands eingetreten waren, die auf unbestimmt lange Zeit andauern würde. Was niemand wusste, war, dass das Regime bereits in den letzten Zügen lag.

Die Solidarność-Bewegung war der Anfang vom Ende der kommunistischen Herrschaft in Osteuropa. Allein die Existenz einer Massenorganisation dieser Größe ließ die Vormachtstellung der Kommunistischen Partei hohl erscheinen, während die Tatsache, dass diese Bewegung von Arbeitern ins Leben gerufen und geführt wurde, den Anspruch der KP, im Namen des Proletariats zu handeln, ad absurdum führte. Selbst innerhalb der KP spürte man das. Jeden Tag traten Hunderte von Mitgliedern aus der Partei aus. Allein im ersten Jahr des Bestehens der Solidarność gaben dreihunderttausend Menschen ihr Parteibuch zurück. Im Juli 1981 waren bereits zwanzig Prozent des Zentralkomitees der Partei Mitglieder von Solidarność.[3] Diese Demoralisierung hatte sich bis ganz nach oben ausgebreitet.

Während einer Dringlichkeitssitzung des Sejms, die in der ersten Nacht des Kriegsrechts um zwei Uhr morgens einberufen wurde, um die Notstandsbefugnisse der Armee zu bestätigen, forderten einige Abgeordnete sogar, sowohl die Solidarność als auch die Kommunistische Partei abzuschaffen und damit die Politik des Landes von Grund auf neu zu gestalten.[4] Das war jedoch unmöglich, unter anderem, da die führende Rolle der Polnischen Arbeiterpartei in der Verfassung verankert war. Außerdem wurde befürchtet, dass ein solch radikaler Schritt die Sowjetunion zum Eingreifen zwingen würde.

Viele polnische Offiziere hatten 1968 an der Niederschlagung des Prager Frühlings durch die Staaten des Warschauer Pakts teilgenommen. Sie befürchteten, die Sowjetunion und ihre Verbündeten könnten versucht sein, dasselbe zu tun, wenn die Solidarność nicht unter Kontrolle gebracht würde. Sie wussten auch, dass sie nicht die Legitimität besaßen, ihren Willen allein mit Gewalt durchzusetzen. Die Anwendung von Gewalt in großem Stil würde das Land in einen Bürgerkrieg stürzen. Die Verhängung des Kriegsrechts ein hilfloser Versuch. Es sollte eine Feuerpause verschaffen, um, den Geist der Massenbewegung wieder in die Flasche zu stopfen und dabei so wenig Blut wie möglich zu vergießen (und in der Tat floss in dieser ersten Nacht kein Blut: Die ersten Toten gab es einige Tage später, als die Bereitschaftspolizei bei der Erstürmung der Kohlengrube Wujek in Schlesien neun Bergleute tötete).

Das Ziel der Generäle war ein unblutiger Staatsstreich, der sie an der Macht und die Sowjets außen vor lassen sollte. Die Morde in Schlesien bedeuteten, dass dieser Plan gescheitert war. Nur in Moskau war ein Aufatmen zu vernehmen. Die polnischen Parteiführer hatten Angst vor einem Einmarsch der Sowjets. Aber wie wir heute wissen, hatte die Führung der UdSSR ebenfalls Angst vor einer Intervention. Ihr Imperium in Osteuropa war immer schwieriger zu verwalten. Das durch den Sieg über Deutschland im Zweiten Weltkrieg gewonnene Großreich diente nacheinander als Schauplatz für Plünderungen, als strategische Pufferzone und als unverzichtbarer Wirtschaftsmarkt. Es war überdies sowohl eine ständige Belastung wie auch ein Ansporn für Veränderungen.

Die Sowjetunion herrschte über ihre Satellitenstaaten, indem sie sich aus dem Hintergrund einmischte. Die Ergebnisse dieser indirekten Herrschaft fielen ausgesprochen gemischt aus. Zu Lebzeiten Stalins hielt bloße Gewalt den Ostblock zusammen. Bei der Verfolgung von Regimegegnern konnte man zu noch extremerer Gewalt greifen, und wenn es keine Dissidenten gab, konnte man sie aus dem Hut zaubern. In den Jahrzehnten nach dem Tod des Großen Führers erschütterten zwei Beben die Stabilität des Ostblocks: der bewaffnete Aufstand in Ungarn 1956 und die weitaus weniger militante Öffnung der Tschechoslowakei für unabhängige Medien und konkurrierende politische Parteien während des Prager Frühlings von 1968. Beide Aufstände führten zu militärischen Invasionen, die von der Sowjetunion angeführt wurden, an denen sich aber auch Truppen aus den übrigen Warschauer-Pakt-Staaten beteiligten. Nach der Niederschlagung des Prager Frühlings im Jahr 1968 machte Leonid Breschnew, von 1964 bis 1982 Generalsekretär der KP der Sowjetunion, solche Interventionen zu einem offiziellen Pfeiler der sowjetischen Außenpolitik. Laut der sogenannten Breschnew-Doktrin sollte immer dann Gewalt angewendet werden, wenn ein bis dato sozialistisches Land ins kapitalistische Lager überzuwechseln drohte.

Seit 1945 setzte die Sowjetunion konsequent militärische Macht ein, um ihr Imperium in Osteuropa aufrechtzuerhalten. Mit der Zeit nahm die Heftigkeit dieser Übergriffe jedoch ab. In den 1950er Jahren wachten sowjetische Generäle und KGB-Offiziere über die vollständige Ausschaltung antikommunistischer Partisanen und anderer politischer Feinde. Der sowjetische Einmarsch in Ungarn im Jahr 1956 forderte etwa dreitausend Menschenleben. Der Einmarsch des Warschauer Pakts in die Tschechoslowakei nach dem Prager Frühling 1968 kostete nur hundertsiebenunddreißig Menschen das Leben. Als 1980 die Solidarność entstand, wollte die sowjetische Führung, die in Afghanistan militärisch feststeckte und es in Polen mit einer Oppositionsgruppe zu tun hatte, deren Mitglieder in die Millionen gingen, auf keinen Fall eingreifen.

Osteuropa brachte die Sowjetunion ins Wanken und trieb sie dann in den Abgrund. In den meisten Darstellungen zum Untergang der Sowjetunion wird dessen Unvermeidlichkeit betont. Sie vertreten die Ansicht, dass der Kommunismus ein unmögliches System war, oder sie betonen die Rolle des internationalen Wettbewerbs, in dem die UdSSR die USA militärisch nicht überflügeln konnte, während ihre Wirtschaft niemals einen mit dem Westen vergleichbaren Lebensstandard bieten konnte. Ein dritter Ansatz verweist auf das Problem der Nachfolge: Die sowjetische Macht hatte lange genug Bestand, um eine Generationskohorte von Führern hervorzubringen, die in das System hineingeboren worden waren. Als diese Generation – mit Breschnew an der Spitze – Anfang der 1980er Jahre auszusterben begann, folgte ihr bald darauf die Sowjetunion als Ganzes.

Alle diese Erklärungen haben ihre Berechtigung, aber sie sind weitgehend binnenfixiert und berücksichtigen nicht das erweiterte, riesige Imperium der Sowjetunion im Westen. Das ist ein schwerer Fehler, denn Osteuropa wurde von den Sowjets zwar als Pufferzone erworben – erwies sich aber langfristig als Einfallstor. Es hat die

UdSSR nicht vor westlichen Einflüssen abgeschirmt, sondern diese ins Zelt hineingetragen.

In Sachen wirtschaftlicher und sozialer Reformen gingen die Satelliten voran, und die Sowjetunion folgte – wenn auch meist mit Verzögerung und nach einer dazwischenliegenden Periode der Repression und des Rückschritts. Ungarn wurde nach 1956 zum Exempel für eine sozialistische Wirtschaft, die einen (relativ) hohen Lebensstandard bieten konnte. Die Tschechoslowakei demonstrierte während der kurzen Blütezeit des Prager Frühlings, dass eine sozialistische Führung durchaus mit einer freien Presse und einem Mehrparteiensystem vereinbar war. Die polnische Solidarność zeigte, obwohl antikommunistisch, paradoxerweise, wie eine echte soziale Bewegung unter Führung der Arbeiter aussah.

Die Sowjetunion reagierte auf diese äußeren Reize auf unterschiedliche Weise. Beispielhaft dafür stehen die aufeinanderfolgenden Regierungszeiten von Juri Andropow und Michail Gorbatschow an der Spitze des sowjetischen Staates. Andropow, der von 1982 bis 1984 vierzehn Monate lang regierte, gehörte der alten Breschnew-Garde an und verfügte über umfangreiche Erfahrungen in Osteuropa. Im Jahr 1956 war er sowjetischer Botschafter in Budapest gewesen und hatte sich für die Anwendung von Gewalt zur Niederschlagung der Revolution ausgesprochen. Als KGB-Chef befürwortete Andropow 1968 «extreme Maßnahmen» zur Beendigung des Prager Frühlings, der seiner Überzeugung nach den Grundstein für einen «NATO-Putsch» in der Tschechoslowakei legte. Andropow war also der Inbegriff eines Hardliners. Dennoch riet er Breschnew 1981 von einem Einmarsch in Polen ab. Überdies förderte Andropow eine Reihe von Reformern innerhalb der Kommunistischen Partei, darunter den Mann, der den größten Teil seines Erbes zunichtemachen sollte – Michail Gorbatschow.

Gorbatschow kam 1985 an die Macht, nach einer kurzen Übergangszeit, in der die Sowjetunion von dem fast schon toten Konstantin Tschernenko geführt wurde. Gorbatschow, beinahe zwanzig Jahre jünger als Andropow, verkörperte zudem eine völlig andere Haltung gegenüber Osteuropa. Er bewunderte die flexiblere Wirtschaft Ungarns und lernte die Grundsätze des Prager Frühlings von einem seiner Anführer, Zdeněk Mlynář, kennen, mit dem er befreundet war, als sie beide Anfang der 1950er Jahre an der Moskauer Universität studierten.

Als Generalsekretär der KPdSU versuchte Gorbatschow, die sowjetische Wirtschaft wiederzubeleben, indem er etwas von dem unternehmerischen Elan importierte, den er in Ungarn und Ostdeutschland beobachtet hatte. Er nannte diese Politik Perestroika oder Umstrukturierung. In der Überzeugung, dass Reformen ohne ein für Kritik offenes Umfeld nicht erfolgreich sein konnten, verband Gorbatschow die Perestroika mit einer Haltung der Offenheit und Transparenz, der sogenannten Glasnost. Beide Programme trugen den Stempel früherer osteuropäischer Erfahrungen. Als ein Sprecher des sowjetischen Außenministeriums 1987 gefragt wurde, «was Perestroika und Glasnost vom Prager Frühling» trenne, antwortete er: «Neunzehn Jahre.»[5]

Glasnost und Perestroika vermochten die sowjetische Wirtschaft nicht wiederzubeleben. Aber sie beseitigten die Angst, diese zentrale Stütze des sowjetischen Systems. Jahrzehntelang hatte die kommunistische Macht im Ostblock von der Angst gelebt. Ein polnischer Freund erzählte mir einmal, seine lebhafteste Erinnerung an das Kriegsrecht bestehe darin, dass er beim Überqueren der Straße in Warschau einen Polizisten sah und sofort von Furcht überwältigt wurde, denn er wusste, dass diese «Person mit mir machen konnte, was sie wollte – mich verhaften, mich schlagen, und ich konnte nichts dagegen tun».

Ein ähnliches Gefühl der Hilflosigkeit angesichts der Willkürherrschaft erfasste den gesamten Ostblock. Um 1987 begann es jedoch zu zerbrechen, sowohl in den Satellitenstaaten als auch in der Sowjetunion selbst. In diesem Jahr gelang es Demonstranten im sowjetischen Estland, die Eröffnung einer riesigen und ökologisch verheerenden Phosphoritmine zu verhindern.[6] Ihr Erfolg spornte sie zu weiteren Aktionen an: Es gab Demonstrationen zum Gedenken an die Annexion Estlands und offene Forderungen nach dessen erneuter Unabhängigkeit. Beide Strömungen des Widerstands trafen 1988 auf dem Tallinner Liederfest zusammen, bei dem dreihunderttausend Menschen folkloristische und patriotische Kompositionen sangen, darunter die inoffizielle estnische Nationalhymne.[7]

Bald wurden auch in den Nachbarländern Lettland und Litauen ähnliche Veranstaltungen organisiert. In Lettland wurde eine Rockoper, die auf dem Nationalepos vom «Bärenreißer» basierte, zum Kristallisationspunkt des Nationalgefühls. In Litauen sangen die Menschen alte Kriegslieder und pazifistische Gesänge, um ihrer verlorenen Freiheit zu gedenken. Das war der Beginn der «singenden Revolution», die sich in allen drei baltischen Ländern ausbreitete, und sie wurde deren ganz spezieller Beitrag zu dem emanzipatorischen Tsunami, der zwischen 1989 und 1991 über Osteuropa hinwegfegte.

In der Ukraine kam die Revolution langsamer in Gang. Dort war 1988 die blau-gelbe Flagge der Unabhängigkeit noch immer verboten, sie galt den kommunistischen Funktionären als «faschistischer Lumpen». Wer es wagte, sie zu zeigen, wurde schnell der Polizei gemeldet. 1989 hatte sich die Einstellung dramatisch verändert. Als eine Gruppe von Aktivisten und Umweltschützern eine Rafting-Tour auf dem Dnjestr unternahm, «weinten die Einheimischen, als sie die blauen und gelben Fahnen auf den Katamaranen sahen», und riefen: «Leiht uns eure Fahne!»[8]

Schon bald spielten sich im gesamten sowjetischen Westen bis dahin unvorstellbare Szenen ab. So versammelten sich 1990 rund dreißigtausend Menschen, viele von ihnen in historischer Verkleidung, auf dem Gelände der alten Sitsch, um den 500. Jahrestag der Gründung des Kosakentums zu feiern. (Ein paar Kilometer weiter organisierten die Kommunisten eine Konkurrenzveranstaltung, die jedoch nur ein Zehntel so viele Besucher anzog.[9]) Auf einer politischen Versammlung in der Nähe erinnerte einer der Redner die Menge daran, dass die Wahlen, mit denen wiederum dreihundert Jahre zuvor die Kosaken-Hetmane gewählt wurden, demokratischer waren als die Wahlen für das Präsidentenamt der UdSSR. In der sowjetischen Republik Moldau versammelten sich derweil Hunderttausende von Menschen auf dem Platz des Sieges in Chişinău, um die Umstellung des Alphabets von der kyrillischen auf die lateinische Schrift zu fordern.

In dieser Phase der Rebellion konzentrierten sich die Menschen in den Sowjetrepubliken auf die Wiederbelebung der nationalen Symbole und Sprachen. Als die Angst vor Repressalien zunehmend schwand, schien jedoch auch die tatsächliche Unabhängigkeit von der Sowjetunion möglich zu werden. Am 23. August 1989, dem fünfzigsten Jahrestag der Unterzeichnung des Molotow-Ribbentrop-Pakts, der die baltischen Staaten zur sowjetischen Herrschaft verdammte, versammelten sich in Litauen, Lettland und Estland zwei Millionen Menschen und bildeten eine Menschenkette, die von Tallinn bis nach Vilnius reichte.

Einige Monate später organisierten die Ukrainer ihre eigene Version des «baltischen Weges»: Dreihunderttausend Teilnehmer bildeten eine Menschenkette von Kiew über Tarnopol und Iwano-Frankiwsk bis nach Lemberg. Es war der 20. Januar 1990. Die UdSSR war immer noch eine Föderation von fünfzehn sozialistischen Republiken, die von einer kommunistischen Partei regiert wurden, deren Autorität jedoch durch interne Wahlen und andere Maßnahmen im Zuge der Gorbatschow'schen Reformen zunehmend untergraben wurde. Doch während die Sowjetunion noch geeint blieb, war ihr osteuropäisches Imperium ins Wanken geraten.

Begonnen hatte die Krise wieder einmal in Polen. Angesichts einer erneuten Streikwelle und wachsender Schulden bei ausländischen Investoren, die sie nicht zurückzahlen konnte, musste die Regierung von General Jaruzelski einsehen, dass sie keine andere Wahl hatte, als eine Art Deal mit der Opposition zu schließen. Als Gegenleistung für die Beendigung der Streiks bot sie an, die Gewerkschaft Solidarność zu legalisieren. Sie ging dann sogar noch weiter und schlug ein komplexeres Abkommen über die Teilung der Macht vor. Sie bot der Solidarność an, sich an den Parlamentswahlen im Juni 1989 zu beteiligen. Die Gewerkschaftsbewegung sollte sich um 35 Prozent der Sitze im Unterhaus und sämtliche Sitze im Oberhaus bewerben dürfen. Einige Mitglieder der Kommunistischen Partei waren überzeugt, dass sie diese Wahlen «nach Art von Gorbatschow» nutzen könnten, um an der Macht zu bleiben und sich zumindest ein partielles Mandat der Gesellschaft zu verschaffen.[10]

Das erwies sich als verhängnisvoller Fehler, der auf Hybris beruhte. Aber es war zumindest teilweise verständlich. Die Abmachung garantierte den Kommunisten eine Mehrheit im Unterhaus, und die meisten Menschen hielten es nicht für möglich, dass die Partei *alle* zur Wahl stehenden Sitze verlieren könnte. Doch genau das geschah. Obwohl die Solidarność keine Kontrolle über die Medien hatte, gewann sie alle Sitze bis auf einen, und im August 1989 war Polen das erste osteuropäische Land seit vierzig Jahren, das ein nicht kommunistisches Staatsoberhaupt hatte.

Während die Solidarność in Polen um politische Ämter kämpfte, vollzog sich in Ungarn ein unsichtbarer Wandel. Anders als in Polen ging der Anstoß dazu nicht von einer Massenprotestbewegung aus, die von der Zivilgesellschaft getragen wurde. Das alte Regime gab einfach auf; in den Worten eines Historikers schmolz es «wie Butter in der Spätsommersonne».[11] Reformer innerhalb der Partei gingen voran, indem sie zunächst ihren langjährigen Parteichef János Kádár von der Macht verdrängten und dann anboten, bei freien Wahlen anzutreten.

Da die Reformer erkannten, dass alles, was an die kommunistische Herrschaft erinnerte, bei diesen Wahlen wenig Aussicht auf Erfolg haben würde, änderten sie den Namen ihrer Partei von Ungarische Sozialistische Arbeiterpartei in Ungarische Sozialistische Partei, was weniger kommunistisch klang. Damit war der kleine Rest der noch immer überzeugten Kommunisten ohne politische Heimat. Einige dieser wahrhaft Gläubigen organisierten sich um die Überreste der János-Kádár-Gesellschaft – im Wesentlichen ein Fanklub des ehemaligen Diktators – und ließen verlauten, sie seien die wahren Erben der ungarischen Kommunisten. Auf einer Pressekonferenz im Oktober 1989 verkündete ihr Anführer, der in Polen geborene Schauspieler Roland Antoniewicz, sie wollten den Stachanow'schen Arbeiterwettbewerb in Ungarn wiederbeleben, eine neue Allianz zwischen Bauern und Arbeitern schmieden und der großen Tradition anderer kommunistischer Führer wie Jaruzelski, Ceaușescu, Kim Il-sung und Pol Pot nacheifern.[12] Abschließend beteuerte er, dass er weder geisteskrank noch in psychiatrischer Behandlung sei.

Am Ende des Sommers 1989 waren Polen und Ungarn nicht mehr unter kommunistischer Herrschaft. Der restliche Ostblock folgte bald darauf. Am 9. November öffneten die ostdeutschen Behörden die Berliner Mauer. Der Schritt war ungewollt – Folge eines bürokratischen Versehens –, aber einmal vollzogen, gab es kein Zurück mehr. Eine Woche später erschütterten Studentenproteste Prag. Die Regierung reagierte zunächst mit Polizeigewalt. Ein für den 27. November ausgerufener Generalstreik änderte jedoch die Situation. Wie es sich für einen tschechischen Streik gehörte, fiel er recht milde aus – er dauerte nur zwei Stunden und fand zur Mittagszeit statt, um die Arbeit nicht zu beeinträchtigen. Dennoch gelang es, die tschechoslowakische Regierung davon zu überzeugen, dass sie nicht mehr mit der Unterstützung der Gesellschaft rechnen konnte. Zwei Tage später widerriefen die Kommunisten im Föderalen Parlament die führende Rolle ihrer Partei. Gustav Husák, der während der bleiernen Jahre der «Normalisierung» seit Anfang der 1970er Jahre an der Macht war, trat am 8. Dezember von seinem Amt als Präsident zurück. Die Tschechoslowakei war frei.

Fast zum gleichen Zeitpunkt war auch die Kommunistische Partei Bulgariens im Begriff, sich selbst aufzulösen. Niemand wollte mehr im Namen der Einparteienherrschaft sterben. Noch bemerkenswerter – vor allem in Anbetracht der Ereignisse auf dem Platz des Himmlischen Friedens in Peking im gleichen Jahr – ist, dass auch niemand bereit zu sein schien, dafür zu töten. In Ermangelung brutaler Gewalt wirkten die osteuropäischen Revolutionen zunehmend wie ein Karneval. Die Welt war aus den Fugen geraten. Die Menschen verkleideten sich als die Dinge, gegen die sie gerade noch protestiert hatten. In der tschechischen Stadt Olmütz hielten Studenten, die sich als Polizisten und Staatsbeamte verkleidet hatten, ein Begräbnis für den «Genossen Totalitarismus» ab, nur wenige Wochen nachdem ihre Kommilitonen auf den Straßen Prags verprügelt worden waren. Im bulgarischen Sofia eröffnete die Polizei 1989 das Feuer auf Graffitikünstler, die die Parole «Wir unterstützen die Dissidenten» auf Wände gemalt hatten. Ein Jahr später marschierten Zehnjährige als Milizionäre verkleidet durch die Straßen, während ein Fußballschiedsrichter der Kommunistischen Partei die Rote Karte zeigte.[13]

Wahrheit wurde zum Schlagwort des Tages. Die Menschen verlangten, sämtliche Geheimnisse der Vergangenheit zu erfahren, die von den kommunistischen Behörden verborgen worden waren. Sie gelobten auch, selbst wahrhaftiger zu leben: Die Bankangestellten in der tschechischen Stadt Trnava versprachen, sich ab dem Tag der Revolution nur noch «die Wahrheit zu sagen». Bierbrauer in Prag erklärten der Welt, sie wollten «in der Wahrheit leben».[14] Bald würden sie auch für ihre Wahrheit stimmen können. Anfang 1990 gründete eine Gruppe besorgter Bürger in Pilsen die «Partei der Bierfreunde», deren erklärtes Ziel es war, «den Bierpreis zu senken und gleichzeitig Qualität und Konsum des Bieres zu steigern».[15]

Inmitten dieser allgemeinen Feier der Freiheit und der Wahrheit stach ein Land besonders hervor. Von allen Revolutionen des Jahres 1989 war die rumänische bei Weitem die blutigste und die am härtesten bekämpfte und errungene. Sie begann Mitte Dezember mit Demonstrationen in Timişoara, der alten Hauptstadt des Banats, angeführt von einem ungarischsprachigen Pfarrer namens László Tőkés. Weil Staatschef Nicolae Ceauşescu die Skrupel seiner tschechoslowakischen Genossen vollkommen fehlten, befahl er seinen Sicherheitskräften, auf die Demonstranten zu schießen. Bei den darauffolgenden chaotischen Straßenkämpfen verloren mehr als tausend Rumänen ihr Leben.

Der Schießbefehl ermutigte jedoch nur zu weiteren Protesten, die nun das ganze Land erfassten. In der Hoffnung, seinen Rückhalt zu festigen, beschloss Ceauşescu, in Bukarest eine Kundgebung vor seinen Anhängern abzuhalten. Am Morgen des 21. Dezember 1989 hielt er vom Balkon des Zentralkomitees aus vor hunderttausend Menschen eine Rede, in der er etwas von faschistischen Hetzern und ausländischen Provokateuren faselte. Statt den erwarteten Applaus zu bekommen, wurde er ausgebuht und als «Mörder» beschimpft. All die sorgfältig inszenierten Auftritte der vergangenen Jahrzehnte hatten Ceauşescu nicht einmal auf die Möglichkeit solchen Widerspruchs vorbereitet. Vor aller Augen – und live im Fernsehen – geriet er sichtlich ins Wanken.

Es war ein fataler Moment der Schwäche. Am nächsten Tag flohen Ceauşescu und seine Frau Elena mit einem Hubschrauber aus der Stadt. Derweil gerieten Armee und Geheimpolizei in Panik. Anstatt ihr Überleben einem neuen und möglicherweise rachsüchtigen Regime anzuvertrauen, beschlossen sie, selbst die Oberhand zu gewinnen. Nach der Landung ihres Hubschraubers wurden die Ceauşescus von Mitgliedern der Sicherheitskräfte verhaftet. Am ersten Weihnachtstag 1989 wurden Nicolae und Elena in einem eilig anberaumten Prozess wegen einer ganzen Reihe von Staatsverbrechen angeklagt, darunter auch wegen Völkermords. Nach wenigen Stunden befand das Gericht sie für schuldig und verurteilte das Paar zum Tod durch Erschießen. Sieben Minuten später waren die Ceauşescus tot.

Mit dem Tod des «Genies der Karpaten» fiel Rumänien in die Hände der ehemaligen kommunistischen Apparatschiks und Geheimpolizisten, die für seine Hinrichtung gesorgt hatten. Um politische Glaubwürdigkeit zu erlangen, benannten sie sich rasch in «Nationale Rettungsfront» um und beanspruchten die Straßenproteste, die zum Sturz des Ceauşescu beigetragen hatten, für sich. Dabei handelte es sich jedoch nicht um eine echte Revolution, sondern um eine Fortsetzung bisheriger Arrangements unter neuem Namen. Ein Schritt in Richtung Demokratisierung war allerdings getan.

In Albanien blieben zur gleichen Zeit sogar die Namen dieselben. Während des gesamten Jahres 1989 und bis ins Jahr 1990 hinein blieb die Kommunistische Partei fest an der Spitze des Landes. Jahrzehntelang war Albanien das am stärksten isolierte Land in Europa. Nachdem es nacheinander mit Jugoslawien, der Sowjetunion und Maos China gebrochen hatte, konnte es nur noch auf die Unterstützung Nordkoreas und Kubas zählen. Ende der 1980er Jahre zeigten sich jedoch erste Risse auch in der neostalinistischen Fassade Albaniens. Im Radio waren die Beatles zu hören, und nach einem Erlass von 1987 durften Familien bis zu zwei Schafe halten, sofern diese gleichen Geschlechts waren, damit sie sich nicht fortpflanzten.[16]

Aber das waren allenfalls zart wachsende Grasbüschel auf einem Wall von Beton. Monate nach dem Fall der Berliner Mauer bauten die albanischen Behörden ihre eigenen Mauern um das Botschaftsviertel in Tirana.[17] Sie wollten so verhindern, dass Asylbewerber in ausländischen Botschaften Zuflucht fanden. Ihre Bemühungen wurden jedoch am 2. Juli 1990 vereitelt, als ein albanischer Mechaniker (und ehemaliger politischer Gefangener) namens Ylli Bodinaku seinen Lastwagen mitten hinein in die Betonmauer um die westdeutsche Botschaft steuerte. Mehr als dreitausend seiner albanischen Landsleute folgten ihm durch die Bresche, die er geschlagen hatte.

Doch erst im Februar 1991 stürzten protestierende Studenten die riesige Bronzestatue Enver Hoxhas, die auf dem zentralen Skanderbeg-Platz in Tirana stand, vom Sockel. Das Enver-Hoxha-Museum, das in einer von seiner Tochter entworfenen futuristischen Pyramide untergebracht war, wurde in ein Konferenzzentrum umgewandelt. (Später beherbergte die Pyramide einen Nachtklub namens «Mumie». Heute ist sie völlig verfallen und wird hauptsächlich als Graffitifläche und gelegentlich von Skateboardern als Rampe genutzt.)

Im selben Jahr, in dem in Albanien die Statuen fielen, begann sich die Sowjetunion endgültig aufzulösen. Im Herbst 1991 erklärten Litauen, Lettland, Estland, die Ukraine, Belarus und Moldau ihre Unabhängigkeit. Politik bedeutete in diesem Moment, sowohl die Aufarbeitung der Vergangenheit als auch die Suche nach einem neuen Weg in der Gegenwart anzugehen. In ganz Osteuropa waren die frühen 1990er Jahre eine Zeit der wandernden Leichname, des Gedenkens und Verurteilens, der Exhumierungen und Umbettungen. In Windeseile wurde die Geschichte neu geschrieben. Statuen fielen, andere wurden an ihrer Stelle aufgestellt. Manch lange verbannte Tote kehrten zurück, während die stalinistischen Mausoleen abgerissen wurden.

In Ungarn bestand eine der ersten Aufgaben der neuen, postkommunistischen Epoche darin, die Opfer der Revolution von 1956 aus ihren nicht gekennzeichneten Gräbern zu bergen, in denen sie seit ihrer Hinrichtung gelegen hatten. Als eine Sonderkommission schließlich diese sterblichen Überreste ausfindig machte, musste sie zu ihrer Überraschung feststellen, dass die Knochen der Opfer mit denen von Tieren aus dem Budapester Zoo vermengt worden waren. Die sterblichen Überreste von Ministerpräsident Imre Nagy fand man mit denen einer verstorbenen Giraffe vermischt.[18]

Nagys Umbettung am 16. Juni 1989 – dem 31. Jahrestag seiner Hinrichtung – wurde von über zweihunderttausend Menschen begleitet und war damit eine der größten öffentlichen Demonstrationen des Revolutionsjahrs. Auf symbolischer Ebene wurde in diesem Moment auch die kommunistische Vergangenheit des Landes zu Grabe getragen. Es war aber auch die Coming-out-Party des jungen Studentenpolitikers Viktor Orbán, dessen Rede an diesem Tag seine nationale Karriere begründete. Der allmähliche Rechtsruck in Ungarn wurde auch noch durch eine andere Umbettung signalisiert, nämlich die des Diktators der Zwischenkriegszeit, Miklós Horthy, der das Land in ein verhängnisvolles Bündnis mit Hitler geführt hatte. Horthy war 1957 im portugiesischen Exil gestorben, und sein Testament sah vor, dass er erst dann nach Hause überführt werden sollte, wenn der letzte russische Soldat ungarischen Boden verlassen hatte. Er wurde schließlich 1993 in seiner Heimatstadt Kenderes beigesetzt.

Während Ungarn den Helden der Vergangenheit eine neue Heimstatt bot, trieb Bulgarien seine Dämonen aus, indem es alte Schreine abriss. 1990 holte die Familie von Georgi Dimitrow dessen Leichnam aus dem prächtigen Mausoleum aus der Stalinzeit und ließ ihn in aller Stille einäschern. Neun Jahre später beschloss der Bürgermeister von Sofia, das Monument zu zerstören. Der Sprengstoff war jedoch falsch angebracht, und das von Stoßbrigaden in sechs Tagen errichtete Denkmal stand nach der ersten Explosion noch immer ohne einen Kratzer da. Auch den nächsten beiden Detonationen hielt es stand, höchstens eine leichte Schieflage wies es auf. Erst die vierte Explosion brachte das Marmorbauwerk zum Einsturz. Leider war die Explosion so gewaltig, dass sie einen Großteil des umliegenden Platzes verwüstete.

Signalisierte der Sturz alter Denkmäler den Beginn einer neuen Ära, so sorgte in Belarus die Entdeckung vergessener Märtyrer für ein neues Gefühl kollektiver Identität. Im Jahr 1988 meldeten zwei Amateurarchäologen, sie hätten an einem Ort namens Kuropaty in den Wäldern außerhalb von Minsk mehrere Massengräber gefunden. Darin lagen Hunderte von Leichen, fast alle durch Kopfschüsse getötet. Bei den Ausgrabungen wurden auch verschiedene kleine Gegenstände gefunden – Tassen, Kleidung, Schuhe, Zahnbürsten, Kämme und Münzen –, die meist aus den späten 1930er Jahren stammten. Schnell wurde klar, dass es sich dabei um die Überreste von Hinrichtungen handelte, die während der Großen Säuberung von 1937/38 – dem Höhepunkt des stalinistischen Terrors – begangen worden waren und seither am Rande der Minsker Stadtgrenze verborgen lagen.

Innerhalb weniger Wochen nach Bekanntgabe der Entdeckung wurde Kuropaty spontan zu einer Art Wallfahrtsort. Zehntausende Weißrussen marschierten auf die bis dahin leeren, von Stacheldraht eingezäunten Felder und hielten Schilder mit der Aufschrift «Wir werden nicht vergessen! Wir werden nicht verzeihen!» hoch. Einige dieser Aufmärsche wurden von der Bereitschaftspolizei mit Tränengas aufgelöst. Das war der Beginn der ersten großen Protestbewegung in der modernen Geschichte von Belarus. Wie einer der Entdecker der Grabstätte später schrieb, «markierte Kuropaty den Beginn des Zusammenbruchs des Kommunismus» in der Republik.[19]

In Jugoslawien wie in Belarus fiel dieser Zusammenbruch mit der Wiederkehr der nie eingestandenen Toten zusammen. Doch während das Gedenken an die Verbrechen der Vergangenheit Belarus dabei half, seine Identität zu finden, trug es in Jugoslawien dazu bei, dass der Staat auseinanderbrach.

Das sozialistische Jugoslawien beruhte auf einem Akt des wechselseitigen Vergessens. Gegründet worden war das Land inmitten des Krieges. Einer Partisanenarmee, von der Kommunistischen Partei organisiert und von deren Chef, General Tito, angeführt, gelang es, die Besatzung durch die Achsenmächte mit nur minimaler Hilfe aus dem Ausland zurückzuschlagen. In der offiziellen Darstellung umfasste diese Armee Vertreter aller Völker Jugoslawiens. Auch ihr Sieg gehörte deshalb allen. «Brüderlichkeit und Einheit» wurde zum am häufigsten wiederholten Slogan des Bundesstaates.

Leider war die Wahrheit ein wenig düsterer. Innerhalb des Königreichs Jugoslawien war der Zweite Weltkrieg fast ein Krieg aller gegen alle. In Kroatien kollaborierte eine faschistische Marionettenregierung – die Ustaša – offen mit den Nazis. Ihre Polizei führte im Konzentrationslager Jasenovac Massenerschießungen von Serben, Juden, Muslimen, Sinti und Roma durch. In Bosnien-Herzegowina bekämpften Muslime die Serben, während die Serben als Vergeltung Muslime und Kroaten umbrachten. Innerhalb Serbiens führten proroyalistische und prokommunistische Serben einen tödlichen Guerillakrieg gegeneinander. Im Zuge dieses Bruderkriegs wurden Tausende von Menschen kaltblütig ermordet. Ihre Leichen wurden in flachen Gräbern verscharrt oder in einer der unzähligen Höhlen, die das Land durchziehen, versenkt.

Für die Dauer von Titos Herrschaft wurde über die Einzelheiten dieser Morde Stillschweigen bewahrt. Sie gehörten in die Erinnerung, nicht in die offizielle Geschichte. Doch als die Kommunisten Ende der 1980er Jahre ihre Macht allmählich verloren, kehrte diese Geschichte zurück und suchte die Gegenwart heim. So wie Skorbut dazu führen kann, dass alte Wunden am Körper wieder aufbrechen und erneut bluten, so begann das Land selbst, seine Toten auszuspucken. In Kroatien schafften es die mit Leichen gefüllten Höhlen auf die Titelseiten viel gelesener Nachrichtenmagazine. In Serbien wurden die Skelette von dreitausend «Ustaša-Opfern» aus herzegowinischen Höhlen geborgen und nach Belgrad gebracht, wo sie im Rahmen einer riesigen öffentlichen Begräbnisfeier, geleitet vom Patriarchen der serbisch-orthodoxen Kirche, beigesetzt wurden.[20] Die Schlange der Särge, ganz zu schweigen von der der Trauernden, zog sich über anderthalb Kilometer durch das Stadtzentrum.

Einige der nationalistischen Umbettungen in Jugoslawien reichten noch tiefer in die Vergangenheit zurück. So machte der Leichnam von Fürst Lazar, dem gefallenen Helden der Schlacht auf dem Amselfeld, ab 1987 eine Rundtour durch die serbisch-orthodoxen Klöster in Serbien, Bosnien-Herzegowina und Kroatien. Im Jahr 1989 wurde er dann schließlich im Kloster Ravanica im Kosovo beigesetzt, damals eine serbische Region mit albanischer Bevölkerungsmehrheit, die für die Serben jedoch große emotionale Bedeutung besitzt. Die anderen Orte, die das Skelett des Fürsten besuchte, waren ebenfalls Teil eines imaginären Großserbiens, dessen Grenzen durch die Anwesenheit der Lebenden und der Toten gezogen wurden, nach dem Motto: «Serbien ist dort, wo serbische Knochen sind.»[21]

Heute muss man nicht mehr in Höhlen oder in die Krypten irgendwelcher Klöster hinabsteigen, um die Leichen toter Märtyrer zu finden. Die Landschaft des ehemaligen Jugoslawiens ist mit Knochen übersät. Alte, aufgelassene Bergwerke sind voll davon. Sie tauchen in Müllhalden vergraben auf und schwimmen in Brunnen. An manchen Orten ziehen die Menschen die Knochen zusammen mit den Kartoffeln aus dem Boden.[22] Sie fragen sich dann, wem sie gehören. Einem Nachbarn? Einem Freund? Dem Ehemann, der 1992 aus Deutschland zurückkam und sofort verschwand? Oder dem Bruder, der als Kriegsgefangener verschleppt wurde und nie wieder nach Hause kam?

Zwischen 1991 und 1995 zerfiel Jugoslawien in seine früheren Einzelteile. Vier Jahre Krieg zertrümmerten das Land und forderten über hunderttausend Menschenleben. Es war der erste größere Konflikt auf europäischem Boden seit dem Ende des Zweiten Weltkriegs. Er markierte zudem die Rückkehr der ethnischen Säuberung auf den Kontinent, da sämtliche Kriegsparteien Massentötungen und Vertreibungen einsetzten, um «ethnisch reine» Gebiete zu schaffen, die sie für sich beanspruchen konnten.

Bosnien-Herzegowina mit seiner gemischten Bevölkerung aus Muslimen, Kroaten und Serben, in der keine Gruppe die absolute Mehrheit stellte, war die vielfältigste aller jugoslawischen Republiken. Dadurch war sie aber auch besonders anfällig für territoriale Ansprüche ihrer Nachbarn. Während die Serben für ein Großserbien und die Kroaten für ein Großkroatien kämpften, fand sich Bosnien – und insbesondere die bosnischen Muslime, die niemanden hatten, der für sie kämpfte – inmitten eines Krieges zwischen drei Parteien wieder. Binnen weniger Jahre verschwand eine ganze Kultur, ein Muster gegenseitiger Toleranz, das bis ins späte Mittelalter zurückreicht, einer der letzten Reste des alten Osteuropas aus der Zeit vor dem 20. Jahrhundert. Oder besser gesagt: Sie wurde im Namen des Nationalismus ausgelöscht. Heute, dreißig Jahre später, sind die Narben dieser Gewalt noch immer deutlich sichtbar. Ich habe Dörfer in der Republika Srpska (der serbisch kontrollierten Hälfte Bosniens) besucht, in denen die Häuser, die ihre Bewohner 1991/92 verlassen haben, völlig leer stehen. Aus den eingestürzten Dächern wachsen jetzt Bäume, und Moos bedeckt die Böden. Es sind gespenstische Orte, an denen man das Gefühl hat, das Morden wäre erst gestern zu Ende gegangen.

Seit dem Beginn der Jugoslawienkriege fragen sich die Menschen, warum das Ende des Kommunismus ausgerechnet dort und nirgendwo sonst zu einem solchen Blutvergießen geführt hat. Noch deutlicher wird dieses Paradox, wenn man bedenkt, dass Jugoslawien von allen osteuropäischen Ländern einen der höchsten Lebensstandards hatte und bei Weitem am offensten gegenüber dem Westen war. Jugoslawen konnten problemlos nach Italien zum

Einkaufen und nach Deutschland zum Arbeiten reisen. Eine Wirtschaftskrise, die (ähnlich wie in Polen und Rumänien) durch eine zu hohe Schuldenlast ausgelöst wurde, nahm der jugoslawischen Wirtschaft in den 1980er Jahren zwar etwas von ihrem Glanz. Dennoch war es bis 1990 ein Land, das fünfundvierzig Jahre lang Frieden genossen hatte, und es schien ein Modell dafür zu sein, wie man regionale Autonomien nutzen konnte, um aus der Vielfalt eine Einheit zu schmieden.

Was lief also schief? Eine Antwort liegt in einer Legitimationskrise. Im Laufe der Zeit, insbesondere nach Titos Tod im Jahr 1980, gewannen diese autonomen Einheiten gegenüber dem Bundesstaat an Bedeutung. Wie in der Sowjetunion erschienen vielen Menschen die einzelnen Republiken, aus denen sich Jugoslawien zusammensetzte, als sinnvollere Einheiten als der Staat als Ganzes. Die Führer der Teilrepubliken waren derweil damit beschäftigt, in einer Welt, die den Kommunismus rasch hinter sich ließ, um die Macht zu ringen. Da die Partei immer mehr an Bedeutung verlor, brauchten sie eine neue Quelle der Autorität. Sie fanden sie, indem sie ethnische Verwerfungen und Missstände ausnutzten. Der Serbenführer Slobodan Milošević wurde erstmals 1987 bekannt, als er eine Rede zur Verteidigung der Rechte der Serben im Kosovo hielt, eine feurige Ansprache, die in dem Satz gipfelte: «Niemand wird jemals wieder einen Serben schlagen!»[23] In der Zwischenzeit ließ der kroatische Führer Franjo Tudjman, ein ehemaliger General, der von der militärischen Größe Kroatiens geradezu besessen war, die Symbolik des kollaborierenden Ustaša-Regimes wieder aufleben, was die Ängste der Serben weiter schürte. (Besonderen Widerstand rief hervor, dass die Serben in Kroatien gezwungen wurden, von der kyrillischen zur lateinischen Schrift zu wechseln.[24]) Bald gingen sich beide Seiten gegenseitig an die Gurgel.

Aber warum wurde ein Streit zwischen Republiken zu einem tödlichen Krieg zwischen Nachbarn? Wie konnten sich Menschen, die sich ihr ganzes Leben lang kannten, plötzlich gegeneinander wenden? Hier liefert die Propaganda ein entscheidendes Puzzlestück. Unter Tito gab es in Jugoslawien acht Fernsehsender (einen für jede der sechs Republiken sowie für die Vojvodina und den Kosovo), die alle zusammenarbeiteten, um ein einziges, gemeinsames Programm zu gestalten.[25] In jenen Jahren galt die Regel, dass man zwar den Nationalismus der eigenen Republik kritisieren durfte, nicht aber den der Nachbarrepubliken.

Zu Beginn der 1990er Jahre sah die Sache dann ganz anders aus. Die verschiedenen Sender produzierten konkurrierende Programme, die die meiste Zeit dafür aufwendeten, ihre Schwesterrepubliken zu attackieren. Besonders vehement war dabei Radio Television Belgrade, das seine Zuschauer mit schlimmen Berichten über kroatische und bosnisch-muslimische Aggressionen bombardierte. Als 1991 der Bürgerkrieg ausbrach, waren viele Serben, vor allem diejenigen, die in Bosnien und Kroatien lebten, davon überzeugt, dass sie von «Ustaša-Horden» und «muslimischen Dschihadisten» abgeschlachtet werden würden.

Die Propaganda konnte Nachbarn zu Feinden machen. Sie konnte aber auch Krieger von ihren Verbrechen freisprechen. Nachdem serbische Streitkräfte im Mai 1992 einen Markt in Sarajewo beschossen und dabei sechsundzwanzig Zivilisten getötet hatten, die um Brot anstanden, berichtete das bosnisch-serbische Fernsehen, die Muslime hätten das selbst getan, um die Welt zu schockieren und den Serben die Schuld dafür in die Schuhe zu schieben.[26] Als die serbischen Streitkräfte den Markt zwei Jahre später erneut angriffen, behauptete derselbe Sender wieder, das Ereignis sei inszeniert gewesen.[27] In diesem Umfeld wurde jede Lüge glaubhaft, mochte sie auch noch so abwegig sein. In den Medien kursierten wilde Gerüchte. Eines davon besagte, dass Muslime serbische Babys an die Löwen im Zoo von Sarajewo verfütterten.[28]

Als diese bizarre Geschichte die Runde machte, waren die Löwen bereits aus dem Zoo von Sarajewo verschwunden. Nur wenige Monate nach Beginn der insgesamt vier Jahre dauernden Belagerung der Stadt ging dem Zoo nämlich das Futter aus. Man erschoss die Giraffen, Ponys und Büffel. Die Löwen, Tiger, Leoparden und Pumas verhungerten allmählich und fraßen ihre Artgenossen, als diese nach und nach verendeten. Im Oktober 1992 war nur noch ein einziger Bär, ein schwarzes Weibchen, am Leben. Freiwillige Helfer trotzten dem Beschuss durch Scharfschützen, um das Tier mit Brot und Äpfeln zu füttern (das einzige Futter, das es gab), doch im November war auch das Bärenweibchen tot.[29]

Während der Jahre der Belagerung verging die Zeit in Sarajewo auf eigene Weise. Lebensmittel für die hungernde Stadt mussten aus der Luft angeliefert werden (heute erinnert ein Denkmal an das berühmte Rindfleisch aus der Dose, das mit abgeworfen wurde), und selbst die Beerdigung der Toten konnte nur unter Lebensgefahr erfolgen. Allein auf dem nach einer Skulptur benannten Löwenfriedhof – wo Menschen begraben werden – starben zehn Totengräber, während der jüdische Friedhof der Stadt – eine wunderschöne Anlage auf einem Hügel mit Blick auf den österreichisch-ungarischen Teil der Stadt, der lange Zeit Verliebten zum Spazieren diente – zu einem Scharfschützennest wurde.[30]

Doch während Sarajewo den ewigen Winter der Blockade ertrug, erlebte der Rest Osteuropas ein plötzliches Tauwetter. Die frühen 1990er Jahre waren der Frühling des Kapitalismus in der ganzen Region. Vielerorts begrüßten die Menschen seine Ankunft mit ungebremster – und unrealistischer – Begeisterung. Bei einer Demonstration 1990 in Sofia hielten einige hoffnungsfrohe Demonstranten neben Spruchbändern, die «Brot, Frieden und Freiheit» forderten (ein Echo auf Lenins Losung «Frieden, Land, Brot»), Schilder hoch, auf denen «Heute frei – morgen reich!» zu lesen war.[31]

Auf kurze Sicht wurden die meisten dieser Hoffnungen auf

schnellen Wohlstand enttäuscht. Das Muster des Wandels war allerorts bemerkenswert ähnlich. Praktisch überall wurden die alten staatlichen Kontrollen der Wirtschaft rasch abgebaut, während die Privatisierung von Staatseigentum in erstaunlichem Tempo voranschritt. Wohnungen und Häuser fanden schnell private Eigentümer. Arbeitsplätze verschwanden. Landwirtschaftliche Produktionsgenossenschaften wurden geschlossen. Die meisten der Werftarbeiter, die die Kommunistische Partei Polens durch ihre Proteste in Danzig in die Knie gezwungen hatten, mussten miterleben, wie ihre Industrie zum Spottpreis verscherbelt und plattgemacht wurde. Dasselbe galt letztlich für einen Großteil der übrigen Schwerindustrie in der Region.

All diese Umstrukturierungen führten zu einem sprunghaften Anstieg der Arbeitslosigkeit, und dies in Verbindung mit einer atemberaubenden Inflation. Überall lösten sich ganze Lebensleistungen in Luft auf. Vor allem für die alten Menschen war es eine Zeit schrecklicher Verwerfungen. Viele sehnten sich zurück nach den alten Zeiten, als die Arbeit berechenbar war und der Staat sich um die Gesundheit und das Wohlergehen der Menschen gekümmert hatte. Nun wollten die Ärzte plötzlich Bargeld sehen, während dasselbe Geld immer mehr an Wert zu verlieren schien. Es brauchte nur einen kurzen Vorgeschmack auf das Chaos des freien Marktes, um die Vergangenheit wie ein verlorenes goldenes Zeitalter aussehen zu lassen. Ein ungarischer Landarbeiter formulierte es so: «János Kádár hat dreißig Jahre lang versucht, die Menschen für den Kommunismus zu begeistern, und er ist völlig gescheitert; aber die jetzige Regierung hat das in nur zwei Jahren geschafft!»[32]

Für andere jedoch, vor allem für die jungen Leute, eröffnete die aufkommende Marktwirtschaft ungeahnte Freuden. Im August 1989 schrieb ein junger polnischer Journalist in sein Tagebuch, ihm sei etwas Unglaubliches passiert. Er sei in ein Geschäft gegangen und habe drei Pfund kanadischen Speck kaufen können, ohne Geschrei, ohne Gerangel, ohne anzustehen. Er schrieb: «Ich bin dreiundzwanzig Jahre alt, und zum ersten Mal in meinem Leben habe ich meinen eigenen Schinken.» Ein paar Monate später kaufte er seine erste Kiwi und hielt seine Eindrücke von der ersten Kostprobe fest: «Außen sieht sie aus wie eine Kartoffel. Innen – Ekstase.»[33]

Diese neuen Geschmackserlebnisse weckten neue Begehrlichkeiten, die nur befriedigt werden konnten, indem man sich kopfüber in die Welt des Kommerzes stürzte. Die meisten Osteuropäer waren an illegalen Handel gewöhnt. Jahre der Entbehrung hatten sie gelehrt, dass die beste Überlebensstrategie darin bestand, mit einem Bein in der sozialistischen Arbeitswelt und mit dem anderen auf dem Schwarzmarkt zu stehen. So finanzierte beispielsweise eine ganze Generation polnischer Alpinisten, die in den 1980er Jahren zu den besten Himalaya-Bergsteigern der Welt gehörte, ihre Expeditionen mittels dieser Kombination: Zwei bis drei Monate im Jahr strichen sie in den größten Fabriken des Landes Schlote und Schornsteine an. Die restliche Zeit verbrachten sie in Indien und Nepal, wobei sie den Großteil ihres Geldes damit verdienten, Whiskey und Schaffellmäntel nach Polen zu schmuggeln.[34]

Das Ende des Kommunismus bedeutete das Ende dieser Art von Dazwischenleben (und damit auch des großen polnischen Alpinismus). Nun musste jeder für sich unablässig um den eigenen Lebensunterhalt kämpfen. Die ersten Unternehmen konzentrierten sich ganz auf die ursprüngliche Akkumulation von Geld, meist von Devisen. Am weitesten verbreitet waren Geldwechselstuben und Pfandhäuser, die in den osteuropäischen Hauptstädten bald jeden verfügbaren Platz einnahmen. In der Zwischenzeit schien sich jede größere Privatwohnung in einen Antiquitätenladen zu verwandeln, und jeder freie Fleck auf dem Bürgersteig wurde zu einem Basar, auf dem alte Orden und Ikonen verkauft wurden.

Nach ein oder zwei Jahren, als der Grundbedarf an flüssigem Kapital gedeckt war, verlagerte sich dieser beginnende Handel auf die Befriedigung höherer Bedürfnisse. Es war die große Zeit der Kieferorthopäden und Reisebüros, in der jeder, der konnte, entweder seine Zähne richten ließ oder seinen ersten Mittelmeerurlaub buchte. Gleichzeitig wurden das Glücksspiel und andere Formen der Spekulation immer attraktiver. 1993 war die Börse, die erst ein oder zwei Jahre zuvor gegründet worden war, zu einer nationalen Obsession geworden. Ich erinnere mich daran, wie die Menschen an einem kalten Dezembermorgen noch vor Tagesanbruch Schlange standen, genau wie sie es früher für Toilettenpapier oder Wurst getan hatten, um Aktien einer schlesischen Bank zu kaufen.

Ein anderer Weg zum schnellen Geld war der internationale Handel. Die frühen 1990er Jahre waren das goldene Zeitalter des Güterfernverkehrs in Osteuropa. Die meisten Händler waren Privatpersonen, die mit allem handelten, was sie persönlich über die Grenzen bringen konnten. Das Rückgrat der Branche war Bekleidung. Angeheizt durch den unstillbaren Hunger der gesamten Region nach billigen Klamotten, entwickelte sich der Markt im polnischen Tuszyn, an einem namenlosen Straßenabschnitt außerhalb von Łódż gelegen, binnen weniger Jahre zu einem der größten Freiluftmärkte in ganz Europa.[35] Aus allen Richtungen strömten die Kunden auf der Suche nach erschwinglicher Kleidung und vor allem nach Unterwäsche herbei: Spitzen, Pelz und Fetisch für die Deutschen; so billig wie möglich für die Weißrussen und Litauer; schlicht und robust für die Russen (wobei die Russen stets die Etiketten austauschten, damit sie die polnischen BHs daheim als italienische Produkte ausgeben konnten).

Diese beiden Handelsbewegungen – bestehend aus persönlichem Transport und der Herstellung vor Ort – trafen auf besonders spektakuläre Weise an einem Fleck zusammen: im «Stadion des 10. Jahrestages» in Praga, auf der rechten Seite der Weichsel in Warschau. Das Stadion war ursprünglich, 1954, für Sportveranstaltungen und Zeremonien der Kommunistischen Partei gebaut worden und nach dem Juli-Manifest von 1944 benannt. Der Lauf der Zeit verschaffte ihm das Aussehen eines verwitterten Meteoritenkraters und die Atmosphäre eines vergessenen Flugplatzes. Zumindest so lange, bis Anfang der 1990er Jahre die oberen Ränge von einem improvisierten Markt unter freiem Himmel übernommen wurden, der den Spitznamen Jarmark Europa (Europa-Basar) bekam. Von da an herrschte eine geradezu pandämonische Stimmung.

Als ich den Jarmark 1993 besuchte, war er der größte wahrhaftige Basar in Europa. Jedes Jahr wurden dort Waren im Wert von umgerechnet etwa drei Milliarden Euro umgeschlagen. Der Jarmark fungierte als eine Art Basar der Basare. Von hier bezogen alle anderen Freiluftmärkte in Polen ihre Waren, hierher kamen Großhändler aus Moskau und Leningrad, um ihre Bestände aufzufüllen, von hier hatte halb Bulgarien seine Kleidung. Seine Reichweite umfasste ganz Eurasien, von Deutschland bis Nordkorea. Quasi alles wurde im Stadion zum Verkauf feilgeboten. Man konnte gefälschte Waren aller Art erstehen, Badezimmerarmaturen, Schuhe, Alteisen, Musikinstrumente, Software-Raubkopien und Bootleg-Kassetten. Ich war dort im Winter und verließ das Stadion mit einem markengefälschten Daunenmantel und einem ausgezeichneten Monokular der sowjetischen Armee, das mir ein Ex-Soldat in einem schäbigen Mantel verkaufte, der sein Angebotssortiment auf ein paar Zeitungsblättern ausgebreitet hatte.

Hätte ich besser Bescheid gewusst und wäre ich etwas älter gewesen, hätte ich auch wesentlich Illegaleres kaufen können, denn das Stadion war eine der größten osteuropäischen Börsen für halbseidene Geschäfte aller Art, von Prostitution bis Betrug. Drogen, gefälschte Waren und spezielle Waffen konnte man dort kaufen, Maschinenpistolen bis hin zu Sprengstoff. Angeblich konnte man hier sogar eine Exekution in Auftrag geben.[36]

Der größte Teil des Handels auf dem Basar war jedoch nicht kriminell, sondern diente einfach dem Überleben. Im Umfeld des

Das «Stadion des 10. Jahrestages» in Warschau wurde 1954 errichtet. In den frühen 1990ern entstand dort der Jarmak Europa, der wahrscheinlich größte Basar überhaupt für Waren und Dienste aller Art, die zwischen Ost und West gehandelt wurden.

Stadions traf man auf umherziehende Roma aus Rumänien, die aus dem Müll gesammelte Töpfe zum Verkauf anboten, bulgarische Männer, die Akkordeon spielten, und alte Frauen aus den Außenbezirken Warschaus, die ungleiche Socken, einzelne Schuhe und alte Kämme verkauften. Kaum vorstellbar, dass irgendjemand eines dieser verwaisten Dinge erstehen wollte, und dass man mit diesem Geschäft ernstlich seinen Lebensunterhalt verdienen könnte, schien völlig unbegreiflich.

Um mit solchem Handel zu überleben, braucht man Glück. Auf der Suche danach wandten sich viele Händler an eine übernatürliche Quelle. Irgendwann Mitte der 1990er Jahre wurde es üblich, dass die Standbetreiber im Stadion das Bild eines «Juden mit einem Pfennig» an ihren Ständen anbrachten. In der Regel zeigte es einen bärtigen

Mann in chassidischer Kleidung, der eine Goldmünze hochhielt. Manchmal handelte es sich um ein echtes Ölgemälde, manchmal um eine Fotokopie. Die meisten Menschen im Westen hielten diese Bilder für primitive antisemitische Karikaturen, aber in Wirklichkeit waren sie etwas ganz anderes: nämlich Glücksbringer, deren Zweck es war, Geld zu vermehren. Sehr schnell entstand im Internet eine ganze Folklore darüber, wie der Talisman funktionieren sollte. Wenn man einen Juden mit einem Pfennig im Haus hatte, sollte dieser von der Tür wegzeigen, damit das Geld ins Haus kam und nicht wegging. Eine Münze, die hinter den Bilderrahmen gesteckt wurde, verstärkte seine Kräfte, aber am Sabbat sollte man ihn am besten auf den Kopf stellen, um ihm seinen Ruhetag zu gönnen.[37]

Die Polen waren nicht die Einzigen, die in den stürmischen Gewässern der neuen Marktwirtschaft nach magischem Beistand suchten. Das Aufkommen des Kapitalismus war nicht nur eine wirtschaftliche, sondern auch eine moralische Revolution. Eine Generation, die in dem Glauben erzogen worden war, dass produktive Arbeit die einzige akzeptable Quelle für Wohlstand sei, musste sich plötzlich an eine Welt hemmungsloser Spekulation gewöhnen, in der sich Geld wie durch Zauberhand paaren und vermehren konnte. Nur wenige konnten erklären, wie das funktionieren sollte, aber die Aussicht auf immense Gewinne war zu groß, um zu widerstehen.

Infolge dieser Ungewissheit entstanden in vielen osteuropäischen Ländern Schneeballsysteme und andere dubiose Anlageformen, die teils immense Ausmaße annahmen. Zwischen 1992 und 1994 investierte die Hälfte der rumänischen Haushalte Geld in ein Pyramidensystem namens «Caritas», das in nur drei Monaten das Achtfache an Rendite versprach. Eine Zeit lang funktionierte das auch. Der Gründer von «Caritas», ein ehemaliger Buchhalter namens Ioan Stoica, wurde zum beliebtesten Mann Rumäniens. Kirchenführer feierten ihn dafür, dass er eine einheimische Lösung für das Problem des globalen Kapitalismus entwickelt hatte. Seine Nutznießer priesen ihn als «einen Heiligen», «den Papst», «Messias» und «den Propheten».[38] Als 1994 das unvermeidliche Ende für «Caritas» kam, wurde sein Zusammenbruch auch religiös interpretiert. Reumütige Gläubiger erzählten Geschichten von verfluchtem Geld und von Häusern, die von Dämonen befallen seien. Für andere war der bösartige Ursprung der «Caritas» von Anfang an klar gewesen. So erklärte eine Frau einem amerikanischen Anthropologen, der sie besuchte: «Caritas muss das Werk des Teufels sein: Geld kann nicht gebären!»[39] Viele Rumänen verloren ihre Ersparnisse an «Caritas», aber dank des umsichtigen Eingreifens der Regierung löste ihre Pleite glücklicherweise keine größeren Unruhen aus. In Albanien führte der Zusammenbruch eines ähnlich ausgedehnten Netzes von Pyramidensystemen 1997 zu einem Bürgerkrieg, der mehr als zweitausend Menschen das Leben kostete und einen noch größeren Flüchtlingsstrom auslöste als der, der sechs Jahre zuvor mit dem Ende des Kommunismus einherging.

Wachstum, Verwerfungen, Chaos: Das war das Polen, das ich aus meiner Kindheit kannte. Vom Ende des Kommunismus habe ich aus den Fernsehnachrichten erfahren, aber die Hyperinflation habe ich selbst miterlebt. Wenn ich an diese Jahre denke, denke ich jedoch immer an das Kindermädchen meiner Mutter, Julcia. Nachdem ihr Vater starb, als sie sieben Jahre alt war, wurde Julcia die Hauptbezugsperson meiner Mutter. Sie kam aus einem kleinen Dorf namens Nowy Pecynanow nach Warschau und arbeitete für die Familie meiner Mutter, nachdem eine andere Familie sie hinausgeworfen hatte. Als meine Mutter und ihre Schwester Polen verließen, blieb Julcia noch lange Zeit bei meiner Großmutter. Wenn ich sie besuchte, bot sie mir Honig gegen meine Erkältung an, während sie immer wieder zum Beten in die Kirche am Erlöserplatz ging.

Im Laufe der Jahre machte die Wohnung, die sie mit meiner Großmutter teilte, den größten Teil ihrer Welt aus. Ihre Ersparnisse bewahrte sie in einer niederländisch aussehenden Butterkeksdose mit Windmühlen auf dem Deckel auf. Julcia hatte keine Verwandten, und als sie 1993 starb, öffneten wir die Dose. Sie war voller alter Münzen und Scheine, die sich im Laufe der Jahrzehnte angesammelt hatten. Die galoppierende Inflation hatte ihnen den größten Teil ihres Wertes geraubt. Zusammengenommen waren sie fast nichts mehr wert – vielleicht einen Pfennig, vielleicht weniger.

Die Vorstellung, dass sich Wert einfach verflüchtigen konnte, schockierte mich als Elfjährigen. Die Vorstellung, dass man sich auf die Zukunft vorbereiten konnte, erschien mir damals wie eine weitere osteuropäische Fata Morgana. Jetzt scheint es nur noch das Ende einer langen Reihe von Familienverlusten zu sein: die Ländereien irgendwo in Westlitauen, das braune Haus in Warschau, ein Vermögen in D-Mark, das irgendwo in der Nähe von Poznań aufbewahrt wird, die Schmetterlingssammlung meines Urgroßvaters, die im Ersten Weltkrieg durch eine Bombe in feinen gelben Staub verwandelt wurde. Sie alle scheinen in dieser blauen Blechdose enthalten zu sein. Für mich symbolisiert sie nicht nur die Zeit des Übergangs, sondern auch die Launenhaftigkeit der Geschichte selbst.

EPILOG

Der Übergang vom Sozialismus zum Kapitalismus hat in ganz Osteuropa tiefe Narben hinterlassen. Einige davon sind physischer Natur: Kinder, die während dieser Zeit geboren wurden, waren im Durchschnitt einen Zentimeter kleiner als diejenigen, die einige Jahre zuvor oder danach zur Welt kamen.[1] Ein ähnliches Schrumpfen der Körpergröße wurde sonst nur als Folge von großen Hungersnöten und Kriegen beobachtet. Andere Narben waren seelischer Art. Während des Übergangs meldeten mehrere osteuropäische Länder – vor allem Ungarn und die baltischen Republiken – einige der höchsten Selbstmordraten der Welt.[2] Zwar gingen diese Zahlen nach einem Höchststand Mitte der 1990er Jahre zurück, doch in dem Vierteljahrhundert nach dem Fall der Berliner Mauer lag Osteuropa in Bezug auf die allgemeine Lebenszufriedenheit weiterhin deutlich hinter dem Westen zurück.

Diese sogenannte «Glückslücke» war eine der solidesten und am häufigsten bestätigten Erkenntnisse überall in den Sozialwissenschaften.[3] Zumindest galt das bis etwa 2016, als der Effekt zu schwinden begann. (Der Grund dafür scheint ein doppelter zu sein: Die Osteuropäer wurden glücklicher, als sich ihre Länder von der Rezession 2008 erholten, während gleichzeitig die Zufriedenheit im Westen abnahm.) Im Jahr 2018 war die Kluft ganz verschwunden, und die Menschen im Osten Europas berichteten von einem Grad an Lebenszufriedenheit, der sie auf eine Stufe mit der Türkei, Zypern und Griechenland stellte. Osteuropa war nicht länger ein grauer Ort.

Doch bei allem Glück hat die Freude das politische Leben in der

Region nicht verändert. Das vergangene Jahrzehnt war in weiten Teilen Osteuropas geprägt von zunehmender Polarisierung und schwindender oder bedrohter Demokratisierung. In mehreren Ländern (Ungarn, Belarus, Serbien) wurde der Staat faktisch von einem einzigen Herrscher oder einer einzigen politischen Partei übernommen. In anderen Ländern haben sich tiefe soziale Risse gebildet, entweder zwischen Ethnien (Bosnien), politischen Lagern (Polen) oder einer Mischung aus beidem, wie es in der Ukraine der Fall war.

Bis vor Kurzem schienen die Spaltungen insbesondere in der Ukraine besonders stark zu sein. Sie waren sowohl regionaler Natur als auch generationenbezogen: Dem russischsprachigen Osten und Süden stand der ukrainischsprachige Westen gegenüber; eine ältere Generation, die sich gern an die von der Sowjetunion garantierte Stabilität erinnerte, stand gegen eine jüngere, die ihre Hoffnungen auf den Anschluss an das übrige Europa setzte. Während der «Revolution der Würde» oder Maidan-Revolution von 2014, die von Angehörigen dieser zweiten Gruppe angeführt wurde, gelang es den Demonstranten, Viktor Janukowitsch, den verschwenderisch korrupten, prorussischen Präsidenten des Landes, zu stürzen. Eine anschließende russische Invasion beraubte die Ukraine der Halbinsel Krim sowie der Gebiete um Donezk und Luhansk im äußersten Osten des Landes. Der darauf folgende Krieg im Donbass forderte in sieben Jahren rund dreizehntausend Tote. Das war zwar ein hoher Preis an Menschenleben, hatte aber zur Folge, dass die ukrainische Gesellschaft gegen einen gemeinsamen Feind zusammenfand. Wie weit diese Einigung fortgeschritten war, zeigte sich während der russischen Invasion 2022, als die Ukrainer in einem Ausmaß bewaffneten Widerstand leisteten, das weit über das hinausging, was Moskau (oder der Rest der Welt) erwartet hatte.

Der Krieg hat die Ukraine zu einer Nation gemacht, aber diese Nation wurde um einen hohen Preis erkauft, begonnen mit der

Verletzung der territorialen Integrität des Landes. Dem übrigen Osteuropa ist es weitgehend gelungen, bewaffnete Konflikte zu vermeiden (zumindest seit dem Kosovo-Krieg von 1999), aber vor internen Unstimmigkeiten war es keineswegs gefeit. Politische Entwicklung und Entscheidungen in vielen Teilen der Region wurden jedenfalls immer strittiger und heftiger umkämpft. Paradoxerweise geschah dies genau in der Zeit, in der dieselben Nationen einige der größten Herausforderungen bewältigten, mit denen sie nach den Revolutionen von 1989 konfrontiert waren. Die derzeitige Ära des Parteiengezänks folgt auf zwei Jahrzehnte hart erkämpfter Siege in Wirtschaft und Diplomatie, weil an die Stelle schwieriger Kompromisse ein Gerangel um die Macht getreten ist.

Auch wenn der Übergang sehr schmerzhaft war, haben die meisten dieser Länder seither erfolgreich Marktwirtschaften und (meist) funktionierende Demokratien entwickelt. Geopolitisch gesehen ist das Ausmaß des Wandels nicht minder beeindruckend. Estland, Lettland, Litauen, Polen, Tschechien, die Slowakei, Ungarn, Slowenien, Kroatien, Rumänien und Bulgarien sind allesamt der Europäischen Union beigetreten. Diese Länder sowie Albanien, Montenegro und Nordmazedonien sind zudem NATO-Mitglieder geworden. Nur Serbien, Bosnien, Belarus, die Ukraine und Moldau gehören beiden Organisationen bislang noch nicht an.

«1989» hat sich als eine der tiefgreifendsten Umwälzungen der jüngeren Geschichte erwiesen. Das Ausmaß dessen, was seither erreicht wurde, wird bei einem Besuch in einer der großen Städte der Region sofort sichtbar, insbesondere für jeden, der sich an Osteuropa in den 1980er und frühen 1990er Jahren erinnert. Aber dieser Fortschritt verlief sehr ungleich, denn weite Landstriche – und in einigen Fällen ganze Nationen – blieben weit hinter den neu erstrahlenden Metropolen zurück.

Das schiere Ausmaß des Wandels hat viele osteuropäische Länder in eine Identitätskrise gestürzt. Häufig schauten diese Staaten deshalb auf die Geschichte, um die Frage zu beantworten, wer sie in der plötzlich globalisierten Welt wirklich waren. Aber Geschichte ist nie eindeutig; sie liefert immer mehrere, konkurrierende Erzählungen, mittels derer die Gegenwart erklärt werden kann. In dem politischen Vakuum, das das Ende des Kommunismus hinterließ, wurde die Entscheidung, welcher Geschichte, welchem Narrativ man folgen wollte, immens wichtig, und als die heroische Phase der osteuropäischen Transformation zu Ende ging, verwandelte sich die Politik in eine nicht enden wollende Abfolge von Schlachten um die Vergangenheit.

Viele osteuropäische Länder befinden sich in einem eigenartigen Dilemma. Sie verfügen über einen Überfluss an Geschichte, leiden gleichzeitig aber an einem Mangel an brauchbaren Narrativen. Das heißt, es ist viel mit ihnen passiert, aber sie selbst haben nicht genug getan, um das tief verwurzelte Gefühl zu entwickeln, das Schicksalsgemeinschaften prägt. In weiten Teilen der Region bestand die nationale Souveränität nur kurze Zeit oder allenfalls partiell, oder sie war von Unterbrechungen gekennzeichnet. Das Imperium bzw. der Kampf dagegen stehen im Vordergrund, wohingegen es wenige Gelegenheiten gab, nationale Mythologien unabhängig von imperialem Einfluss zu entwickeln. Das jahrzehntelange Leben im Sowjetblock verlangsamte diesen Prozess noch weiter, da die Historie so umgeschrieben werden musste, dass sie den kommunistischen Normen entsprach. Vieles von dem, was in der Zwischenkriegszeit als nationaler Kanon etabliert worden war, musste über Bord geworfen werden, während gerade die prägende Geschichte des Zweiten Weltkriegs selbst oft nebulös blieb oder durch eine schmale prosowjetische Brille erzählt werden musste, sodass viele umstrittene Episoden darin, die in den Nationalgeschichten stattfanden, nicht erwähnt werden konnten oder durften. So kam es, dass die Revolutionen von 1989 auch von einer großen Ausgrabung verschütteter

Geschichten begleitet wurden. Die Menschen suchten nach neuen Vergangenheiten, um die verlorene Zeit wiedergutzumachen. Die Wiederherstellung vergessener und verschütteter Gräber und die Neuetablierung verbannter und ebenfalls vergessener Helden waren eine Möglichkeit, neuen Staaten ihre Grenzen zu geben; sie trugen aber auch dazu bei, einige alte Staaten zu zerschlagen. In den Jahren nach der Wende gingen einige Staaten unter, zahlreiche neue entstanden. Die Sowjetunion zerfiel, ebenso wie Jugoslawien und die Tschechoslowakei. Die Slowakei, Slowenien, Kroatien, Bosnien, Mazedonien und Belarus wurden zum ersten Mal seit mindestens einem halben Jahrtausend wieder unabhängig. Die Ukraine, die auf eine lange Geschichte der Autonomie und mehrere kurz aufflackernde Momente der Souveränität zurückblicken konnte, die bis ins 17. Jahrhundert zurückreichten, begann ein neues Leben als moderner Staat in Gebieten, die zuvor zum habsburgischen, Osmanischen und Russischen Reich gehört hatten.

Was sollte man mit einem so komplexen und fragmentierten Erbe anfangen? Für viele Länder bestand die vordringlichste Aufgabe darin, einen neuen Ursprung zu finden. Wie schon im 19. Jahrhundert erwies sich dabei das Mittelalter als beliebter Ausgangspunkt. In weiten Teilen der Region begann die dokumentierte Geschichte mit der Ankunft des Christentums. Aus diesem Grund mussten viele Nationalisten des 21. Jahrhunderts auf der Suche nach einem nationalen Stammvater tausend Jahre oder noch weiter zurückgehen.

In den letzten Jahren haben sich einige Slowaken auf Svatopluk I. von Großmähren (er regierte 871 bis 894) als nationalen Vorfahren berufen. Im Jahr 2010 errichtete die Regierungspartei SMER vor der Burg in Bratislava eine riesige Bronzestatue von Svatopluk, dem «König der alten Slowaken», obwohl er kein Slowake und (wahrscheinlich) auch kein König war.[4] Belarus, dem es ebenfalls an einem eindeutigen Gründervater mangelt, hält sich an Wseslaw (weißrussisch Usiasłaĉ), den berühmt-berüchtigten grausamen Zauberer und Fürsten von Polotsk, der möglicherweise ein Werwolf war.[5]

Andere osteuropäische Länder haben sich auf der Suche nach einer brauchbaren Vergangenheit bis in die Antike vorgewagt. So wurden in den letzten Jahren in der Tschechischen Republik mehrere Archäologieparks errichtet, die die vorchristliche slawische und keltische Vergangenheit des Landes feiern. Ähnliche Projekte finden sich in der gesamten Region. Auch die vorchristlichen religiösen Traditionen haben eine Wiederbelebung erfahren. Besonders ausgeprägt ist dieser Trend in Lettland und Litauen, wo das Heidentum als organisierter Glaube am längsten Bestand hatte, doch solche Entwicklungen gibt es in der gesamten slawischen Welt. Diese neuheidnischen Bewegungen tragen verschiedene Namen – Romuva, Rodismus, Svetoary – und sind hochgradig synkretistische, imaginäre Rekonstruktionen von ansonsten verschwundenen Traditionen.

Die Konstruktion nationaler Mythologien erfordert eine gewisse Verschmelzung von Gegensätzen: Invasoren und Assimilatoren, Widerstandsführer und Kollaborateure, Herrscher und Beherrschte – sie alle müssen ihren Platz in einem strukturierenden Narrativ finden. Das gilt zwar für praktisch alle osteuropäischen Staaten, doch keiner von ihnen verfolgt mit Blick auf die Vergangenheit einen eklektischeren Ansatz als die Republik Mazedonien.

Denn solange sich die Mazedonier als eigenständiges Volk verstanden haben, wurden Teile ihrer Identität von Außenstehenden beansprucht. Griechen reklamieren den Namen Mazedonien für sich. Bulgaren betrachten die mazedonische Sprache als einen Dialekt des Bulgarischen. Andere haben sein Territorium beansprucht. Die Zugehörigkeit Mazedoniens zu Jugoslawien während des größten Teils des 20. Jahrhunderts basierte auf der Annahme, dass die Mazedonier zu einer größeren Gemeinschaft von «Südslawen» gehören.

Inmitten dieses Gewirrs konkurrierender Interessen hat Mazedonien mutig einen maximalistischen Ansatz für seine Geschichte gewählt. Seit 2011 beherbergt Mazedonien eine der umfangreichsten und verwirrendsten historischen Selbstpräsentationen in Europa. Die Hauptstadt Skopje ist jetzt voll mit Hunderten von Statuen, die an jeden erdenklichen Aspekt der mazedonischen Vergangenheit erinnern. Klassische Helden stehen neben byzantinischen Kaisern, serbische Despoten neben kommunistischen Politikern. Die Albaner, die rund ein Viertel der mazedonischen Bevölkerung ausmachen, haben ihr eigenes Pantheon berühmter Figuren, das sich in der Nähe des alten osmanischen Basars befindet. Das vielleicht Überraschendste an der ganzen Ansammlung in Skopje ist, dass sie auch Denkmäler für ganze Kategorien von Menschen, nicht nur für Einzelpersonen, umfasst. Es gibt Statuen zu Ehren von Bettlern, Einkäufern und Geschäftsfrauen. Müttern ist ein eigener Brunnen gewidmet, versehen mit massiven Skulpturen, die die vier Phasen der Mutterschaft darstellen. Gleich daneben stehen Monumente für Straßenmusiker und Clowns.

So seltsam das Ganze auch wirken mag, dieser Blick auf die Vergangenheit – und die Gegenwart – hat zumindest den Vorzug, dass er alle einschließt. Leider hat die Geschichte dieses «Catch-all»-Ansatzes in Sachen Historie ein unangenehmes Nachspiel. Die Initiative «Skopje 2014», die neben der Errichtung aller neuen Denkmäler der Stadt auch ein stadtweites Facelifting vorsah, erwies sich als lähmend teuer. Außerdem wurde sie schlampig ausgeführt. In vielen der nagelneuen neoklassizistischen Fassaden und (angeblich) marmornen Bürgersteige der Stadt haben sich bald große Risse gebildet.

In der Zwischenzeit hat sich die Politik eingemischt und die Botschaft der Initiative zusätzlich verkompliziert. 2018 unterzeichnete Mazedonien das sogenannte Prespa-Abkommen, das dem Land den Beitritt zur NATO ermöglichte. Eine der Bedingungen für die Mitgliedschaft war die Änderung des Namens von Mazedonien in Nordmazedonien. Diese Bestimmung war ein Zugeständnis an

Griechenland, das seit Langem den Namen «Mazedonien» für sich reklamiert. Griechenland erhebt zudem Anspruch auf das Erbe des antiken Makedoniens, die Heimat Alexanders des Großen. Eine der Bestimmungen des Prespa-Abkommens sah deshalb vor, dass Nordmazedonien auf jegliche Verbindung zu dem Königreich des 4. vorchristlichen Jahrhunderts verzichten musste. Da viele mazedonische Helden bereits im Rahmen der Initiative «Skopje 2014» gewürdigt wurden, tragen viele der Statuen nun einen Hinweis, dass sie nichts mit Nordmazedonien an sich zu tun haben, sondern zum «kulturellen und historischen Erbe der ganzen Welt» gehören. Eine riesige Statue von Alexander dem Großen zu Pferd, die immer noch die Hauptpromenade im Stadtzentrum dominiert, wurde in «Ein Reiterkrieger» umbenannt. Der Kampf um eine brauchbare Vergangenheit geht weiter.

Ungarn hingegen, das auf eine lange Tradition der Unabhängigkeit und Autonomie zurückblicken kann, musste sich nicht gegen so viele rivalisierende Ansprüche auf seine Identität wehren wie Mazedonien. Trotzdem verläuft seine dortige Auseinandersetzung mit der Vergangenheit nicht weniger umfassend. Mit ihrer einzigartigen Sprache, die sich von allen anderen in Europa unterscheidet (Finnisch und Estnisch sind nur entfernte Verwandte), haben sich die Ungarn stets als Außenseiter unter den osteuropäischen Völkern gefühlt. Das war lange Zeit ein Grund, stolz zu sein, aber auch ein Quell der Irritation. Seit dem Mittelalter brachten Chronisten die Ankunft der nomadischen Magyaren – der Vorfahren der heutigen Ungarn – im 9. nachchristlichen Jahrhundert mit früheren Angriffen der ebenfalls nomadischen Awaren und Hunnen in Verbindung.

Im 19. und 20. Jahrhundert bauten Gelehrte und Intellektuelle diese etwas dürftige Verbindung zu einer ausgeklügelten Theorie der quasi-ethnischen Verwandtschaft aus. Sie behaupteten, die Ungarn würden zu einer großen Bruderschaft von Völkern gehören, die sie als Gegenpol zu den bereits existierenden germanischen und slawischen Volksgruppen «Turanier» nannten. Zu den Turaniern zählte eine ganze Palette anderer ehemaliger Nomaden – von Türken über Kasachen bis hin zu Mongolen. In der Zwischenkriegszeit wurde die Förderung einer spezifisch turanischen Identität mit Bewegungen der extremen Rechten in Verbindung gebracht. Aus diesem Grund war eine Bezugnahme auf den Turanismus während des Kommunismus fast vollständig verboten – und hat seit seinem Ende ein spektakuläres Comeback erlebt.

Heute feiern die Menschen in Ungarn ihre nomadische, heidnische Vergangenheit auf vielfältige Weise. Einige haben sich dem Paganismus oder Schamanismus verschrieben. Manche sind auf der Suche nach einer noch authentischeren Verkörperung der Vergangenheit und haben begonnen, sich selbst die alten, verloren geglaubten Bräuche beizubringen. Sie praktizieren «schamanisches Trommeln» und schicken ihre Kinder in spezielle Sommercamps, wo sie berittenes Bogenschießen lernen können. Man findet jetzt Straßenschilder – und auch viele Tätowierungen – in alter ungarischer Runenschrift. Sogar Kaufhäuser machen dabei mit: Ein großes Einkaufszentrum in Budapest ist von Felsbrocken umgeben, in die uralte Muster eingemeißelt sind; sie stammen aus Kasachstan, der Mongolei und anderen Orten an der großen «Steppenstraße», auf der die Magyaren angeblich in ihre heutige Heimat an der Donau kamen.

All diese verschiedenen Strömungen der nationalistisch-nomadischen Erweckungsbewegung kommen in einem jährlichen Fest, dem Großen Kurultáj, zusammen. Diese Veranstaltung – deren Name auf die Versammlungen zurückgeht, welche die mongolischen Khane wählten – wird jedes Jahr auf einem Stück Puszta zwei Stunden südlich von Budapest abgehalten. An einem langen Augustwochenende kampieren dort Tausende von Ungarn in Jurten und erfreuen sich an Musik und Küche der dreiundzwanzig Turkstämme Eurasiens. Für die Musik sorgen ganze Ensembles schamanischer Trommler, für das Essen Händler, die mongolische Knödel genauso im Angebot haben wie klassische ungarische Gerichte, etwa gefüllte Kohlrouladen und Lángos-Brot.

Beherrscht wird die Versammlung von einem gigantischen, grimmig dreinblickenden Porträt von Attila dem Hunnen, flankiert von Reihen von Rossschweifen und Altären aus Pferdeschädeln. Unter den wachsamen Augen des Hunnenkönigs können die Besucher lernen, wie man einen Reflexbogen handhabt, und archäologische Ausstellungen der deformierten, fremdartigen Schädel der alten Hunnen bestaunen. Jeden Tag versammeln sich in der zentralen Arena Reiter, um große Momente der frühen magyarischen Geschichte nachzustellen, wie das Abschlachten der Bayern, das Gemetzel an den Pannoniern und das Massaker an den Mährern. Auf diese Weise stellen sie den Gründungsmoment der ungarischen Staatlichkeit nach, die Honfoglalás, die Eroberung des Heimatlands. Dieses Ereignis wird in Ungarn seit der Wende zum 20. Jahrhundert mit riesigen Skulpturengruppen und gemalten Panoramen gefeiert (die angebliche 1000-Jahr-Feier der Landnahme im Jahr 1896 war Anlass für einen besonders üppigen Ausbruch von Nationalgefühl).

In der heutigen Welt reicht es jedoch nicht mehr aus, ein Land mit Waffengewalt zu erobern; eine Nation braucht auch eine mentale Grundlage für ihre Existenz. In Osteuropa lieferte diese in der Regel ein Sieg über den Faschismus, den Kommunismus oder – im Idealfall – über beide. Auch hier war Ungarn wieder einmal Vorreiter und hat einen Weg gefunden, einheimische Faschisten *und* einheimische Kommunisten als ein und dasselbe darzustellen – und noch dazu als ausländischen Import. Am eindrücklichsten in Aktion besichtigen lässt sich dieses radikale neue Geschichtsbild im «Haus des Terrors» in Budapest. Dieses stattliche Gebäude in der schicksten Straße der ungarischen Hauptstadt, in dem früher die stalinistische Geheimpolizei und davor die faschistische Geheimpolizei untergebracht waren, ist heute ein Museum, das die tief vergrabene, geheime Geschichte der verbrecherischen Vergangenheit in Ungarn enthüllen soll. Dies ist das vergiftete Erbe, von dem die derzeitige ungarische Regierung behauptet, es endgültig und heldenhaft überwunden zu haben.

Die Besucher dürfen dort die finstersten Perioden der ungarischen Geschichte multimedial erkunden. Die Ausstellungsstücke wurden von einem meisterhaften Bühnenbildner entworfen und wirken wie Dioramen, die dem Geist von David Lynch entsprungen sind. Das Haus des Terrors ist ein Geisterhaus der Geschichte des 20. Jahrhunderts, in dem schwarze Wolgas und Schergen der Geheimpolizei die Rollen von Zombies und Werwölfen spielen. Der Rundgang endet mit einer langsamen Fahrt in einem Aufzug hinunter in die Kellerverliese – die ehemaligen Folterkammern und Isolationszellen, die während des Krieges von Pfeilkreuzlern benutzt wurden, um Gefangene weichzuklopfen, und danach von der stalinistischen ÁVH.

Das mit einer Finanzspritze der Regierung errichtete Haus des Terrors soll eine bestimmte politische Botschaft vermitteln: dass die Kommunisten genauso schlimm waren wie die faschistischen Pfeilkreuzler und dass beide nichts mit dem «wahren» Ungarn zu tun haben. Dieser Gedanke hat im Grundgesetz des Landes seinen institutionellen Ausdruck gefunden. Als Viktor Orbán und seine Fidesz-Partei 2011 eine neue ungarische Verfassung vorlegten, fügten sie eine Präambel ein, in der erklärt wird, dass Ungarn als unabhängige staatliche Entität zwischen dem 19. März 1944 und dem 2. Mai 1990 *schlichtweg nicht existierte.*[6] Während dieser sechsundvierzig Jahre habe sich das Land vollständig im Besitz einer ausländischen Macht befunden.

Letztlich zielen Ungarns neue Verfassung und das Haus des Terrors auf dasselbe ab: Beide vollziehen eine Art politischen Exorzismus, indem sie den Teil der Geschichte des Landes als illegitim brandmarken und damit auslöschen, der den derzeitigen Machthabern nicht passt.

In Polen hingegen konzentrierte sich die Nationsbildung darauf, diejenigen, die früher ausgestoßen wurden, aufzuwerten. Seit Jahrhunderten ist das nationale Gedächtnis Polens gerade um Momente der Niederlage und des Leidens herum aufgebaut. Die wichtigsten «Beiträge» des 20. Jahrhunderts zu diesem nationalen Opfer-Kanon sind das Massaker an zwanzigtausend polnischen Armeeoffizieren durch die sowjetische Geheimpolizei in Katyn im Jahr 1940 und der gescheiterte Warschauer Aufstand von 1944. Beide Ereignisse konnten unter dem Kommunismus in keiner Weise ausführlich erforscht oder diskutiert werden, was ihre Faszination, ja Verehrungswürdigkeit, nur noch verstärkte. 2010, wie eine bizarr-tragische Reprise, starben Präsident Lech Kaczyński und über hundert weitere politische und militärische Amtsträger bei einem Flugzeugabsturz auf dem Weg ins russische Smolensk, wo sie an einer Gedenkveranstaltung zum 70. Jahrestag von Katyn teilnehmen wollten.

In den letzten Jahren hat die regierende Partei «Recht und Gerechtigkeit» eine dritte Säule des nationalen Gedenkens hinzugefügt: die *żołnierze wyklęci*, die «verfluchten Soldaten». Dabei handelt es sich um Partisanen, die gegen die Nazis Widerstand leisteten, aber bei Kriegsende die Waffen nicht niederlegten, sondern weiter gegen den Kommunismus kämpften. Sie wurden nach und nach von den stalinistischen Sicherheitsdiensten eliminiert und später als «Banditen» verurteilt – und nun sind sie als Polens größte Helden wiederauferstanden. Ihre Gesichter sind in Polen allgegenwärtig und auf riesigen Wandgemälden und Briefmarken zu sehen. Die verfluchten Soldaten sind überdies zum Liebling historischer Reenactments geworden, bei denen überall im Land Märsche und Läufe in voller Partisanenmontur veranstaltet werden.

Das Bekenntnis Polens zu seinem bewaffneten antikommunistischen Widerstand fügt sich in einen Trend, der weithin zu beobachten ist. In Litauen, Lettland und Estland werden die Waldbrüder geehrt, die nach der sowjetischen Besatzung 1945 gegen die Rote Armee kämpften. Auch in Rumänien, Albanien und Tschechien gibt es Netzwerke von Museen, die an die «Verbrechen des Totalitarismus» erinnern. Das Besondere an Polen aber ist, wie sehr sich dort Geschichte und Politik vermischen. Ein ganzes Netz staatlicher Institutionen – allen voran das Institut für Nationales Gedenken (Instytut Pamięci Narodowej) – und zivilgesellschaftlicher Organisationen dient dazu, ein bestimmtes Bild der polnischen Geschichte zu befördern und in der Gegenwart lebendig zu halten.

Das Ausmaß dieses «Reenactment-Komplexes» erlebte ich an einem Tag im August 2021 am eigenen Leib, als ich mit meiner Frau die kleine Stadt Góra Kalwaria, dreißig Kilometer südlich von Warschau, besuchte. Ich war dort, um die Synagoge des Gerer Rebbe zu besichtigen (Ger ist der jiddische Name der Stadt). Zwischen dem späten 19. Jahrhundert und dem Zweiten Weltkrieg war die Familie Ger, die von den gelehrtesten Schülern des Kotzker Rebbe abstammt, die bedeutendste chassidische Dynastie in Zentralpolen. Sie war so beliebt, dass eine eigene Eisenbahnlinie gebaut wurde, um den Ansturm der Pilger zu bewältigen, die an jedem Festtag aus Warschau zu den Rabbinern kamen.

Heute ist Góra Kalwaria ein verschlafener Vorort, der von Radtouristen an der Weichsel gerne als Zwischenstopp genutzt wird und dessen jüdische Vergangenheit weitgehend in Vergessenheit geraten ist. Die Gerer Synagoge, offiziell aufgelassen, aber unter der Schirmherrschaft der jüdischen Gemeinde Warschaus stehend, ist eine leere Hülse aus zerfallenden Ziegeln. An der Fassade sprießen bereits Birkenreiser. Während ich die Ruine besichtigte, hörte ich zu meiner Überraschung, wie Balladen aus dem Jazz Age über den verlassenen Innenhof der Synagoge tönten. Als ich um die Ecke auf den Hauptplatz von Góra Kalwaria bog, sah ich, woher die Musik kam – von einer Big Band, ganz in der Mode der frühen 1920er Jahre gekleidet.

Der Platz war voller Soldaten in Uniform – die alten, blaugrauen Khakis der ersten polnischen Armee und die dunkelolivfarbenen Kampfanzüge ihrer russischen Gegner aus dem polnisch-bolschewistischen Krieg von 1920. Einige der Soldaten auf beiden Seiten schienen noch Kinder, andere waren alte Männer. Artilleriegeschütze und alte Maschinengewehre standen auf dem Platz herum. Kleinkinder spielten mit nachgebauten Gewehren, während Krankenschwestern sich um die (nicht echten) Verwundeten kümmerten. Auf der anderen Seite des Platzes flanierten Bolschewikinnen in Reitstiefeln aus schwarzem Leder und kosteten verschiedene Eissorten. Alle schienen sich zu amüsieren, niemand schien auf Kampf aus. Etwas enttäuscht fragte ich eine der jungen Tschekistinnen, ob die Russen wohl angreifen würden. Sie setzte ihre Eistüte ab und erklärte mir, dass sie natürlich angreifen würden; «die Schlacht soll um vier Uhr beginnen».

Nur sechs Monate später, im Februar 2022, begann die Schlacht ernsthaft, als Russland mit dem Großteil seiner mobilisierten Truppen von Norden, Osten und Süden her in die Ukraine eindrang. Sie überfielen ein Land, das dreißig Jahre lang schwer daran gearbeitet hatte, sich seine eigene Version einer brauchbaren Vergangenheit zu schaffen.

Seit der Unabhängigkeit der Ukraine im Jahr 1991 hat es sich als schwierig erwiesen, eine einheitliche Geschichte für das Land als Ganzes zu erschaffen. Die verschiedenen Regionen der Ukraine unterscheiden sich nicht nur in ihrer ethnischen Zusammensetzung und Sprache, sondern auch hinsichtlich ihrer Erinnerung. Sie haben ganz unterschiedliche Dinge aus verschiedenen Imperien geerbt. Der Osten der Ukraine war von Anfang an Teil der Sowjetunion und davor Teil des Russischen Reiches. Er fühlte sich mit seiner früheren Heimat verbunden und stand einem strikt ukrainischen

Nationalismus eher ambivalent gegenüber. Der äußerste Westen der Ukraine war bis 1939 ein Teil Polens und gehörte davor zum Habsburgerreich und zur Polnisch-Litauischen Union. Die Menschen dort betrachteten die Sowjetunion als Unterdrücker und blickten mit Vorliebe auf das Kosaken-Hetmanat des 17. Jahrhunderts als die Quelle ihrer Unabhängigkeit zurück. In den letzten Jahrzehnten hat sich der Holodomor, die tödliche Hungersnot von 1932 bis 1934, der etwa 3,9 Millionen Ukrainer zum Opfer fielen, als prägendes Ereignis für das ukrainische Nationalbewusstsein herauskristallisiert.[7] Aber auch hier prägen regionale Unterschiede die Wahrnehmung der Tragödie. Obwohl die Ostukraine stärker von der Hungersnot betroffen war als der Westen, pflegt der Westen das Erbe stärker.[8]

Der Angriff Russlands hat die meisten dieser Unterschiede und Spaltungen beseitigt. Die Konfrontation mit einem realen Feind kann die Identität auf eine Weise stärken, wie es keine Erinnerungspolitik, kein Geschichtstheater vermag. Die verschiedenen Versionen des nationalen Gedächtnisses der Ukraine mögen voneinander abweichen oder sich sogar widersprechen, aber sie sind auch revidierbar und offen für Veränderung. Für die von Russland und vom Kreml propagierte Sicht der ukrainischen Geschichte gilt das nicht. Wie viele nationale Mythologien ist auch sie ein Sammelsurium aus verschiedenen Epochen und Zeitaltern. Die Idee der Kiewer Rus, der «Sammlung der russischen Erde» als Programm für die Annexion aller ostslawischen Gebiete, stammt aus der Regierungszeit Iwans III. im 15. Jahrhundert im Großfürstentum Moskau. Die Herabwürdigung der ukrainischen Sprache zu einem bloßen Dialekt sowie des ganzen ukrainischen Volkes zu «malorossijas» oder «Kleinrussen» stammt aus der späten Zarenzeit. Gleiches gilt für das Projekt eines «Neurusslands» an der Schwarzmeerküste. Schließlich ist die Verbrämung des Krieges als Entnazifizierungskampagne gegen «Faschisten» und «Neonazis» eine perverse Neuauflage der sowjetischen Propaganda aus dem Zweiten Weltkrieg.

Obwohl die Quellen dieser russischen Geschichtserzählung fast ein ganzes Jahrtausend umspannen, ist ihre Botschaft immer die der totalen Negation. Diese besagt, dass die Ukraine in der Vergangenheit nicht existiert hat, in der Gegenwart nicht existieren sollte und in der Zukunft nicht existieren wird.

Kurz nach Beginn der Invasion in der Ukraine beschrieb der weißrussische Intellektuelle Ihar Babkou den Konflikt als «einen Krieg um Vielfalt, einen Krieg zwischen Mitteleuropa und Osteuropa».[9] Ich bin geneigt, dem zuzustimmen, mit der Einschränkung, dass Babkous Mitteleuropa mit dem in diesem Buch beschriebenen Osteuropa übereinstimmt. Dieses Osteuropa ist ein Kontinent der kleinen Länder, eingezwängt zwischen große Mächte. (Anders ausgedrückt wäre es Mitteleuropa ohne Deutschland bzw. Babkous Osteuropa ohne Russland.) Es ist eine Region, die lange Zeit von Imperien beherrscht wurde, aber sie hat größtenteils keine imperiale Geisteshaltung geerbt. Seit dem Ende des 19. Jahrhunderts wurde seine Politik von Nationalismen verschiedener Couleur beherrscht.

Seine Geschichte hingegen ist vor allem durch das Aufeinanderprallen verfeindeter Ideologien geprägt worden. Aber das ist nur die Geschichte der letzten etwa hundert Jahre. Osteuropa hat eine längere Geschichte und ältere Traditionen, auf die es bei der Gestaltung seiner Zukunft zurückgreifen kann. Von den Historikern weitgehend vernachlässigt, gab es ein Osteuropa, das neben den von den Imperien aufgezwungenen Strukturen und unabhängig von den durch den Nationalismus genährten Hoffnungen existierte.

Das war eine Welt mit verschiedenen Religionen und Sprachen, in der viele parallele Wahrheiten Seite an Seite lebten. Es war ein Ort gemeinsamer Heiliger und sich überschneidender Geschichten, wo Volksheilungen und Prophezeiungen unter Nachbarn weitergegeben wurden und heilige Helden die Kleider der anderen trugen. Diese Welt entstand ganz allmählich, in den Jahrhunderten nach der Einführung des Monotheismus der drei großen Offenbarungsreligionen und dem Niedergang des Heidentums im selben Zuge, das aber nie ganz verschwand, sondern als Hintergrund des Volksglaubens neue Gestalt gewann.

Das 20. Jahrhundert war für Osteuropa eine Ära der kaum unterbrochenen Kataklysmen. Die alten Bande, die die Menschen zusammenhielten, lösten sich auf, und mörderische Aggression traten an ihre Stelle. Als rivalisierende Armeen aus Ost und West in die Region strömten, brachten Nachbarn sich gegenseitig um. Als die Kriege endeten, lösten Massenvertreibungen und die Umsiedlungen ganzer Bevölkerungen das auf, was vom alten osteuropäischen Flickenteppich noch übrig war.

Wie ein Haus, das auf einem Lavastrom gebaut wurde, gründet die Geschichte meiner Familie in der Katastrophe. Ohne diese Katastrophe gäbe es mich nicht. Im 20. Jahrhundert gehörten ihr sozial abgestiegene Adlige aus Litauen (dabei ungarischer Abstammung) an, ungebildete Bauern aus dem polnischen Kernland, patriotische katholische Buchbinder, orthodoxe jüdische Bauern und kommunistische Näherinnen. Es bedurfte zweier aufeinanderfolgender, weltzerstörerischer Kriege, um diese Menschen zusammenzubringen. Ohne den Untergang von Imperien, den Zusammenbruch des Feudalismus und den Aufstieg des Kommunismus wären die verschiedenen Allianzen und Statuswechsel, die zu ihren Beziehungen gehörten, nicht nur unmöglich, sondern völlig unvorstellbar gewesen.

Heute scheint sich sogar die Erinnerung an eine ältere, inklusivere Lebensweise zu verflüchtigen. Und doch ergibt auch das Sinn, denn Osteuropa ist eines der großen Heimatgebiete des Vergessens auf dieser Welt. Wer diesen riesigen Halbkontinent bereist, stößt immer wieder auf verlassene Tempel, vernachlässigte Gräber und verschwundene Grabstätten; fremde Götter, die Toten anderer Völker.

Von Zeit zu Zeit kommen Teile dieser versunkenen Vergangenheit an die Oberfläche, wie Treibgut aus Atlantis. Ich habe sie an vielen Orten gesehen: in verstreuten heidnischen Hainen und bei uralten, verehrten Eichen in Lettland und Litauen, an den bunten Schnüren, die um den Schrein von Koyun Baba in den Wäldern oberhalb von Babadag, Rumänien, gebunden sind; an Geisterschildern auf Polnisch, Jiddisch und Deutsch in Lemberg, Komarno und im übrigen ukrainischen Galizien; an überwucherten Karawanenpfaden, die in die Aromunen-Metropole Voskopojë führen, und an den zerbrochenen Stufen der armenischen Kathedrale in Dumbrăveni. Und schließlich im heimatlichen Schtetl meines Großvaters väterlicherseits in Zambrów, wo auf dem jüdischen Friedhof kaum noch ein Stein steht, in dessen Wäldern aber noch die wilden Früchte seiner Kindheit gedeihen: die schwarzen «Diaspora»-Beeren, deren dunkler Saft zum Schreiben der Thora verwendet werden konnte, die süßen roten «Rosch Haschana»-Äpfel, die jedes Jahr rechtzeitig zum Jahreswechsel reif wurden, und die kleinen grünen «Kol Nidre»-Birnen, die eine Woche später zu Jom Kippur genießbar waren und die Ärmsten der Armen nährten.

Für mich sind das genauso Erinnerungsorte wie irgendein Denkmal oder Grabmal. Es sind Fragmente einer untergegangenen Welt, eines von unendlicher Vielfalt geprägten Osteuropas, dessen Embleme das Kaleidoskop, das Schachbrett und der Mikrokosmos waren. Es war keine bewusste Schöpfung, sondern das Ergebnis von Freiräumen und jahrhundertelanger, wohlwollender Vernachlässigung. Hier lebten viele Völker und Religionen Seite an Seite, nicht aus bewusster Überzeugung, sondern aus Gewohnheit, in einer lockeren Symbiose, die mehr durch Gepflogenheit als durch Gesetz geregelt war. Es war nicht immer eine friedliche oder glückliche Welt, sie war auch nicht frei von Vorurteilen. Ungleichheit – vor allem in Bezug auf die gesellschaftlichen Klassen – war Teil des Fundaments, auf dem sie beruhte. Aber wie bescheiden oder zufällig sie auch sein mochte: Allein die Möglichkeit des Zusammenlebens, für die sie steht, ist eine Art wackliger Utopie. Damit Europa als Ganzes eine Zukunft hat, wäre es am besten, dieses Versprechen Osteuropas nicht aus dem Blick zu verlieren, selbst wenn wir uns an die Tragödie seines Untergangs erinnern.

DANK

Der Weg zum Schreiben dieses Buches, der vor fast zwanzig Jahren begann, war ein langer. Unterwegs habe ich viele Schulden angehäuft, von denen ich hier nur einen Bruchteil aufzählen kann. Zu den ersten gehörten die bei meinen Lehrern. In Princeton führte mich Caryl Emerson in die Freuden der osteuropäischen Literatur ein. Michael Cook lehrte mich, vergleichend zu denken und den Blick über den Tellerrand zu wagen. John McPhee brachte mich dazu, über das Schreiben als Handwerk nachzudenken. Daniel Mendelsohn führte mich in die Praxis der Kritik ein. Anthony Grafton war in jeder Hinsicht ein Vorbild für das, was Humanist und Lehrer bedeuten kann. Er las überdies zu einem wichtigen Zeitpunkt eine vollständige Fassung des Manuskripts und gab mir, elegant und großzügig wie immer, Hinweise und Anregungen.

Das History Department in Berkeley ist schon länger mein intellektuelles Zuhause, als ich mich überhaupt erinnern kann. Die vielen Freundschaften, die ich dort geschlossen habe, machten es zu einem magischen Ort für ein Studium wie auch dafür, als Wissenschaftler zu wachsen. Margaret Lavinia Anderson ließ das 19. Jahrhundert lebendig werden und unterwies mich in der schwierigen Kunst, Studenten zu unterrichten. David Frick erschloss mir die vernachlässigte frühe Neuzeit Osteuropas. István Rév inspirierte mich durch seine Schriften und seine Lehrveranstaltungen dazu, das 20. Jahrhundert in seiner ganzen moralischen und philosophischen Komplexität in den Blick zu nehmen. John Connelly war mir über Jahre hinweg ein geduldiger Mentor und Freund, und ich habe von seinem schier unerschöpflichen Wissensschatz ungemein profitiert.

Besonders anregend war die Gemeinschaft rund um *kroužek*, die Arbeitsgruppe für osteuropäische Geschichte in Berkeley. Viele Ideen in diesem Buch stammen aus Gesprächen mit ihren zahlreichen Teilnehmern und Referenten, darunter David Beecher, Sarah Cramsey, William Hagen, Lee und Gosia Hekking, Mark Keck-Szajbel, Harrison King, Pawel Koscielny, Andrej Milivojevic, Brandon Schechter, Agnieszka Smelkowska, Thomas Sliwowski und Victoria Smolkin. Außerhalb des Fachbereichs Geschichte ermutigte mich eine von Greil Marcus gehaltene Lehrveranstaltung über Kritik dazu, über den akademischen Bereich hinauszublicken und auch für ein breites Publikum zu schreiben.

Seinen Ursprung hat dieses Buch in einem Essay, der zuerst in der *Los Angeles Review of Books* erschien. Ich bin Boris Dralyuk sehr dankbar, dass er diesen ersten Beitrag und einen späteren über den Islam in Osteuropa redigiert hat, und Evan Kindley, dass er die Verbindung hergestellt hat. Beim Schreiben des Buches selbst war mir ein Stipendium der Robert B. Silvers Foundation eine große Hilfe. *Harper's Magazine* hat die Berichterstattung aus Ungarn unterstützt. Die Doe Library auf dem Campus von Berkeley versorgte mich mit einer Fülle wertvollen Materials – ein Service, der auch in den schwierigen Tagen der Pandemie aufrechterhalten wurde. Bevor die Pandemie zuschlug, habe ich viele Kapitel zunächst im Allerheiligsten von Souvenir Coffee in der Claremont Avenue verfasst. In Portland unterstützten mich Jean Sammis und Thom Fahrbach sowie von Jay und Mary Harris durch ihre Gastfreundschaft.

Viele gute Freunde haben dazu beigetragen, dass dieses Buch um so vieles besser geworden ist, als es ohne sie wäre. Frances und Randy Starn haben beide das gesamte Manuskript in einem frühen Stadium gelesen und wertvolle und hellsichtige Kommentare geliefert – und mir nebenbei viele Abende in herrlicher Geselligkeit beschert. Mit Linda Kinstler spreche ich schon fast so lange über Osteuropa, wie ich an dem Buch arbeite. Ihr Denken und ihre Berichte waren mir Inspiration. Ihr verdanke ich auch, dass sie mich mit den Schönheiten Rigas bekannt gemacht hat. Albert Wu hat eine sehr späte Fassung in kürzester Zeit gelesen und ihn mit der ihm eigenen Freundlichkeit korrigiert und verbessert.

Michelle Kuo bin ich unendlich dankbar dafür, dass sie mich mit meinem Agenten Sam Stoloff zusammengebracht hat, der die harte Arbeit auf sich genommen hat, einen noch wenig ausgegorenen Vorschlag in die Realität umzusetzen; mein Dank geht an ihn und an alle bei der Frances Goldin Literary Agency für ihre stetige Unterstützung. Mein Dank gilt überdies Carrie Plitt und ihrem Team bei Felicity Bryan Associates auf der anderen Seite des Atlantiks. Bei Pantheon hat Maria Goldverg von Anfang an gesehen, was aus diesem Buch werden könnte, und mich bis zur Ziellinie begleitet. Bei Oneworld hat Cecilia Stein den Text auf tausend Arten angestupst, geformt und gestaltet und ihn in jedem Fall besser gemacht. Mein Dank gilt auch der Herstellungsabteilung von Pantheon, die die Karten erstellt hat, und den Korrekturlesern, die mich vor zahllosen Fehlern bewahrt und sich für ihre mühevolle Arbeit eine Kiste feinsten moldauischen Schaumweins verdient haben.

Mein größter Dank und meine tiefste Schuld gelten meiner Familie. Mein erster Dank geht an Ryan Bresnick und Jessica Saia, die mich auf meinen Reisen durch die Ukraine und Rumänien begleitet haben und mir vorher und nachher immer wieder zur Seite standen. Danke auch an Marc und Anna Bresnick sowie an Angela und Gene Espinoza, die mich in ihre Familie aufgenommen haben. In Polen waren meine Cousine Maria Zawadzka und ihr Mann, Ignacy Strączek, perfekte Gastgeber und Partner bei zahlreichen Abenteuern auf dem Land. Ignacys Vater, Tomasz, öffnete mir sein Haus und vermittelte mir großzügig sein Wissen über den Balkan. In Warschau teilte Anna Gren ihre Erinnerungen und ihre Familiengeschichte mit mir. Ihre Mutter, meine Tante Ewa Gren, kramte alte Familienfotos hervor, brachte mich in ihrem Gasthaus außerhalb von Zambrów unter und begleitete mich auf einer unvergesslichen Reise durch Litauen. Was mein Interesse und meine Leidenschaft für die Familiengeschichte angeht, so verdanke ich ihr ungeheuer viel.

Meine Eltern, Piotr Berman und Sabina Mikanowska, förderten von Kindheit an meinen Appetit aufs Lernen in jeglicher Hinsicht. Gemeinsam haben sie mir eine Liebe zur Sprache und zur Vergangenheit eingeimpft, die mich mein Leben lang begleitet. Es war mir ein Privileg, hier einige ihrer Geschichten zu erzählen.

Seit ich sie vor acht Jahren kennengelernt habe, hat meine Frau Nik Bresnick jede Version dieses Buches miterlebt, vom Essay über das Konzept bis zur endgültigen Fassung. In dieser Zeit hat sie unzählige Entwürfe redigiert und mich auf Reisen von Lwiw bis Tirana begleitet. Nik war Resonanzboden, Reisebegleiterin, Beraterin und Kümmerin – kurz gesagt, mein Leitstern. Sie ist meine große Liebe und die Frau meines Lebens. Ich bin ungeheuer dankbar, dass ich dieses Abenteuer mit ihr teilen konnte, und hoffe sehr, dass noch viele weitere folgen werden.

ANMERKUNGEN

PROLOG

1 Czesław Miłosz, *West und Östliches Gelände*, übers. von Maryla Reifenberg (Köln / Berlin: Kiepenheuer & Witsch, 1961), S. 28.

2 Cristian Mungiu, «The Legend of the Party Photographer»; der von ihm verantwortete Teil des Filmprojekts *Tales from the Golden Age* (Rumänien, 2009).

3 Robert Elsie, *A Biographical Dictionary of Albanian History* (London: I. B. Tauris, 2013), S. 292–293.

KAPITEL 1: **HEIDEN UND CHRISTEN**

1 Plinius der Ältere, *Naturalis Historia*, Buch 37, Kapitel 11.

2 Aleksander Bursche, Circulation of Roman Coinage in Northern Europe in Late Antiquity, in: *Monnaie et espace* 17, Nr. 3 / 4 (2002), S. 121–141.

3 Lucian Musset, zitiert in Florin Curta, *The Making of the Slavs: History and Archaeology of the Lower Danube Region, c. 500–700* (Cambridge, UK: Cambridge University Press, 2011), S. 74.

4 Florin Curta, The Slavic Lingua Franca (Linguistic Notes of an Archeologist Turned Historian), in: *East Central Europe* 31, Nr. 1 (2004), S. 144.

5 Robert Bartlett, Reflections on Paganism and Christianity in Medieval Europe, in: *Proceedings of the British Academy* 101 (1998), S. 69.

6 Kate Brown, *A Biography of No Place: From Ethnic Borderland to Soviet Heartland* (Cambridge, Mass.: Harvard University Press, 2005), S. 227.

7 Ebo und Herbord, *Vita Ottonis episcopi Babenbergensis*, dt. in A. Hofmeister, *Das Leben des Bischofs Otto von Bamberg von einem Prüfeninger Mönch* (Die Geschichtschreiber der deutschen Vorzeit, 2. Gesamtausgabe, S. 96), Leipzig 1928.

8 Kurt Villads Jensen, Sacralization of the Landscape: Converting Trees and Measuring Land in the Danish Crusades Against the Wends, in: *The*

Clash of Cultures on the Medieval Baltic Frontier, hg. von Alan V. Murray (London: Routledge, 2020), S. 145.

9 Kaspars Kļaviņš, The Significance of the Local Baltic Peoples in the Defence of Livonia (Late Thirteenth–Sixteenth Centuries), in Murray (Hg.), *Clash of Cultures,* S. 338.

10 Marek Jankowiak, Dirhams for Slaves: Investigating the Slavic Slave Trade in the Tenth Century, Medievalists.net, 2012, https://www.medievalists.net/2016/02/dirhams-for-slaves-investigating-the-slavic-slave-trade-in-the-tenth-century/

11 Martin Rady, The Gesta Hungarorum of Anonymus, the Anonymous Notary of King Béla: A Translation, in: *Slavonic and East European Review* 87, Nr. 4 (2009), S. 692.

12 Dimitri Obolensky, *The Byzantine Commonwealth: Eastern Europe, 500–1453* (London: Weidenfeld & Nicolson, 1971), S. 88–91.

13 Peter Brown, *Die Entstehung des christlichen Europa*, übers. von Peter Hahlbrock (München: C. H. Beck, 1996), S. 366.

14 Marvin Kantor, *The Origins of Christianity in Bohemia: Sources and Commentary* (Evanston: Northwestern University Press, 1990), S. 146.

15 Richard Fletcher, *The Barbarian Conversion: From Paganism to Christianity* (Berkeley: University of California Press, 1999), S. 428.

16 Ryszard Grzesik, Święty Wojciech w środkowoeuropejskiej tradycji hagiograficznej i historycznej, in: *Studia Źródłoznawcze* 40 (2002), S. 43–56, hier S. 49.

17 Speros Vryonis, Jr., The Byzantine Legacy in Folk Life and Tradition in the Balkans, in: *The Byzantine Legacy in Eastern Europe,* hg. von Lowell Clucas (New York: Columbia University Press, 1988), S. 124.

18 Éva Pócs, *Fairies and Witches at the Boundary of South-eastern and Central Europe* (Helsinki: Suomalainen tiedakatemia, 1989), S. 25.

19 Carlo Ginzburg, *Hexensabbat. Entzifferung einer nächtlichen Geschichte*, übers. von Martina Kempter (Berlin: Wagenbach, 1990), S. 153.

20 Carlo Ginzburg / Bruce Lincoln, *Old Thiess, a Livonian Werewolf: A Classic Case in Comparative Perspective* (Chicago: University of Chicago Press, 2020), S. 16.

21 Éva Pócs, *Between the Living and the Dead,* übers. von Szilvia Rédey und Michael Webb (New York: Central European University Press, 1998), S. 136.

22 Ebd.

23 Beata Wojciechowska, The Remembrance of the Deceased in the Traditional Polish Culture of the Middle Ages, S. 38, verfügbar unter https://core.ac.uk/download/pdf/33734781.pdf

24 Jan Louis Perkowski, *Vampire Lore: From the Writings of Jan Louis Perkowski* (Bloomington, Ind.: Slavica, 2006), S. 394.

25 Ebd., S. 213.

26 Tomasz Wiślicz, The Township of Kleczew and Its Neighbourhood Fighting the Devil (1624–1700), in: *Acta Poloniae Historica* 89 (2004), S. 74.

27 Thomas M. Bohn, Das Gespenst von Lublau: Michael Kaspereks / Kasparaeks Verwandlung vom Wiedergänger zum Blutsauger, in: *Vampirismus und magia posthuma im Diskurs der Habsburgermonarchie*, hg. von Christoph Augustynowicz und Ursula Reber (Wien: LIT, 2011).

KAPITEL 2: **JUDEN**

1 Nathaniel Deutsch, *The Jewish Dark Continent: Life and Death in the Russian Pale of Settlement* (Cambridge, Mass.: Harvard University Press, 2011), S. 49.

2 Ibrāhīm ibn Yaʿqūb on northern Europe 965, in: *Ibn Fadlān and the Land of Darkness: Arab Travellers in the Far North*, übers. von Paul Lunde und Caroline Stone (London: Penguin Classics, 2012), S. 162–168.

3 Haya Bar-Itzhak, *Jewish Poland: Legends of Origin, Ethnopoetics and Legendary Chronicles* (Detroit: Wayne State University Press, 2001), S. 33.

4 Gershon David Hundert, *Jews in Poland-Lithuania in the Eighteenth Century* (Berkeley: University of California Press, 2006), S. 3.

5 Nathan Hannover, *Jawen Mezula. Schilderung des polnisch-kosakischen Krieges und der Leiden der Juden in Polen während der Jahre 1648 – 1653; Bericht eines Zeitgenossen*, nach einer von J. Lelewel durchges. franz. Übers. hg. von I. J. Benjamin (Hannover: Selbstverlag des Herausgebers, 1863).

6 Adam Teller, *Rescue the Surviving Souls: The Great Jewish Refugee Crisis of the Seventeenth Century* (Princeton: Princeton University Press, 2020).

7 Menashe Unger, *A Fire Burns in Kotsk: A Tale of Hasidism in the Kingdom of Poland*, übers. von Jonathan Boyarin (Detroit: Wayne State University Press, 2015).

8 Jiři Langer, *Nine Gates to the Chassidic Mysteries* (Behrman House, 1976), S. 257.

9 David Assaf (Hg.), *Journey to a Nineteenth-Century Shtetl: The Memoirs of Yekhezkel Kotik* (Detroit: Wayne State University Press, 2002), S. 285.

10 Yom-Tov Levinsky (Hg.), *The Zambrów Memorial Book: In Memory of a Martyred Community That Was Exterminated,* übers. von Jacob Solomon Berger (Mahwah, NJ: Jacob Solomon Berger, 2016), S. 22.

11 Glenn Dynner, *Yankel's Tavern: Jews, Liquor, and Life in the Kingdom of Poland* (New York: Oxford University Press, 2013), S. 22.

12 Kacper Pobłocki, Niewolnictwo po polsku, in: *Czas Kultury* 3 (2016), S. 60–69.

13 Levinsky (Hg.), *The Zambrów Memorial Book*, S. 272–274.

14 Judith Kalik, Fusion vs. Alienation: Erotic Attraction, Sex, and Love between Jews and Christians in the Polish-Lithuanian Commonwealth, in: *Kommunikation durch symbolische Akte. Religiöse Heterogenität und politische Herrschaft in Polen-Litauen,* hg. von Yvonne Kleinmann (Stuttgart: Franz Steiner, 2010), S. 157–170.

15 Hundert, *Jews in Poland-Lithuania in the Eighteenth Century*, S. 144.

16 Moshe Rosman, *Founder of Hasidism: A Quest for the Historical Ba'al Shem Tov* (Berkeley: University of California Press, 1996), S. 120.

17 Marcin Wodziński, Dybbuk. Z dokumentów Archiwum Głównego Akt Dawnych w Warszawie, in: *Literatura Ludowa* 36, Nr. 6 (1992), S. 19–29.

18 Hanna Węgrzynek, Shvartse Khasene: Black Weddings Among Polish Jews, in: *Holy Dissent: Jewish and Christian Mystics in Eastern Europe,* hg. von Glenn Dynner (Detroit: Wayne State University Press, 2011).

19 Levinsky (Hg.), *The Zambrów Memorial Book*, S. 357–358.

20 Ebd., S. 289–290.

KAPITEL 3: **MUSLIME**

1 Chantal Lemercier-Quelquejay, Un Condottiere Lithuanien du XVIe Siè-cle: Le Prince Dimitrij Višneveckij et l'Origine de La Seč Zaporogue d'après Les Archives Ottomanes, in: *Cahiers Du Monde Russe et Soviétique* 10, Nr. 2 (1969), S. 257–279.

2 Robert Dankoff/Sooyong Kim (Hg. und Übers.), *An Ottoman Traveler: Selections from the Book of Travels of Evliya Celebi* (o. O.: Eland, 2001), S. 170–171.

3 Catherine Wendy Bracewell, *The Uskoks of Senj: Piracy, Banditry and Holy War in the Sixteenth- Century Adriatic* (Ithaca: Cornell University Press, 2015), S. 182.

4 Safet Hadži Muhamedović, *Waiting for Elijah: Time and Encounter in a Bosnian Landscape* (New York: Berghahn Books, 2018), S. 135.

5 Halil Inalcik, *The Ottoman Classical Age 1300–1600* (Aristide D. Caratzas, 1989), Kindle-Edition, loc. 293.

6 Machiel Kiel, *Art and Society of Bulgaria in the Turkish Period* (Assen, Niederlande: Van Gorcum, 1985), S. 85.

7 Noel Malcolm, *Rebels, Believers, Survivors: Studies in the History of the Albanians* (New York: Oxford University Press, 2020), S. 90.

8 Vlajko Palavestra, *Legends of Old Sarajevo,* übers. von Mario Suško und William Tribe (Zemun: Most Art, 2000), S. 35.

9 Malcolm, *Rebels, Believers, Survivors,* S. 56.

10 Sara Kuehn, «A Saint ‹on the Move›: Traces in the Evolution of a Landscape of Religious Memory in the Balkans», in: *Saintly Spheres and Islamic Landscapes: Emplacements of Spiritual Power Across Time and Place,* hg. von D. Ephrat et al. (Leiden: Brill, 2021), S. 121. Neben den Gräbern verehrten Sari Saltuks Anhänger auch seine Fußabdrücke und andere reliquienhafte Spuren seiner leiblichen Existenz. Die Zahl seiner Schreine wächst bis heute an: 2008 entdeckten Gläubige einen seiner Fußabdrücke nahe der albanischen Hafenstadt Saranda; er wurde seither zu einer Wallfahrtsstätte des Bektaschi-Ordens.

11 Elizabeta Koneska, Shared Shrines in Macedonia, in: *East European Folklife Center,* Nr. 2 (Winter 2013), https://dev.eefc.org/post-folklorista/shared-shrines-in-macedonia

12 Eine andere Legende weiß, dass Koyun Baba ein dort gebürtiger Schäfer war, dessen Herde ein verborgenes Grab Sari Saltuks Babadag entdeckte (Kuehn, «A Saint ‹on the Move›» S. 122–123).

13 Paulina Dominik, Where is the Deputy of Lehistan?, in: *Polonia Ottomanica* (2014), http://poloniaottomanica.blogspot.com/2014/02/where-is-deputy-of-lehistan.html

14 Dariusz Kołodziejczyk, *Ottoman-Polish Diplomatic Relations (15th–18th*

Centuries): An Annotated Edition of 'Ahdnames and Other Documents (Leiden: Brill, 2000), S. 134.

KAPITEL 4: **KETZER**

1 Florentina Badalanova Geller, *Qur'ān in Vernacular: Folk Islam in the Balkans* (Berlin: Max-Planck-Institut, 2008), S. 1.

2 Ebd., S. 3.

3 Florentina Badalanova Geller, The Bible in the Making: Slavonic Creation Stories, in: *Imagining Creation,* hg. von Markham J. Geller und Mineke Schipper (Leiden: Brill, 2007), S. 252.

4 Stanisław Vincenz, *Zwada* (Warschau: Instytut Wydawnicy PAX, 1981), S. 484.

5 Michał Rozmysł, Rubaszna mitologia, czyli huculskie kłopoty z sacrum, in: *Myszliciel* Nr. 4 / 5 (2013), S. 23–24.

6 Nikolay Antov, *The Ottoman «Wild West»: The Balkan Frontier in the Fifteenth and Sixteenth Centuries* (New York: Cambridge University Press, 2018), S. 114.

7 Tausend Jahre später tauchten viele dieser Glaubenslehren – insbesondere die Vorstellung, die Erde sei das Werk eines schlampigen und unachtsamen, wenn nicht gar durch und durch verkommenen Schöpfers – bei Schriftstellern wie Czesław Miłosz, Emil Cioran und Bruno Schulz wieder auf.

8 Dimitri Obolensky, *The Bogomils, a Study in Balkan neo-Manichaeism* (Cambridge: Cambridge University Press, 1948), S. 137.

9 A. A. Zaliznyak / V. L. Yanin, Novgorodskij kodeks pervoi chetverti XI v. – drevneishaya kniga Rusi, in: *Voprosy yazykoznaniya* 5 (2001), S. 3–25. An dieser aufregenden Entdeckung ist nach wie vor vieles unklar.

10 H. C. Erik Midelfort, *Mad Princes of Renaissance Germany* (Charlottesville: University of Virginia Press, 1996), S. 134.

11 Angelo Maria Ripellino, *Magisches Prag,* übers. von Pavel Petr (Tübingen: Wunderlich, 1982), S. 114–118.

12 Annemarie Jordan Gschwend, The Emperor's Exotic and New World Animals: Hans Khevenhüller and Habsburg Menageries in Vienna and Prague, in: S. Haag (Hg.), *Echt Tierisch! Die Menagerie des Fürsten,* Ausstellungskatalog, Wien 2015, S. 31–35.

13 Lee Hendrix, Natural History Illustration at the Court of Rudolf II, in:

Eliška Fučíková, *Rudolf II and Prague: The Court and the City* (Prague Castle Administration, 1997), S. 162.

14 R. J. W. Evans, *Rudolf II and His World: A Study in Intellectual History 1576–1612* (Oxford: Clarendon Press, 1973), S. 32.

15 Katarzyna Brezina, Gabinet Osobliwości Hieronima Floriana Radziwiłła w Białej, in: *Studia Podlaskie* 7 (Białystok, 1997), S. 5–20.

16 Adam Teller, *Money, Power and Influence in Eighteenth-Century Lithuania: The Jews on the Radziwiłł Estates* (Stanford, Calif.: Stanford University Press, 2016), S. 207.

17 R. J. W. Evans, *The Making of the Habsburg Monarchy, 1550–1700: An Interpretation* (Oxford: Clarendon Press, 1979), S. 361.

18 Paweł Maciejko, *The Mixed Multitude: Jacob Frank and the Frankist Movement, 1755–1816* (Philadelphia: University of Pennsylvania Press, 2011), S. 218.

19 Ebd.

20 Nach seiner Konversion wurde Zwi ins Exil geschickt und starb 1676. Sein Begräbnisort in Ulcinj, heute Montenegro, wurde für seine Anhänger bald zur Pilgerstätte. Auch diesem Grab widerfuhr, was bei solchen Stätten von populären, aber nicht hochoffiziellen Figuren in Osteuropa oft geschieht – es verdoppelte sich. Berat in Albanien nimmt ebenfalls für sich in Anspruch, Zwis letzte Ruhestätte zu sein. Der Kontrast der beiden Orte könnte größer nicht sein: In Berat ruht der falsche Messias (wenn er es tut) an einem schönen Platz zwischen einer prächtigen alten Moschee und einer üppig dekorierten Sufi-Loge. Das Grab in Ulcinj liegt hinter einer Schmiede, neben einem Parkplatz. Historiker halten dieses letztere Grab für das wahrscheinlichere.

KAPITEL 5: **IMPERIEN**

1 Noel Malcolm, *Kosovo: A Short History* (New York: HarperPerennial, 1999), S. 46.

2 Dimiter Angelov / Judith Herrin, The Christian Imperial Tradition – Greek and Latin, in: *Universal Empire: A Comparative Approach to Imperial Culture and Representation in Eurasian History*, hg. von Peter Fibiger Bang und Dariusz Kołodziejczyk (Cambridge: Cambridge University Press, 2012), S. 160.

3 Peter Brown, *The World of Late Antiquity* (New York: W. W. Norton, 1989), S. 184.

4 Halil Inalcik, *The Ottoman Empire: The Classical Age 1300–1600,* übers. von Norman Itzkowitz und Colin Imber (New York: Praeger, 1973), Kindle-Edition, loc. 58.

5 Caroline Finkel, *Osman's Dream: The History of the Ottoman Empire* (New York: Basic Books, 2005), S. 129.

6 Captain Milosh and Ivan Kosanchich, in: *The Battle of Kosovo: Serbian Epic Poems,* übers. von John Matthias und Vladeta Vuckovic (Athens: Ohio University Press, 1987), S. 36.

7 Lester J. Libby, Jr., Venetian Views of the Ottoman Empire from the Peace of 1503 to the War of Cyprus, in: *Sixteenth Century Journal* 9, Nr. 4 (1978), S. 103–126.

8 Bertrandon de la Brocquière, *The Travels of Bertrandon de La Brocquière, to Palestine and His Return from Jerusalem Overland to France, During the Years 1432 & 1433 …,* übers. von Thomas Johnes (o. O.: Hafod Press, 1807), S. 292.

9 Virginia Aksan, The One-Eyed Fighting the Blind: Mobilization, Supply, and Command in the Russo-Turkish War of 1768–1774, in: *International History Review* 15, Nr. 2 (1993), S. 221–238.

10 Jason Goodwin, *Lords of the Horizons: A History of the Ottoman Empire* (New York: Picador, 1998), S. 72.

11 Virginia H. Aksan, Feeding the Ottoman Troops on the Danube, 1768–1774, in: *War and Society* 13, Nr. 1 (1995), S. 1–14.

12 Aksan, The One-Eyed Fighting the Blind, S. 232.

13 The Man Who Lost One Thousand Eggs to the Tax Officials on His Way to Istanbul, in: *19th Century Macedonian Folktales,* hg. von Marko Cepenkov (Sydney: Macquarie University School of Modern Languages, 1991), S. 177.

14 Walter Zev Feldman, *Klezmer: Music, History, and Memory* (New York: Oxford University Press, 2016), S. 356.

15 Nina Ergin, The Albanian Tellâk Connection: Labor Migration to the Hamams of Eighteenth-Century Istanbul, Based on the 1752 İstanbul Hamâmları Defteri, in: *Turcica* 43 (2011), S. 231–256, hier S. 234.

16 Dariusz Kołodziejczyk, Between Universalistic Claims and Reality: Ottoman Frontiers in the Early Modern Period, in: *The Ottoman World,* hg. von Christine Woodhead (London: Routledge, 2013), S. 216.

17 Dariusz Kołodziejczyk, *The Ottoman Survey Register of Podolia (ca. 1681)* (Cambridge, Mass.: Harvard University Press, 2004), S. 1.

18 Ebd., S. 28.

19 Dariusz Kołodziejczyk, The «Turkish Yoke» Revisited: The Ottoman Non-Muslim Subjects Between Loyalty, Alienation, and Riot, in: *Acta Poloniae Historica* 93 (2006), S. 184.

20 Virginia H. Aksan, *An Ottoman Statesman in War and Peace: Ahmed Resmi Efendi, 1700–1783* (Leiden: Brill, 1995), S. 78.

21 Dariusz Kołodziejczyk, Khan, Caliph, Tsar and Imperator: The Multiple Identities of the Ottoman Sultan», in: *Universal Empire,* S. 191.

22 Nach seiner Befreiung wurde der Hetman, der Wincenty Gosiewski hieß, von seinen eigenen Leuten im Rahmen eines reichlich komplizierten Komplotts ermordet, dessen wahrer Anstifter bis heute unbekannt ist. Der Verdacht fiel damals auf die Radziwiłłs, die Sapiehas und den Habsburger Kaiser. Doch die Täter, die (mithilfe meines Vorfahren) in einem Hinterhalt verhaftet wurden, gaben die Wahrheit nie preis. Im Jahr 1665 wurden die Meuterer nach Warschau gebracht, wo sie gefoltert, enthauptet und dann auf dem Alten Markt vor den Augen der (damals gerade tagenden) Abgeordneten gevierteilt wurden.

23 Nikolai Gogol, *Taraß Bulba*, übers. von Korfiz Holm (Berlin 1940), https://www.projekt-gutenberg.org/gogol/bulba/chap003.html

24 Andreas Kappeler, *Rußland als Vielvölkerreich. Entstehung – Geschichte – Zerfall* (München: C. H. Beck, 2022), S. 58–61.

25 Stanisław Łubieński, *Pirat Stepowy* (Wołowiec: Wydawnictwo Czarne, 2012), S. 14. Nachdem er im Zuge einer Amnestie freigelassen worden war, wurde er Mönch und entschied sich, in seinem klösterlichen Gefängnis zu bleiben, wo er bis ins hohe Alter von 113 Jahren lebte. Heute gilt er als Heiliger der orthodoxen Kirche.

26 Richard Pipes, Iurii Samarin's Baltic Escapade, in: *Journal of Baltic Studies* 42, Nr. 3 (2011), S. 316.

27 Kappeler, *Rußland als Vielvölkerreich*, S. 71.

28 Magdalena Wilkołaska-Karpierz, Porównanie relacji pamiętnikarskich z zesłania na Syberię Fiodora Dostojewskiego i Szymona Tokarzewskiego, *Przestrzenie Teorii* 11 (2009), S. 239–252.

29 Wojciech Lada, *Pożytki z Katorgi* (Wołowiec: Wydawnictwo Czarne, 2019), S. 8.

30 Die Grenzen des Rayons verschoben sich im Laufe der Zeit. Zeitweise gehörten auch Teile des ehemaligen Kosaken-Hetmanats dazu, nicht aber einige der dortigen Städte wie Kiew.

31 S. Ansky, *The Enemy at His Pleasure: A Journey Through the Jewish Pale of Settlement During World War I*, übers. von Joachim Neugroschel (New York: Henry Holt, 2004), S. 261.

32 Mary Antin, *Promised Land* (o. O.: CreateSpace, 2016), S. 14.

33 Eda Kalmre, The Saga of the Voitka Brothers in the Estonian Press: The Rise and Fall of a Heroic Legend, in: *Folklore* 29 (2005), S. 103.

34 Jacob Marateck, *The Samurai of Vishogrod: The Notebooks of Jacob Marateck*, hg. von Shimon und Anita Wincelberg (Philadelphia: Jewish Publication Society, 1976), S. 148.

35 Antin, *Promised Land*, S. 15.

36 R. J. W. Evans, *The Making of the Habsburg Monarchy, 1500–1700: An Interpretation* (Oxford: Clarendon Press, 1979), S. 447.

37 Joseph Roth, *Die Kapuzinergruft*, in: ders., *Werke 6. Romane und Erzählungen 1930–1946*, hg. und mit einem Nachwort von Fritz Hackert (Köln: Kiepenheuer & Witsch, 1989), S. 270.

38 Joseph Roth, Die Büste des Kaisers, in: ders., *Werke 5. Romane und Erzählungen 1936–1940*, hg. und mit einem Nachwort von Fritz Hackert (Köln: Kiepenheuer & Witsch, 1989), S. 656–657.

39 András Gerő, *Emperor Francis Joseph, King of the Hungarians* (o. O.: East European Monographs, 2001), S. 214.

40 Martin Pollack, *Kaiser von Amerika. Die große Flucht aus Galizien* (Wien: Zsolnay, 2010), S. 217.

41 Martin Pollack, *Nach Galizien. Von Chassiden, Huzulen, Polen und Ruthenen. Eine imaginäre Reise durch die verschwundene Welt Ostgaliziens und der Bukowina* (Wien / München: Christian Brandstätter, 1984), S. 98.

42 Bruno Schulz, *Das Sanatorium zur Sanduhr*, übers. von Doreen Daume (München: Hanser, 2011), S. 94.

43 Gerő, *Emperor Francis Joseph*, S. 196.

44 Ebd., S. 207.

45 István Deák, *Der K.(u.)K. Offizier. 1848–1918*, übers. von Marie-Therese Pitner (Wien / Köln / Weimar: Böhlau, 1991), S. 58.

46 Joseph Wittlin, *Das Salz der Erde. Roman*, übers. von Izydor Berman und Marianne Seeger (Frankfurt / M.: S. Fischer, 1969), S. 255.

47 Deák, *Der K.(u.)K. Offizier*, S. 61.

48 Miklós Bánffy, *The Phoenix Land,* übers. von Patrick Thursfield und Katalin Bánffy-Jelen (London: Arcadia, 2003), S. 11.

49 Deák, *Der K.(u.)K. Offizier*, S. 246.

50 Gunther E. Rothenberg, *The Army of Francis Joseph* (West Lafayette, Ind.: Purdue University Press, 1999), S. 220.

KAPITEL 6: **VÖLKER**

1 Eleanor Perényi, *More Was Lost: A Memoir* (1946; Neudruck New York: New York Review of Books, 2016), S. 16.

2 Ebd., S. 94.

3 Ebd., S. 61.

4 Jerzy Stempowski, *Von Land zu Land. Essays eines Kosmopolen*, übers. von Agnieszka Grzybkowska, hg. von Basil Kerski (Berlin: Friedenauer Presse, 2006), S. 3.

5 Zitiert in Nora Berend, *At the Gates of Christendom: Jews, Muslims and «Pagans» in Medieval Hungary, c. 1000–c. 1300* (Cambridge: Cambridge University Press, 2001), S. 40.

6 David Frick, *Kith, Kin, and Neighbors: Communities and Confessions in Seventeenth-Century Wilno* (Ithaca, NY: Cornell University Press, 2013), S. 97.

7 David Rechter, *Becoming Habsburg: The Jews of Austrian Bukovina, 1774–1918* (Oxford: Littman Library of Jewish Civilization, 2013), S. 59.

8 1940, nach dem Hitler-Stalin-Pakt, wurden Spieler und Betreuerstab von Jahn nach Deutschland umgesiedelt, zusammen mit den übrigen Deutschen in der Bukowina. Der Klub fand in der Nähe von Stuttgart eine neue Heimat, wo er heute in der neunten Liga spielt.

9 Florin Faje, Romania, in: *The Palgrave International Handbook of Football and Politics,* hg. von Jean-Michel De Waele et al. (Cham, Schweiz: Palgrave Macmillan, 2018), S. 252.

10 Interessanterweise funktionierten die Czernowitzer Burschenschaften (eigentlich Duellvereine) nach einem ähnlichen Muster, aber mit deutlich mehr brüderlichem Gefühl. Es gab separate Studentenverbindungen für nationalistische Deutsche, katholische Deutsche, Rumänen, Ukrainer, Polen und Juden sowie einige gesamtösterreichische Verbindungen. Ob-

wohl sie auf Konflikten basierten (ihre Mitglieder kämpften mit Degen gegeneinander), trugen diese Burschenschaften nach Aussage eines ihrer ehemaligen Mitglieder eher dazu bei, die Studenten zu einen, als zu trennen. In seinen Worten waren die Czernowitzer Duellanten «die ersten Europäer», die die «Kunst» des Zusammenlebens beherrschten, lange bevor diese zum «Maßstab europäischer Reife» wurde (Hans Prelitsch, zitiert in Cristinia Florea, *City of Dreams, Land of Longing: Czernowitz and Bukovina at the Crossroads of Empires* [Dissertation, Princeton University, 2016], S. 104).

11 Yudel Flior, *Dvinsk: The Rise and Decline of a Town* (Johannesburg: Dial Press, 1965).

12 Thomas C. Hubka, *Resplendent Synagogue: Architecture and Worship in an Eighteenth-Century Polish Community* (Waltham, Mass.: Brandeis University Press, 2003), S. 43.

13 Alexander Granach, *Da geht ein Mensch. Roman eines Lebens* (München: Weismann, 1982), S. 16.

14 Miklós Bánffy, *Die Schrift in Flammen*, übers. von Andreas Oplatka (Wien: Zsolnay, 2021), S. 272.

15 Maruta Lietiņa Ray, Recovering the Voice of the Oppressed: Master, Slave, and Serf in the Baltic Provinces, in: *Journal of Baltic Studies* 34, Nr. 1 (2003), S. 7.

16 M. P. Dragomanov, *Notes on the Slavic Religio-Ethical Legends: The Dualistic Creation of the World*, übers. von Earl W. Count (Bloomington: Indiana University Press, 1961), S. 136.

17 Virginia H. Aksan, *An Ottoman Statesman in War and Peace: Ahmed Resmi Efendi, 1700–1783* (Leiden: Brill, 1995), S. 78.

18 Conrad Ozog, Scottish Merchants in Poland, 1550–1750, in: *Journal of the Sydney Society for Scottish History* 3 (1995), S. 53–75.

19 Alina Cała, *Wizerunek Żyda w polskiej kultury ludowej* (Warschau: Oficyna Naukowa, 2005), S. 14.

20 Dragica Mugoša, Ulcinj et ses Noirs, in: *Au Sud De L'Est* 6 (2010), S. 110–113. Noch 2010 lebten sieben Menschen, die sich selbst als Afro-Albaner definieren, in Ulcinj. Einige ihrer Nachkommen leben jetzt in Serbien und Schweden. Die wichtigste Erinnerung an ihre jahrhundertelange Präsenz in der Hafenstadt stellt ein Mauerbild dar, das Rizo Šurla zeigt, der das erste Fotostudio der Stadt gründete und als Schauspieler bekannt wurde.

21 Mikhail Kizilov, *The Sons of Scripture: The Karaites of Poland and Lithuania in the Twentieth Century* (Berlin: Walter de Gruyter, 2015), S. 4.

22 Ebd., S. 163.

23 Ebd., S. 227.

24 Wie die Geschichte der Karäer zeigt, kann die Verbindung zwischen dem Judentum als Religion und dem Judentum als ethnischer Kategorie komplex sein. Die siebenbürgischen Sabbatarier, eine weitere osteuropäische Inselgemeinschaft, gingen den gleichen Weg zwischen den beiden Arten von Identität, allerdings in umgekehrter Richtung. Ihren Anfang nahmen die Sabbatarier als antitrinitarische protestantische Sekte im Siebenbürgen des 17. Jahrhunderts. Ihre Mitglieder waren allesamt Szekler, Angehörige der ungarischsprachigen Minderheit Siebenbürgens. Als eifrige Bibelleser waren sie davon überzeugt, dass sie das jüdische Gesetz befolgen sollten, zumindest das im Alten Testament niedergelegte. Sie lebten koscher und vermieden die Arbeit am Sabbat. Zwar waren sie augenscheinlich Christen, doch ihre Religionsausübung ähnelte dem Judentum so sehr, dass die Sabbatarier oft mit Juden verwechselt und als solche verfolgt wurden. Nach den ungarischen Judenemanzipationsgesetzen von 1857 konvertierten viele Sabbatarier zum Judentum, um rechtlichen Schutz zu erhalten. Bis zum Zweiten Weltkrieg waren die beiden Gruppen immer schwerer zu unterscheiden. Infolgedessen wurden viele siebenbürgische Sabbatarier zur Arbeit in jüdische Ghettos gezwungen und kamen in den Konzentrationslagern um. Heute liegt das ehemalige Hauptzentrum der Sabbatarier, das Dorf Bözödújfalu, unter einem See, da es beim Bau eines Staudamms im Jahr 1988 überflutet wurde. Siehe Gábor Győrffy et al., Back to the Origins: The Tragic History of the Szekler Sabbatarians, in: *East European Politics and Societies* 32 (2018), S. 566–585.

KAPITEL 7: **WANDERER**

1 Peter Paul Bajer, *Scots in the Polish-Lithuanian Commonwealth, 16th to 18th Centuries: The Formation and Disappearance of an Ethnic Group* (Leiden: Brill, 2012), S. 138.

2 Wayne S. Vucinich, Transhumance, in: Norman M. Naimark / Holly Case (Hg.), *Yugoslavia and Its Historians: Understanding the Balkan Wars of the 1990 s* (Stanford, Calif.: Stanford University Press, 2003), S. 68.

3 Ebd., S. 73.

4 Frederick Anscombe, Albanians and «Mountain Bandits», in: ders. (Hg.), *The Ottoman Balkans, 1750–1830* (Princeton, NJ: Princeton University Press, 2006), S. 100.

5 Louis Ginzberg, *The Legends of the Jews*, übers. von Henrietta Szold (Philadelphia: Jewish Publication Society of America, 1925), Bd. 4, S. 202–235; eine deutsche Fassung findet sich jetzt in: *Legenden der Juden*, hg. von Andreas Kilcher und Joanna Nowotny (Berlin: Suhrkamp, 2022), S. 1229–1265; I. Omar, Khidhr in the Islamic Traditions, in: *The Muslim World* 83 (1993), S. 279–294.

6 Hirsz Abramowicz, *Profiles of a Lost World: Memoirs of East European Jewish Life Before World War II*, übers. von Eva Zeitlin Dobkin, hg. von Dina Abramowicz und Jeffrey Shandler (Detroit: Wayne State University Press, 1999), S. 90.

7 Ahmet T. Karamustafa, *God's Unruly Friends: Dervish Groups in the Islamic Later Middle Period 1200–1550* (Oxford: Oneworld, 2006), S. 14.

8 Ebd., S. 19.

9 Ebd., S. 72.

10 Natalie O. Kononenko, *Ukrainian Minstrels: Why the Blind Should Sing* (New York: Routledge, 2015), S. 70.

11 Ebd., S. 71.

12 Ebd., S. 4.

13 Elena Mariushkova / Vesselin Popov, *Gypsies in the Ottoman Empire: A Contribution to the History of the Balkans* (Hertfordshire, UK: University of Hertfordshire Press, 2001), S. 15.

14 Elena Mariushkova, Gypsy Slavery in Wallachia and Moldavia, in: *Nationalisms Today*, hg. von Tomasz Kamusella und Krzysztof Jaskulowski (Oxford: Peter Lang, 2009), S. 91.

15 Bei einigen westlichen Roma wird dieses Wort allgemeiner verwendet und bedeutet «Fremder». Yaron Matras, *I Met a Happy People: The Story of the Romani Gypsies* (London: Allen Lane, 2014), S. 110.

16 Lech Mróz, *Roma-Gypsy Presence in the Polish-Lithuanian Commonwealth 15–18th centuries* (Budapest: Central European University Press, 2016), S. 93.

17 Ebd., S. 111.

18 Ebd., S. 92.

19 Jerzy Ficowski, *Wieviel Trauer und Wege. Zigeuner in Polen*, hg. von Roland Schopf, übers. von Karin Wolff (Frankfurt / M. u. a.: Peter Lang, 1992), S. 32–33.

20 Mariushkova / Popov, *Gypsies in the Ottoman Empire*, S. 85.

21 Viorel Achim, *The Roma in Romanian History* (Budapest: Central European University Press, 2004), S. 53.

22 Ebd., S. 33.

23 Mariushkova, Gypsy Slavery in Wallachia and Moldavia, S. 8.

24 Achim, *The Roma in Romanian History*, S. 92.

25 Ebd., S. 98.

26 Mariushkova / Popov, *Gypsies in the Ottoman Empire*, S. 85.

27 Jerzy Ficowski, *Cyganie w Polsce* (Warschau: Wydawnictwo Interpress, 1989), S. 31.

28 Ficowski, *Wieviel Trauer und Wege*, S. 100.

29 Heinrich von Wlislocki, *Aus dem inneren Leben der Zigeuner* (Berlin: E. Felber, 1892), S. 182.

30 Ebd., S. 202.

31 Angelika Kuźniak, *Papusza* (Wołowiec: Wydawnictwo Czarne, 2013), S. 33.

32 Ebd., S. 61.

33 Ebd., S. 80–82.

34 Ficowski, *Wieviel Trauer und Wege*, S. 198.

35 Ebd., S. 202–206. Eine kleine Auswahl aus ihrem Werk in deutscher Übersetzung findet sich in *Papuszas gesprochene Lieder*, ausgew. und übers. von Karin Wolff (Berlin: Unabhängige Verlagsbuchhandlung Ackerstraße, 2. Aufl., 2020).

KAPITEL 8: **NATIONEN**

1 Christopher Clark, *Die Schlafwandler. Wie Europa in den Ersten Weltkrieg zog*, übers. von Norbert Juraschitz (München: DVA, 2013), S. 100.

2 Ebd., S. 101.

3 Vladimír Macura, *The Mystifications of a Nation: «The Potato Bug» and Other Essays on Czech Culture*, übers. und hg. von Hana Pichová und Craig Cravens (Ann Arbor: University of Wisconsin Press, 2010), S. 8.

4 Vladimír Macura, Problems and Paradoxes of the National Revival, in:

Mikuláš Teich (Hg.), *Bohemia in History* (Cambridge: Cambridge University Press, 1998), S. 188.

5 Josef Kajetán Tyl, zitiert in Macura, Problems and Paradoxes of the National Revival, S. 190.

6 Jan Fellerer, Ukrainian Galicia at the Crossroads. The «Ruthenian Alphabet War» of 1834, in: Andrii Danylenko / Serhii Vakulenko (Hg.), *Studien zur Sprache und Literatur bei den Slawen. Gedenkschrift für George Y. Shevelov* (München: Otto Sagner, 2012), S. 114.

7 Robert Auty, Orthographical Innovations and Controversies Among the Western and Southern Slavs During the Slavonic National Revival, in: *Slavonic and East European Review* 46, Nr. 107 (1968), S. 328.

8 Aurelija Tamošiūnaitė, Defining «Lithuanian»: Orthographic Debates at the End of the Nineteenth Century, in: *Written Language and Literacy* 18, Nr. 2 (2015), S. 320.

9 Giedrius Subačius, *Lithuanian Language: An Inconvenient Uniqueness*, in: *Passport Journal* 2 (2019), S. 109.

10 Łukasz Sommer, Ile znaczeń pomieści jedna litera? Problematyczna obecność igreka w języku estońskim, in: *Tożsamość tekstu, tożsamość literatury*, hg. von Paweł Bem, Łukasz Cybulski und Maria Prussak (Warschau: Instytut Badań Literackich PAN, 2016), S. 191.

11 Robert Elsie, *Albanian Alphabets: Borrowed and Invented* (London: Centre for Albanian Studies, 2017), S. 53.

12 R. J. W. Evans, *Austria, Hungary, and the Habsburgs: Central Europe c. 1683–1867* (New York: Oxford University Press, 2008), S. 110.

13 Pavlína Rychterová, The Manuscripts of Grünberg and Königinhof: Romantic Lies about the Glorious Past of the Czech Nation, in: *Manufacturing a Past for the Present: Forgery and Authenticity in Medievalist Texts and Objects in Nineteenth-Century Europe*, hg. von János M. Bak, Patrick J. Geary und Gábor Klaniczay (Leiden: Brill, 2015), S. 16.

14 R. J. W. Evans, «The Manuscripts»: The Culture and Politics of Forgery in Central Europe, in: Geraint H. Jenkins (Hg.), *A Rattleskull Genius: The Many Faces of Iolo Morganwg* (Cardiff: University of Wales Press, 2009), S. 58.

15 David Cooper, *Mystifications and Ritual Practices in the Czech National Awakening* (Seattle: National Council for Eurasian and East European Research, 2012), S. 12.

16 Evans, «The Manuscripts», S. 62.

17 Czesław Miłosz, *The History of Polish Literature* (Berkeley: University of California Press, 1983), S. 203.

18 Marcel Cornis-Pope / John Neubauer, *History of the Literary Cultures of East-Central Europe: Junctures and Disjunctures in the 19th and 20th Centuries,* Bd. 4: *Types and Stereotypes* (Amsterdam: Benjamins, 2010), S. 25.

19 Ebd., S. 112.

20 Marko Juvan, The Poetic Sacrifice: Cultural Saints and Literary Nation Building, in: *Frontiers of Narrative Studies* 4, Nr. 1 (2018), S. 158–165.

21 Cornis-Pope / Neubauer, *History of the Literary Cultures of East-Central Europe,* Bd. 4, S. 49.

22 Orest Subtelny, *Ukraine: A History* (Toronto: York University Press, 1988), S. 235.

23 Karel Šíma / Tomáš Kavka / Hana Zimmerhaklová, By Means of Singing to the Heart, by Means of Heart to the Homeland, in: Krisztina Lajosi / Andreas Stynen (Hg.), *Choral Societies and Nationalism in Europe* (Leiden: Brill, 2019), S. 202.

24 Bradley Woodworth, Patterns of Civil Society in a Modernizing Multiethnic City: A German Town in the Russian Empire Becomes Estonian, in: *Ab Imperio* 2 (2006), S. 147–148.

25 Gunther E. Rothenberg, *The Army of Francis Joseph* (West Lafayette, Ind.: Purdue University Press, 1998), S. 130.

26 Miklós Bánffy, *Die Schrift in Flammen*, übers. von Andreas Oplatka (Wien: Zsolnay, 2021), S. 746.

27 2013 entdeckten Wissenschaftler ein möglicherweise zweites altpreußisches Gedicht, das an den Rand eines anderen mittelalterlichen Manuskripts geschrieben war. In diesem Gedicht geht es um ein Mädchen, ein Trinkhorn und eine heilige Linde. Siehe Stephan Kessler / Stephen Mossman, Ein Fund aus dem Jahre 1440: Ein bisher unbekannter Text in einer baltischen Sprache, in: *Archivum Lithuanicum* 15 (2013), S. 511–534.

28 Kevin Hannan, The Lachian Literary Language of Óndra Łysohorsky, in: *Slavic and East European Journal* 40, Nr. 4 (1996), S. 728.

KAPITEL 9: **MODERNEN**

1 Janina z Puttkamerów Zółtowska, *Inne czasy, inni ludzie* (London: Wydawnictwo Polska Fundacja Kulturalna, 1998), S. 28.
2 Ebd., S. 127.
3 Tom Sandqvist, *Dada East: the Romanians of Cabaret Voltaire* (Cambridge, Mass.: MIT Press, 2006), S. 233.
4 Eugenie Fraser, *The House by the Dvina: A Russian Childhood* (New York: Random House, 2011), S. 157.
5 Miklós Bánffy, *Die Schrift in Flammen*, übers. von Andreas Oplatka (Wien: Zsolnay, 2021), S. 62.
6 Béla Zombory-Moldován, *The Burning of the World: A Memoir of 1914*, übers. von Peter Zombory-Moldován (New York: New York Review Books, 2014), S. 12.
7 Bertram Wolfe, War Comes to Russia, in: *Russian Review* 22, Nr. 2 (1963), S. 126.
8 István Deák, *Der K.(u.)K. Offizier. 1848–1918*, übers. von Marie-Therese Pitner (Wien / Köln / Weimar: Böhlau, 1991), S. 229.
9 Alexander Watson, *The Fortress: The Great Siege of Przemysl* (London: Allen Lane, 2019), S. 76.
10 R. J. W. Evans, Language and State Building: The Case of the Habsburg Monarchy, in: *Austrian History Yearbook* 35, Nr. 1 (2004), S. 18.
11 Piotr Szewc, *Ocalony na Wschodzie: z Julianem Stryjkowskim Rozmawia Piotr Szewc* (Montricher, Schweiz: Editions Noir sur Blanc, 1991), S. 31.
12 Deák, *Der K.(u.)K. Offizier*, S. 223.
13 Eleanor Perényi, *More was Lost: A Memoir* (1946; Neuauflage New York: New York Review Books, 2016), S. 116.
14 Gyula Krúdy, *Krúdy's Chronicles: Turn-of-the-Century Hungary in Gyula Krúdy's Journalism* (New York: Central European University Press, 2000), S. 252.
15 Dezső Kosztolányi, *Anna. Ein Dienstmädchenroman*, übers. von Irene Kolke (Frankfurt / M.: S. Fischer, 1994), S. 9.
16 Orest Subtelny, *Ukraine: A History* (Toronto: York University Press, 1988), S. 359.
17 T. J. Clark, *Farewell to an Idea: Episodes from a History of Modernism* (New Haven, Conn.: Yale University Press, 1999), S. 237.

18 Als Bucharin 1937 Stalins Säuberungen zum Opfer gefallen war, wurde die Straße erneut umbenannt, dieses Mal nach der «Wahrheit». Aleksandra Semenovna Shatskikh, *Vitebsk: The Life of Art* (New Haven, Conn.: Yale University Press, 2007), S. 27.

19 Peter Demetz, *Die Flugschau von Brescia. Kafka, d'Annunzio und die Männer, die vom Himmel fielen* (Wien: Zsolnay, 2002), S. 102.

20 Geoffrey Wawro, *A Mad Catastrophe: The Outbreak of World War I and the Collapse of the Habsburg Empire* (New York: Basic Books, 2014), S. 232.

21 S. Ansky, *The Enemy at His Pleasure: A Journey Through the Jewish Pale of Settlement During World War I*, hg. und übers. von Joachim Neugroschel (New York: Henry Holt, 2002), S. 182.

22 Isaak Babel, *Tagebuch 1920: Ein Winterbuch*, hg. und übers. von Peter Urban (Zürich: Diogenes, 1998), S. 39–40.

23 K. S. Malevich, *Essays on Art 1915–1933*, hg. von Troels Andersen, übers. von Xenia Glowacki-Prus und Arnold McMillin (New York: George Wittenborn, 1971), Bd. 1, S. 122.

24 Janina z Puttkamerów Żółtowska, *Inne czasy, inni ludzie*, S. 50.

25 Stefan Zweig, *Die Welt von Gestern* [1944] (Berlin: Insel, 2013), S. 18.

26 Danilo Kiš, *Garten, Asche*, in: ders., *Familienzirkus. Die großen Romane und Erzählungen*, hg. und mit einem Nachwort von Ilma Rakusa (München: Hanser, 2014), S. 227.

27 «Ich, Anna Csillag – ein k. k. Marketingstar», Biographie des Monats, o. J., online verfügbar unter https://www.oeaw.ac.at/fileadmin/Institute/INZ/Bio_Archiv/bio_2012_04.htm

28 Josef Greiner, *Das Ende des Hitler-Mythos* (Wien: Amalthea, 1947), zitiert in *Poemas del Río Wang*, http://riowang.blogspot.com/2010/01/i-anna-csillag.html.

KAPITEL 10: **PROPHETEN**

1 Jerzy Stempowski, *Von Land zu Land. Essays eines Kosmopolen*, übers. von Agnieszka Grzybkowska, hg. von Basil Kerski (Berlin: Friedenauer Presse, 2006), S. 18–19.

2 Robert Gerwarth, *Die Besiegten. Das blutige Erbe des Ersten Weltkriegs*, übers. von Alexander Weber (München: Siedler, 2017), S. 196.

3 Paul Hanebrink, *A Specter Haunting Europe: The Myth of Judeo-Bolshevism* (Cambridge: Harvard University Press, 2018), S. 70.

4 István Deák, Hungary, in: Hans Rogger / Eugen Weber (Hg.), *The European Right: A Historical Profile* (Berkeley: University of California Press, 1965), S. 384.

5 Ebd., S. 385.

6 Eugen Weber, Romania, in: Rogger / Weber (Hg.), *The European Right*, S. 519.

7 Roland Clark, *Holy Legionary Youth: Fascist Activism in Interwar Romania* (Ithaca, NY: Cornell University Press, 2015), S. 78.

8 Ebd., S. 79.

9 Radu Ioanid, *The Sword of the Archangel: Fascist Ideology in Romania*, übers. von Peter Heinegg (Boulder, Colo.: Eastern European Monographs, 1990), S. 141.

10 Marta Petreu, *An Infamous Past: E. M. Cioran and the Rise of Fascism in Romania*, übers. von Bogdan Alden (Chicago: Ivan R. Dee, 2005), S. 40.

11 Clark, *Holy Legionary Youth*, S. 139.

12 Mihail Sebastian, *Journal 1935–1944: The Fascist Years*, übers. von Patrick Camiller (Lanham, Md.: Rowman & Litttlefield, 1998), S. 78 (Eintrag vom 25. 11. 1936).

13 Mihail Sebastian, *«Voller Entsetzen, aber nicht verzweifelt.» Tagebücher 1935–1944*, hg. von Edward Kanterian, übers. von Edward Kanterian und Roland Erb unter Mitarbeit von Larisa Schippe (Berlin: Claassen, 2005), S. 458–459 (Eintrag vom 28. 3. 1941).

14 Weber, Romania, S. 538.

15 Aleksander Wat, *Jenseits von Wahrheit und Lüge. Mein Jahrhundert*, übers. von Esther Kinsky (Frankfurt / M.: Suhrkamp, 2000), S. 66–67.

16 Deák, Hungary, S. 366.

17 Wat, *Jenseits von Wahrheit und Lüge*, S. 47.

18 Ebd., S. 35.

19 Ebd., S. 52 und 57.

20 Bruno Jasieński, *The Legs of Izolda Morgan: Selected Writings*, übers. von Soren Gauger und Guy Torr (Prag: Twisted Spoon Press, 2016), S. 59.

21 Bruno Jasieński, *Pest über Paris*, übers. von Klaus Staemmler (Kiel: Malik, 1984), S. 320.

22 Ebd., S. 304.

23 Marci Shore, *Marci Shore, Caviar and Ashes: A Warsaw Generation's Life and Death in Marxism, 1918–1968* (New Haven, Conn.: Yale University Press, 2006), S. 106.

24 Panaït Istrati, *Kyra Kyralina / Onkel Angiël / Die Haiduken. Drei Romane*, übers. von O. R. Sylvester (Köln / Berlin: Kiepenheuer & Witsch, 1964), S. 10.

25 Stelian Tanase, The Renegade Istrati, übers. von Alistair Ian Blyth, in: *Archipelago* 10–12 (o. J.), http://www.archipelago.org/vol10-12/tanase.htm

26 Ebd.

27 Panaït Istrati, Final Exchange with Romain Rolland, übers. von Mitchell Abidor, https://www.marxists.org/archive/istrati/1935/rolland.htm

28 Włodzimierz Pawluczuk, *Wierszalin: Reportaż o końcu świata* (Kraków: Wydawnictwo Literackie, 1974).

KAPITEL 11: **KRIEG**

1 Bruno Schulz, *Die Zimtläden*, übers. von Doreen Daume (München: Hanser, 2008), S. 148.

2 Árpád von Klimó, *Remembering Cold Days: The 1942 Massacre of Novi Sad and Hungarian Politics and Society, 1942–1989* (Pittsburgh: University of Pittsburgh Press, 2018), S. 68.

3 Tatsächlich gehörten Bessarabien und die Bukowina bis 1939 zu Rumänien, ehe es im Rahmen des Molotow-Ribbentrop-Pakts zwischen Nazideutschland und der UdSSR gezwungen war, sie an die Sowjetunion abzutreten. Infolge dieses Abkommens beanspruchte die Sowjetunion 1939 auch Ostpolen und 1940 Litauen, Lettland und Estland. Die Deutschen besetzten all diese Gebiete 1941, bis die Rote Armee sie 1944 / 45 zurückeroberte.

4 John Connelly, *From Peoples into Nations: A History of Eastern Europe* (Princeton, NJ: Princeton University Press, 2020), S. 486.

5 Mihail Sebastian, *«Voller Entsetzen, aber nicht verzweifelt.» Tagebücher 1935–1944*, hg. von Edward Kanterian, übers. von Edward Kanterian und Roland Erb unter Mitarbeit von Larisa Schippe (Berlin: Claassen, 2005), S. 429 (Eintrag vom 27. 1. 1941).

6 Ota Pavel, *Der Tod der schönen Rehböcke*, übers. von Elisabeth Borchardt (Berlin: Volk und Welt, 1973).

7 Jiří Weil, *Leben mit dem Stern*, übers. von Gustav Just (München: Deutsche Verlags-Anstalt, 2000), S. 286.

8 Die von dem katholischen Priester Joseph Tiso gebildete slowakische Regierung könnte man vielleicht eher als klerikal-autoritär bezeichnen, aber auch sie verfolgte viele der gleichen rassistischen Ziele wie die kroatische Ustaša, die tatsächlich faschistisch war.

9 Edward Dębicki, *Ptak umarłych* (Warschau: Bellona, 2007), S. 99.

10 Jacek Leociak, *Tekst Wobec Zagłady: O relacjach z getta warszawskiego* (Breslau: Wydawn. Leopoldinum Fundacji dla Uniwersytetu Wrocławskiego, 1997), S. 93.

11 Samuel D. Kassow, *Ringelblums Vermächtnis. Das geheime Archiv des Warschauer Ghettos*, übers. von Karl Heinz Sieber (Reinbek bei Hamburg: Rowohlt, 2010), S. 17–18.

12 RING. I/470. Mf. ŻIH–786; USHMM–17. RING. (erster Teil des Ringelblum-Archivs, ausgegraben 1946). Mf. (Mikrofilm) ŻIH. (Żydowski Instytut Historyczny Warszawie). USHMM (United States Holocaust Memorial Museum).

13 Ein von der Untergrundregierung erstellter Bericht, der die Beteiligung polnischer Polizisten an der Hinrichtung von Juden untersuchte, vervollständigt das Bild: «Die Hinrichtung war noch schlimmer als die vorhergehende: die Opfer, die schlecht an die Pfähle gefesselt waren, zappelten und wehrten sich, die Hinrichtung wurde in zwei Runden durchgeführt, sodass ein Teil der Verurteilten auf die Vollstreckung des Todesurteils in der ersten Runde wartete. Die Polizei schoss schlecht, beim ersten Mal gab sie zwei Salven ab, bei der zweiten Exekution – drei. In beiden Fällen mussten die Verurteilten per Gnadenschuss erledigt werden.» (Sylwia Szymanska-Smolkin, *Fateful Decisions: The Polish Policemen and the Jewish Population of Occupied Poland, 1939–1945* [Dissertation, University of Toronto, 2017], S. 110.)

14 Yom-Tov Levinsky (Hg.), *The Zambrów Memorial Book: In Memory of a Martyred Community That Was Exterminated*, übers. von Jacob Solomon Berger (Mahwah, NJ: Jacob Solomon Berger, 2016), S. 74.

15 Ebd., S. 104.

16 Jan Grabowski, *Hunt for the Jews: Betrayal and Murder in German-Occupied Poland* (Bloomington: Indiana University Press, 2013).

17 Joanna Tokarska-Bakir, *Okrzyki Pogromowe* (Wołowiec: Wydawnictwo Czarne, 2012), S. 21.

18 Jan Tomasz Gross / Irena Grudzińska Gross, *Golden Harvest: Events at the Periphery of the Holocaust* (New York: Oxford University Press, 2012), S. 77.

19 Anna Bikont, Zagłada Żydów ze wsi Strzegom, in: *Gazeta Wyborcza*, 4. Dezember 2014.

20 Gross / Gross, *Golden Harvest*, S. 83.

21 Es ist damit das Land mit der höchsten Todesrate in Europa, gefolgt von Litauen mit 90 %, der Tschechoslowakei mit 85 %, Griechenland mit 80 %, Österreich mit 77 %, Ungarn mit 75 %, Lettland mit 75 %, Jugoslawien mit 73 %, Rumänien mit 47 % und Bulgarien mit 10 %.

22 Im Nachhinein betrachtet ist das gar nicht so verrückt, wie es klingt. Die Lage in der Sowjetzone war im Herbst 1939 nicht gerade rosig, und niemand wusste mit Sicherheit, was die Zukunft bringen würde. Auch der Onkel meiner Mutter, Turnowski, überquerte 1939 mit zweien seiner Freunde die Grenze. Der eine verhungerte in Minsk, der andere kehrte, an Tuberkulose erkrankt, allein in die deutsche Zone zurück.

23 Tokarska-Bakir, *Okrzyki Pogromowe*, S. 161.

24 Ebd., S. 146.

25 Ebd., S. 145, 169–170.

26 Alina Cała, *Wizerunek Żyda w polskiej kulturze ludowej* (Warschau: Oficyna Naukowa, 2005), S. 196.

KAPITEL 12: **STALINISMUS**

1 Beata Chomątowska, *Stacja Muranów* (Wołowiec: Wydawnictwo Czarne, 2012), S. 11.

2 Der polnische Begriff *szybkościowiec* stammt aus der Zeit des Stalinismus und ist heute nicht mehr in Gebrauch.

3 Chomątowska, *Stacja Muranów*, S. 11.

4 Ebd., S. 241.

5 Vincas Krėvė-Mickevičius, Conversations with Molotov, in: *Lituanus* 11, Nr. 2 (Sommer 1965).

6 «Personal Memories of the Fate of the Family of 1939 Estonian President Päts», Singing Revolution, o. J., https://truecostmovie.com/img/TSR/

pages/section_01/1940-55_Memoirs_Fate_of_President_Pats_Family.pdf

7 Zur Zahl der Deportierten gibt es nur Schätzungen – für Estland liegen sie bei 60 000, für Polen bei 150 000.

8 Bradley Abrams, *The Struggle for the Soul of the Nation: Czech Culture and the Rise of Communism* (Lanham, MD: Rowman & Littlefield, 2005), S. 12.

9 John Connelly, *Captive University: The Sovietization of East German, Czech and Polish Higher Education, 1945–1956* (Chapel Hill: University of North Carolina Press, 2000), S. 118.

10 Milan Kundera, *Der Scherz. Roman*, übers. von Susanna Roth (München: Hanser, 1987), S. 37.

11 Bohumil Hrabal, *Verkaufe Haus, in dem ich nicht mehr wohnen will. Roman in sieben Erzählungen*, übers. von Karl-Heinz Jähn, in: ders., *Die Romane* (Frankfurt / M.: Suhrkamp, 2008), S. 809.

12 Ebd., S. 726.

13 Ebd., S. 764.

14 Katherine Lebow, *Unfinished Utopia: Nowa Huta, Stalinism and Polish Society, 1949–1956* (Ithaca, NY: Cornell University Press, 2013), S. 74.

15 Zora Rusinová, The Embodiment of Communist Utopia: Socialist Realism in Slovakia, 1948–1956, in: Beáta Hock et al. (Hg.), *A Reader in East-Central European Modernism* (London: The Courtauld Institute, 2019), S. 416.

16 Pavel Janáček, From Literature Censored by Poets to Literature Censored by the Party: Censorship in the Czech Literary Culture of 1945–1955, in: Evgeny Dobrenko / Natalia Jonsson-Skradol (Hg.), *Socialist Realism in Central and Eastern European Literatures under Stalin: Institutions, Dynamics and Discourses* (London: Anthem Press, 2018), S. 64.

17 Das wurde zum Thema seines 1976 erschienenen Romans *Allzu laute Einsamkeit*.

18 Michał Jan Bednarczyk, Cały kraj serdecznie wita swego pierwszego obywatela. Przebieg obchodów 60. rocznicy urodzin Bolesława Bieruta na łamach «Trybuny Ludu», in: *Annales Universitatis Mariae Curie – Skłodowska sectio F – Historia* 69, Nr. 1–2 (2014), S. 65.

19 Balázs Apor, *The Invisible Shining: The Cult of Mátyás Rákosi in Stalinist Hungary, 1945–1956* (New York: Central European University Press, 2017), S. 165.

20 Ebd., S. 157.

21 Tania Vladova, Heritage and the Image of Forgetting: The Mausoleum of Georgi Dimitrov in Sofia, in: Matthew Rampley (Hg.), *Heritage, Ideology, and Identity in Central and Eastern Europe: Contested Pasts, Contested Presents* (Newcastle, UK: Newcastle University Press, 2012), S. 144.

22 Luděk Vacín, Náš pracující lid nedal setlíti tělu Klementa Gottwalda – příspěvek k dějinám pražského mauzolea, in: *STUDIE securitas imperii*, o. J., https://www.ustrcr.cz/data/pdf/publikace/securitas-imperii/no21/090-115.pdf

23 Jan Kužník, Pátrejte s námi po stopách Gottwaldovy mumie, iDnes.cz, 7. November 2005.

24 Ebd.

25 John Connelly, *From Peoples into Nations: A History of Eastern Europe* (Princeton, NJ: Princeton University Press, 2020), S. 555.

26 Vladimír Macura, *The Mystifications of a Nation: The «Potato Bug» and Other Essays on Czech Culture*, hg. und übers. von Hana Píchová und Craig Cravens (Madison: University of Wisconsin Press, 2010), S. 57.

27 István Rév, In Mendacio Veritas, in: *Representations* 35 (Sommer 1991), S. 9.

28 István Rév, *The Truth is the Whole*, unveröff. Manuskript.

29 Rév, In Mendacio Veritas, S. 11.

30 Ivo Banac, *With Stalin Against Tito: Cominformist Splits in Yugoslav Communism* (Ithaca, NY: Cornell University Press, 1988), S. 250.

31 Connelly, *From Peoples into Nations*, S. 538.

32 John Le Carré, The Madness of Spies, in: *The New Yorker*, 29. September 2008.

33 P. T. Petrikov, Instytut historyi (Akademiia navuk Belaruskaĭ SSR), *Istoriia rabochego klassa Belorusskoĭ SSR v chetyrekh tomakh*, Band 3 (Minsk, Nauka i tekhnika, 1984), S. 209.

34 Piotr Lipiński, *Kroków siedem do końca* (Wołowiec, Wydawnictwo Czarne, 2020), S. 259.

35 Tomáš Petráček, The First and Second Life of Father Josef Toufar (1902–1950) and Shifts in Interpretations of Modern Czech History, in: *Kirchliche Zeitgeschichte* 29, Nr. 2 (2016), S. 358.

36 Die Untersuchung von 1968 war die Grundlage für Josef Skvoreckys Roman *Mirákl* (Toronto: Sixty-Eight Publishers, 1972; Brno: Atlantis, 1991; *Das Mirakel*, Wien: Deuticke, 2001).

37 Agnieszka Halemba / Konrad Siekierski, Apparitions of the Mother of God in Soviet Poland in the Early Years of the Cold War, in: Peter Jan Margry (Hg.), *Cold War Mary: Ideologies, Politics, Marian Devotional Culture* (Leuven: Leuven University Press, 2021), S. 196.

38 Maciej Krzywosz, *Cuda w Polsce Ludowej: studium przypadku prywatnego objawienia maryjnego w Zabłudowie* (Białystok: Instytut Pamięci Narodowej, Oddział w Białymstoku, 2016), S. 98.

39 Ebd., S. 106.

40 Dariusz Jarosz, *Pogłoski jako wyraz świadomości potocznej chłopów w Polsce w latach 1949–1956*, *Dzieje Najnowsze* 25, Nr. 3 (1993), S. 53.

41 Halemba / Siekierski, Apparitions of the Mother of God, S. 199.

KAPITEL 13: **SOZIALISMUS**

1 Katarzyna Maniewska, Toast na cześć … Reakcje społeczne na śmierć Józefa Stalina i kampania propagandowa wokół uroczystości żałobnych w województwie bydgoskim w marcu 1953 r., in: *Dzieje Najnowsze* 48, Nr. 2 (2016), S. 117.

2 Ebd., S. 120.

3 György Faludy, *Heitere Tage in der Hölle. Fluchtwege eines Lebens*, übers. von Hans B. Wagenseil (München: Rütten & Loening, 1964), S. 446.

4 Ebd., S. 290.

5 Jonathan Bolton, *Worlds of Dissent: Charter 77, The Plastic People of the Universe, and Czech Culture under Communism* (Cambridge, MA: Harvard University Press, 2012), S. 279.

6 Ludvík Vaculík, *A Cup of Coffee with my Interrogator: The Prague Chronicles of Ludvík Vaculík*, übers. von George Theiner (Readers International, 1987), S. 51.

7 Bolton, *Worlds of Dissent*, S. 80.

8 Bohumil Hrabal, *Ich dachte an die goldenen Zeiten*, übers. von Susanna Roth, in: ders., *Die Romane* (Frankfurt / M.: Suhrkamp, 2008), S. 1408–1410.

9 Mariusz Szczygieł, *Gottland. Reportagen*, übers. von Esther Kinsky (Frankfurt / M.: Suhrkamp, 2008), S. 164.

10 Ebd., S. 152–153.

11 Bolton, *Worlds of Dissent*, S. 240.

12 Ebd., S. 230.

13 Katherine Verdery, *Secrets and Truths: Ethnography in the Archive of Romania's Secret Police* (New York: Central European University Press, 2014), S. 165.

14 Małgorzata Rejmer, *Błoto słodsze niż miód* (Wołowiec: Wydawnictwo Czarne, 2018), S. 144.

15 Bolton, *Worlds of Dissent*, S. 104.

16 Ewa Zając / Henryk Głębocki (Hg.), *«Ketman» i «Monika» – Żywoty równoległe* (Warschau: Instytut Pamięci Narodowej, 2005), S. 184.

17 «Typewriter», in: *Martor: The Museum of the Romanian Peasant Anthropological Review 7* (2002), S. 181.

18 Bolton, *Worlds of Dissent*, S. 239.

19 Cristina Vatulescu, *Police Aesthetics: Literature, Film, and the Secret Police in Soviet Times* (Stanford, CA: Stanford University Press, 2010), S. 52.

20 Verdery, *Secrets and Truths*, S. 63.

21 Vatulescu, *Police Aesthetics*, S. 48.

22 Bolton, *Worlds of Dissent*, S. 84.

23 Vaculík, *A Cup of Coffee with my Interrogator*, S. 10.

24 Bolton, *Worlds of Dissent*, S. 250.

25 Joanna Siedlecka, Oporów moralnych nie zdradzał, http://niniwa22.cba.pl/andrzej_kusniewicz_agent.htm

26 Herta Müller, *Heute wär ich mir lieber nicht begegnet* (München: Hanser, 2009), S. 240.

27 George Konrád, *Der Stadtgründer* (München: List, 1975).

28 «Political», in: *Martor* 7 (2002), S. 123.

29 «Queue», in: *Martor* 7 (2002), S. 138.

30 Gabriela Glăvan, «The Life and Times of Ceaușescu Jokes», *Metacritic Journal for Comparative Studies and Theory* 5.1 (2019), https://doi.org/10.24193/mjcst.2019.7.09

31 «Facade», in: *Martor* 7 (2002), S. 63.

32 «Visit», in: *Martor* 7 (2002), S. 185.

33 Shannon Woodcock, The Absence of Albanian Jokes about Socialism, or Why Some Dictatorships are not Funny, in: *The Politics and Aesthetics of Refusal*, hg. von Caroline Hamilton et al. (Newcastle, UK: Cambridge Scholars, 2007), S. 55.

34 Valbona Bezati, How Albania Became the World's First Atheist Country,

in: *Balkan Transitional Justice,* 28. August 2019, https://balkaninsight.com/2019/08/28/how-albania-became-the-worlds-first-atheist-country/

35 Nathalie Clayer, Saints and Sufis in post-Communist Albania, in: Masatoshi Kisaichi (Hg.), *Popular Movements and Democratization in the Islamic World* (London: Routledge, 2006), S. 36.

36 Rejmer, *Błoto słodsze niż miód*, S. 30.

37 Idrit Idrizi, Magic Apparatus and Window to the Foreign World? The Impact of Television and Foreign Broadcasts on Society and State-Society Relations in Socialist Albania, in: Kirsten Bönker, Julia Obertreis und Sven Grampp (Hg.), *Television Beyond and Across the Iron Curtain* (Newcastle upon Tyne, UK: Cambridge Scholars Publishing, 2016), S. 238.

38 Shannon Woodcock, *Life is War: Surviving Dictatorship in Communist Albania* (Bristol: Hammeron Press, 2016), S. 117.

39 «On the Introduction of Foreign Citizens in the People's Republic of Albania», Instruction no. 7, April 25, 1975. Die sozialistische Ästhetik verletzten etwa «Männer mit Haaren wie Frauen», «übertrieben großen Koteletten», «ungewöhnlichen Bärten» und «unangemessener Kleidung». Frauen war es verboten, «Miniröcke wie Maxiröcke» zu tragen, ansonsten waren sie weitgehend unreglementiert.

40 Rejmer, *Błoto słodsze niż miód*, S. 193.

41 Ebd., S. 103.

42 Woodcock, *Life is War,* S. 98.

43 «Collection», in: *Martor* 7 (2002), S. 45.

44 Zbigniew Czwartosz, On Queueing, in: *European Journal of Sociology* 42, Nr. 1 (2001), S. 183–184.

45 Joseph Hraba, Consumer Shortages in Poland: Looking beyond the Queue into a World of Making Do, in: *The Sociological Quarterly* 26, Nr. 3 (1985), S. 399–400.

46 Leszek Dzięgiel, *Paradise in a Concrete Cage: Daily Life in Communist Poland: An Ethnologist's View* (Krakau: Arcana, 1998), S. 34.

47 Hraba, Consumer Shortages in Poland, S. 393.

48 Jill Massino, From Black Caviar to Blackouts: Gender, Consumption, and Lifestyle in Ceaușescu's Romania, in: Paulina Bren / Mary Neuburger (Hg.), *Communism Unwrapped: Consumption in Cold War Eastern Europe* (New York: Oxford University Press, 2012), S. 248.

49 «Cigarettes», in: *Martor* 7 (2002), S. 42.

50 «Nechezol», in: *Martor* 7 (2002), S. 109.

51 Ebd.

KAPITEL 14: **TAUWETTER**

1 Gabriel Meretik, *Noc generała* (1989; Neuauflage Dowody na Istnienie, 2014), S. 179.

2 John Connelly, *From Peoples into Nations: A History of Eastern Europe* (Princeton, NJ: Princeton University Press, 2020), S. 703.

3 Meretik, *Noc generała*, S. 56.

4 Ebd., S. 83.

5 Connelly, *From Peoples into Nations*, S. 731.

6 Henri Vogt, *Between Utopia and Disillusionment: A Narrative of Political Transformation in Eastern Europe* (New York: Berghahn Books, 2005), S. 22.

7 Guntis Šmidchens, *The Power of Song: Nonviolent National Culture in the Baltic Singing Revolution* (Seattle: University of Washington Press, 2014), S. 244.

8 Padraic Kenney, *A Carnival of Revolutions: Central Europe 1989* (Princeton, NJ: Princeton University Press, 2002), S. 271.

9 Andrzej Łomanowski, Mołojecka Sława, in: *Gazeta Wyborcza*, 12. August 1990.

10 Gale Stokes, *The Walls Came Tumbling Down: Collapse and Rebirth in Eastern Europe* (New York: Oxford University Press, 2011), S. 123.

11 István Rév, *Retroactive Justice: Prehistory of Post-Communism* (Stanford, CA: Stanford University Press, 2005), S. 30.

12 Małgorzata Takacs, Nowy przywódca węgierskich komunistów: «Nie jestem chory psychicznie», in: *Gazeta Wyborcza*, 15. Oktober 1989.

13 Marian Orlikowski, Inna Sofia, in: *Gazeta Wyborcza*, 18. Mai 1990.

14 James Krapfl, *Revolution with a Human Face: Politics, Culture and Community in Czechoslovakia, 1989–1992* (Ithaca, NY: Cornell University Press, 2013), S. 42.

15 Party Brews in Czechoslovakia, *Associated Press*, 13. Februar 1990.

16 Małgorzata Rejmer, *Błoto słodsze niż miód* (Wołowiec: Wydawnictwo Czarne, 2018), S. 303.

17 Mur w Tiranie, in: *Gazeta Wyborcza*, 8. März 1990.

18 Rév, *Retroactive Justice*, S. 27.

19 Serguei Alex Oushakine, Postcolonial Estrangements: Claiming a Space Between Stalin and Hitler, in: Julie Buckler / Emily D. Johns (Hg.), *Rites of Place: Public Commemoration in Russia and Eastern Europe* (Evanston, IL: Northwestern University Press, 2013), S. 304.

20 Robert M. Hayden, Recounting the Dead: The Discovery and Redefinition of Wartime Massacres in Late- and Post-Communist Yugoslavia, in: Rubie S. Watson (Hg.), *Memory, History and Opposition Under State Socialism* (Santa Fe: School of American Research Press, 1994), S. 179.

21 Katherine Verdery, *The Political Lives of Dead Bodies: Reburial and Postsocialist Change* (New York: Columbia University Press, 2000), S. 18.

22 Wojciech Tochman, *Like Eating a Stone: Surviving the Past in Bosnia*, übers. von Antonia Lloyd-Jones (New York: Atlas, 2008), S. 103.

23 Stokes, *The Walls Came Tumbling Down*, S. 233.

24 Misha Glenny, *Jugoslawien. Der Krieg, der nach Europa kam*, übers. von Gordon Price (München: Droemer Knaur, 1993), S. 33.

25 Marie-Janine Calic, *A History of Yugoslavia* (West Lafayette, IN: Purdue University Press, 2019), S. 478.

26 Mladen Vuksanović, *Pale – im Herzen der Finsternis. Tagebuch 5. 4.–15. 7. 1992*, übers. von Detlef I. Olof (Wien / Bozen: Folio, 1997), S. 85.

27 Hikmet Karcic, How Denial of Bosnian War Crimes Entered the Mainstream, in: *Balkan Transitional Justice*, 30. Juni 2020, https://balkaninsight.com/2020/06/30/how-denial-of-bosnian-war-crimes-entered-the-main stream/

28 Insbesondere diese Lüge wurde eine Zeit lang viel und gerne geglaubt. Eine Sprecherin der bosnischen Serben brachte sie sogar bei einem Besuch des Leiters des UNHCR zur Sprache. David Rieff, *Schlachthaus. Bosnien und das Versagen des Westens*, übers. von Yvonne Badal (München: Luchterhand, 1995), S. 143.

29 John F. Burns, Sarajevo Journal: In the Zoo's House of Horrors, One Pitiful Bear, in: *The New York Times*, 16. Oktober 1992.

30 Zlatko Dizdarević, *Portraits of Sarajevo*, übers. von Midhat Ridjanović, hg. von Ammiel Alcalay (New York: Fromm International, 1994), S. 87.

31 Orlikowski, Inna Sofia.

32 Chris Hann, Notes on the Transition in Tázlár, in: *The Cambridge Journal of Anthropology* 15, Nr. 3 (1991), S. 1–21, hier S. 17.

33 Mariusz Szczygieł (Hg.), *20 lat nowej Polski w reportażach według Mariusza Szczygła* (Wołowiec: Wydawnictwo Czarne, 2009), S. 9–12.
34 Bernadette McDonald, *Freedom Climbers: The Golden Age of Polish Mountain Climbing* (Seattle: Mountaineers Books, 2013), S. 58.
35 Piotr Lipiński / Michał Matys, *Niepowtarzalny urok likwidacji* (Wołowiec: Wydawnictwo Czarne, 2018), S. 39.
36 Roch Sulima, The Laboratory of Polish Postmodernity: An Ethnographic Report from the Stadium-Bazaar, in: Monika Grubbauer / Joanna Kusiak (Hg.), *Chasing Warsaw: Socio-Material Dynamics of Urban Change since 1990* (New York: Campus, 2012), S. 252.
37 Ewa Tartakowsky, Le Juif à la pièce d'argent, in: *La Vie des Idées*, 10. Januar 2017.
38 Katherine Verdery, Faith, Hope, and Caritas in the Land of the Pyramids: Romania, 1990 to 1994, in: *Comparative Studies in Society and History* 37, Nr. 4 (1995), S. 625–669, hier S. 653.
39 Ebd., S. 656.

EPILOG

1 Alícia Adserá et al., Transition, Height and Well-Being, EBRD Working Paper Nr. 24, 15. September 2019.
2 Kairi Kõlves, Suicide Rates and Socioeconomic Factors in Eastern European Countries after the Collapse of the Soviet Union: Trends between 1990 and 2008, in: *Sociology of Health and Illness* 35, Nr. 6 (2013), S. 956–970.
3 Sergei Guriev / Nikita Melnikov, Happiness Convergence in Transition Countries, in: *Journal of Comparative Economics* 46, Nr. 3 (2018), S. 683–707.
4 Weronika Gogla, *UFO nad Bratysławą* (Wołowiec: Wydawnictwo Czarne, 2021), loc. 26.
5 Henadz Sahanovich, The Heritage of the Grand Duchy of Lithuania in the Belarusian Policies of Memory under the Lukašenka Regime, unveröff. Vortrag bei der 13th Annual Session der Warsaw East European Conference, Warschau, 18.–21. Juli 2016. Einige Wissenschaftler behaupten, Wseslaw sei lediglich ein Formwandler gewesen, der Wolfsgestalt annehmen konnte. Siehe Carlo Ginzburg / Bruce Lincoln, *Old Thiess, a Livonian*

Werewolf: A Classic Case in Comparative Perspective (Chicago: University of Chicago Press, 2020), S. 135–138.

6 Ungarische Verfassung von 2011, https://www.constituteproject.org/constitution/Hungary_2011.pdf

7 Die Schätzungen zur Zahl der Toten schwanken stark, zwischen etwa drei Millionen und sieben Millionen oder mehr. Die Zahl von 3,9 Millionen Opfern ergibt sich aus den jüngsten Forschungsergebnissen eines Teams ukrainischer Demografen; siehe https://gis.huri.harvard.edu/demographic-research

8 Andreas Kappeler, From an Ethnonational to a Transnational Ukrainian History, in: Georgiy Kasianov / Philip Ther (Hg.), *A Laboratory of Transnational History: Ukraine and Recent Ukrainian Historiography* (New York: Central European University Press, 2009), S. 55.

9 Ihar Babkou, Of Fish and People, in: Eurozine, 20. April 2022. https://www.eurozine.com/of-fish-and-people/#

BILDNACHWEIS

S. 33: World History Archive / Alamy Stock Foto · **S. 41:** Photo 12 / Alamy Stock Foto (Gotha, Herzogliches Museum) · **S. 59:** Felix Lipov / Alamy Stock Foto · **S. 69:** Lebrecht Music & Arts / Alamy Stock Foto · **S. 86:** History and Art Collection / Alamy Stock Foto (Nationalmuseum Kikinda, Serbien) · **S. 97:** Andrey Khrobostov / Alamy Stock Foto · **S. 108:** Slawomir Adamczak / Alamy Stock Foto · **S. 114:** World History Archive / Alamy Stock Foto (Schloss Skokloster, Schweden) · **S. 124:** World History Archive / Alamy Stock Foto · **S. 135:** Julius Fekete / julof / Alamy Stock Foto · **S. 147:** fotolandia / Stockimo / Alamy Stock Foto · **S. 169:** mccool / Alamy Stock Foto · **S. 188:** John Bower / Alamy Stock Foto · **S. 194:** Witold Skrypczak / Alamy Stock Foto · **S. 205:** imageBROKER / Alamy Stock Foto · **S. 218:** Smith Archive / Alamy Stock Foto · **S. 228:** picture-alliance / PAP / ZBIGNIEW STASZYSZYN · **S. 246:** PjrStatues / Alamy Stock Foto · **S. 252:** picture-alliance / robertharding / Alan Copson · **S. 252:** radzima.org (Zugriff Januar 2023) · **S. 292:** Historic Collection / Alamy Stock Foto · **S. 305:** Scherl / Süddeutsche Zeitung Photo · **S. 232:** https://besteastern.wordpress.com/2017/05/21/auf-den-spuren-des-propheten-ilja/ (Zugriff Januar 2023) · **S. 339:** Forum / Süddeutsche Zeitung Photo · **S. 351:** PAP / Alamy Stock Foto · **S. 362:** colaimages / Alamy Stock Foto · **S. 369:** James Talalay / Alamy Stock Foto · **S. 385:** CTK / Alamy Stock Foto · **S. 395:** CTK / Alamy Stock Foto · **S. 415:** Emanuel Tanjala / Alamy Stock Foto · **S. 422:** Chris Niedenthal / Forum / Süddeutsche Zeitung Photo · **S. 448:** PAP / Alamy Stock Foto